Forschungsreihe Rechnungslegung und Steuern

Herausgegeben von
N. Herzig, Köln, Deutschland
Ch. Watrin, Münster, Deutschland

Christoph Josef Kappenberg

Unternehmensbewertung im Erbschaftsteuerrecht

Eine empirische Analyse unter besonderer Berücksichtigung der Kapitalkostenableitung

Mit einem Geleitwort von Prof. Dr. Christoph Watrin

Springer Gabler

RESEARCH

Christoph Josef Kappenberg
Münster, Deutschland

Dissertation Westfälische Wilhelms-Universität Münster, 2011

D6

ISBN 978-3-8349-3981-4 ISBN 978-3-8349-3982-1 (eBook)
DOI 10.1007/978-3-8349-3982-1

Die Deutsche Nationalbibliothek verzeichnet diese Publikation in der Deutschen Nationalbibliografie; detaillierte bibliografische Daten sind im Internet über http://dnb.d-nb.de abrufbar.

Springer Gabler

Einbandentwurf: KünkelLopka GmbH, Heidelberg

Gedruckt auf säurefreiem und chlorfrei gebleichtem Papier

Springer Gabler ist eine Marke von Springer DE. Springer DE ist Teil der Fachverlagsgruppe Springer Science+Business Media
www.springer-gabler.de

Geleitwort

Auch nach der Erbschaftsteuerreform 2008 wird kontrovers diskutiert, ob die Bewertung von Vermögenswerten verfassungsgemäß ist. Auf der Grundlage von Sachverständigengutachten untersucht die vorliegende Arbeit, ob das vereinfachte Ertragswertverfahren zu marktnahen Werten führt. Die Sachverständigengutachten sind hierzu besonders geeignet, da sie einen objektivierten Unternehmenswert ermitteln und die bewerteten Unternehmen nicht börsennotiert sind, es sich also gerade um solche Unternehmen handelt, für die das vereinfachte Ertragswertverfahren gilt.

Im Rahmen der vorliegenden Arbeit befasst sich der Verfasser auch mit einer Frage, die über die erbschaftsteuerliche Bewertung hinaus von allgemeinem Interesse ist: der Wochentageffekt bei der Ermittlung des Betafaktors. In einer umfassenden Untersuchung für verschiedene Kapitalmärkte wird gezeigt, dass die Wahl des Wochentages einen erheblichen Einfluss auf den Betafaktor hat. Dieser Teil der Arbeit hat in der Unternehmenspraxis bereits Aufmerksamkeit erregt.

Insgesamt zeigt der Verfasser, wie praktisch wichtige Themen methodisch anspruchsvoll untersucht werden können. Der Arbeit ist die ihr gebührende Beachtung in Praxis und Wissenschaft zu wünschen.

Münster, im Februar 2012 Christoph Watrin

Vorwort

Die vorliegende Arbeit entstand während meiner Zeit als wissenschaftlicher Mitarbeiter am Institut für Unternehmensrechnung und -besteuerung (IUB) und wurde im Wintersemester 2011/2012 von der Westfälischen Wilhelms-Universität als Dissertation angenommen.

Zum erfolgreichen Gelingen dieser Arbeit haben viele Personen in unterschiedlicher Art und Weise beigetragen. Vorab danke ich meinem Doktorvater Herrn Prof. Dr. Christoph Watrin für seine Betreuung, sein aktives Engagement und die zahlreichen Diskussionen. Ohne ihn wäre mir die empirische Forschung wahrscheinlich immer fremd geblieben. Für die freundliche Übernahme des Zweitgutachtens danke ich Herrn Prof. Dr. Hans-Jürgen Kirsch.

Großer Dank gilt Herrn WP/StB Wolfgang F. Deitmer, ohne den dieses Dissertationsprojekt nicht möglich gewesen wäre. Nur durch seine Kooperation mit dem Institut wurde meine Beschäftigung und damit auch meine Forschung ermöglicht sowie mein Interesse an der Unternehmensbewertung geweckt. Herr WP/StB Gernot Stahlberg trug durch seine unermüdliche Diskussionsbereitschaft und seine konstruktive Kritik wesentlich zur Verbesserung meiner Forschung bei. Björn Pöhler, der trotz der Vorbereitung auf die Steuerberaterprüfung meine Arbeit penibel korrigierte, wünsche ich viel Erfolg und Glück. Nicht zuletzt gilt mein Dank dem „Rest der Familie“ Deitmer.

Meine Kolleginnen und Kollegen am Lehrstuhl haben mich in vielfältiger Weise unterstützt. Katharina Dammeyer, Nadine Ebert, Adrian Kubata, Gerrit Lietz, Friederike Lindscheid, Ulf von Manowski, Frank Richter, Sonja Rieger, Martin Thomsen, Tobias Tebben und Tim Wagener haben insbesondere durch ihre Beiträge im Brown-Bag-Seminar zum Gelingen dieser Arbeit beigetragen. Petra von Oppenkowksi gebührt, aufgrund der Gründlichkeit und Häufigkeit, mit der sie Teile und Variationen meiner Arbeit gelesen hat, mein besonderer Dank. Auch Christiane Pott, die immer Zeit fand, mit mir über meine Projekte zu sprechen, soll nicht unerwähnt bleiben.

Die studentischen Hilfskräfte des Instituts haben ebenfalls durch ihren unermüdlichen Einsatz, sei es im Rahmen der Literaturbeschaffung oder der Datenaufbereitung, einen wesentlichen Beitrag zu dieser Arbeit geleistet.

Abschließend danke ich meiner Frau Nadine, meinen Eltern, meiner Familie und meinen Freunden, die mich nicht nur bei der Erstellung der Dissertation unterstützten.

Christoph Josef Kappenberg

Inhaltsverzeichnis

Abbildungsverzeichnis

Tabellenverzeichnis

Abkürzungsverzeichnis

a. A.	anderer Ansicht
Abb.	Abbildung
Abs.	Absatz
adj.	adjustiert (englisch: *adjusted*)
AntBVBewV	Anteils- und Betriebsvermögensbewertungsverordnung
AO	Abgabenordnung
APT	Arbitragepreistheorie (englisch: *Arbitrage Pricing Theory*)
Aufl.	Auflage
ber.	berichtigt
BewG	Bewertungsgesetz
BGBl.	Bundesgesetzblatt
BMF	Bundesministerium der Finanzen
BR-Drs.	Bundesrats-Drucksache
BT-Drs.	Bundestags-Drucksache
BStBl.	Bundessteuerblatt
BWL	Betriebswirtschaftslehre
bwl.	betriebswirtschaftlich
bzgl.	bezüglich
bzw.	beziehungsweise
ca.	circa
CAPM	Capital Asset Pricing Model
Coef.	Coefficient
c. p.	ceteris paribus (unter sonst gleichen Umständen)
df	degrees of freedom (Freiheitsgrade)
d. h.	das heißt
Diss.	Dissertation

ErbStG	Erbschaftsteuergesetz
ErbStRG	Erbschaftsteuerreformgesetz
EStG	Einkommensteuergesetz
EStR	Einkommensteuer-Richtlinien
et al.	et alia
etc.	et cetera
f.	folgende
Fn.	Fußnote
ggf.	gegebenenfalls
GW	Gutachterwert
h. M.	herrschende Meinung
Hrsg.	Herausgeber
i. d. F.	in der Fassung
i. e. S.	im engeren Sinne
i. V. m.	in Verbindung mit
i. w. S.	im weiteren Sinne
KapG	Kapitalgesellschaft
KStG	Körperschaftsteuergesetz
MR	Medianregression
Nr.	Nummer
OLS	Ordinary Least Squares (Methode der Kleinsten Quadrate)
o. V.	ohne Verfasser
PersG	Personengesellschaft
Prob	Probability (Wahrscheinlichkeit)
Rz.	Randziffer
S.	Seite
sog.	sogenannte/r
StÄndG	Steueränderungsgesetz

Std. Err.	Standard Error (Standardfehler)
Tab.	Tabelle
Tz.	Textziffer
u. a.	unter anderem
Univ.	Universität
UntStRefG	Unternehmensteuerreformgesetz
usw.	und so weiter
v.	vom/von
VEW	Vereinfachter Ertragswert
vgl.	vergleiche
z. B.	zum Beispiel
zugl.	zugleich

Symbolverzeichnis

$\sum$	Summe
Ø	Arithmetisches Mittel (Durchschnitt)
α	Testniveau
α_i	von der Marktentwicklung unabhängiger Renditebestandteil
β	Regressionskoeffizient; zu schätzender Parametervektor
β_h	vorgegebener Wert des Tests
β_i	(zu schätzender) Betafaktor des Wertpapieres i
β_{Max}	Maximaler Betafaktor der Woche/des Monats
β_{Min}	Minimaler Betafaktor der Woche/des Monats
β_u	Betafaktor des unverschuldeten Unternehmens
β_v	Betafaktor des verschuldeten Unternehmens
γ	Regressionskoeffizient
Chi^2	Chi-Quadrat
$cov_{i,m}$	Kovarianz des Wertpapiers i mit der Rendite des Marktportfolios
$corr()$	Korrelationskoeffizient von
d_m	Dividendenrendite des Marktportfolios
$\varepsilon_{i,t}$	Störterm i in Periode t
e	eulersche Zahl
e_k^2	quadrierte Abweichung
est	(Typisierter) Einkommensteuersatz
$E[r_m]$	erwartete Rendite des Marktportfolios
$E[r_m^{nST}]$	erwartete Rendite des Marktportfolios nach persönlichen Steuern
$E[r_m^{vST}]$	erwartete Rendite des Marktportfolios vor persönlichen Steuern
$E[r_i]$	erwartete Rendite des Wertpapiers i
$E[r_i^{nSt}]$	erwartete Rendite des Wertpapiers i nach persönlichen Steuern
$E[r_i^{vSt}]$	erwartete Rendite des Wertpapiers i vor persönlichen Steuern

$E[Z]$	Erwartungswert des Zahlungsüberschusses
F	F-Statistik
i_d	Diskrete „Spot rate“
i_e	Einheitlicher Basiszinssatz
$i_{s,t}$	Spot Rate
k_m	Kursrendite des Marktportfolios
μ	Erwartungswert
ρ_{iM}^2	Korrelationskoeffizient zwischen Aktien- und Marktrendite
σ	Standardabweichung
σ^2	Varianz
σ_m^2	Varianz der Rendite des Marktportfolios
e_{it}	Störterm
N	Anzahl
P	Wahrscheinlichkeit
$P(\,)$	Wahrscheinlichkeit von
p	Wahrscheinlichkeit
R^2	Bestimmtheitsmaß
$r_{i,t}$	Rendite des Wertpapiers i in Periode t
r_i	Arithmetisches Mittel der Rendite des Wertpapiers i
$\bar{r}_f$	Rendite der risikolosen Anlage
$r_{m,t}$	Rendite des Marktportfolios in Periode t
r_m	Arithmetisches Mittel der Rendite des Marktportfolios
$\bar{r}_z$	Risikozuschlag
s	Unternehmensteuersatz
s_{AS}	Abgeltungsteuersatz (inkl. Solidaritätszuschlag)
s_{eff}^k	Effektiver Steuersatz der Kursrendite

S_i^2	Gesamtvarianz der Stichprobe
$S_{\hat{i}}^2$	Varianz der geschätzten Residuen = $S_{\hat{i}}^2 - S_e^2$
S_e	Standardabweichung der Residuen
S_e^2	Residualvarianz
S_M	Standardabweichung der Marktrendite
$std[\beta_i]$	Standardfehler von β_i
t	Test-Statistik
t_{emp}	empirischer t-Wert
T	Laufzeit in Jahren; Stichprobenumfang
V	Verschuldungsgrad des Unternehmens (zu Marktwerten)
w	Wachstumsrate
$x_i'\beta$	Schätzwert
y_k	beobachteter Wert (der abhängigen Variable)
$\bar{y}$	Arithmetisches Mittel der abhängigen Variable
$\widehat{y_k}$	Schätzwert der abhängigen Variable
Z_0	Startgröße der Zahlungsreihe

1 Einleitung

1.1 Problemstellung und Zielsetzung

Kommt es zu einer unentgeltlichen Übertragung von Unternehmen an einen Nachfolger, so ist für die Bestimmung der erbschaftsteuerlichen Bemessungsgrundlage eine Bewertung notwendig.[1] Diese Bewertung ist immer dann schwierig, wenn es sich um ruhendes Vermögen handelt, für das keine Marktwerte (Börsenkurse oder zeitnahe Verkäufe) vorliegen[2] und daher auf Bewertungs- bzw. Schätzverfahren zurückgegriffen werden muss.[3] Die Bewertung von ruhenden Vermögenswerten, insbesondere von Unternehmen, stellt ein latentes Problem des deutschen Erbschaftsteuerrechts dar. Immer wieder ist in der Literatur darauf hingewiesen worden, dass es zu Belastungsunterschieden aufgrund von unterschiedlichen Bewertungsverfahren für die einzelnen Vermögenswerte kommt. Zweimal hat dies dazu geführt, dass in den vergangenen zwei Dekaden das deutsche Erbschaftsteuerrecht für verfassungswidrig erklärt wurde und umfassend reformiert werden musste.[4] Dass es sich dabei nicht nur um ein deutsches Problem handelt, zeigt sich in Österreich, wo der Gesetzgeber vor diesem Problem kapitulierte und die Erbschaftsteuer gänzlich abschaffte bzw. neue verfassungskonforme Ausgestaltung unterließ.[5] Der deutsche Gesetzgeber hingegen hat sich dieser Herausforderung gestellt und versucht, mit der Erbschaftsteuerreform 2009 eine gleichmäßige Bewertung aller Vermögenswerte zum gemeinen Wert, d. h. zu Marktwerten, zu erreichen.

Ausgangspunkt der Reform war der Beschluss des Bundesverfassungsgerichts vom 7.11.2006[6], welcher einen Verstoß gegen den Gleichbehandlungsgrundsatz feststellte, da das damalige Recht keine gleichmäßige Bewertung von Vermögenswerten auf der Basis eines einheitlichen Bewertungsmaßstabs gewährleistete.[7] Zum 01.01.2009 standen daraus folgend die Neufassung der Bewertungsregeln sowie die Neugestaltung der Begünstigung[8] für Unternehmensübertragungen im Vordergrund bei der Neuregelung des Erbschaft- und Schenkungsteuerrechts zum 01.01.2009. Durch die Reform will der Gesetzgeber eine verfassungskonforme und damit auch realitätsgerechte Bewertung

---

1 Vgl. *Müller, J./Sureth, C.*, Marktnahe Bewertung, 2011, S. 45.

2 Vgl. *Kuhner, C./Maltry, H.*, Unternehmensbewertung, 2006, S. 62.

3 Vgl. *Viskorf, H.-U.*, Rechtsstaatsprinzip, 2009, S. 593.

4 Vgl. dazu die Ausführungen in Kapitel 2.2 dieser Arbeit.

5 Vgl. *Eberhartinger, E./Fraberger, F.*, Erbschaftssteuer in Österreich, 2004, S. 566; *Gahleitner, G./Fugger, R.*, Schenkungsteuermeldegesetz, 2008, S. 405.

6 Vgl. BVerfG, 07.11.2006, 1 BvL 10/02. Dieser Entscheidung ging der Vorlagebeschluss des BFH vom 22.5.2002 voraus. Vgl. BFH, 22.05.2002, II R 61/99.

7 Vgl. BVerfG, 07.11.2006, 1 BvL 10/02, Leitsätze 1 und 2.

8 Vgl. dazu weiterführend *Wälzholz, E.*, Vererbung von Betriebsvermögen, 2009, S. 1605-1611.

aller Vermögensklassen erreichen.[9] Oberstes Bewertungsziel des neuen Erbschaftsteuerrechts ist nun, übereinstimmend mit der Entscheidung des Bundesverfassungsgerichts, die Bewertung des Vermögens zum gemeinen Wert, also zu dem Preis, der im gewöhnlichen Geschäftsverkehr bei einer Veräußerung zu erzielen wäre (§ 9 Abs. 2 BewG).

Zur Vereinfachung der Bewertung von kleineren und mittleren Unternehmen (KMU) hat der Gesetzgeber ein vereinfachtes Kapitalwertkalkül, das sog. vereinfachte Ertragswertverfahren gemäß § 199 ff. BewG, entwickelt. Dieses kann zur Bestimmung des gemeinen Werts von Anteilen an Kapitalgesellschaften, Betrieben und Mitunternehmeranteilen verwendet werden, wenn sich der Wert nicht aus einem Börsenkurs ergibt oder aus zeitnahen Verkäufen abgeleitet werden kann. Durch dieses vereinfachte Bewertungsverfahren soll für die Bewertung von KMU eine kostengünstige und einfache Ermittlung des Unternehmenswerts ermöglicht werden.

Die Vereinfachungen betreffen sowohl den Zähler als auch den Nenner des Kapitalwertkalküls. So wird etwa die Zählergröße als durchschnittlicher Jahresertrag aus Vergangenheitsdaten abgeleitet. Im Nenner wird ebenfalls durch die Vorgabe des Risikozuschlages von 4,5 % eine pauschalierende Typisierung vorgenommen. Durch diese Normierungen ist das Ziel des vereinfachten Ertragswertverfahrens, die Ermittlung des Verkehrswerts (gemeinen Werts) für Unternehmen, jedoch gefährdet. Die Zweifel an der Gleichmäßigkeit der Bewertung sind daher auch nach der Erbschaftsteuerreform 2009 nicht verstummt und in der Literatur wird weiterhin vermutet, dass das vereinfachte Ertragswertverfahren zu falschen bzw. tendenziell sogar zu überhöhten Unternehmenswerten führt.[10] Die bisherigen empirischen Untersuchungen können dies aber nur teilweise bestätigen und liefern teilweise sehr unterschiedliche Ergebnisse.[11]

Als ein wesentlicher Kritikpunkt wird bei der steuerlichen Bewertung auf Basis des vereinfachten Ertragswertverfahrens der fixierte Risikozuschlag genannt, welcher im Rahmen betriebswirtschaftlicher Bewertungen unternehmensspezifisch bestimmt wird. Hierbei muss berücksichtigt werden, dass die betriebswirtschaftliche Ermittlung von Unternehmenswerten auch heute noch sowohl in Theorie als auch in Praxis stark dis-

---

9 Vgl. Regierungsentwurf zum ErbStRG, S. 1.

10 Vgl. zu dieser Einschätzung beispielsweise *Kohl, T./Schilling, D.*, Erbschaftsteuer- und Bewertungsrecht, 2008, S. 917; *Creutzmann, A.*, Unternehmensbewertung im Steuerrecht, 2008, S. 2789; *Dirrigl, H.*, Unternehmensbewertung, 2009, S. B59; *Neufang, B.*, Bewertung des Betriebsvermögens, 2009, S. 2014; *Dorfleitner, G.* u. a., Bewertung von Unternehmen, 2010, S. 22; *Jonas, M.*, Unternehmensbewertung, 2009, S. 65 ff.; *Lang, J.*, Erbschaft- und Schenkungsteuer, 2008, S. 195.

11 Vgl. dazu die Ausführungen in Kapitel 4.2.2 dieser Arbeit.

kutiert wird;[12] insbesondere das Problem der Bestimmung eines adäquaten Risikozuschlags ist dabei von Relevanz.[13] Bei Anwendung des Capital Asset Pricing Model (CAPM)[14] kommt dem Betafaktor dabei eine erhebliche Bedeutung zu, da dieser das wertpapierspezifische Risiko ausdrückt und daraus folgend den Risikozuschlag (Marktrisikoprämie * Betafaktor = Risikozuschlag) im Rahmen der Unternehmensbewertung bestimmt.[15] Für einzelne Unternehmen werden die Betafaktoren in der Praxis durch eine lineare Einfachregressionsanalyse basierend auf historischen Kapitalmarktdaten ermittelt. Hierbei wird die Rendite der Aktie des betreffenden Unternehmens mit der Rendite des Marktes verglichen. Die Verwendung unterschiedlicher Regressionsparameter beeinflusst dabei die Höhe des Betafaktors. Bislang wurden ausführlich der gewählte Marktindex (Surrogat für das Marktportfolio), das Renditeintervall (vierteljährlich, monatlich, wöchentlich, täglich) und die Regressionslänge (1 Jahr, 2 Jahre etc.) als wesentliche Ausgestaltungen untersucht.[16] Diese Determinanten der Regressionen zur Schätzung des Betafaktors werden auch in der Praxis berücksichtigt. Der Beginn des Regressionszeitraums, das heißt, an welchem Wochentag bzw. Tag des Monats die Regression beginnt (nicht zu verwechseln mit dem Regressionsintervall an sich: monatlich wöchentlich, täglich), wurde bislang in der Literatur nur vereinzelt analysiert.[17] Ziel der ersten empirischen Untersuchung in dieser Arbeit ist es, die Eignung der in der Unternehmensbewertungspraxis üblicherweise erhobenen Betafaktoren basierend auf Freitags- und Monatsendkursen vor dem Hintergrund des Wochentageffekts[18] zu analysieren und so beispielhaft auf die Probleme und Lösungsansätze hinzuweisen, welche sich durch die Einführung der betriebswirtschaftlichen Bewertung in das Erbschaftsteuerrecht ergeben haben.

---

[12] Hierunter ist sowohl die Bewertungsmethodik als solche (Ertragswertverfahren, DCF-Verfahren, Multiplikatorverfahren etc.) als auch die Bestimmung der einzelnen Komponenten der jeweiligen Bewertungsmethode (Kapitalkosten, Marktwerte des Fremdkapitals etc.) zu verstehen. Vgl. beispielhaft *Friedl, G./Schwetzler, B.*, Unternehmensbewertung bei Inflation, 2010, S. 417-440, welche die Berücksichtigung von inflationsbedingtem Wachstum untersuchen.

[13] Vgl. zu den Problemen bei der Ermittlung von Eigenkapitalkosten bei Konzerneinfluss beispielhaft *Brüchle, C.* u. a., Konzerneinfluss und Entkopplung, 2008, S. 455-476.

[14] Vgl. *Sharpe, W. F.*, Capital Asset Prices, 1964, S. 425-442; *Lintner, J.*, Valuation, 1965, S. 13-37; *Mossin, J.*, Equilibrium, 1966, S. 768-783.

[15] Vgl. dazu auch die Ausführungen in Kapitel 3.2.2.2.3.1.

[16] Vgl. *Winkelmann, M.*, Indexwahl und Performance-Messung, 1981, S. 475-487; *Cohen, K. J.* u. a., Estimating and Adjusting, 1983, S. 135-148; *Baetge, J./Krause, C.*, Berücksichtigung des Risikos, 1994, S. 433-456; *Ballwieser, W.*, Aktuelle Aspekte, 1995, S. 119-129; *Draper, P./Paudyal, K.*, Empirical Irregularities, 1995, S. 157-177; *Dörschell, A.* u. a., Der Kapitalisierungszinssatz, 2009, S. 68-336.

[17] Vgl. *Draper, P./Paudyal, K.*, Empirical Irregularities, 1995, S. 157-177; *Chang, E. C.* u. a., European day-of-the week effects, 1995, S. 173-200; *Zimmermann, P.*, Prognose von Betawerten, 1997, S. 112 f., der den Effekt zwar feststellt, aber nicht weitergehend analysiert.

[18] In der weiteren Diskussion werden grundsätzlich der Wochentag- und der Monatstageffekt synonym verwandt.

Das verwandte Untersuchungsdesign geht sowohl anhand der Anzahl der untersuchten Aktien, der geografischen Märkte (Deutschland, Europa, USA und Japan) des Untersuchungszeitraums und der vorgenommenen statistischen Analysen über bisherige Studien hinaus. Durch die Verwendung diverser Renditeintervalle und verschiedener Regressionslängen kann daher allgemein nachgewiesen werden, dass bereits die Verwendung anderer Wochentage zur Ermittlung des Betafaktors zu signifikanten Abweichungen führt. Zudem werden erstmalig die gewonnenen Erkenntnisse mit den in der Bewertungspraxis typischerweise erhobenen Betafaktoren verglichen. Dadurch wird eine Quantifizierung des Wochentagseffekts ermöglicht. Aus den gewonnenen Ergebnissen lässt sich insgesamt ableiten, dass auch die objektivierte betriebswirtschaftliche Bewertung in Anlehnung an den IDW S 1 i. d. F. 2008 nicht frei von Ermessen und damit nicht frei von Rechtsunsicherheit ist. Selbst geringfügige Änderungen dieses Parameters können erhebliche Wertauswirkungen hervorrufen. Das sich allein aus dem Kapitalisierungszinssatz ergebende Konfliktpotential im Rahmen der Steuerfestsetzung dürfte erheblich sein.

In der zweiten empirischen Untersuchung wird ein Vergleich von Unternehmenswerten, die öffentlich bestellte und vereidigte Sachverständige als neutrale Gutachter für Gerichte erstellt haben, mit durch den Autor ermittelten vereinfachten Ertragswerten (§ 199 ff. BewG) vorgenommen. Die bisher vorliegenden wenigen quantitativen Untersuchungen der Frage, ob die Reform eine einheitliche Bewertung unterschiedlicher Vermögensklassen erreicht, befassen sich in Bezug auf Unternehmen mit Börsenwerten[19] oder Simulationswerten[20] bzw. behandeln Fragen der Immobilienbewertung[21]. Mit der Verwendung von Gutachterwerten sind eine Reihe von Vorzügen verbunden, die nachfolgend erörtert werden. Zunächst wird die Verwendung von Börsenkursen umgangen, da die Sachverständigen direkt nicht börsennotierte Unternehmen und Unternehmensanteile bewerten. So wird die Annahme anderer Untersuchungen umgangen, dass nicht liquide Werte und liquide Werte identisch bewertet werden. Weiterhin sind nicht börsennotierte Unternehmen regelmäßig kleiner als börsennotierte Unternehmen; das vereinfachte Ertragswertverfahren wurde jedoch für nicht börsennotierte Unternehmen entwickelt. Da die Sachverständigengutachten alle KMU betreffen, handelt es sich damit um bestmögliche Schätzwerte für den Marktwert der Unternehmen. Weiterhin ist zu berücksichtigen, dass das vereinfachte Ertragswertverfahren auf Wer-

19 Vgl. *Müller, J./Sureth, C.*, Marktnahe Bewertung, 2011; *Henselmann, K.* u. a., Unternehmensbewertung, 2010.
20 Vgl. *Dorfleitner, G.* u. a., Bewertung von Unternehmen, 2010.
21 Vgl. *Broekelschen, W./Maiterth, R.*, Gleichmäßige Bewertung, 2010; *Broekelschen, W./Maiterth, R.*, Funktionsweise und Verfassungskonformität, 2009.

ten der Steuerbilanz bzw. der steuerlichen Gewinnermittlung (§ 202 Abs. 1 BewG) beruht. Da die im untersuchten Sample genutzten Gutachten größtenteils auf Einheitsbilanzen bzw. Einnahmen-Überschussrechnungen beruhen, wird so eine realitätsnahe Berechnung der vereinfachten Ertragswerte ermöglicht. Damit ist dieses Vorgehen der Verwendung von Konzernbilanzen nach IAS/IFRS überlegen. Die vom Bewertungsgesetz geforderten Modifikationen (§ 202 BewG) der steuerlichen Gewinnermittlungen können zudem zum größten Teil durchgeführt werden, sodass die ermittelten Steuerwerte in dieser Hinsicht eine gute Annäherung an die tatsächlichen Steuerwerte bieten. Insoweit werden die Einschränkungen, die sich aus der Verwendung öffentlich zugänglicher Daten bei anderen Untersuchungen ergeben, umgangen. Zuletzt ist darauf hinzuweisen, dass die Sachverständigenwerte nicht durch den Autor beeinflusst werden können und sich die Problematik der Auswahl und Festlegung der Parameter im Rahmen etwa einer Simulation oder von Matching-Methoden bei dieser Vorgehensweise nicht stellt.

Bisher liegt keine Untersuchung vor, die von Sachverständigen ermittelte Werte mit den steuerlichen Werten des vereinfachten Ertragswertverfahrens vergleicht. Diese Lücke wird von der vorliegenden Untersuchung geschlossen.

Durch diesen Forschungsansatz werden erstmalig bestmögliche Schätzwerte für den Marktwert von KMU verwendet. Da das steuerliche vereinfachte Ertragswertverfahren für die einfache und kostengünstige Bewertung von KMU entwickelt wurde, sind die Steuerwerte mit KMU-Bewertungen zu vergleichen. Die verwendeten Bewertungsgutachten enthalten weiterhin einen Großteil der Informationen, die für die Ermittlung der vereinfachten Ertragswerte notwendig sind. Damit können in der vorliegenden Untersuchung realistische Markt- und Steuerwerte von KMU ermittelt und verwendet werden. Da Gutachter ihre ermittelten Werte häufig mit durch andere Bewertungsverfahren (Multiplikatorverfahren, berufsständische Methoden) bestimmten Werten vergleichen, wird zudem ein indirekter Vergleich zwischen diesen und den Steuerwerten ermöglicht.

1.2 Gang der Untersuchung

Die Arbeit ist in fünf Hauptkapitel gegliedert. Im Anschluss an die in **Kapitel 1** gegebene Themeneinführung und die Formulierung der Zielsetzung wird in **Kapitel 2** eine kurze Darstellung der Entwicklung der Erbschaftsteuer in Deutschland vorgenommen. Den Fokus dieses Kapitels bilden die zurückliegenden verfassungsrechtlichen Probleme der Erbschaftsteuer, welche anhand der Beschlüsse des BVerfG vom 22.06.1995 und vom 07.11.2006 konkretisiert werden. Hieraus lassen sich die Ursachen bzw.

Gründe für die mehrmaligen Erbschaftsteuerreformen und die vom Gesetzgeber vorgenommene Anpassung der Bewertungsmaxime auf die Verkehrswertermittlung ableiten. Das Kapitel schließt mit einer kurzen Darstellung der aktuellen verfassungsrechtlichen Bedenken gegenüber der reformierten Erbschaftsteuer und einem Zwischenfazit.

In **Kapitel 3** wird zunächst ein kurzer Überblick über die Grundlagen der betriebswirtschaftlichen Bewertung von Unternehmen gegeben, indem die Entwicklung der Bewertungslehre und eine kurze Darstellung einzelner Bewertungskonzeptionen vorgenommen werden. Auf dieser Grundlage wird das klassische Ertragswertverfahren in Anlehnung an den IDW S 1 i. d. F. 2008 als Verfahren der betriebswirtschaftlichen Bewertung dargestellt und kritisch analysiert. Schwerpunkt der Analyse bildet die objektivierte Bestimmung des Risikozuschlags bzw. des unternehmensspezifischen Risikos (Betafaktor) anhand des CAPM/Tax-CAPM. Damit einher geht die empirische Untersuchung zum Einfluss des Wochentags auf den Betafaktor, welche die Eignung der in der Unternehmensbewertungspraxis üblicherweise erhobenen Betafaktoren basierend auf Freitags- und Monatsendkursen analysiert und so aufzeigt, dass bereits kleine Veränderungen der (teilweise unbekannten) Parameter zu erheblichen Wertauswirkungen bei der betriebswirtschaftlichen Bewertung führen können. Die gewonnenen Erkenntnisse werden danach kritisch diskutiert und auf ihre externe und interne Validität untersucht. Daran anschließend wird zum einen die erbschaftsteuerliche Bewertungsmethodik untersucht und dargestellt. Hierfür wird zunächst der im Erbschaftsteuerrecht vorgeschriebene Wertmaßstab des gemeinen Werts erläutert, um darauf folgend die erbschaftsteuerliche Bewertungshierarchie detailliert zu analysieren. Zum anderen werden das vereinfachte Ertragswertverfahren und diesem zu Grunde liegende Annahmen und Typisierungen überprüft.

Die in Kapitel 3 durchgeführte Untersuchung der betriebswirtschaftlichen und erbschaftsteuerlichen Bewertung bildet die Grundlage des in **Kapitel 4** vorgenommenen Vergleichs zwischen klassischem und vereinfachtem Ertragswertverfahren. Hierfür wird zunächst eine kurze zusammenfassende Gegenüberstellung des klassischen und des vereinfachten Ertragswertverfahrens vorgenommen, um im direkten Vergleich die Gründe für mögliche Abweichungen in der folgenden Untersuchung herauszustellen. Die sich anschließende empirische Untersuchung beginnt mit einer kurzen Einführung und einer Darstellung der bisherigen datenbasierten Untersuchungen zu diesem Themenbereich. Darauf folgend wird eine detaillierte Darstellung des Untersuchungsdesigns vorgenommen, welches sich aus einer Erklärung der genutzten Datengrundlage, sowie den Hypothesen und dem zur Untersuchung der Hypothesen genutzten Modell zusammensetzt. Die weitergehende Darstellung der Ergebnisse der Analyse wird anhand der unkorrigierten Gutachterwerte vorgenommen und um die Analyse unter Anpassung an die Unternehmensteuerreform 2008 erweitert. Zusätzlich wird die rechtsformspezifische Eignung des vereinfachten Ertragswertverfahrens thematisiert und es werden verschiedene Modifikationen des vereinfachten Ertragswertverfahrens in Bezug auf dessen Eignung zur Bestimmung des Gutachterwertes überprüft. Die empirische Untersuchung schließt mit einer kritischen Analyse der gewonnenen Erkenntnisse in Bezug auf ihre Validität. Hervorzuheben ist hierbei die vorgenommene Analyse in Bezug auf den Einfluss möglicher Ausreißer auf die Untersuchungsergebnisse.

Die Arbeit schließt in **Kapitel 5** mit einer kurzen Zusammenfassung der Ergebnisse und einem Ausblick.

2 Entwicklung der Erbschaftsteuer

2.1 Entwicklung und steuersystematische Einordnung der Erbschaft- und Schenkungsteuer

Die Erbschaftsteuer gehört zu den ältesten bekannten Steuern und wurde bereits als Besitzwechselabgabe im alten Ägypten erhoben.[22] In Deutschland wurde im Zuge der damaligen Reichsfinanzreform durch das Reichserbschaftsteuergesetz vom 03.06.1906 zum ersten Mal eine einheitliche Erbschaftsteuer erlassen.[23] In der Folge war die deutsche Erbschaftsteuer von erheblichen verfassungsrechtlichen Problemen und Reformen gekennzeichnet.[24] Eine wesentliche Anapassung des Erbschaftsteuerrechts wurde in Deutschland durch die „große Steuerreform" im Jahr 1974 vorgenommen, welche durch eine Erhöhung der Freibeträge und der Steuersätze eine Entlastung von kleinen Vermögen und eine stärkere Belastung von größeren Vermögen erreichen sollte.[25] Als weitere wesentliche Neugestaltung ist die durch das JStG 1997 vorgenommene Reform der Erbschaftsteuer anzusehen,[26] welche auf das Urteil des BVerfG vom 22.06.1995 zurückgeht.[27] In diesem erklärte das BVerfG die Erbschaftsteuer aufgrund der uneinheitlichen Bewertung verschiedener Vermögenskategorien als verfassungswidrig.[28] In der Folge erklärte das BVerfG[29] bereits 2006 das Erbschaftsteuerrecht nochmals für verfassungswidrig und begründete dies wiederum mit den erheblichen Wertabweichungen zwischen einzelnen Vermögensklassen.[30] Aus diesem Grund wurde durch die Erbschaftsteuerreform 2009[31] eine Veränderung der Bewertungs- und Begünstigungsregelungen vorgenommen. Vorherrschende Bewertungsmaxime des neuen Erbschaftsteuerrechts ist nun, konform mit der Vorgabe des Bundesverfassungsgerichts, die Bewertung des Vermögens zum gemeinen Wert.

Steuersystematisch erfasst die Erbschaft- und Schenkungssteuer eine substanzielle Vermögensbewegung, welche mit einem Wechsel der personellen Eigentumsverhält-

---

22 Vgl. *Gebel, D.*, Einführung, 2011, S. 14a, Tz. 60. Auch im alten Rom war bereits eine Erbschaftsteuer vorhanden. Vgl. *Meincke, J. P.*, Erbschaftsteuer und Zivilrecht, 1978, S. 353.

23 Vgl. *Viskorf, H.-U.*, Einführung, 2009, S. 31, Tz. 6.

24 Vgl. *Viskorf, H.-U.*, Einführung, 2009, S. 31 f., Tz. 6-8. Vgl. ausführlicher zur Entwicklung der Erbschaftsteuer in Deutschland *Gebel, D.*, Einführung, 2011, S. 15-37, Tz. 63-143.

25 Vgl. *Meincke, J. P.*, Erbschaftsteuer- und Schenkungsteuergesetz, 2009, S. 12 f., Tz. 14.

26 JStG 1997, BGBl, 1996, S. 2049–2081.

27 Vgl. BVerfG, 22.06.1995, 2 BvR 552/91.

28 Vgl. dazu weiterführend Kapitel 2.2.1 dieser Arbeit.

29 Vgl. BVerfG, 07.11.2006, 1 BvL 10/02.

30 Vgl. dazu weiterführend Kapitel 2.2.2 dieser Arbeit.

31 Vgl. Gesetz zur Reform des Erbschaftsteuer- und Bewertungsrechts vom 24.12.2008 (ErbStRG), BGBl, 2008, S. 3018–3082.

nisse einhergeht.[32] Als Steuertatbestand begreift das Erbschaftsteuerrecht in Deutschland den Übergang von Vermögen aufgrund des Todes einer natürlichen Person, die Schenkung unter Lebenden, Zweckzuwendungen und als Erbersatzsteuer wird die Besteuerung von Familienstiftungen oder Familienvereinen vorgenommen.[33] Die deutsche Erbschaftsteuer ist dabei als Erbanfallsteuer ausgestaltet und besteuert die Bereicherung des Erben und nicht den Wert des Nachlasses des Erblassers. Die europäische Ausgestaltung lässt sich anhand von Abbildung 1 erkennen und zeigt, dass die Erbanfallsteuer das vorherrschende System in Europa ist.[34]

	Land	Rechtsstand 1999	Rechtsstand 2005	Rechtsstand 2010
1	**Belgien**[35]	Erbanfallsteuer/Nachlasssteuer	Erbanfallsteuer/Nachlasssteuer	Erbanfallsteuer/Nachlasssteuer
2	**Bulgarien**			Erbanfallsteuer
3	**Dänemark**[36]	Nachlasssteuer/Erbanfallsteuer	Nachlasssteuer/Erbanfallsteuer	Nachlasssteuer/Erbanfallsteuer
4	**Deutschland**	Erbanfallsteuer	Erbanfallsteuer	Erbanfallsteuer
5	**Estland**		keine Erbschaftsteuer	keine Erbschaftsteuer
6	**Finnland**	Erbanfallsteuer	Erbanfallsteuer	Erbanfallsteuer
7	**Frankreich**	Erbanfallsteuer	Erbanfallsteuer	Erbanfallsteuer
8	**Griechenland**	Erbanfallsteuer	Erbanfallsteuer	Erbanfallsteuer
9	**Irland**	Erbanfallsteuer	Erbanfallsteuer	Erbanfallsteuer
10	**Italien**	Erbanfallsteuer	keine Erbschaftsteuer	Erbanfallsteuer
11	**Lettland**		keine Erbschaftsteuer	keine Erbschaftsteuer
12	**Litauen**		Erbanfallsteuer	Erbanfallsteuer
13	**Luxemburg**[37]	Erbanfallsteuer/Nachlasssteuer	Erbanfallsteuer/Nachlasssteuer	Erbanfallsteuer/Nachlasssteuer
14	**Malta**	keine Erbschaftsteuer	keine Erbschaftsteuer	keine Erbschaftsteuer
15	**Niederlande**	Erbanfallsteuer	Erbanfallsteuer	Erbanfallsteuer
16	**Österreich**	Erbanfallsteuer	Erbanfallsteuer	keine Erbschaftsteuer
17	**Polen**		Erbanfallsteuer	Erbanfallsteuer
18	**Portugal**[38]	Erbanfallsteuer	keine Erbschaftsteuer	keine Erbschaftsteuer
19	**Rumänien**			Erbanfallsteuer
20	**Schweden**	Erbanfallsteuer	keine Erbschaftsteuer	keine Erbschaftsteuer
21	**Slowakei**		keine Erbschaftsteuer	keine Erbschaftsteuer
22	**Slowenien**		Erbanfallsteuer	Erbanfallsteuer
23	**Spanien**	Erbanfallsteuer	Erbanfallsteuer	Erbanfallsteuer
24	**Tschechische Republik**		Erbanfallsteuer	Erbanfallsteuer
25	**Ungarn**		Erbanfallsteuer	Erbanfallsteuer
26	**Vereinigtes Königreich**	Nachlasssteuer	Nachlasssteuer	Nachlasssteuer
27	**Zypern**	keine Erbschaftsteuer	keine Erbschaftsteuer	keine Erbschaftsteuer

Abbildung 1: Entwicklung der Erbschaftsteuer in der Europäischen Union[39]

32 Vgl. *Gebel, D.*, Einführung, 2011, S. 1, Tz. 1.

33 Vgl. *Rose, G./Watrin, C.*, Erbschaftsteuer, 2009, S. 25-40; *Viskorf, H.-U.*, Einführung, 2009, S. 29, Tz. 1.

34 Vgl. *Watrin, C./Kappenberg, C.*, Internationale Besteuerung, 2010, S. 547.

35 Umfang der Steuerpflicht richtet sich nach dem Wohnsitz des Erblassers. Vgl. ausführlicher, *Jülicher, M., ErbStG § 21, 2011*, Tz. 93.

36 Nachlass- und Erbanfallsteuer bestehen teilweise nebeneinander. So wird der Wert des Nettovermögens des Erblassers mit der Erbschaftsteuer (boagift) belegt, der Übergang von Vermögenswerten auf einen nicht nahen Angehörigen wiederum mit einer zusätzlichen Steuer (tillægsboagift).

37 Bei in Luxemburg wohnhaften Erblassern fällt Erbanfallsteuer auf das gesamte Vermögen an, bei Nichtansässigen wird Nachlasssteuer auf inländisches Vermögen erhoben.

38 Für Personen, die nicht Ehegatten und direkte Verwandte in auf- und absteigender Linie sind, wird eine sog. Stempelsteuer (*Imposto de Selo*) erhoben.

Ihrem rechtlichen Charakter nach handelt es sich damit um eine Verkehrssteuer auf unentgeltliche Vermögensübergänge.[40] Weiterhin kann die Erbschaftsteuer auch als Personensteuer abgegrenzt werden, da sie auf der gesteigerten Leistungsfähigkeit des Erben beruht.[41] Aufgrund ihrer starken Bindung an das Bewertungsrecht kann sie zudem den Substanzsteuern zugeordnet werden.[42]

Zu beachten ist weiterhin, dass es sich bei der Schenkungsteuer um keine eigene Steuer handelt, sondern diese nur als eine Unterart bzw. notwendige Ergänzung der Erbschaftsteuer anzusehen ist, welche das Ziel hat, die Umgehung der Erbschaftsteuer durch Vermögensübertragungen unter Lebenden zu verhindern.[43] Aus diesem Grund gelten sämtliche Vorschriften des Erbschaftsteuergesetzes, soweit nicht explizit etwas anderes bestimmt ist, auch für Schenkungen. In der vorliegenden Arbeit wird daher für die „Erbschaft- und Schenkungsteuer" nur der Begriff der „Erbschaftsteuer" verwendet.

2.2 Verfassungsrechtliche Problematik des Erbschaftsteuerrechts

Wie bereits kurz in Kapitel 2.1 dargestellt, ist das deutsche Erbschaftsteuerrecht in hohem Maße durch die Entscheidungen des BVerfG beeinflusst worden.[44] Als wesentliche Anforderungen an die Erbschaftsteuer hat das BVerfG den Gleichheitsgrundsatz (Art. 3 Abs. 1 GG), die Erbrechtsgarantie (Art. 14 Abs. 1 Satz 2 GG) und den besonderen Schutz von Ehe und Familie festgelegt.[45] Da insbesondere der Gleichheitsgrundsatz für die Bewertung von Unternehmen von besonderer Relevanz ist, wird im Folgenden eine kurze Darstellung der wesentlichen Entscheidungen des BVerfG zur Verfassungsmäßigkeit der Erbschaftsteuer vorgenommen.

2.2.1 Beschluss des Bundesverfassungsgerichts vom 22.06.1995

Der Beschluss des BVerfG vom 22.06.1995[46] geht auf den Vorlagebeschluss des BFH vom 20.02.1991[47] zurück und prüft die Verfassungsmäßigkeit des § 12 Abs. 1 und 2

---

39 Quelle: *Watrin, C./Kappenberg, C.*, Besteuerung von Vermögensnachfolgen, 2011, S. 112. Soweit in einigen Jahren keine Systematisierung eines Landes vorgenommen wurde, waren keine Daten über die Form der Erbschaftsteuererhebung verfügbar.

40 Vgl. *Rose, G./Watrin, C.*, Erbschaftsteuer, 2009, S. 19. A. A. *Gebel, D.*, Einführung, 2011, S. 1a, Tz. 3.

41 Vgl. *Gebel, D.*, Einführung, 2011, S. 1a, Tz. 3.

42 Vgl. *Rose, G./Watrin, C.*, Erbschaftsteuer, 2009, S. 19.

43 Vgl. *Viskorf, H.-U.*, Einführung, 2009, S. 30, Tz. 4; *Gebel, D.*, Einführung, 2011, S. 1, Tz. 1.

44 So auch *Rose, G./Watrin, C.*, Erbschaftsteuer, 2009, S. 21.

45 Vgl. *Felix, G.*, Vermögens- und Erbschaftsbesteuerung, 1995, S. 2241; *Wilms, H.*, Einführung, 2009, S. 18a-18b, Tz. 55.

46 Vgl. BVerfG, 22.06.1995, 2 BvR 552/91.

47 Vgl. BFH, 20.02.1991, II R 18/90.

ErbStG i. d. F. vom 19.02.1991. In seinem Beschluss erklärte das BVerfG diese Regelung mit Art. 3 Abs. 1 GG für unvereinbar, da § 12 Abs. 1 und 2 ErbStG i. d. F. vom 19.02.1991 auf die Regeln des Bewertungsgesetzes verweist, welche Kapitalvermögen (festverzinsliche Wertpapiere und Aktien) zu Gegenwartswerten ansetzt, obwohl Grundbesitz zu Vergangenheitswerten des zum 01.01.1964 festgestellten Einheitswerts bewertet wird.[48] Aufgrund dieser Ungleichbehandlung fordert das BVerfG für die einzelnen dem Steuerzugriff unterliegenden wirtschaftlichen Einheiten und Wirtschaftsgüter Bemessungsgrundlagen, die deren Werte in ihrer Relation realitätsgerecht abbilden.[49] Damit verlangt das Gericht nicht, dass die Verkehrswerte an die Stelle der bisherigen Grundstückseinheitswerte treten müssen, also dass das Wertniveau exakt ermittelt wird.[50] Das BVerfG begehrt insoweit lediglich, dass die einzelnen Vermögensarten - z. B. Geldvermögen oder Grundstücke - mit einem Wert herangezogen werden, der, wenn nicht der Verkehrswert angesetzt wird, für alle Vermögensarten im selben Prozentsatz vom Verkehrswert abweicht.[51] Damit fordert es, dass die einzelnen Wirtschaftsgüter in gleicher Relation bewertet werden, verzichtet jedoch auf die explizite Nennung eines Wertmaßstabs zur Bewertung im Erbschaftsteuerrecht.[52] Gleichwohl geht das BVerfG von einer Erhöhung der Grundstückswerte aus und weist darauf hin, dass der Gesetzgeber bei der Neuordnung zu beachten habe, dass sich die Gesamtbelastung aus Bemessungsgrundlage und Steuersatz ergibt und daher die Steuersätze im Kontext der erbschaftsteuerlichen Bemessungsgrundlage festzulegen sind.[53] Daraus könnte zumindest indirekt abgeleitet werden, dass das BVerfG eine Orientierung der Bewertung am Verkehrswert anstrebt und diese durch eine Reduktion der Steuersätze kompensiert werden soll.[54] Hieraus wird deutlich, dass die Bewertung und damit die Ermittlung der Höhe der Bereicherung des Erwerbers ein zentrales Problem des Erbschaftsteuerrechts war und, wie sich aus den folgenden Kapiteln ergeben wird, noch ist.

Weiterhin hat sich das BVerfG dazu geäußert,[55] dass dem Betriebsvermögen eine Sonderstellung im Rahmen der Erbschaftsteuer zukommt.[56] Dabei nennt das BVerfG explizit *mittelständische Unternehmen* und führt aus, dass der Gesetzgeber bei der Ge-

[48] Vgl. BVerfG, 22.06.1995, 2 BvR 552/91, S. 166.
[49] Vgl. *Wittmann, R.*, Einheitswert-Entscheidungen, 1995, S. 1934.
[50] Vgl. *Heilmann, A.*, Erbschaft- und Schenkungsteuerrecht, 2010, S. 16.
[51] Vgl. *Jebens, C. T.*, Erbschaft- und Schenkungsteuer, 1995, S. 2085.
[52] Vgl. *Krüger, D.* u. a., Einheitswerte, 1995, S. 1456.
[53] Vgl. *Krüger, D.* u. a., Einheitswerte, 1995, S. 1456.
[54] Vgl. *Krüger, D.* u. a., Einheitswerte, 1995, S. 1456.
[55] Vgl. hier und im Folgenden BVerfG, 22.06.1995, 2 BvR 552/91, S. 175.
[56] Vgl. *Jebens, C. T.*, Erbschaft- und Schenkungsteuer, 1995, S. 2086.

staltung der Steuerlast zu berücksichtigen hat, dass diese durch zusätzliche finanzielle Belastungen, wie sie durch die Erbschaftsteuer auftreten, gefährdet werden können.[57] Da sie in besonderer Weise gemeinwohlgebunden und gemeinwohlverpflichtet sind, folgert das BVerfG, dass die Verfügbarkeit über den Betrieb und einzelne dem Betrieb zugehörige Wirtschaftsgüter beschränkter als bei betrieblich ungebundenem Vermögen ist.[58] Ob dieser Umstand im Rahmen der Bewertung oder durch spezielle Verschonungsregelungen erfolgen soll, wird vom BVerfG nicht weiter konkretisiert. Damit umgeht das BVerfG die Festlegung eines einheitlichen Wertmaßstabs.

Neben der Feststellung der Sonderstellung des mittelständischen Vermögens und der Festlegung, dass die einzelnen Wirtschaftsgüter in gleicher Relation bewertet werden müssen, äußerte sich das BVerfG auch zur Erbrechtsgarantie (Art. 14 GG). Zunächst führt es aus, dass die Erbrechtsgarantie nicht das (unbedingte) Recht den gegebenen Eigentumsbestand von Todes wegen ungemindert auf Dritte zu übertragen garantiert. Allerdings ist nach Auffassung des BVerfG der erbschaftsteuerliche Zugriff des Staates bei Familienangehörigen im Sinne der Steuerklasse I derart zu ermäßigen, dass jedem dieser Steuerpflichtigen der jeweils auf ihn überkommene Nachlass - je nach dessen Größe - zumindest zum deutlich überwiegenden Teil oder, bei kleineren Vermögen, völlig steuerfrei zugutekommt.[59] Im Kontext der Bewertung führt das BVerfG weiter aus, dass falls der Erbschaftsteuer realitätsnahe Gegenwartswerte für Grundstücke zu Grunde gelegt werden sollten, es notwendig ist, den Betrag des Nachlasswertes, der dem oder den Erben der Steuerklasse I ungeschmälert verbleiben muss, entsprechend freizustellen.[60]

Im Ergebnis kam es daher zu einer Reformierung der Erbschaftsteuer durch das JStG 1997[61], im Zuge dessen als wesentlicher Punkt die realitätsnähere bzw. gegenwartsnahe Bewertung von Grundvermögen eingeführt wurde.[62] Weiterhin wurde zur Kompensation der Höherbewertung von Grundvermögen eine Erhöhung der Freibeträge für

57 *Felix* schlägt für die Abgrenzung mittelständischer Unternehmen von Großunternehmen vor, dieses in Anlehnung an § 267 Abs. 1 und 2 HGB a. F. vorzunehmen. Vgl. *Felix, G.*, Vermögens- und Erbschaftsbesteuerung, 1995, S. 2243. Demgegenüber wird etwa von *Jebens* die Meinung vertreten, dass aufgrund der mangelnden Abgrenzung durch das BVerfG selbst, alle Unternehmen von dieser Entlastung profitieren müssen. Vgl. *Jebens, C. T.*, Erbschaft- und Schenkungsteuer, 1995, S. 2086.

58 Eine ähnliche Betrachtungsweise findet sich auch in § 13 Abs. 2a ErbStG a. F. Vgl. *Wittmann, R.*, Einheitswert-Entscheidungen, 1995, S. 1936. Vgl. detailliert dazu *Jebens, C. T.*, Erbschaft- und Schenkungsteuer, 1995, S. 2068 f.

59 Vgl. BVerfG, 22.06.1995, 2 BvR 552/91, S. 175.

60 Vgl. BVerfG, 22.06.1995, 2 BvR 552/91, S. 175.

61 Vgl. JStG 1997, BGBl, 1996, S. 2049–2081.

62 Vgl. *Viskorf, H.-U.*, Einführung, 2009, S. 33, Tz. 13.

Ehegatten und Kinder vorgenommen.[63] Für Betriebsvermögen wurden ein spezieller Freibetrag und ein Bewertungsabschlag für Betriebsvermögen eingeführt. Zudem kam es unabhängig vom Verwandtschaftsverhältnis zur Anwendung der Steuerklasse I bei Übertragung von Betriebsvermögen.[64] Gleichwohl endete mit der Erbschaftsteuerreform 1997 nicht die Diskussion um deren Verfassungswidrigkeit, insbesondere wurde weiterhin angezweifelt, ob es zu einer gleichmäßigen Bewertung kommt.[65]

2.2.2 Beschluss des Bundesverfassungsgerichts vom 07.11.2006

Bereits 2002 legt der BFH mit Beschluss vom 22.05.2002 dem BVerfG das ErbStG i. d. F. des JStG 1997 zur Überprüfung der Verfassungsmäßigkeit vor.[66] Er begründete die Vorlage damit, dass § 19 Absatz 1 ErbStG i. d. F. des JStG 1997 i. V. m. § 10 Abs. 1 Sätze 1 und 2, Abs. 6 Satz 4 ErbStG, § 12 ErbStG sowie §§ 13a, 19a ErbStG, dabei § 12 ErbStG i. V. m. den in dieser Vorschrift in Bezug genommenen Vorschriften des BewG, gegen den Gleichheitsgrundsatz (Art. 3 Abs. 1 GG) verstoßen. Er begründete dies weiter damit, dass die Vorschriften zur Ermittlung der Steuerbemessungsgrundlage beim Betriebsvermögen, bei den Anteilen an Kapitalgesellschaften sowie beim Grundbesitz (einschließlich des land- und forstwirtschaftlichen Vermögens) gleichheitswidrig ausgestaltet seien.[67] Vereinfacht ausgedrückt bedeutet dies, dass der Senat die Anwendung eines einheitlichen Steuertarifs auf alle Erwerbsvorgänge für verfassungswidrig hält, da die Vorschriften zur Ermittlung der Steuerbemessungsgrundlage beim Betriebsvermögen, bei den Anteilen an Kapitalgesellschaften sowie beim Grundbesitz nicht einheitlich ausgestaltet sind.[68] Damit greift der BFH wiederum das wesentliche Problem der Erbschaftsteuer, also die Bewertung, welche bereits 1995 zur Verfassungswidrigkeit führte, auf.

2006 schloss sich das BVerfG[69] mit Beschluss vom 7.11.2006 im Wesentlichen den Einwendungen des BFH an und erklärte das ErbStG i. d. F. des JStG 1997 für verfassungswidrig. Es bezog sich dabei zum einen darauf, dass die Besteuerung beim Erwerber unabhängig von der jeweiligen Vermögensart mit einem einheitlichen Steuersatz gem. § 19 Abs. 1 ErbStG erfolgte und die Bewertung von wesentlichen Gruppen von

---

63 Vgl. *Viskorf, H.-U.*, Einführung, 2009, S. 33, Tz. 14.
64 Vgl. *Rose, G./Watrin, C.*, Erbschaftsteuer, 2009, S. 22.
65 Vgl. *Rose, G./Watrin, C.*, Erbschaftsteuer, 2009, S. 22. Bereits 1997 kritisch zur Reformierung der Erbschaftsteuer durch das JStG 1997 *Seer, R.*, Erbschaft- und Schenkungsteuer, 1997, S. 283-298.
66 Vgl. BFH, 22.05.2002, II R 61/99, S. 372-388.
67 Vgl. BFH, 22.05.2002, II R 61/99, S. 372.
68 Vgl. BFH, 22.05.2002, II R 61/99, S. 373.
69 Vgl. BVerfG, 07.11.2006, 1 BvL 10/02, S. 235-250.

Vermögensarten nicht einheitlich ausgestaltet war. Die Kernelemente der Entscheidung verdeutlichen nochmals die zwei folgenden Leitsätze:

1. *„Die durch § 19 Abs. 1 ErbStG angeordnete Erhebung der Erbschaftsteuer mit einheitlichen Steuersätzen auf den Wert des Erwerbs ist mit dem Grundgesetz unvereinbar, weil sie an Steuerwerte anknüpft, deren Ermittlung bei wesentlichen Gruppen von Vermögensgegenständen (Betriebsvermögen, Grundvermögen, Anteilen an Kapitalgesellschaften und land- und forstwirtschaftlichen Betrieben) den Anforderungen des Gleichheitssatzes aus Art. 3 Abs. 1 GG nicht genügt.*

2. *a) Die Bewertung des anfallenden Vermögens bei der Ermittlung der erbschaftsteuerlichen Bemessungsgrundlage muss wegen der dem geltenden Erbschaftsteuerrecht zugrunde liegenden Belastungsentscheidung des Gesetzgebers, den durch Erbfall oder Schenkung anfallenden Vermögenszuwachs zu besteuern, einheitlich am gemeinen Wert als dem maßgeblichen Bewertungsziel ausgerichtet sein. Die Bewertungsmethoden müssen gewährleisten, dass alle Vermögensgegenstände in einem Annäherungswert an den gemeinen Wert erfasst werden.*

2. *b) Bei den weiteren, sich an die Bewertung anschließenden Schritten zur Bestimmung der Steuerbelastung darf der Gesetzgeber auf den so ermittelten Wert der Bereicherung aufbauen und Lenkungszwecke, etwa in Form zielgenauer und normenklarer steuerlicher Verschonungsregelungen, ausgestalten."*[70]

Damit stellt das BVerfG zwei wesentliche Punkte für die neue verfassungskonforme Ausgestaltung des Erbschaftsteuerrechts heraus.[71] Zum einen verlangt es einen einheitlichen Bewertungsmaßstab für alle Vermögenskategorien, zum anderen eine Trennung von Bewertungs- und Begünstigungsebene. Dabei konkretisiert das BVerfG den Wertmaßstab als den gemeinen Wert (Verkehrswert),[72] lässt dem Gesetzgeber allerdings die Wahl der Wertermittlungsmethoden.[73] Das BVerfG schränkt das Methodenwahlrecht jedoch in der Weise ein, dass die Bewertung den Anforderungen des Art 3 GG gerecht werden muss und daher Wertermittlungsmethoden zur Anwendung kom-

---

[70] BVerfG, 07.11.2006, 1 BvL 10/02, S. 235.

[71] Vgl. *Wachter, T.*, Erleichterung der Unternehmensnachfolge, 2007, S. 577. Bezieht man die Frist zur Änderung des ErbStG mit ein, wird auch von drei Kernaussagen gesprochen. So etwa *Heilmann, A.*, Erbschaft- und Schenkungsteuerrecht, 2010, S. 18.

[72] Vgl. zur genauen Definition des gemeinen Werts und zur Übereinstimmung mit dem Verkehrswert Kapitel 3.3.1 dieser Arbeit.

[73] Vgl. BVerfG, 07.11.2006, 1 BvL 10/02, S. 241, Tz. 109bb.

men müssen, die zumindest einen Annäherungswert an den gemeinen Wert gewährleisten.[74]

Auf der ersten Ebene sind daher weder außerfiskalische Förderungs- noch Lenkungszwecke erlaubt, da deren Berücksichtigung direkt zu einem Abweichen vom Verkehrswert führen würde.[75] Erst auf der folgenden zweiten Ebene darf der Gesetzgeber Lenkungszwecke verfolgen und bestimmte Vermögenskategorien entlasten.[76] Dabei weist das Gericht ausdrücklich darauf hin, dass bei Vorliegen ausreichender Gemeinwohlgründe der Erwerb bestimmter Vermögensgegenstände auch sehr weitgehend begünstigt werden kann.[77] Einschränkend führt das BVerfG jedoch aus, dass diese Normen den allgemein für Regelungen zur außerfiskalischen Lenkung oder Förderung geltenden verfassungsrechtlichen Anforderungen genügen müssen. Dabei konkretisiert es diese, indem es darlegt, dass 1) die Lenkungszwecke von erkennbaren gesetzgeberischen Entscheidungen getragen, 2) der Kreis der Begünstigten sachgerecht abgegrenzt und 3) die Lenkungszwecke gleichheitsgerecht ausgestaltet sein müssen. Weiterhin ist es erforderlich, dass die Begünstigungswirkungen zielgenau und innerhalb des Begünstigtenkreises gleichmäßig eintreten.[78] Bei der Ausgestaltung der Begünstigung ist damit allgemein zu beachten: Je größer die Steuerverschonung, umso größer sind die Anforderungen an die Gemeinwohlklausel und ihre Rechtfertigung. Damit unterliegen die Lenkungsnormen letztlich dem Verhältnismäßigkeitsgrundsatz.[79]

Für die Bewertung von Unternehmen ergeben sich aus dem Beschluss folgende wesentliche Veränderungen. Betriebsvermögen, welches bisher zu Steuerbilanzwerten bewertet wurde, muss nun zum gemeinen Wert bewertet werden. Hierzu stellt das BVerfG eindeutig klar, dass die Übernahme von Steuerbilanzwerten nur rein zufällig zum gemeinen Wert führt und daher abzulehnen ist.[80] Ähnlich äußert es sich auch zu Kapitalgesellschaften, welche bisher gemäß dem Stuttgarter Verfahren[81] bewertet

---

74 Vgl. BVerfG, 07.11.2006, 1 BvL 10/02, S. 241 f., Tz. 110.

75 Vgl. BVerfG, 07.11.2006, 1 BvL 10/02, S. 241, Tz. 107.

76 Vgl. *Crezelius, G.*, Erbschaft- und Schenkungsteuer, 2007, S. 419.

77 Vgl. BVerfG, 07.11.2006, 1 BvL 10/02, S. 251, Tz. 201.

78 Vgl. BVerfG, 07.11.2006, 1 BvL 10/02, S. 251, Tz. 201. *Crezelius* hält in diesem Zusammenhang fest, dass bei einer Begünstigung daher die folgenden Kriterien zu beachten sind: zielgenaue Abgrenzung, sachgerechte Abgrenzung, Verschonung aus Gründen des Gemeinwohls. Vgl. *Crezelius, G.*, Erbschaft- und Schenkungsteuer, 2007, S. 420. *Seer, R.*, Erbschaftsteuer, 2007, S. 106 führt dagegen 5 Anforderungen für die verfassungskonforme Ausgestaltung der Begünstigung an. Dabei ist der detaillierteren Differenzierung nach *Seer* der Vorzug zu geben.

79 Vgl. *Seer, R.*, Erbschaftsteuer, 2007, S. 106; *Viskorf, H.-U.*, Verfassungsrechtliche Fragen der Erbschaftsteuer, 2007, S. 628.

80 Vgl. BVerfG, 07.11.2006, 1 BvL 10/02, S. 243, Tz. 124 bb.

81 Vgl. detailliert zum Stuttgarter Verfahren *Watrin, C.*, Erbschaftsteuerplanung internationaler Familienunternehmen, 1997, S. 62-64; *Moxter, A.*, Grundsätze ordnungsmäßiger Unternehmensbe-

wurden. Das BVerfG stellt in diesem Zusammenhang fest, dass trotz der Berücksichtigung der Ertragsaussichten im Stuttgarter Verfahren Steuerwerte die Basis der Wertermittlung bilden und der Wert im Durchschnitt deutlich unter dem gemeinen Wert liegt.[82] Damit scheidet das Stuttgarter Verfahren für die Bewertung von Unternehmen aus. Das BVerfG führt weiter aus, dass es für die Bewertung von Unternehmen keine alleinige Methode gibt, allerdings grundsätzlich die Ertragswertmethode für die Bewertung von Unternehmen vorherrschend ist.[83] Damit gibt das BVerfG dem Gesetzgeber eine Neukonzeption der Bewertung vor, welche am Bewertungsmaßstab des gemeinen Werts ausgerichtet werden muss.

2.3 Grundlagen des Erbschaftsteuerreformgesetzes 2009

Aufgrund der vorgenannten Entscheidung des BVerfG vom 07.11.2006 war es Aufgabe des Gesetzgebers, das Erbschaftsteuerrecht so anzupassen, dass eine Trennung zwischen Bewertung und Begünstigung realisiert würde. Dies hat der Gesetzgeber umgesetzt, indem er auf der ersten Ebene (Bewertungsebene) die Bewertung der Vermögensgegenstände zum gemeinen Wert etabliert hat und erst auf der zweiten Ebene (Verschonungsebene) eine Begünstigung der jeweiligen Vermögensgenstände vornimmt.

Bei Unternehmen wurde diese Vorgabe umgesetzt (§ 11 Abs. 1 und 2 BewG), indem eine detaillierte Bewertungshierarchie vorgegeben wurde.[84] Für börsennotierte Gesellschaften ist der Börsenkurs als gemeiner Wert festgelegt worden (§ 11 Abs. 1 BewG). Bei Betriebsvermögen und nicht börsennotierten Kapitalgesellschaften ist der gemeine Wert, soweit vorhanden, aus Verkäufen unter fremden Dritten abzuleiten, die weniger als ein Jahr zurückliegen (§ 11 Abs. 2 Satz 2 BewG, § 109 Abs. 2 Satz 2 BewG). Kann der Wert nicht aus Verkäufen unter fremden Dritten abgeleitet werden, ist eine Bewertung unter Berücksichtigung der Ertragsaussichten oder einer anderen anerkannten, auch im gewöhnlichen Geschäftsverkehr für nichtsteuerliche Zwecke üblichen Methode vorzunehmen (§ 11 Abs. 2 Satz 2 BewG). Zusätzlich hat der Gesetzgeber gemäß das sogenannte vereinfachte Ertragswertverfahren (§§ 199-203 BewG) eingeführt, um dem Steuerpflichtigen eine einfache und kostengünstige Möglichkeit der Wertermitt-

wertung, 1983, S. 65-73; *Müller, J.*, Unternehmensbewertung, 2008, S. 7-14; *Heilmann, A.*, Erbschaft- und Schenkungsteuerrecht, 2010, S. 104-111; *Ballwieser, W.*, Unternehmensbewertung, 2011, S. 203 f.

82 Vgl. BVerfG, 07.11.2006, 1 BvL 10/02, S. 248, Tz. 176.

83 Vgl. BVerfG, 07.11.2006, 1 BvL 10/02, S. 242, Tz. 115a. Die DCF-Verfahren stellt das Gericht dabei der Ertragswertmethode gleich.

84 Vgl. zur Bewertungshierarchie und dem Rangverhältnis der Bewertungsmethoden ausführlich Kapitel 3.3.2 dieser Arbeit.

lung zu bieten. Der Wert des Unternehmens ergibt sich dabei vereinfacht dargestellt aus dem Durchschnitt der letzten drei korrigierten (rechtsformneutraler Ertragsteueraufwand, Unternehmerlohn, etc.) Betriebsergebnisse der Vergangenheit, welche mittels eines jährlich bekanntgegebenen Basiszinssatzes zzgl. eines fixierten Risikozuschlags diskontiert werden. Diese Konzeption entspricht damit einem unendlichen Rentenmodell. Wertuntergrenze bildet grundsätzlich der gemeine Wert der einzelnen Wirtschafsgüter und Schulden des Unternehmens (§ 11 Abs. 2 Satz 3 BewG).[85]

Auf der zweiten Ebene nimmt der Gesetzgeber im Rahmen der von ihm verfolgten Förderungs- und Lenkungszwecke eine Verschonung des Unternehmensvermögens vor. Das begünstigte Vermögen (§ 13b ErbStG)[86] wird gemäß § 13a ErbStG in Höhe von 85 % bzw. 100 % von der Erbschaftsteuer ausgenommen. Der Umfang der Verschonung richtet sich dabei nach der Wahl der Verschonungsart. Im Wege der Regelverschonung (§ 13a Abs. 1 und 4 ErbStG) wird ein Abschlag von 85 % gewährt. Dabei muss der Anteil des Verwaltungsvermögens unter 50 % liegen (§ 13b Abs. 2 ErbStG) und das Unternehmen für fünf Jahre im Besitz des Erwerbers verbleiben (§ 13a Abs. 5 ErbStG). Zudem setzt die Regelverschonung voraus, dass die Summe der maßgebenden jährlichen Lohnsummen innerhalb von fünf Jahren nach dem Erwerb (Lohnsummenfrist) insgesamt 400 Prozent der Ausgangslohnsumme nicht unterschreitet (Mindestlohnsumme) (§ 13a Abs. 1 ErbStG). Neben dieser prozentualen Freistellung des Erwerbs bleibt gemäß § 13a Abs. 2 ErbStG ein Betrag von maximal 150.000 € außer Ansatz, soweit dieser Betrag 150.000 € nicht überschreitet. Danach erfolgt ein gleitender Abzug (aliquote Reduktion).[87] Die Optionsverschonung stellt stärkere Anforderungen und führt zu einer vollkommenen Freistellung des Vermögens (§ 13a Abs. 8 ErbStG). So darf der Anteil des Verwaltungsvermögens nur noch bei 10 % liegen, weiterhin kommt es zu einer Verlängerung der Behaltens- und Lohnsummenfrist auf sieben Jahre. Die Summe der maßgebenden jährlichen Lohnsummen muss zudem insgesamt 700 Prozent der Ausgangslohnsumme betragen. Auf eine weitergehende Dar-

---

85 Für die Bewertung von anderen Vermögenskategorien wie Grundvermögen, Immobilien, etc. vgl. weiterführend *Drosdzol, W.-D.*, Grundvermögen, 2009, S. 7-10; *Spengel, C./Elschner, C.*, Bewertung von Betriebsvermögen, 2008, S. 412-414; *Drosdzol, W.-D.*, Immobilienwertermittlungsverordnung, 2010, S. 403-404; *Pauli, R.*, Immobilien, 2011, S. 277-283; *Cölln, T. von*, Forstwirtschaftliches Vermögen, 2011, S. 182-186; *Hutmacher, P.*, Land- und forstwirtschaftliches Vermögen, 2008, S. 22-27.

86 Vgl. detailliert zur Abgrenzung des begünstigten Vermögens weiterführend *Rose, G./Watrin, C.*, Erbschaftsteuer, 2009, S. 63-65; *Viskorf, S.*, ErbStG § 13b, 2009, S. 590-651.

87 Vgl. zur Berechnung des Abzugsbetrags *Rose, G./Watrin, C.*, Erbschaftsteuer, 2009, S. 67.

stellung der durch die Erbschaftsteuerreform 2009 durchgeführten Änderungen wird aufgrund des Themas dieser Arbeit verzichtet.[88]

Insgesamt ist daher festzuhalten, dass die Neukonzeption der Bewertungs- und Verschonungsregelungen den Schwerpunkt der Erbschaftsteuerreform 2009 bilden.[89]

2.4 Verfassungsmäßigkeit des aktuellen Erbschaftsteuerrechts

Noch vor Inkrafttreten des neuen Erbschaftsteuergesetzes wurden zahlreiche Bedenken gegen die Verfassungsmäßigkeit des Erbschaftsteuerreformgesetzes geäußert.[90] Auch aktuell wird die Verfassungsmäßigkeit der Erbschaftsteuer weiterhin in Frage gestellt.[91] Als wesentlicher Punkt wird in der Literatur jedoch zumeist nicht mehr die ungleiche Behandlung im Rahmen der Bewertung angesehen,[92] sondern es sind vielmehr etwa die zahlreichen Verschonungsregelungen zu hinterfragen.

Lang hält etwa fest, dass die Regelungen der erbschaftsteuerlichen Verschonung gleichheitswidrig und zusätzlich hoch kompliziert und praxisuntauglich sind. Weiterhin ist die Erbschaftsteuer seiner Ansicht nach nicht mit der Erbrechtsgarantie vereinbar, da sie konfiskatorische Belastungen und Übermaßbelastungen durch den Bewertungs- und Verwaltungsaufwand hervorruft.[93] Ähnlich hält *Piltz* die Erbschaftsteuer in Teilen für verfassungswidrig. So verstößt es seiner Meinung nach gegen die Allgemeinheit der Besteuerung, dass nur noch ein Bruchteil der grundsätzlich für steuerwürdig gehaltenen Erwerbsfälle belastet wird.[94] Weiterhin ist seiner Meinung nach die konkrete Ausgestaltung der Begünstigungsregelungen ebenfalls verfassungswidrig.[95] Ähnlich hält auch *Seer* die Ausgestaltung der Begünstigungsregelungen für Unternehmensvermögen von 85 % bzw. 100 % für überdimensioniert und sieht darin einen Verstoß gegen das Postulat der Außengerechtigkeit.[96] Insgesamt ist den Autoren zuzu-

---

88 Vgl. für einen kursorischen Überblick über das Erbschaftsteuerreformgesetz 2009 *Preißer, M.* u. a., Erbschaftsteuerreform 2009, 2009, S. 14-17; *Hölzerkopf, F./Bauer, D.*, Erbschaftsteuerreform, 2009, S. 20-26.

89 Vgl. *Scholten, G./Korezjkij, L.*, Begünstigungen für Betriebsvermögen, 2009, S. 73; *Hölzerkopf, F./Bauer, D.*, Erbschaftsteuerreform, 2009, S. 20.

90 Vgl. *Landsittel, R.*, Auswirkungen des Erbschaftsteuerreformgesetzes, 2009, S. 11, Fn. 13 mit weiteren Nachweisen.

91 Vgl. *Seer, R.*, Die Erbschaft- und Schenkungsteuer, 2009, S. 236; *Lang, J.*, Erbschaft- und Schenkungsteuer, 2008, S. 205.

92 Vgl. *Piltz, D. J.*, Erbschaftsteuergesetz, 2010, S. 1916. Als Ausnahme führt dieser allerdings die Bewertung von land und forstwirtschaftlichem Vermögen an, welches gemäß §§ 158 ff. BewG erfolgt und den Verkehrswert regelmäßig unterschreiten wird.

93 Vgl. *Lang, J.*, Erbschaft- und Schenkungsteuer, 2008, S. 205.

94 Vgl. *Piltz, D. J.*, Erbschaftsteuergesetz, 2010, S. 1917.

95 Vgl. *Piltz, D. J.*, Erbschaftsteuergesetz, 2010, S. 1921.

96 Vgl. *Seer, R.*, Die Erbschaft- und Schenkungsteuer, 2009, S. 236.

stimmen, dass insbesondere die Ausgestaltung der Begünstigungsregelungen mit Art. 3 Abs. 1 GG unvereinbar erscheint.

Aktuell wurden drei Verfassungsbeschwerden vom BVerfG als unzulässig abgelehnt.[97] Die Beschwerdeführer wendeten sich dabei gegen die unterschiedlichen Steuersätze, Freibeträge und Steuerbefreiungen, durch die sie als Erblasser unmittelbar in der Ausübung ihrer Testierfreiheit betroffen seien. Das BVerfG lehnte, ohne Prüfung der inhaltlichen Einwendungen, die Beschwerde als unzulässig ab, da die Beschwerdeführer die erforderliche Selbstbetroffenheit durch das neue Erbschaftsteuergesetz nicht hinreichend erkennen lassen.[98]

Auch wenn diese Beschwerden als unzulässig abgelehnt wurden, wird deutlich, dass es nur eine Frage der Zeit sein kann, bis sich das BverfG wieder mit der Verfassungsmäßigkeit der Erbschaftsteuer beschäftigen wird. Ob das BVerfG Teile oder das ganze Gesetz für verfassungswidrig erklären wird, kann zum jetzigen Zeitpunkt nicht beurteilt werden.[99] Ob das vereinfachte Ertragswertverfahren den Vorgaben des BVerfG genügt und damit geeignet ist, einen Marktwert des Unternehmens zu ermitteln, wird in Kapitel 4.2 dieser Arbeit analysiert.

2.5 Zwischenfazit

Die vorstehenden Ausführungen zeigen, dass die Erbschaftsteuer, als eine der ältesten Steuern, in hohem Maße von Komplexität und Wandel geprägt ist. Die durch das BVerfG gestellten Anforderungen, insb. der Gleichheitsgrundsatz (Art. 3 Abs. 1 GG), die Erbrechtsgarantie (Art. 14 Abs. 1 Satz 2 GG) und der besondere Schutz von Ehe und Familie, stellen den Gesetzgeber vor erhebliche Probleme bei der Ausgestaltung. Die im Rahmen des Erbschaftsteuerreformgesetzes vorgenommene Neukonzeption des Erbschaftsteuerrechts durch die Trennung von Bewertung und Begünstigung führt für den Rechtsanwender zu einer erheblichen Zunahme an Komplexität und Unsicherheit.

Auf der Bewertungsebene ist zu beachten, dass in der Mehrzahl der für die Erbschaftsteuer relevanten Fälle keine zeitnahen Verkäufe für die zu bewertenden Unternehmen vorliegen werden. Es wird daher zu einer Bewertung unter Berücksichtigung der Ertragsaussichten bzw. einer anderen anerkannten Methode kommen. Aufgrund der unterschiedlichen Zielsetzungen von Steuerpflichtigem und Finanzverwaltung resultiert daraus ein erhebliches Konfliktpotential sowohl bei der Bestimmung des Unterneh-

97 Vgl. Pressemitteilung des Bundesverfassungsgerichts vom 3.12.2010, Nr. 112/2010.

98 Vgl. Pressemitteilung des Bundesverfassungsgerichts vom 3.12.2010, Nr. 112/2010.

99 Vgl. detaillierter zu möglichen Problemen der Verfassungsmäßigkeit der Erbschaftsteuer *Lang, J.*, Erbschaft- und Schenkungsteuer, 2008, S. 189-205; *Piltz, D. J.*, Erbschaftsteuergesetz, 2010, S. 1913-1924; *Seer, R.*, Die Erbschaft- und Schenkungsteuer, 2009, S. 225-237.

menswerts als auch bei der Festsetzung der zu zahlenden Erbschaftsteuer.[100] Dieses ergibt sich im Wesentlichen aus der Vielzahl der möglichen Bewertungsmethoden und der Festlegung der der Bewertungsmethode zu Grunde liegenden Parameter. Im Extremfall kann dies zu einem Verhandlungspoker zwischen Finanzamt und Steuerpflichtigem führen.[101] Die weitgehende Verschonung von Unternehmensvermögen ist aus Sicht des Erwerbers zunächst positiv zu beurteilen, allerdings geht dieses mit teilweise äußerst komplexen Regelungen einher.

Insgesamt ist festzuhalten, dass es durch das Erbschaftsteuerreformgesetz 2009 zu einer erheblichen Komplexitätszunahme sowohl im Rahmen der Bewertung als auch im Bereich der Verschonung gekommen ist.

100 So auch *Lang, J.*, Erbschaft- und Schenkungsteuer, 2008, S. 195.
101 Vgl. *Moench, D./Albrecht, G.*, Erbschaftsteuerrecht, 2009, S. 179, Tz. 779.

3 Betriebswirtschaftliche und steuerliche Bewertung von Unternehmen

3.1 Grundlagen der betriebswirtschaftlichen Unternehmensbewertung

Im vorliegenden Kapitel wird eine Einführung in die Grundlagen der betriebswirtschaftlichen Unternehmensbewertung gegeben. Dafür wird eine kurze Darstellung der Entwicklung der deutschen Bewertungslehre im Kontext der unterschiedlichen Bewertungszwecke vorgenommen. Daran schließt sich eine Systematisierung der unterschiedlichen Unternehmensbewertungsmethoden an, welche um eine kurze Darstellung der einzelnen Verfahren erweitert wird.

3.1.1 Unternehmensbewertungslehre und Bewertungszweck

Das Verständnis des Unternehmenswerts bzw. die Konzeption der Unternehmensbewertung hat sich im Laufe des letzten Jahrhunderts stark verändert.[102] So war bis 1960 noch die Ansicht der sog. **objektiven** Unternehmensbewertung in der Literatur vorherrschend.[103] Der Grundgedanke dieser Wertkonzeption ist, dass sich der Wert des Unternehmens unabhängig von den Interessen der (potentiellen) Anteilseigner und der Situation der Bewertung ist.[104] Damit kann dieser Wert individuenunabhängig und folglich von *„Jedermann“*[105] realisiert werden.[106] Ziel der Theorie war es einen unparteiischen Wert zu bestimmen, um so Interessengegensätze zwischen konfligierenden Parteien zu überwinden.[107] Daraus ergibt sich das Erfordernis, bei der Bewertung besonders die gegenwärtigen und vergangenen Verhältnisse des Unternehmens zu berücksichtigen, da lediglich diese zum Bewertungszeitpunkt verlässlich festgestellt werden können.[108] So werden jedoch die zukünftigen Chancen und Risiken weitestge-

---

102 Vgl. für einen Überblick der Entwicklung der Unternehmensbewertungstheorie: *Kuhner, C./Maltry, H.*, Unternehmensbewertung, 2006, S. 53; *Matschke, M. J./Brösel, G.*, Unternehmensbewertung, 2007, S. 14 ff. *Peemöller, V. H.*, Praxishandbuch der Unternehmensbewertung, 2009, S. 4-7; *Drukarczyk, J./Schüler, A.*, Unternehmensbewertung, 2009, S. 88.

103 Vgl. *Matschke, M. J.*, Funktionale Unternehmungsbewertung, 1979, S. 20 f.; *Matschke, M. J./Brösel, G.*, Unternehmensbewertung, 2007, S. 14; *Wameling, H.*, Unternehmensbewertung, 2004, S. 9.

104 Vgl. *Künnemann, M.*, Objektivierte Unternehmensbewertung, 1985, S. 11 f.; *Peemöller, V. H.*, Wert und Werttheorien, 2009, S. 4.

105 So verwendet *Künnemann* etwa den Begriff der Jedermannfiktion. Vgl. *Künnemann, M.*, Objektivierte Unternehmensbewertung, 1985, S. 14.

106 Vgl. *Mellerowicz, K.*, Wert der Unternehmung, 1952, S. 60; *Matschke, M. J.*, Funktionale Unternehmungsbewertung, 1979,S. 23; *Behringer, S.*, Mittel- und Kleinbetriebe, 2009, S. 56; *Koelen, P.*, Bewertungskalküle, 2009, S. 46.

107 Vgl. *Matschke, M. J./Brösel, G.*, Unternehmensbewertung, 2007, S. 14.

108 Vgl. *Matschke, M. J./Brösel, G.*, Unternehmensbewertung, 2007, S. 14-17; *Peemöller, V. H.*, Wert und Werttheorien, 2009, S. 5. Ähnlich auch Baetge im Rahmen der Objektivierung des Jahreserfolgs. Vgl. *Baetge, J.*, Objektivierung des Jahreserfolges, 1970, S. 169.

hend ausgeblendet.[109] In der Praxis führte dies zu einer starken Ausrichtung der Bewertung auf den Substanzwert.[110]

Die objektive Unternehmensbewertung wurde jedoch aus zahlreichen Gründen kritisiert. Insbesondere ergibt sich die Kritik aus der „*Jedermannfiktion*", die dazu führt, dass ein bestimmter Jedermann definiert werden muss.[111] Daraus resultiert jedoch ein erhebliches subjektives Ermessen bei der Festlegung des Jedermanns.[112] Dies führt im Ergebnis zur Unbrauchbarkeit dieser Bewertungstheorie, da es beliebig viele Möglichkeiten bei der Festlegung gibt. Im weiteren Verlauf der 60er Jahre wurde die objektive Werttheorie durch die **subjektive** Unternehmensbewertung abgelöst.[113] Grundgedanke dieser Bewertungstheorie ist die Einbeziehung der vom Bewertungssubjekt verfolgten Pläne, Ziele, Möglichkeiten und Erwartungen.[114] Sie basiert daher auf der Idee der Nutzenstiftung des Bewertungsobjekts für das Bewertungssubjekt und führt im Ergebnis zu einer Gebrauchswertbestimmung.[115] Der Wert ergibt sich aus der Bewertungssubjekt-Bewertungsobjekt-Beziehung und führt dazu, dass unterschiedliche Subjekte demselben Bewertungsobjekt unterschiedliche Werte beimessen.[116] Im Zusammenhang der subjektiven Bewertung setzte sich auch das Prinzip der Zukunftsbezogenheit und der Gesamtbewertung in der deutschen Bewertungstheorie durch.[117] Dabei besagt das Prinzip der *Zukunftsbezogenheit*[118], dass für das jeweilige Bewertungssubjekt nur der zukünftig durch das Bewertungsobjekt gestiftete Nutzen relevant ist. Damit orientiert sich der Wert des Unternehmens an den zukünftigen Erträgen und gibt den vergangenen Erfolgen lediglich den Stellenwert von Indikatoren für die mögliche zukünf-

109 Vgl. *Koelen, P.*, Bewertungskalküle, 2009, S. 46.

110 Vgl. *Matschke, M. J./Brösel, G.*, Unternehmensbewertung, 2007, S. 15; *Peemöller, V. H.*, Praxishandbuch der Unternehmensbewertung, 2009, S. 5.

111 Vgl. *Bretzke, W.-R.*, Problematik des Objektivitätsanspruchs, 1976, S. 548; *Wameling, H.*, Unternehmensbewertung, 2004, S. 10; *Behringer, S.*, Mittel- und Kleinbetriebe, 2009, S. 57.

112 Vgl. *Behringer, S.*, Mittel- und Kleinbetriebe, 2009, S. 57.

113 Vgl. *Matschke, M. J./Brösel, G.*, Unternehmensbewertung, 2007, S. 18. Vgl. zur Grundlegung der subjektiven Unternehmensbewertung weiterführend *Busse von Colbe, W.*, Der Zukunftserfolg, 1957; *Münstermann, H.*, Wert und Bewertung, 1966.

114 Vgl. *Matschke, M. J./Brösel, G.*, Unternehmensbewertung, 2007, S. 18; *Peemöller, V. H.*, Praxishandbuch der Unternehmensbewertung, 2009, S. 6.

115 Vgl. *Peemöller, V. H.*, Praxishandbuch der Unternehmensbewertung, 2009, S. 6.

116 Vgl. *Wameling, H.*, Unternehmensbewertung, 2004, S. 12; *Matschke, M. J./Brösel, G.*, Unternehmensbewertung, 2007, S. 18; *Peemöller, V. H.*, Wert und Werttheorien, 2009, S. 7.

117 Vgl. *Matschke, M. J./Brösel, G.*, Unternehmensbewertung, 2007, S. 19 f.; *Peemöller, V. H.*, Wert und Werttheorien, 2009, S. 7.

118 Konzeptionell ist dieses vergleichbar zur Aussage von *Schmalenbach*, dass der Kaufmann für das Vergangene nichts gibt. Vgl. *Schmalenbach, E.*, Werte von Unternehmungen, 1917/1918, S. 11. Ähnlich auch *Münstermann, H.*, Wert und Bewertung, 1966, S. 21, der ausführt: „*Für das gewesene gibt der Kaufmann nichts.*"

tige Entwicklung.[119] Das Prinzip der *Gesamtbewertung* führt dazu, dass nicht mehr die einzelnen Vermögensgegenstände als solche und damit der Substanzwert, sondern der Nutzen, der sich aus der Kombination der verschiedenen Vermögensgegenstände ergibt, bewertet wird.[120] Unter diesen Annahmen resultiert daraus der *Zukunftserfolgswert* des zu bewertenden Unternehmens.[121] Wesentlicher Kritikpunkt an der subjektiven Unternehmensbewertung ist die mangelnde intersubjektive Nachprüfbarkeit,[122] da sich durch die Entscheidung des Bewertungssubjekts eine ex post Rationalität einstellt.[123] Eine vorausschauende Entscheidungsunterstützung wird damit unmöglich und führt dazu, dass diese nicht in der Bewertungspraxis angewandt werden kann.[124] Insbesondere die Funktion des neutralen Gutachters wird in der subjektiven Unternehmensbewertung nicht berücksichtigt.[125] Von besonderer Bedeutung ist dies, wenn die Bewertung im Rahmen einer Konfliktsituation vorgenommen werden muss.[126] Hierzu zählt etwa die Bewertung im Rahmen der Erbschaftsteuer.

Dieses Problem greift die **funktionale** Unternehmensbewertung auf, indem die Zweckabhängigkeit der Bewertung in den Vordergrund gestellt wird.[127] Damit versucht sie den Gegensatz zwischen der objektiven und der subjektiven Werttheorie zu überwinden und erweitert die Bewertung um das Prinzip der *Zweckadäquanz*.[128] Im Ergebnis kann für ein Bewertungs**subjekt** dasselbe Bewertungsobjekt je nach Bewertungszweck unterschiedliche Werte aufweisen.[129]

Die funktionale Unternehmensbewertung basiert im Wesentlichen auf den Arbeiten der sog. „Kölner Schule“ mit *Busse von Colbe*[130], *Jaensch*[131], *Matschke*[132], *Münstermann*[133] und *Sieben*[134].[135] Dabei wird im Rahmen der Kölner Funktionenlehre zwi-

119 Vgl. *Matschke, M. J./Brösel, G.*, Unternehmensbewertung, 2007, S. 19.
120 Vgl. *Matschke, M. J./Brösel, G.*, Unternehmensbewertung, 2007, S. 19.
121 Vgl. *Matschke, M. J./Brösel, G.*, Unternehmensbewertung, 2007, S. 20.
122 Vgl. *Gorny, C.*, Unternehmensbewertung in Verhandlungsprozessen, 2002, S. 4; *Peemöller, V. H.*, Wert und Werttheorien, 2009, S. 7.
123 Vgl. *Behringer, S.*, Mittel- und Kleinbetriebe, 2009, S. 57.
124 Vgl. *Behringer, S.*, Mittel- und Kleinbetriebe, 2009, S. 57; *Matschke, M. J./Brösel, G.*, Unternehmensbewertung, 2007, S. 21.
125 Vgl. *Wameling, H.*, Unternehmensbewertung, 2004, S. 16; *Matschke, M. J./Brösel, G.*, Unternehmensbewertung, 2007, S. 21; *Peemöller, V. H.*, Wert und Werttheorien, 2009, S. 7.
126 Vgl. *Gröger, H.-C.*, Kapitalmarktorientierte Unternehmensbewertung, 2009, S. 15.
127 Vgl. *Matschke, M. J.*, Funktionale Unternehmungsbewertung, 1979, S. 16 f.; *Matschke, M. J./Brösel, G.*, Unternehmensbewertung, 2007, S. 22.
128 Vgl. *Peemöller, V. H.*, Wert und Werttheorien, 2009, S. 7.
129 Vgl. *Wameling, H.*, Unternehmensbewertung, 2004, S. 16; *Matschke, M. J./Brösel, G.*, Unternehmensbewertung, 2007, S. 23.
130 Vgl. *Busse von Colbe, W.*, Der Zukunftserfolg, 1957.
131 Vgl. *Jansch, G.*, Wert und Preis, 1996.
132 Vgl. *Matschke, M. J.*, Entscheidungswert, 1975.
133 Vgl. *Münstermann, H.*, Wert und Bewertung, 1966.

schen Haupt- und Nebenfunktionen unterschieden.[136] Als Hauptfunktionen, in denen ein Bewerter tätig werden kann, werden folgende genannt:[137]

1. Beratungsfunktion bzw. Entscheidungsfunktion,
2. Vermittlungsfunktion und
3. Argumentationsfunktion.

Allen Hauptfunktionen ist gemein, dass diese auf eine Änderung der Eigentumsverhältnisse gerichtet und so in Fällen einer interpersonellen Konfliktsituation anzuwenden sind.[138]

Als Nebenfunktionen werden davon negativ folgende abgegrenzt:[139]

1. Steuerbemessungsfunktion,
2. Informationsfunktion und
3. Vertragsgestaltungsfunktion.

Die Bewertung für erbschaftsteuerliche Zwecke ist insoweit den Nebenfunktionen und dort der Steuerbemessungsfunktion zuzuordnen.

Das IDW hat die Entwicklung der funktionalen Unternehmensbewertung und damit das Prinzip der Zweckadäquanz grundsätzlich nachvollzogen. Allerdings ergeben sich im Gegensatz zur Funktionenlehre der „Kölner Schule" auch Unterschiede. Zunächst lehnt das IDW die Argumentationsfunktion als mit ihrem Berufsstand unvereinbar ab.[140] Es ergänzt die Hauptfunktionen zudem um die Funktion des **neutralen Gutachters**, welcher „*(...) mit nachvollziehbarer Methodik einen von den individuellen Wertvorstellungen betroffener Parteien unabhängigen Wert des Unternehmens(...)*"[141] ermittelt. Damit wird ein sog. objektivierter Unternehmenswert bestimmt.[142]

---

134 Vgl. *Sieben, G.*, Substanzwert der Unternehmung, 1963.

135 Vgl. *Peemöller, V. H.*, Wert und Werttheorien, 2009, S. 7.

136 Vgl. *Brösel, G.*, Nebenfunktionen, 2006, S. 128; *Peemöller, V. H.*, Wert und Werttheorien, 2009, S. 8.

137 Vgl. *Matschke, M. J.*, Funktionale Unternehmungsbewertung, 1979, S. 16 f. Diese sind als abschließend zu qualifizieren. Vgl. *Sieben, G.*, Funktionen der Bewertung, 1983, S. 539.

138 Vgl. *Matschke, M. J.*, Funktionale Unternehmungsbewertung, 1979, S. 17; *Brösel, G.*, Nebenfunktionen, 2006, S. 128; *Gorny, C.*, Unternehmensbewertung in Verhandlungsprozessen, 2002, S. 155.

139 Vgl. *Matschke, M. J./Brösel, G.*, Unternehmensbewertung, 2007, S. 24; *Peemöller, V. H.*, Wert und Werttheorien, 2009, S. 8. Diese Aufzählung der Nebenfunktionen ist nicht abschließend, sondern nur exemplarisch zu verstehen. So auch *Sieben, G.*, Funktionen der Bewertung, 1983, S. 539; *Brösel, G.*, Nebenfunktionen, 2006, S. 141. Vgl. weiterführend zu den verschiedenen Nebenfunktionen der Bewertung *Brösel, G.*, Nebenfunktionen, 2006, S. 128-143.

140 Vgl. *Helbling, C.*, Unternehmensbewertung und Steuern, 1998, S. 51 f.; *Peemöller, V. H.*, Wert und Werttheorien, 2009, S. 11; *Brösel, G.*, Medienrechtsbewertung, 2002, S. 59;

141 IDW S 1 i. d. F. 2008, Tz. 12.

142 Vgl. IDW S 1 i. d. F. 2008, Tz. 12.

Die Funktion des neutralen Gutachters sieht sich in der Literatur teilweise erheblichem Widerspruch ausgesetzt.[143] Wesentlicher Kritikpunkt ist die Nähe zum objektiven Wert, da der objektivierte Wert teilweise von subjektiven Wertvorstellungen abstrahiert.[144] Letztlich soll durch den objektivierten Unternehmenswert jedoch nur eine Einschränkung des Ermessens und eine intersubjektive Nachprüfbarkeit der Bewertung erreicht werden.[145] So soll durch den neutralen Gutachter vielmehr eine *„Arbeitsteilung zwischen objektivierter Datengewinnung über die Entnahmeerwartungen bei Fortführung des derzeitigen Unternehmenskonzepts einerseits und der anschließenden Wertermittlung"*[146] ermöglicht werden.

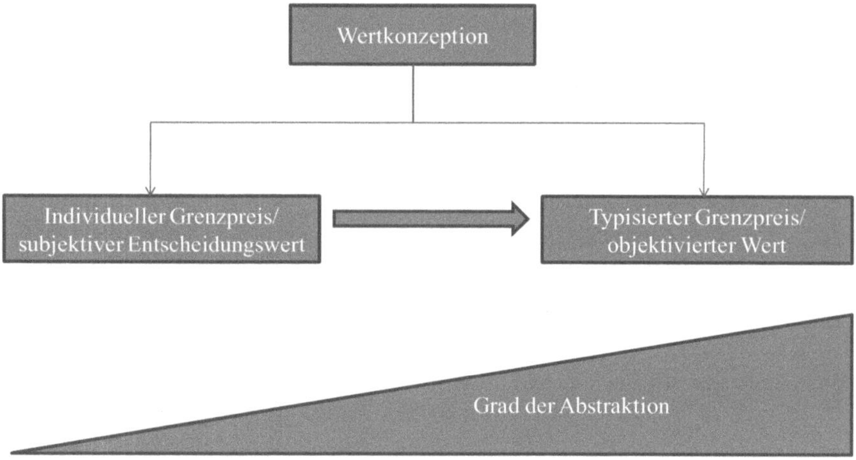

Abbildung 2: Wert und Komplexitätsreduktion[147]

Hierbei ist als wesentlicher Aspekt die Komplexitätsreduktion zu beachten, welches sich aus dem Ziel der intersubjektiven Nachprüfbarkeit ergibt.[148] Die Zunahme der Verwendung typisierter Daten führt im Ergebnis zu einer ansteigenden Abweichung zwischen subjektivem Entscheidungswert und objektiviertem Wert (vgl. Abbildung 2).

---

143 Vgl. beispielsweise *Moxter, A.*, Grundsätze ordnungsmäßiger Unternehmensbewertung, 1983, S. 27 f.; *Ballwieser, W.*, Aktuelle Aspekte, 1995, S. 126-129; *Mandl, G./Rabel, K.*, Unternehmensbewertung, 1997, S. 26 f.; *Born, K.*, Unternehmensanalyse und Unternehmensbewertung, 2003, S. 19 f.; *Henselmann, K.*, Gründe und Formen, 2006, S. 152 f.; *Matschke, M. J./Brösel, G.*, Unternehmensbewertung, 2007, S. 55-58.

144 Vgl. *Gröger, H.-C.*, Kapitalmarktorientierte Unternehmensbewertung, 2009, S. 17.

145 Vgl. *Schütte-Biastoch, S.*, Unternehmensbewertung von KMU, 2011, S. 14.

146 *Coenenberg, A. G.*, Unternehmensbewertung, 1992, S. 92.

147 Quelle: Eigene Darstellung in Anlehnung an *Tschöpel, A.*, Risikoberücksichtigung bei Grenzpreisbestimmungen, 2004, S. 19; ähnlich auch *Baetge* im Rahmen der Objektivierung von Jahreserfolgen, vgl. *Baetge, J.*, Objektivierung des Jahreserfolges, 1970, S. 169.

148 Vgl. *Henselmann, K.*, Gründe und Formen, 2006, S. 145. Allerdings steht diese den Vorgaben des IDW kritisch gegenüber. Vgl. *Henselmann, K.*, Gründe und Formen, 2006, S. 152 f.

Es wird letztlich in Kauf genommen, dass nicht der aus der zweckbezogenen speziellen Subjekt-Objekt-Beziehung entstehende Wert ermittelt wird, sondern ein davon abweichender objektivierter Wert.

Die erbschaftsteuerliche Bewertung mittels des vereinfachten Ertragswertverfahrens wäre im Schaubild sehr weit rechts (bei einem hohen Grad der Abstraktion) einzuordnen und nimmt damit die Abweichung vom Verkehrswert aufgrund der Komplexitätsreduktion in Kauf.[149] Fraglich ist, ob diese Abweichung noch tolerierbar ist.[150] Hierunter ist zu verstehen, ob mittels der steuerlich vorgegebenen Bewertungsmethodik noch eine Annäherung an den gemeinen Wert erreicht wird. Dieser Frage widmet sich die weitergehende Analyse des vereinfachten Ertragswertverfahrens in Kapitel 4 dieser Arbeit.

3.1.2 Verfahren der Unternehmensbewertung

In Abhängigkeit vom Bewertungszweck und im Zusammenhang mit der Weiterentwicklung der Bewertungstheorie (Objektiv/Subjektiv/Funktional) hat sich eine Vielzahl von Bewertungsmethoden entwickelt. Eine allgemeingültige Einteilung ist nur schwer möglich,[151] lässt sich jedoch anhand der den Verfahren zu Grunde liegenden verschiedenen Konzeptionen zumindest vereinfachend vornehmen.[152] In dieser Arbeit wird eine klassische Einteilung der Verfahren in Einzelbewertungsverfahren, Gesamtbewertungsverfahren und Mischverfahren vorgenommen (vgl. Abbildung 3).[153]

---

149 *Olbrich/Hares/Pauly* leiten aus § 11 Abs. 2 Satz 2 BewG für die Bewertung im Rahmen der Erbschaftsteuer grundsätzlich eine Bewertung im Sinne der Entscheidungsfunktion her. Vgl. *Olbrich, M.* u. a., Erbschaftsteuerreform und Unternehmensbewertung, 2010, S. 1249. Dies widerspricht jedoch eindeutig dem Wortlaut des § 9 Abs. 2 BewG, welcher eine Abstraktion von persönlichen Verhältnissen verlangt. Im Ergebnis ähnlich auch *Heilmann, A.*, Erbschaft- und Schenkungsteuerrecht, 2010, S. 93-95.

150 Vgl. dazu weiterführend die Ausführungen in Kapitel 3.3.3.

151 Vgl. zu unterschiedlichen Möglichkeiten der Einteilung der verschiedenen Verfahren ausführlicher die Darstellung bei *Wameling, H.*, Unternehmensbewertung, 2004, S. 45-47.

152 Vgl. zu unterschiedlichen Einteilungen: *Mandl, G./Rabel, K.*, Methoden der Unternehmensbewertung, 2009, S. 53; *Ballwieser, W.*, Unternehmensbewertung, 2011, S. 8; *Mandl, G./Rabel, K.*, Unternehmensbewertung, 1997, S. 30.

153 Vgl. *Ernst, D.* u. a., Unternehmensbewertungen verstehen, 2010, S. 2. Teilweise wird in der aktuelleren Literatur den Vergleichsverfahren auch eine eigenständige Konzeption zugebilligt. Vgl. etwa *Mandl, G./Rabel, K.*, Methoden der Unternehmensbewertung, 2009, S. 53. Ähnlich ergänzt auch *Ballwieser* die aufgeführten Verfahren um die „*Überschlagsrechnungen*", welche den Vergleichsverfahren entsprechen. Vgl. *Ballwieser, W.*, Unternehmensbewertung, 2011, S. 8.

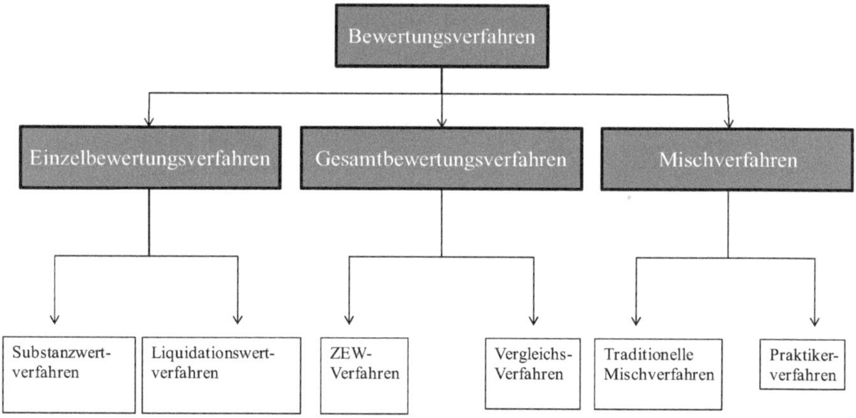

Abbildung 3: Überblick der Unternehmensbewertungsverfahren[154]

Eines der **Einzelbewertungsverfahren** ist das **Substanzwert**verfahren[155]. Der Unternehmenswert wird dabei anhand von Reproduktionswerten der einzelnen Vermögensgegenstände und Schulden bestimmt und unterstellt eine Fortführung des Unternehmens.[156] Im Ergebnis wird der Betrag ermittelt, der nötig wäre, um das Unternehmen vollkommen nachzubilden (zu reproduzieren).[157] Das dieser Bewertung zu Grunde liegende Vorgehen impliziert grundsätzlich, dass auch immaterielle Vermögensgegenstände, wie beispielsweise Mietrechte, sowie Marken- und Patentrechte in die Bewertung einzubeziehen sind (Vollreproduktionswert).[158] Hier stellt sich jedoch das Problem der Bewertung dieser Vermögensgegenstände.[159] Aufgrund der Schwierigkeit bei der Bewertung der immateriellen Positionen handelt es sich bei dem in der Praxis ermittelten Substanzwert regelmäßig um einen Teilreproduktionswert.[160] So ist der Substanzwert die Summe der einzelnen bewertbaren Vermögensgegenstände abzgl. der

154 Eigene Darstellung in Anlehnung an *Schütte-Biastoch, S.*, Unternehmensbewertung von KMU, 2011, S. 15.

155 Vgl. zur Diskussion um die widersprüchliche Verwendung des Begriffs Substanzwerts im Rahmen der erbschaftsteuerlichen Bewertung Kapitel 3.3.2.4 dieser Arbeit.

156 Vgl. *Matschke, M. J.*, Entscheidungswert, 1975, S. 126 f.; *Ernst, D.* u. a., Unternehmensbewertungen verstehen, 2010, S. 3.

157 Vgl. *Tewinkel, A.*, Unternehmensbewertung, 2003, S. 10; *Mandl, G./Rabel, K.*, Methoden der Unternehmensbewertung, 2009, S. 82.

158 Vgl. *Mandl, G./Rabel, K.*, Methoden der Unternehmensbewertung, 2009, S. 82 f. Im Ergebnis entsprächen sich bei einer Gleichgewichtsannahme der Vollreproduktionswert und der auf Basis des Ertragswerts ermittelte Unternehmenswert. Vgl. *Mandl, G./Rabel, K.*, Methoden der Unternehmensbewertung, 2009, S. 83.

159 Vgl. *Tewinkel, A.*, Unternehmensbewertung, 2003, S. 10.

160 Vgl. *Mandl, G./Rabel, K.*, Methoden der Unternehmensbewertung, 2009, S. 83. Allerdings sind auch im Rahmen der Bewertung der anderen Vermögensgegenstände Bewertungs- und Schätzprobleme vorhanden.

Schulden, mithin also lediglich ein Teilreproduktionswert.[161] Im Gegensatz zum Substanzwertverfahren unterstellt das **Liquidationswert**verfahren[162] die Zerschlagung des Unternehmens.[163] Die einzelnen Vermögensgegenstände und Schulden werden auf Basis der zu erwartenden Verwertungserlöse bewertet. Dabei kann dieser Wert je nach Annahme über die Dauer der Zerschlagung zwischen dem Zerschlagungswert und dem zu erwartenden Verkaufspreis des gesamten Unternehmens liegen.[164] Insofern ist grundsätzlich eine Vielzahl von Liquidationswerten möglich.[165] Klassischerweise wird unter dem Liquidationswert jedoch der Zerschlagungswert verstanden.[166]

Den **Gesamtbewertungsverfahren** ist gemein, dass sie das Unternehmen als Bewertungseinheit verstehen.[167] Der Wert des Unternehmens ergibt sich aus der Kombination der im Unternehmen vorhandenen Vermögensgegenstände und Schulden.[168] Die **Zukunftserfolgswert**verfahren, hierzu zählen das Ertragswertverfahren und die Discounted-Cashflow-Verfahren[169] (DCF-Verfahren), basieren auf der betriebswirtschaftlichen Investitionsrechnung und ermitteln den Wert des Unternehmens durch die Diskontierung der zukünftigen finanziellen Zuflüsse an die Anteilseigner.[170] Eine umfassende Darstellung der wesentlichen Annahmen und der Methodik der ZEW-Verfahren wird anhand des Ertragswertverfahrens in Kapitel 3.2 vorgenommen. Daher wird diese Methodik an dieser Stelle nicht weiter vertieft. Die **Vergleichsverfahren** leiten den Wert des zu bewertenden Unternehmens anhand von Analogieschlüssen ab. Hierfür werden Börsenkurse oder andere realisierte Marktpreise als Proxy herangezogen.[171] Durch die Aggregation dieser Marktdaten werden dann branchen- oder unternehmens-

161 Vgl. *Behringer, S.*, Mittel- und Kleinbetriebe, 2009, S. 102.

162 Dieses wird auch als Substanzwertverfahren auf Basis von Liquidationswerten bezeichnet.

163 Vgl. *Wameling, H.*, Unternehmensbewertung, 2004, S. 99.

164 Vgl. *Mandl, G./Rabel, K.*, Methoden der Unternehmensbewertung, 2009, S. 85.

165 Vgl. *Wameling, H.*, Unternehmensbewertung, 2004, S. 101.

166 Vgl. *Mandl, G./Rabel, K.*, Methoden der Unternehmensbewertung, 2009, S. 85; *Behringer, S.*, Mittel- und Kleinbetriebe, 2009, S. 106; *Mandl, G./Rabel, K.*, Unternehmensbewertung, 1997, S. 49; *Schütte-Biastoch, S.*, Unternehmensbewertung von KMU, 2011, S. 19.

167 Vgl. *Ballwieser, W.*, Unternehmensbewertung, 2011, S. 9; *Mandl, G./Rabel, K.*, Methoden der Unternehmensbewertung, 2009, S. 53.

168 Vgl. *Ballwieser, W.*, Unternehmensbewertung, 2011, S. 9.

169 Zu den DCF-Verfahren zählen der Total-Cashflow-Ansatz, der WACC-Ansatz, der Adjusted-Present-Value-Ansatz und der Equity-Ansatz. Vgl. zu einer detaillierten Einführung *Schultze, W.*, Methoden der Unternehmensbewertung, 2003, S. 206-327.

170 Vgl. *Wameling, H.*, Unternehmensbewertung, 2004, S. 49 f.; *Mandl, G./Rabel, K.*, Methoden der Unternehmensbewertung, 2009, S. 55. Vgl. detailliert zum Ertragswertverfahren die Ausführungen in Kapitel 3.2 dieser Arbeit.

171 Vgl. *Mandl, G./Rabel, K.*, Methoden der Unternehmensbewertung, 2009, S. 77; *Ernst, D.* u. a., Unternehmensbewertungen verstehen, 2010, S. 11.

spezifische Multiplikatoren bestimmt.[172] Durch Multiplikation der jeweiligen Bezugsgröße (Umsatz, EBITDA, EBIT, EBT, etc.) mit dem ermittelten Multiplikator ergibt sich der Wert des Unternehmens;[173] dieser ist als potentieller Marktpreis des jeweiligen Unternehmens zu verstehen.[174] Nach herrschender Meinung sind diese Verfahren nur zur Plausibilitätskontrolle[175] geeignet und weisen zudem gravierende theoretische Mängel auf.[176] Im Ergebnis erscheint die zunehmende Verwendung dieser „Bewertungsmethodik" in der Praxis aufgrund der erheblichen Schwächen zumindest fragwürdig.

Neben den bereits dargestellten Bewertungsverfahren sind die **Mischverfahren** zu nennen.[177] Diese sind eine *„Weiterentwicklung"* der Substanzwertverfahren und werden um die Bewertungsmethodik des Gesamtbewertungsverfahrens ergänzt.[178] Der Wert des Unternehmens ergibt sich als Mischung von zumeist Substanzwert (zu Reproduktionswerten) und dem Ertragswert oder anderen auf Basis der Gesamtbewertungsmethodik ermittelten Werten.[179] Klassische Vertreter dieses Verfahren sind insbesondere das Stuttgarter Verfahren[180], welches eine Kombination aus Substanzwert- und Übergewinnverfahren ist, und das durch die Erbschaftsteuerreform neu eingeführte vereinfachte Ertragswertverfahren[181], da es durch die gesonderte Bewertung etwa des jungen Vermögens (§ 200 Abs. 4 BewG) ebenfalls zu Vermischung von Gesamt- und Einzelbewertungskonzeption kommt.

Insgesamt sind grundsätzlich nur die Gesamtbewertungsverfahren geeignet, bewertungsmethodisch zu überzeugen. Von diesen verfügen wiederum nur die Zukunftser-

---

172 Vgl. *Ballwieser, W.*, Unternehmensbewertung, 2011, S. 10; *Ernst, D.* u. a., Unternehmensbewertungen verstehen, 2010, S. 11.

173 Vgl. *Mandl, G./Rabel, K.*, Unternehmensbewertung, 1997, S. 44; *Behringer, S.*, Mittel- und Kleinbetriebe, 2009, S. 147; *Ernst, D.* u. a., Unternehmensbewertungen verstehen, 2010, S. 10 f.

174 Vgl. *Mandl, G./Rabel, K.*, Unternehmensbewertung, 1997, S. 44.

175 Vgl. etwa IDW S 1 i. d. F. 2008, Tz. 143.

176 Vgl. *Ballwieser, W.*, Unternehmensbewertung, 2011, S. 215f; *Behringer, S.*, Mittel- und Kleinbetriebe, 2009, S. 149.

177 Vgl. detaillierter zu den Mischverfahren: *Matschke, M. J.*, Entscheidungswert, 1975, S. 130-134; *Mandl, G./Rabel, K.*, Unternehmensbewertung, 1997, S. 49-51; *Mandl, G./Rabel, K.*, Methoden der Unternehmensbewertung, 2009, S. 86f; *Moxter, A.*, Grundsätze ordnungsmäßiger Unternehmensbewertung, 1983, S. 56-63.

178 Vgl. *Mandl, G./Rabel, K.*, Unternehmensbewertung, 1997, S. 49.

179 Vgl. *Mandl, G./Rabel, K.*, Unternehmensbewertung, 1997, S. 49; *Ballwieser, W.*, Unternehmensbewertung, 2011, S. 202; *Ernst, D.* u. a., Unternehmensbewertungen verstehen, 2010, S. 5.

180 Vgl. detailliert zum Stuttgarter Verfahren *Moxter, A.*, Grundsätze ordnungsmäßiger Unternehmensbewertung, 1983, S. 65-73; *Müller, J.*, Unternehmensbewertung, 2008, S. 7-14; *Heilmann, A.*, Erbschaft- und Schenkungsteuerrecht, 2010, S. 104-111; *Ballwieser, W.*, Unternehmensbewertung, 2011, S. 203 f.

181 Vgl. dazu ausführlich Kapitel 3.3.3 dieser Arbeit.

folgswertverfahren über eine ausreichende theoretische Fundierung.[182] Daher wird im Folgenden auf das Ertragswertverfahren als Beispiel für die Zukunftserfolgswertverfahren in Anlehnung an die Vorgaben des IDW S 1 i. d. F. 2008 zur objektivierten Bewertung von Unternehmen detaillierter eingegangen. Dieses Vorgehen wird insbesondere gewählt, da das BVerfG die Ertragswertmethode für die Bewertung von Unternehmen als vorherrschend ansieht. Weiterhin stellt das Gericht, ebenso wie das IDW,[183] die DCF-Verfahren der Ertragswertmethode gleich.[184] Insoweit ist hier eine Annäherung in der Anwendung der Bewertungsverfahren zu erkennen.

3.2 Ertragswert-/Equitymethode

Die Equitymethode ermittelt als einzige Nettokapitalisierungsmethode der DCF-Verfahren direkt den Marktwert des Eigenkapitals des Unternehmens.[185] Als deutsches Äquivalent hierzu kann das klassische Ertragswertverfahren angesehen werden, welches ebenfalls direkt den Marktwert des Eigenkapitals bestimmt.[186] Wesentlicher Unterschied zwischen beiden Verfahren war in der Vergangenheit die unterschiedliche Ableitung der Kapitalisierungszinssätze.[187] Während das Ertragswertverfahren als Methode zur subjektiven Grenzpreisbestimmung regelmäßig die individuelle Rendite des Anlegers als Diskontierungsfaktor nutzt,[188] wird im Rahmen der DCF-Verfahren i. d. R. der Kapitalisierungszinssatz auf Basis von Kapitalmarktdaten ermittelt.[189] Insbesondere durch die Vorgaben des IDW S 1 i. d. F. 2008 ist es jedoch zu einer Angleichung von Ertragswertverfahren und Equitymethode gekommen, da dieser die marktgestützte Ermittlung von Risikozuschlägen fordert.[190] Da in dieser Arbeit die erbschaftsteuerliche Bewertung von Unternehmen und damit grundsätzlich die **objektivierte** Bewertung von Unternehmen untersucht wird, werden in dieser Arbeit die Begriffe der Equity-Methode und des Ertragswertverfahrens im Folgenden als Synonyme

---

182 Vgl. *Ballwieser, W.*, Unternehmensbewertung, 2011, S. 8-11; *Schütte-Biastoch, S.*, Unternehmensbewertung von KMU, 2011, S. 30 f.; *Zieger, M./Schütte-Biastoch, S.*, Bewertung, 2008, S. 590; *Kuhner, C./Maltry, H.*, Unternehmensbewertung, 2006, S. 68; IDW S 1 i. d. F. 2008, Tz. 5-7; *Mandl, G./Rabel, K.*, Methoden der Unternehmensbewertung, 2009, S. 88.

183 Vgl. IDW S 1 i. d. F. 2008, Tz. 21.

184 Vgl. BVerfG, 07.11.2006, 1 BvL 10/02, S. 242, Tz. 115a.

185 Vgl. *Baetge, J.* u. a., Discounted Cashflow-Verfahren, 2009, S. 345; *Ballwieser, W.*, Unternehmensbewertung, 2011, S. 132.

186 Vgl. *Baetge, J.* u. a., Discounted Cashflow-Verfahren, 2009, S. 352.

187 Vgl. *Ballwieser, W.*, Unternehmensbewertung, 2011, S. 132.

188 Bei der Bestimmung eines subjektiven Grenzpreises muss als Diskontierungszinssatz die Rendite der besten Alternativanlage des spezifischen Anteilseigners herangezogen werden. Vgl. *Drukarczyk, J./Schüler, A.*, Unternehmensbewertung, 2009, S. 198 f.; *Kuhner, C./Maltry, H.*, Unternehmensbewertung, 2006, S. 197; *Mandl, G./Rabel, K.*, Unternehmensbewertung, 1997, S. 131 f.

189 Vgl. *Koller, T.* u. a., Valuation, 2010, S. 239; *Pratt, S. P./Grabowski, R. J.*, Cost of capital, 2010, S. 103.

190 Vgl. IDW S 1, Tz. 92.

verwandt.[191] Weiterhin sollten die konzeptionellen Unterschiede beider Verfahren nicht überbewertet werden, da sowohl die marktorientierte Bewertung, als auch die subjektive Perspektive nur unvollkommen umgesetzt werden können.[192]

3.2.1 Bewertungsrelevante Überschüsse

Der Wert eines Unternehmens ergibt sich aus den den Anteilseignern zufließenden **zukünftigen** Überschüssen (Nettozahlungen).[193] Diesem liegt der Grundgedanke der Zahlungsstromorientierung zu Grunde.[194] Es sind nur die beim Bewertungssubjekt zufließenden Überschüsse zu berücksichtigen, die auch für den Konsum zur Verfügung stehen.[195] Entsprechend führt auch das IDW im S 1 i. d. F. 2008 aus:

„*Der Wert eines Unternehmens bestimmt sich unter der Voraussetzung ausschließlich finanzieller Ziele durch den Barwert der mit dem Eigentum an dem Unternehmen verbundenen Nettozuflüsse an die Unternehmenseigner (Nettoeinnahmen als Saldo von Ausschüttungen bzw. Entnahmen, Kapitalrückzahlungen und Einlagen).*“[196]

Die Annahme ausschließlich finanzieller Ziele folgt dabei aus der bisherigen Unmöglichkeit der Berücksichtigung von Mehrfachzielen.[197] Formal ergeben sich die Nettozahlungen für die Ertragswertmethode wie folgt:[198]

---

191 Vgl. zu diesem Vorgehen auch *Schulz, R.*, Größenabhängige Risikoanpassungen, 2009, S. 12.

192 Vgl. *Hachmeister, D.*, Discounted Cash Flow, 1999, S. 261. Vgl. zu den auftretenden Problemen im Rahmen der marktorientierten Bewertung die Ausführungen in den Kapiteln 3.2.2.2.3.4 und 3.2.3 dieser Arbeit.

193 Vgl. *Ballwieser, W.*, Unternehmensbewertung, 2011, S. 13 und S. 47; *Ernst, D.* u. a., Unternehmensbewertungen verstehen, 2010, S. 36.

194 Vgl. *Baetge, J.* u. a., Discounted Cashflow-Verfahren, 2009, S. 351; *Ballwieser, W.*, Unternehmensbewertung, 2011, S. 47.

195 Vgl. *Drukarczyk, J./Schüler, A.*, Unternehmensbewertung, 2009, S. 91.

196 IDW S 1 i. d. F. 2008, Tz. 4.

197 Vgl. dazu *Ballwieser, W.*, Unternehmensbewertung, 2011, S. 17. Als andere Ziele sind beispielsweise Reputation oder Macht zu nennen, welche im Rahmen der Bewertung jedoch nicht eindeutig quantifiziert werden können.

198 Vgl. *Ballwieser, W.*, Unternehmensbewertung, 2011, S. 133; *Ernst, D.* u. a., Unternehmensbewertungen verstehen, 2010, S. 36; *Baetge, J.* u. a., Discounted Cashflow-Verfahren, 2009, S. 415; *Schulz, R.*, Größenabhängige Risikoanpassungen, 2009, S. 15.

	Gewinn vor Steuern
–	Unternehmensteuern
=	Jahresergebnis
+	Zinsen und ähnliche Aufwendungen
+/–	Abschreibungen/Zuschreibungen
+/–	Zuführungen/Inanspruchnahme Rückstellungen
–/+	Zunahme/Abnahme aktivischer Rechnungsabgrenzungsposten
+/–	Zunahme/Abnahme passivischer Rechnungsabgrenzungsposten
–	Investitionen in das Anlagevermögen
–/+	Zunahme/Abnahme des Working Capital
=	Operativer Einzahlungsüberschuss
–	Zinsen und ähnliche Aufwendungen
+	Fremdkapitalaufnahme
–	Fremdkapitaltilgung
=	Nettozahlungen (Flow to Equity)

Tabelle 1: Ermittlungsschema der Nettoeinzahlungen

Unter der Annahme ausschließlich finanzieller Ziele muss eine Prognose über die zukünftigen Nettoausschüttungen vorgenommen werden.[199] Basis dieser Prognose bildet regelmäßig die Analyse der Vergangenheit, auf deren Grundlage Plan-Gewinn- und Verlustrechungen aufgestellt werden.[200] Aufgrund der unvollständigen Informationen über die Zukunft und der zahlreichen zu schätzenden Parameter ist die Prognose der zukünftigen Nettoüberschüsse mit einer erheblichen Unsicherheit verbunden.[201] Im Ergebnis resultiert hieraus ein erheblicher Einfluss des Bewerters auf den Unternehmenswert. Die Unsicherheit der Planungsgrößen muss weiterhin aufgrund der Wahrscheinlichkeitsverteilung berücksichtigt werden und die Planzahlen sind daher im Rahmen der Risikozuschlagsmethode[202] als Erwartungswert zu schätzen.[203]

---

199 Vgl. *Peemöller, V. H./Kunowski, S.*, Ertragswertverfahren nach IDW, 2009, S. 275; *Ernst, D.* u. a., Unternehmensbewertungen verstehen, 2010, S. 13.

200 Vgl. *Peemöller, V. H./Kunowski, S.*, Ertragswertverfahren nach IDW, 2009, S. 276; *Ernst, D.* u. a., Unternehmensbewertungen verstehen, 2010, S. 16-20.

201 Vgl. *Tewinkel, A.*, Unternehmensbewertung, 2003, S. 36; *Großfeld, B.*, Recht der Unternehmensbewertung, 2009, S. 103, 105; *Heilmann, A.*, Erbschaft- und Schenkungsteuerrecht, 2010, S. 132.

202 Da in dieser Arbeit die Risikozuschlagsmethode untersucht und genutzt wird, wird auf die Schätzung der Nettoeinzahlungen im Rahmen der Sicherheitsäquivalentmethode nicht weiter eingegangen. Vgl. dazu ausführlicher *Metz, V.*, Der Kapitalisierungszinssatz, 2007, S. 129 ff.

203 Vgl. *Velthuis, L. J.*, Value, 2004, S. 307; *Prokop, J.*, Bewertung zukünftiger Unternehmenserfolge, 2003, S. 70; *Rudolph, B.*, Unternehmensfinanzierung und Kapitalmarkt, 2006, S. 49; *Schütte-Biastoch, S.*, Unternehmensbewertung von KMU, 2011, S. 49; *Großfeld, B.*, Unternehmens- und Anteilsbewertung, 2002, S. 73.

3.2.2 Kapitalisierungszinssatz

Neben der dargestellten Ermittlung der Zählergröße kommt der Bestimmung der bewertungsspezifischen Kapitalkosten bzw. des Diskontierungszinssatzes eine wesentliche Bedeutung zu, da sich erst mittels der Diskontierung der Überschüsse der Wert des Unternehmens ergibt.[204] Dabei lässt sich die Unsicherheit grundsätzlich mittels eines Risikoabschlags vom Zähler oder eines Risikozuschlags im Nenner berücksichtigen.[205] Die Unternehmensbewertung in der Praxis greift bei der Anwendung des Ertragswertverfahrens und der Equity-Methode zumeist auf die Risikozuschlagsmethode zurück und berücksichtigt das Risiko nicht in den Zahlungsströmen, sondern durch einen Risikozuschlag im Nenner. Daher wird der Fokus im Folgenden auf die Risikozuschlagsmethode gelegt. Diese verdichtet im Gegensatz zur Sicherheitsäquivalentmethode[206] die Ertragsbandbreite auf ihren Erwartungswert und diskontiert diesen mit dem risikoangepassten Kalkulationszinsfuß.[207] Es ergibt sich daher bei Bewertung nach dem Ertragswertverfahren folgende vereinfachte Bewertungsformel:[208]

$$EK^{MW} = \frac{E[Z]}{r_f + r_z} \tag{1}$$

mit:

EK^{MW}	=	Wert des Eigenkapitals des Unternehmens zu Marktwerten
r_z	=	Risikozuschlag
$E[Z]$	=	Erwartungswert des Zahlungsüberschusses
r_f	=	Rendite der risikolosen Anlage

Dabei werden die Überschüsse des Unternehmens mit der besten Alternativanlage verglichen, um eine Beurteilung der Handlungs-/Investitionsalternativen zu ermöglichen.[209] Die Kapitalkosten sind in diesem Zusammenhang also als Opportunitätskosten der Investition in das spezifische Unternehmen zu verstehen.[210] Die Ermittlung dieser

[204] Vgl. *Schulz, R.*, Größenabhängige Risikoanpassungen, 2009, S. 18.

[205] Vgl. *Prokop, J.*, Bewertung zukünftiger Unternehmenserfolge, 2003, S. 80.

[206] Vgl. zur Sicherheitsäquivalentmethode *Prokop, J.*, Bewertung zukünftiger Unternehmenserfolge, 2003, S. 81-83; *Laux, H./Schabel, M. M.*, Subjektive Investitionsbewertung, 2009, S. 31 f.; *Velthuis, L. J.*, Value, 2004, S. 307 f.

[207] Vgl. *Braun, I.*, Discounted Cashflow-Verfahren, 2005, S. 20. Vgl. zur Diskussion um die Erhöhung des Kapitalisierungszinsfußes *Matschke, M. J.*, Entscheidungswert, 1975, S. 202-226.

[208] Vgl. auch *Spremann, K./Ernst, D.*, Unternehmensbewertung, 2011, S. 160. Es wird hier vereinfachend von einem möglichen Wachstumsabschlag und nicht betriebsnotwendigem Vermögen abstrahiert.

[209] Vgl. *Peemöller, V. H./Kunowski, S.*, Ertragswertverfahren nach IDW, 2009, S. 306.

[210] Vgl. *Jähnchen, S.*, Kapitalkosten von Versicherungsunternehmen, 2009, S. 16.

Opportunitätskosten stellt dabei ein wesentliches Problem der Unternehmensbewertung dar. So kann eine geringe Veränderung des Kapitalisierungszinssatzes bereits zu einer erheblichen Veränderung des zu bestimmenden Unternehmenswerts führen.[211] Daher ist der Kapitalisierungszinssatz an sich und das methodische Vorgehen zu seiner Bestimmung äußerst umstritten.[212] Grundsätzlich müsste der Risikozuschlag anhand der Risikonutzenfunktion des risikoscheuen potentiellen Käufers bestimmt werden.[213] Da diese jedoch nicht messbar ist, muss im Regelfall auf Alternativen zur Bestimmung des Risikozuschlags zurückgegriffen werden.

Zur Festlegung des Risikozuschlages wird daher, soweit das Ziel der Bewertung nicht ein subjektiver Grenzpreis ist,[214] regelmäßig auf kapitalmarktorientierte Referenzmodelle und die pauschale Festlegung[215] zurückgegriffen.[216] Da in dieser Arbeit die erbschaftsteuerliche Bewertung von Unternehmen und damit grundsätzlich keine Grenzpreisbestimmung von einzelnen Individuen untersucht wird, wird im Folgenden kurz auf die pauschale Festlegung von Risikozuschlägen eingegangen, der Schwerpunkt jedoch auf die kapitalmarktorientierten Ansätze zur Risikoberücksichtigung gelegt. Diese erfassen dabei die Unsicherheit implizit durch stochastische Verteilungsannahmen, also indem Schätzgrößen wie Renditeerwartungswerte, Standardabweichungen und Kovarianzen aggregiert werden.[217] Zur Bestimmung der Kapitalkosten, insbesondere der Risikozuschläge, hat sich in den letzten Jahrzehnten eine Vielzahl von verschiedenen „Methoden" entwickelt.[218] Eine Möglichkeit zur Bestimmung der Kapitalkosten ist das in den USA verwandte sog. Build-up-Modell, welches neben einem risikolosen Zinssatz noch das systematische Marktrisiko, eine größenabhängige Risi-

---

211 Vgl. *Tewinkel, A.*, Unternehmensbewertung, 2003, S. 52; *Rausch, B.*, Unternehmensbewertung, 2008, S. 66; *Munkert, M. J.*, Der Kapitalisierungszinssatz, 2005, S. 86; *Wiese, J.*, Komponenten des Zinsfußes, 2006, S. 1. Vgl. zur Sensitivität des Kapitalisierungszinssatzes bei verschiedenen Parametern insbesondere die in Kapitel 3.2.2.2.3 vorgenommene Untersuchung.

212 Vgl. *Kuhner, C./Maltry, H.*, Unternehmensbewertung, 2006, S. 150; *Dreyer, D.*, Bewertung personalintensiver Dienstleistungsunternehmen, 2004, S. 186; *Bark, C.*, Der Kapitalisierungszinssatz, 2011, S. 63 f.

213 Vgl. *Ballwieser, W.*, Unternehmensbewertung und Komplexitätsreduktion, 1990, S. 171.

214 Bei der Bestimmung eines subjektiven Grenzpreises muss als Diskontierungszinssatz die Rendite der besten Alternativanlage des spezifischen Anteilseigners herangezogen werden. Vgl. *Drukarczyk, J./Schüler, A.*, Unternehmensbewertung, 2009, S. 198 f.; *Kuhner, C./Maltry, H.*, Unternehmensbewertung, 2006, S. 197; *Mandl, G./Rabel, K.*, Unternehmensbewertung, 1997, S. 131 f.

215 Vgl. *Fischer-Winkelmann, W. F./Busch, K.*, Unternehmensbewertungsverfahren, 2009, S. 649; *Siegel, T.*, Methoden der Unsicherheitsberücksichtigung, 1992, S. 23.

216 Vgl. *Pratt, S. P./Grabowski, R. J.*, Cost of capital, 2010, S. 87 f.; *Koller, T.* u. a., Valuation, 2010, S. 238 f.; IDW S 1 i. d. F. 2008, Tz. 90.

217 Vgl. *Hering, T.*, Unternehmensbewertung, 2006, S. 179.

218 Zur Ableitung von Kapitalkosten mit alternativen Kapitalmarktmodellen vgl. insbesondere den Überblick bei *Damodaran, A.*, Corporate Finance, 2001, S. 163 ff.

koprämie und eine Risikoprämie für das spezifische Unternehmensrisiko erfasst.[219] Diesem Verfahren ist entgegenzuhalten, dass eine intersubjektive Bestimmung insbesondere des größenabhängigen und des unternehmenspezifischen Risikos nicht bzw. nur eingeschränkt möglich ist und es daher nur schwer in objektivierten Bewertungsanlässen anwendbar sein dürfte. Neben diesem Verfahren ist auch die Arbitrage Pricing Theory (APT) zu nennen, welche die erwartete Aktienrendite als eine lineare Funktion verschiedener Faktoren (k-Faktorenmodell) bestimmt.[220] Gemein ist diesem Verfahren mit dem CAPM die Annahme der Linearität, allerdings berücksichtigt das CAPM im Gegensatz zur APT lediglich einen Faktor, die Rendite wird damit nicht durch ein k-Faktorenmodell bestimmt.[221] Wesentlicher Nachteil der APT ist, dass sie keine Erklärung darüber liefert, welche und wie viele Faktoren für die Bestimmung des Risikos relevant sind.[222] Ähnliche Probleme sind auch bei dem von *Fama* und *French* entwickelten 3-Faktoren-Ansatz vorhanden,[223] bei welchem das CAPM um die Faktoren Unternehmensgröße und Buchwert/Marktwert-Relation ergänzt werden. Wiederum ist unklar, ob die eingeführten Faktoren wirklich zu einer Verbesserung der Kapitalkostenableitung führen.[224] Aus den vorgenannten Gründen wird in der vorliegenden Arbeit, auf das wohl in Deutschland und auch international gebräuchlichste Kapitalmarktmodell zur Bestimmung von marktorientierten Risikozuschlägen, das CAPM/Tax-CAPM fokussiert.[225] Daher wird in den folgenden Kapiteln der risikolose Basiszinssatz (r_f) und der auf Basis des CAPM ermittelte Risikozuschlag (r_z) dargestellt und analysiert.

3.2.2.1 Bestimmung des risikolosen Basiszinssatzes

Der risikolose Basiszinssatz soll die im Bewertungszeitpunkt verfügbare laufzeitäquivalente risikolose Rendite im Verhältnis zum Bewertungsobjekt abbilden.[226] Ein risikoloser Basiszinssatz lässt sich in der Realität jedoch nicht beobachten, da ein voll-

---

219 Vgl. *Pratt, S. P./Grabowski, R. J.*, Cost of capital, 2010, S. 87f.

220 Vgl. *Pratt, S. P./Grabowski, R. J.*, Cost of capital, 2010, S. 352.

221 Vgl. *Metz, V.*, Der Kapitalisierungszinssatz, 2007, S. 183.

222 Vgl. *Metz, V.*, Der Kapitalisierungszinssatz, 2007, S. 184; *Pratt, S. P./Grabowski, R. J.*, Cost of capital, 2010, S. 354.

223 Vgl. *Fama, E. F./French, K. R.*, Expected Stock Returns, 1992, S. 427-465.

224 Vgl. *Ballwieser, W./Wiese, J.*, Cost of Capital, 2010, S. 146f.

225 Vgl. stellvertretend *Pratt, S. P./Grabowski, R. J.*, Cost of capital, 2010, S. 103; *Kruschwitz, L.* u. a., Unternehmensbewertung, 2009, S. 25. Zur Gegenüberstellung von CAPM und Arbitrage-Pricing-Theory (APT) vgl. insbesondere *Goldenberg, D. H./Robin, A. J.*, Arbitrage Pricing Theory, 1991, S. 182-183.

226 Vgl. *Drukarczyk, J./Schüler, A.*, Unternehmensbewertung, 2009, S. 209; *Obermaier, R.*, Bewertung, Zins und Risiko, 2004, S. 159; *Ballwieser, W.*, Unternehmensbewertung, 2011, S. 85.

kommen risikoloser Schuldner nicht existiert.[227] Als Alternative wird daher auf quasi sichere Bundeswertpapiere zurückgegriffen.[228] Im Kontext der im Jahr 2007 begonnenen Finanzkrise und den Auswirkungen auf die Ratings von einzelnen Staaten, wie etwa Spanien oder Portugal, muss beachtet werden, dass auch Staatsanleihen über Risiken verfügen und insoweit nicht jede Staatsanleihe zur Bestimmung eines risikolosen Basiszinssatzes genutzt werden kann.[229] Es eignen sich daher nur Wertpapiere mit bester Bonität.[230]

Ein weiteres Problem stellt sich bei der Auswahl der Wertpapierlaufzeit, da Wertpapiere mit unterschiedlichen Laufzeiten regelmäßig unterschiedliche Renditen aufweisen. In diesem Zusammenhang ist daher die **Laufzeitäquivalenz** zwischen den Cash-Flows des Bewertungsobjektes und der Alternativanlage zu beachten.[231] Dies bedeutet, dass zur Diskontierung eines über beispielsweise 20 Jahre laufenden Cash-Flows auch ein über 20 Jahre laufendes Bundeswertpapier genutzt werden sollte. Geht man, wie in der Unternehmensbewertung üblich, von einer unendlichen Laufzeit des Bewertungsobjektes aus, so müsste zur Ermittlung des Basiszinssatzes ebenfalls auf ein Bundeswertpapier mit unendlicher Laufzeit abgestellt werden.[232] Indes liegt die maximale Laufzeit von Bundeswertpapieren regelmäßig bei 30 Jahren. Es fehlt an einer direkten Vergleichbarkeit mit den unendlich laufenden Überschüssen.[233] Daher muss für die

227 Vgl. *Benhof, H.*, Veräußerungsgewinnbesteuerung, 2010, S. 48; *Münstermann, H.*, Wert und Bewertung, 1966, S. 67.

228 Vgl. *Böcking, H.-J./Nowak, K.*, Discounted Cash Flow-Verfahren, 1998, S. 687. In einer generelleren Form ist der risikolose Basiszinssatz als Rendite eines Portfolios zu verstehen, welches über keine Kovarianz mit dem Markt verfügt, also in der Welt des CAPM über einen Betafaktor von 0. Vgl. *Koller, T.* u. a., Valuation, 2010, S. 240.

229 Vgl. zur praktischen Ableitung *Gebhardt, G./Daske, H.*, Kapitalmarktorientierte Unternehmensbewertung, 2005, S. 649-655. Vgl. zu den Auswirkungen der Finanzkrise auf die Ermittlung von risikolosen Basiszinssätzen für US-Staatsanleihen beispielhaft *Grabowski, R. J.*, Cost of Capital, 2009, S. 32. *Grabwoski* schlägt daher vor, von den gemessenen Renditen der Staatsanaleihen abzuweichen und stattdessen einen langfristigen Durchschnitt der Renditen in Höhe von 4,5% zu verwenden. Diesem Vorgehen ist allerdings zu widersprechen, da Schwankungen des Vergleichsobjektes am Kapitalmarkt auch Schwankungen des Unternehmenswerts zur Folge haben. Vgl. dazu auch *Kruschwitz, L./Löffler, A.*, Kapitalkosten, 2008, S. 806 und *Tewinkel, A.*, Unternehmensbewertung, 2003, S. 53.

230 Sofern der Staat seinen Zahlungen jederzeit nachkommt und davon ausgegangen wird, dass die Anleihe bis zur Endfälligkeit gehalten wird, werden sowohl das Ausfallrisiko als auch das Zinsänderungsrisiko eliminiert. Das Zinsänderungsrisiko kann insbesondere relevant sein, wenn der Markt davon ausgeht, dass der Staat eine höhere Geldentwertungsrate anstrebt. Vgl. *Jonas, M.* u. a., Basiszinssatz, 2005, S. 647.

231 Vgl. *Leuthier, R.*, Das Interdependenzproblem, 1988, S. 144 f.

232 Vgl. *Tewinkel, A.*, Unternehmensbewertung, 2003, S. 52; *Serf, C.*, Ertragswertverfahren, 2009, S. 189.

233 Vgl. *Kruschwitz, L.* u. a., Unternehmensbewertung, 2009, S. 27.

anschließenden Jahre eine Anschlussverzinsung geschätzt werden.[234] Gegen die Nutzung sehr langlaufender Bundesanleihen wurde in der Vergangenheit vorgetragen, dass nicht jedes Jahr Anleihen mit der benötigten Restlaufzeit zur Verfügung stehen, da sie nicht jährlich emittiert werden und es somit an der nötigen Liquidität und Datenverfügbarkeit mangele.[235] Allerdings spricht für die Nutzung von langen Restlaufzeiten zunächst der konzeptionelle Gedanke der Unendlichkeit der Zahlungsüberschüsse des zu bewertenden Unternehmens und der mit der Länge der Laufzeit abnehmende Einfluss der zu prognostizierenden Anschlussverzinsung.[236] Daher besteht heute weitgehend Konsens darüber, über 30 Jahre laufende Bundeswertpapiere[237] zu nutzen.[238]

Neben der Laufzeit wurde in der Literatur und Rechtsprechung lange Zeit diskutiert, ob der Basiszinssatz aus der Durchschnittsverzinsung der Vergangenheit oder aus der am Bewertungsstichtag erwarteten Verzinsung abgeleitet werden sollte. Die sowohl in der Praxis lange Zeit genutzte[239], als auch in der Rechtsprechung[240] akzeptierte Verwendung von historischen Durchschnittszinsen ist jedoch heute nicht mehr akzeptabel, da sie konzeptionell dazu führt, dass zukünftige Überschüsse mit vergangenen Renditen verglichen werden.[241] Weiterhin eröffnet dies durch die Festlegung des Durchschnittszeitraums Ermessenspielräume und lässt die Marktverhältnisse am Bewertungsstichtag unberücksichtigt.[242] Es wurde damit implizit unterstellt, dass sich die

---

234 Vgl. *Munkert, M. J.*, Der Kapitalisierungszinssatz, 2005, S. 134. Allerdings hat die zu schätzende Zinsentwicklung nach 30 Jahren nur noch einen geringen Einfluss.

235 Vgl. z. B. *Widmann, B.* u. a., Kapitalisierungszinssatz, 2003, S. 801.

236 Vgl. *Schmitt, D./Dausen, F.*, Unternehmensbewertung, 2006, S. 234; *Munkert, M. J.*, Der Kapitalisierungszinssatz, 2005, S. 134.

237 Hierunter fallen u.a. Bundesanleihen, Bundesobligationen und Bundesschatzanweisungen.

238 Vgl. *Dörschell, A.* u. a., Der Kapitalisierungszinssatz, 2009, S. 56; *Baetge, J.* u. a., Discounted Cashflow-Verfahren, 2009, S. 364; *Drukarczyk, J./Schüler, A.*, Unternehmensbewertung, 2009, S. 211.

239 So verwies etwa der IDW S 1 i. d. F. vom 28.06.2000 noch auf die Durchschnittswerte der Vergangenheit.

240 Vgl. mit zahlreichen Nachweisen zu Basiszinssätzen in der Rechtsprechung *Ballwieser, W.*, Unternehmensbewertung, 2007, S. 88; *Metz, V.*, Der Kapitalisierungszinssatz, 2007, S. 45-47.

241 Vgl. *Wiese, J./Gampenrieder, P.*, Bestimmung des Basiszinssatzes, 2007, S. 443. Anderer Auffassung sind *Casey, C./Loistl, O.*, Risikoadjustierte Kapitalkosten, 2008, S. 328, die auch eine Orientierung an der durchschnittlichen Verzinsung als Möglichkeit der Ermittlung ansehen.

242 Vgl. *Ballwieser, W.*, Unternehmensbewertung, 2007, S. 88; *Metz, V.*, Der Kapitalisierungszinssatz, 2007, S. 50. So wird in Teilen der Literatur auf eine genaue Angabe des zu betrachtenden Zeitraums verzichtet. Vgl. dazu etwa *Baetge, J./Krause, C.*, Berücksichtigung des Risikos, 1994, S. 450. Andere Ansätze liegen zwischen 10 bis 15 Jahren, vgl. *Hülsmann, C.*, Gesellschafterabfindung und Unternehmensbewertung, 2001, S. 453. Auch werden Zeiträume von 20 oder 30 Jahren vorgeschlagen. Vgl. etwa *Großfeld, B.*, Unternehmens- und Anteilsbewertung, 2002, S. 119.

vergangenen Kapitalmarktverhältnisse auch in die Zukunft übertragen lassen.[243] Mittlerweile hat sich die zukunftsorientierte Bestimmung laufzeitabhängiger Basiszinssätze durchgesetzt.[244] Theoretisch richtig sind daher nur Basiszinssätze, die der Rendite einer Null-Kupon-Anleihe mit einer Laufzeit vom Bewertungsstichtag bis zur Zahlung entsprechen (sog. **Spot Rate**[245]).[246] Die einzelnen Spot Rates mit individueller Laufzeit bestimmen die Zinsstrukturkurve und deren Verlauf, welcher als Indikator für die erwartete Veränderung der Zinssätze und Inflationsraten dient.[247]

Dabei bieten sich verschiedene Verfahren zur Ermittlung der Zinsstrukturkurve an. So kann diese mittels Strips (Separate Trading of Registered Interest and Principal Securities), Zinsswaps oder unter Anwendung der sog. *Svensson*-Methode geschätzt werden.[248] Strips, als echte Nullkuponanleihen, bieten den Vorteil, dass sie für viele Laufzeiten verfügbar und für jeden Anleger realisierbar sind.[249] Negativ ist jedoch zu berücksichtigen, dass ihre Liquidität im Verhältnis zu etwa Bundesanleihen gering ist.[250] Die Nutzung von Strips für die Ableitung von risikolosen Basiszinssätzen ist daher abzulehnen.[251] Die unmittelbare Verwendung von Zinsswaps ist ebenfalls abzulehnen, da in diesen eine Prämie für das Kreditrisiko enthalten ist und somit keine Risikolosigkeit gegeben ist.[252] Daher ist die Schätzung der Zinsstrukturkurve mittels der von *Nelson* und *Siegel*[253] und durch *Svensson*[254] erweiterten Schätzmethode zu favorisieren.[255] Die Spot Rate wird bei dieser mittels folgender Formel geschätzt:[256]

---

243 Ein ähnliches Problem ergibt sich bei der Bestimmung der Risikozuschläge mithilfe von historischen Kapitalmarktdaten.

244 Vgl. *Reese, R./Wiese, J.*, Ermittlung des Basiszinssatzes, 2007, S. 38; *Baetge, J.* u. a., Discounted Cashflow-Verfahren, 2009, S. 363; *Ballwieser, W.*, Unternehmensbewertung, 2011, S. 83.

245 Teilweise wird die Spot Rate auch als Zerobondrate bezeichnet.

246 Vgl. *Mandl, G./Rabel, K.*, Unternehmensbewertung, 1997, S. 137; *Jonas, M.* u. a., Basiszinssatz, 2005, S. 647; *Reese, R./Wiese, J.*, Ermittlung des Basiszinssatzes, 2007, S. 38; *Drukarczyk, J./Schüler, A.*, Unternehmensbewertung, 2009, S. 211-212; *Baetge, J.* u. a., Discounted Cashflow-Verfahren, 2009, S. 363; *Ballwieser, W.*, Unternehmensbewertung, 2011, S. 61, *Schwetzler, B.*, Zinsänderungsrisiko und Unternehmensbewertung, 1996, S. 1095.

247 Vgl. *Dörschell, A.* u. a., Der Kapitalisierungszinssatz, 2009, S. 50.

248 Vgl. *Ballwieser, W.*, Unternehmensbewertung, 2011, S. 83.

249 Vgl. *Wiese, J./Gampenrieder, P.*, Bestimmung des Basiszinssatzes, 2007, S. 444.

250 Vgl. *Wiese, J./Gampenrieder, P.*, Bestimmung des Basiszinssatzes, 2007, S. 444; *Reese, R.*, Schätzung von Eigenkapitalkosten, 2007, S. 15; *Ballwieser, W.*, Unternehmensbewertung, 2011, S. 83.

251 Vgl. *Reese, R.*, Schätzung von Eigenkapitalkosten, 2007, S. 16. Es müsste zunächst das immanente Kreditrisiko eliminiert werden. Vgl. *Reese, R.*, Schätzung von Eigenkapitalkosten, 2007, S. 15.

252 Vgl. *Reese, R./Wiese, J.*, Ermittlung des Basiszinssatzes, 2007, S. 43; *Reese, R.*, Schätzung von Eigenkapitalkosten, 2007, S. 15; *Wiese, J./Gampenrieder, P.*, Ableitung des Basiszinses, 2008, S. 1722.

253 Vgl. *Nelson, C. R./Siegel, A. F.*, Parsimonious Modeling, 1987, S. 473-489.

254 Vgl. *Svensson, L. E. O.*, Estimating Foreward Rates, 1994.

255 Vgl. *Ballwieser, W.*, Unternehmensbewertung, 2011, S. 84; *Wiese, J./Gampenrieder, P.*, Ableitung des Basiszinses, 2008, S. 1722; *Jonas, M.* u. a., Basiszinssatz, 2005, S. 647; *Drukarczyk,*

$$i_s(t, t+T, \beta) = \beta_0 + \beta_1\left(\frac{1-e^{\frac{-T}{\tau_1}}}{\frac{T}{\tau_1}}\right) + \beta_2\left(\frac{1-e^{\frac{-T}{\tau_1}}}{\frac{T}{\tau_1}} - e^{\frac{-T}{\tau_1}}\right) + \beta_3\left(\frac{1-e^{\frac{-T}{\tau_2}}}{\frac{T}{\tau_2}} - e^{\frac{-T}{\tau_2}}\right) \quad (2)$$

mit:

$i_{s,t}$ = Spot Rate

β = zu schätzender Parametervektor bestehend aus $\beta_0, \beta_1, \beta_2, \beta_3, \tau_1, \tau_2$

T = Laufzeit in Jahren

Zu beachten ist, dass es sich bei den geschätzten Renditen grundsätzlich um stetige Renditen handelt. Daher müssen diese stetigen Renditen mit Hilfe der folgenden Gleichung in diskrete Renditen umgerechnet werden:[257]

$$i_d = e^{i_s(t,t+T,\beta)} - 1 \quad (3)$$

mit:

i_d = Diskrete „Spot rate“

Die Parameter $\beta_0, \beta_1, \beta_2, \beta_3, \tau_1, \tau_2$ werden täglich sowohl von der EZB[258] als auch von der deutschen Bundesbank[259] publiziert. Bei der Verwendung der von der Bundesbank zur Verfügung gestellten Parameter entfällt jedoch die Umrechnung in diskrete Rendi-

J./Schüler, A., Unternehmensbewertung, 2009, S. 211. Die Methode wird auch als Svensson-Methode oder NSS-Model bezeichnet. Vgl. *Wollny, C.*, Der objektivierte Unternehmenswert, 2010, S. 323.

256 Vgl. Formel 3.3 bei *Svensson, L. E. O.*, Estimating Foreward Rates, 1994, S. 6; *Jonas, M.* u. a., Basiszinssatz, 2005, S. 647; *Ballwieser, W.*, Unternehmensbewertung, 2011, S. 86; *Dörschell, A.* u. a., Der Kapitalisierungszinssatz, 2009, S. 54; *Drukarczyk, J./Schüler, A.*, Unternehmensbewertung, 2009, S. 211.

257 Vgl. *Ballwieser, W.*, Unternehmensbewertung, 2011, S. 86; *Wiese, J./Gampenrieder, P.*, Bestimmung des Basiszinssatzes, 2007, S. 445. *Wiese/Gampenrieder* weisen darauf hin, dass zwischen den Spot Rates und damit zwischen den Zinsstrukturkurven auf Basis der Bundesbank- und der EZB-Daten Unterschiede auftreten. Diese resultieren aus der unterschiedlichen Bonität der zu Grundeliegenden Schuldner. Die Finanzkrise hat dabei am Beispiel von Griechenland oder Portugal deutlich aufgezeigt, dass auch im Euro-Raum erhebliche Bonitätsunterschiede bestehen. Als Ergebnis ist daher den Daten der Deutschen Bundesbank der Vorzug zu geben, da diese eine bessere Basis zur Schätzung risikoloser Basiszinssätze bietet. So auch *Benhof, H.*, Veräußerungsgewinnbesteuerung, 2010, S. 50. *Hachmeister, D./Wiese, J.*, Zinsfuß, 2009, S. 55 f. weisen darauf hin, dass derartige Risikoprämien dem theoretischen Konzept des risikolosen Zinses widersprechen.

258 Abrufbar im Internet unter: http://www.ecb.int/stats/money/yc/html/index.en.html#data (Stand 17.05.2011).

259 Abrufbar im Internet unter: http://www.bundesbank.de/statistik/statistik_zeitreihen.php ?lang=de&open=&func=list&tr=www_s300_it03c (Stand 24.07.2011).

ten, da die von der Bundesbank bereitgestellten Parameter direkt diskrete Renditen erzeugen und insofern von der Svensson-Methode abweichen.[260]

Gemäß diesen Vorgaben ergeben sich für den 11.02.2008 und den 11.02.2011 folgende Zinsstrukturkurven:

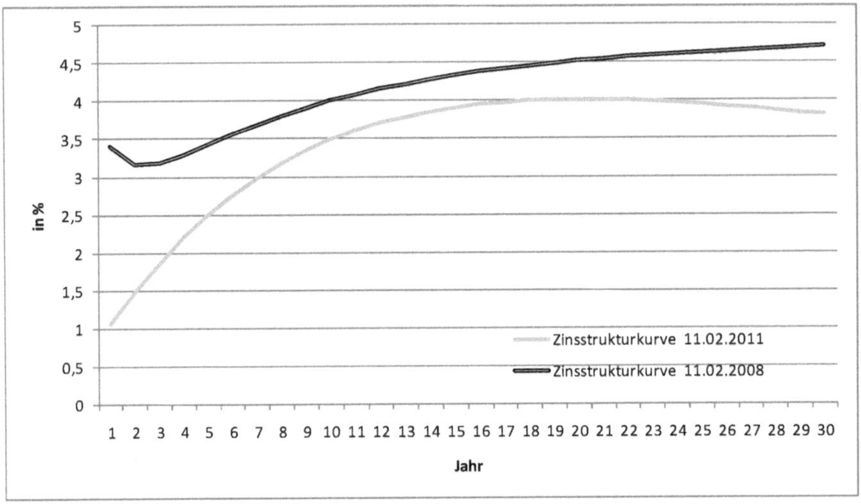

Abbildung 4: Zinsstrukturkurven börsennotierter Bundeswertpapiere mit einer Restlaufzeit von 30 Jahren[261]

Es zeigt sich, dass zu den einzelnen Stichtagen erhebliche Unterschiede in der Höhe und der Art der Zinsstrukturkurve auftreten können. Dabei entsprechen die in Abbildung 4 dargestellten Renditen der Effektivverzinsung der Kuponanleihen der jeweiligen Stichtage, welche aufgrund der Schätzung jedoch von der beobachteten Effektivverzinsung abweichen.[262]

Entgegen der dargestellten theoretisch richtigen Lösung im Rahmen der Bewertung, also der Verwendung von laufzeitäquivalenten Basiszinssätzen (Spot Rates),[263] favorisiert die Bewertungspraxis, insbesondere das IDW, die Verwendung eines einheitli-

260 Vgl. *Reese, R./Wiese, J.*, Ermittlung des Basiszinssatzes, 2007, S. 42; *Wiese, J./Gampenrieder, P.*, Bestimmung des Basiszinssatzes, 2007, S. 445. Dies übersehend empfehlen etwa *Jonas, M.* u. a., Basiszinssatz, 2005, S. 648 und *Obermaier, R.*, Bestimmung des Basiszinssatzes, 2006, S. 474 eine Umrechnung.

261 Eigene Darstellung auf Basis der Daten der Deutschen Bundesbank.

262 Vgl. *Ballwieser, W.*, Unternehmensbewertung, 2011, S. 87.

263 Vgl. *Mandl, G./Rabel, K.*, Unternehmensbewertung, 1997, S. 137; *Jonas, M.* u. a., Basiszinssatz, 2005, S. 647; *Reese, R./Wiese, J.*, Ermittlung des Basiszinssatzes, 2007, S. 38; *Drukarczyk, J./Schüler, A.*, Unternehmensbewertung, 2009, S. 211-212; *Baetge, J.* u. a., Discounted Cashflow-Verfahren, 2009, S. 363; *Ballwieser, W.*, Unternehmensbewertung, 2011, S. 61; *Schwetzler, B.*, Zinsänderungsrisiko und Unternehmensbewertung, 1996, S. 1095.

chen Basiszinssatzes.[264] Dieser wird zunächst aus einem Dreimonatsdurchschnitt der Zinsstrukturkurven vor dem Bewertungsstichtag abgeleitet, um kurzfristige Schwankungen auszugleichen.[265]

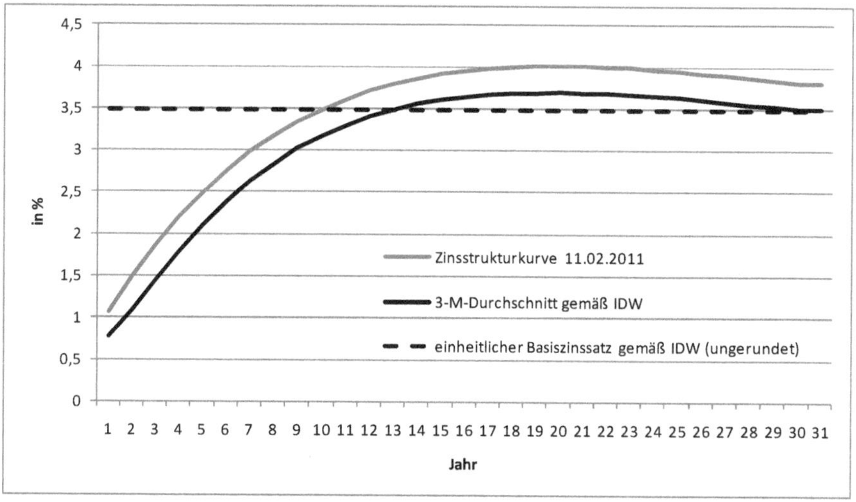

Abbildung 5: Zinsstrukturkurven börsennotierter Bundeswertpapiere mit einer Restlaufzeit von 30 Jahren im Vergleich zum 3-Monats-Durchschnitt[266]

Auf Basis dieser Durchschnittszinsstrukturkurve wird dann unter Schätzung der Anschlussverzinsung[267] ein einheitlicher Basiszinssatz ermittelt. Hierfür wird vereinfachend eine konstant bzw. stetig wachsende Zahlungsreihe unterstellt. Im Ergebnis führt der einheitliche Basiszinssatz dann zum selben Barwert wie die Nutzung der laufzeitspezifischen Spot Rates. Wesentliche Bedenken bestehen dabei neben dem grundsätzlichen Vorgehen[268] gegenüber der Verwendung einer typisierten Wachstumsrate, welche nicht mit dem Bewertungsobjekt übereinstimmt.[269] Im Ergebnis lässt sich der einheitliche Basiszinssatz mittels folgender Formeln ermitteln:

---

[264] Vgl. *Dörschell, A.* u. a., Der Kapitalisierungszinssatz, 2009, S. 69; *Baetge, J.* u. a., Discounted Cashflow-Verfahren, 2009, S. 366.

[265] Vgl. IDW (Hrsg.), Fachnachrichten, 2005, 556.

[266] Eigene Darstellung auf Basis der Daten der Deutschen Bundesbank.

[267] Regelmäßig wird hier eine Konstanz ab dem dreißigsten Jahr unterstellt. Vgl. *Dörschell, A.* u. a., Der Kapitalisierungszinssatz, 2009, S. 70; *Schulz, R.*, Größenabhängige Risikoanpassungen, 2009, S. 27.

[268] Vgl. zu den grundsätzlichen Bedenken gegen einen einheitlichen risikolosen Zinssatz auch *Rausch, B.*, Unternehmensbewertung, 2008, S. 3.

[269] Vgl. *Wiese, J./Gampenrieder, P.*, Bestimmung des Basiszinssatzes, 2007, S. 446; *Wiese, J./Gampenrieder, P.*, Ableitung des Basiszinses, 2008, S. 1725. Allerdings zeigen Sensitivitätsuntersuchungen, dass der Einfluss der unterstellten Wachstumsrate eher gering ist. Vgl. *Wagner, W.* u. a., Unternehmensbewertung, 2006, S. 1016.

$$Z_0 \; * \; \left[\sum_{t=1}^{T} \frac{(1+w)^t}{\left(1+ i_{d,t}\right)^t} + \frac{(1+w)^{T+1}}{\left(i_{d,T}-w\right)*\left(1+ i_{d,T}\right)^T}\right] = Z_0 \; \frac{1+w}{i_e-w} \tag{4}$$

$$i_e = \frac{(1+w)}{\sum_{t=1}^{T} \frac{(1+w)^t}{\left(1+ i_{d,t}\right)^t} + \frac{(1+w)^{T+1}}{(i_{d,T}-w)*(1+ i_{d,T})^T}} + w \tag{5}$$

mit:

i_e = Einheitlicher Basiszinssatz

Z_0 = Startgröße der Zahlungsreihe

w = Wachstumsrate

T = Laufzeit in Jahren

Das Ergebnis wird abschließend gemäß IDW auf den nächsten Viertel-Prozentpunkt gerundet. Dieses Vorgehen wird von Teilen der Literatur als wenig sinnvoll erachtet, da es keine Begründung für diese Anpassung gibt und in den vorhergehenden Schritten eine möglichst genaue Berechnung angestrebt wurde.[270] Allerdings muss berücksichtigt werden, dass die Wertauswirkungen aufgrund der Rundung nur marginal und im Verhältnis zu den anderen Parametern von untergeordneter Bedeutung sind. Daher wird in der weiteren Analyse dem Vorgehen des IDW gefolgt.

3.2.2.2 Bestimmung des Risikozuschlages

Wie in Kapitel 3.2.1 erläutert, sind die zur Bewertung genutzten Unternehmensüberschüsse unsicher. Unsicher bedeutet in diesem Zusammenhang, dass die erwarteten Überschüsse innerhalb einer Bandbreite schwanken, also sowohl positiv als auch negativ vom Erwartungswert abweichen können.[271] Die ermittelten Basiszinssätze bzw. die ermittelten Spot Rates hingegen sind quasi sicher.[272] Insofern muss zur Herstellung der Risikoäquivalenz[273] diese Unsicherheit im Rahmen der Bewertung berücksichtigt wer-

---

[270] Vgl. *Ballwieser, W.*, Unternehmensbewertung, 2011, S. 89; *Reese, R./Wiese, J.*, Ermittlung des Basiszinssatzes, 2007, S. 44; *Busch, K.*, Unternehmensbewertung, 2008, S. 158. Anders *Jonas, M.* u. a., Basiszinssatz, 2005, S. 652 f., welche sich für eine Verwendung des geglätteten Basiszinssatzes aussprechen, um eine zu große Volatilität der Zinssätze zu vermeiden.

[271] Vgl. *Koller, T.* u. a., Valuation, 2010, S. 35; *Dörschell, A.* u. a., Der Kapitalisierungszinssatz, 2009, S. 13; *Ernst, D.* u. a., Unternehmensbewertungen verstehen, 2010, S. 56; *Ballwieser, W.*, Unternehmensbewertung, 2011, S. 89, S. 94.

[272] Vgl. dazu die Ausführungen in Kapitel 3.2.2.1. Vgl. auch *Ballwieser, W.*, Unternehmensbewertung, 2011, S. 93.

[273] Vgl. zum Grundsatz der Risikoäquivalenz insbesondere *Schwetzler, B.*, Zinsänderungsrisiko und Unternehmensbewertung, 1996, S. 1082; *Baetge, J./Krause, C.*, Berücksichtigung des Risikos, 1994, S. 434 f.

den.[274] Dabei bieten sich grundsätzlich zwei Möglichkeiten an. Zum einen kann die Unsicherheit durch einen Abschlag bei den geschätzten Erwartungswerten der Überschüsse berücksichtigt werden, zum andern durch einen Risikozuschlag zum Basiszinssatz.[275] Auf die Vorgehensweise der Risikoberücksichtigung im Rahmen der Abschlagsmethode (Sicherheitsäquivalentmethode[276]) soll hier nicht weiter eingegangen werden, da diese in der Bewertungspraxis kaum genutzt wird und keinen wesentlichen Vorteil gegenüber der Risikozuschlagsmethode aufweist.[277] Weiterhin sind beide Methoden unter bestimmten Annahmen ineinander überführbar.[278] Weiter verbreitet ist die Nutzung von Risikozuschlägen zum Basiszinssatz.[279] Dabei wird eine Vielzahl von unterschiedlichen Risiken einbezogen, so werden insbesondere das operative Risiko, das Marktrisiko, das Kapitalstrukturrisiko sowie ggf. auftretende Fungibilitätsbeschränkungen als relevante Faktoren der Risikobestimmung thematisiert.[280] Auch hier können verschiedene „Methoden" zur Bemessung dieses Risikozuschlages genutzt werden. Grundsätzlich kann die Schätzung des Risikozuschlags **pauschal** erfolgen. Diese Vorgehensweise wird aktuell im Wesentlichen bei der Bewertung von KMU vorgenommen.[281] Teilweise wird auch eine Kombination von CAPM basierten Risikozuschlägen zzgl. KMU-spezifischen Bewertungszuschlägen befürwortet.[282] Im Ergebnis wird die pauschale Festlegung von Risikozuschlägen, welche in der Vergangenheit

---

274 Vgl. *Dirrigl, H.*, Unternehmensbewertung, 2004, S. 6; *Kuhner, C./Maltry, H.*, Unternehmensbewertung, 2006, S. 90-91; *Metz, V.*, Der Kapitalisierungszinssatz, 2007, S. 199; *Pauly-Grundmann, D.*, Markenbewertung, 2010, S. 164-165.

275 Vgl. *Kuhner, C./Maltry, H.*, Unternehmensbewertung, 2006, S. 91; *Ballwieser, W.*, Unternehmensbewertung, 2011, S. 90.

276 Kritisch zur Sicherheitsäquivalentmethode: *Kürsten, W.*, Unternehmensbewertung unter Unsicherheit, 2002, S. 137 ff.; *Kürsten, W.*, Grenzen und Reformbedarfe, 2003, S. 306 ff. Demgegenüber kritisch zu den Ausführungen von *Kürsten*: *Schwetzler, B.*, Das Ende, 2002, S. 145 ff.; *Diedrich, R.*, Die Sicherheitsäquivalentmethode, 2003, S. 281 ff.; *Wiese, J.*, Sicherheitsäquivalentmethode, 2003, S. 287 ff. Vgl. weiterführend dazu *Bamberg, G.* u. a., Unternehmensbewertung unter Unsicherheit, 2006, S. 287 ff.

277 Vgl. ausführlich zur Risikoabschlagsmethode *Timmreck, C.*, Kapitalmarktorientierte Sicherheitsäquivalente, 2006, S. 45 f.; *Prokop, J.*, Bewertung zukünftiger Unternehmenserfolge, 2003, S. 81-83.

278 Vgl. *Spremann, K.*, Finance, 2007, S. 191 f.

279 Vgl. *Fischer-Winkelmann, W. F./Busch, K.*, Unternehmensbewertungsverfahren, 2009, S. 649; *Gleißner, W./Wolfrum, M.*, Eigenkapitalkosten, 2008, S. 603 f.; *Jödicke, D.*, Risikosimulation, 2007, S. 167; *Prietze, O./Walker, A.*, Der Kapitalisierungszinsfuß, 1995, S. 210; *Peemöller, V. H.* u. a., Unternehmensbewertung in Deutschland, 1994, S. 744.

280 Vgl. *Dörschell, A.* u. a., Der Kapitalisierungszinssatz, 2009, S. 13-14; *Behringer, S.*, Mittel- und Kleinbetriebe, 2009, S. 111; *Munkert, M. J.*, Der Kapitalisierungszinssatz, 2005, S. 199-206; *Metz, V.*, Der Kapitalisierungszinssatz, 2007, S. 107 f.; *Peemöller, V. H./Kunowski, S.*, Ertragswertverfahren nach IDW, 2009, S. 312.

281 Vgl. *Munkert, M. J.*, Der Kapitalisierungszinssatz, 2005, S. 263 f. Zur subjektiven Festlegung von Risikozuschlägen auch *Behringer, S.*, Mittel- und Kleinbetriebe, 2009, S. 234-236.

282 Vgl. beispielsweise *Hackspiel, T.*, Unternehmensbewertung von KMU, 2010, S. 136-138.

üblich war, aktuell von weiten Teilen der Literatur kritisch gesehen.[283] Problematisch ist dabei insbesondere, dass das subjektive Ermessen des Bewerters weder ausgeschlossen noch expliziert werden kann.[284] Die pauschale Ermittlung von Risikozuschlägen basiert dabei im Wesentlichen auf der Berücksichtigung von Vergangenheitsergebnissen und liegt daher im Ermessen des Bewerters.[285]

Aktuell wird in der Praxis die Risikoermittlung auf Basis des CAPM (Tax-CAPM) vorgenommen.[286] So ermittelt beispielsweise der Berufsstand der Wirtschaftsprüfer durch die im IDW S 1 gemachten Vorgaben bei objektivierten Unternehmenswerten[287] die Kapitalkosten auf Basis des CAPM (Tax-CAPM). Allerdings ist auch die Nutzung dieser vermeintlich objektiven Methodik kritisch zu analysieren.[288]

3.2.2.2.1 Grundlagen des CAPM / Tax-CAPM

Das Capital Asset Pricing Model (CAPM) wurde in den 1960er Jahren unabhängig voneinander durch *Sharpe*[289], *Lintner*[290] und *Mossin*[291] entwickelt und soll die Preisbildung von risikobehafteten Anlagen auf dem Kapitalmarkt erklären.[292] Es basiert dabei grundlegend auf der Portfoliotheorie von *Markowitz*[293] und dem Separationstheorem von *Tobin*[294]. Das CAPM setzt dabei folgende Annahmen voraus:[295]

283 Vgl. *Pankoke, T./Petersmeier, K.*, Unternehmensbewertung, 2009, S. 107; *Behringer, S.*, Mittel- und Kleinbetriebe, 2009, S. 111; *Hüttemann, R.*, Vorgaben für ein Bewertungskonzept, 2007, S. 820.

284 Vgl. *Pankoke, T./Petersmeier, K.*, Unternehmensbewertung, 2009, S. 107; *Dreyer, D.*, Bewertung personalintensiver Dienstleistungsunternehmen, 2004, S. 162; *Metz, V.*, Der Kapitalisierungszinssatz, 2007, S. 164; *Behringer, S.*, Mittel- und Kleinbetriebe, 2009, S. 111; *Hüttemann, R.*, Vorgaben für ein Bewertungskonzept, 2007, S. 820; *Hoehne, F.*, Veräußerung von Anteilen, 2009, S. 209.

285 Vgl. *Heilmann, A.*, Erbschaft- und Schenkungsteuerrecht, 2010, S. 139; *Baetge, J./Krause, C.*, Berücksichtigung des Risikos, 1994, S. 435; *Zeidler, G. W.*, IDW S 1, 2006, S. 54; *Mandl, G./Rabel, K.*, Unternehmensbewertung, 1997, S. 227.

286 Vgl. für eine kritische Analyse verschiedener Anpassungsansätze des CAPM für KMU *Schulz, R.*, Größenabhängige Risikoanpassungen, 2009, S. 247-258.

287 Im Rahmen der objektivierten Unternehmensbewertung wird der Wirtschaftsprüfer in der Funktion als neutraler Gutachter tätig und ermittelt mit nachvollziehbarer Methodik einen von den individuellen Wertvorstellungen betroffener Parteien unabhängigen Wert des Unternehmens. Vgl. dazu IDW S 1, Tz. 12.

288 Vgl. zu den einzelnen Parametern der Risikoermittlung mithilfe des CAPM insbesondere Kapitel 3.2.3 dieser Arbeit.

289 Vgl. *Sharpe, W. F.*, Capital Asset Prices, 1964, S. 425-442.

290 Vgl. *Lintner, J.*, Valuation, 1965, S. 13-37.

291 Vgl. *Mossin, J.*, Equilibrium, 1966, S. 768-783.

292 Vgl. *Cochrane, J. H.*, Asset pricing, 2005, S. 152; *Wöhe, G.*, Betriebswirtschaftslehre, 2002, S. 771. Eine detaillierte Gegenüberstellung der unterschiedlichen Herleitungen findet sich bei *Rudolph, B.*, Kapitalkosten, 1979, S. 84-125.

293 Vgl. *Markowitz, H.*, Portfolio Selection, 1952, S. 77-92.

294 Vgl. *Tobin, J.*, Liquidity Preference, 1958, S. 65-86. Gemäß dem Separationstheorem von *Tobin* erfolgt die Zusammenstellung eines nutzenoptimalen Portfolios in zwei Schritten. Im ersten

1) Die Erwartungen der Marktteilnehmer sind in Bezug auf die erwarteten Renditen, deren Standardabweichungen und der Korrelationskoeffizienten zwischen allen Anlagemöglichkeiten homogen.
2) Es besteht die Möglichkeit einer beliebigen risikolosen Kapitalaufnahme und -anlage.
3) Es wird eine Normalverteilung der erwarteten Renditen angenommen.
4) Es fallen weder Transaktionskosten noch persönliche Steuern an.
5) Der Kapitalmarkt ist vollkommen und informationseffizient.
6) Die Wertpapiere sind beliebig teilbar und ihre Menge ist limitiert.
7) Unbeschränktheit der Leerverkäufe.
8) Investoren sind Mengenanpasser und damit Preisnehmer.
9) Alle Marktteilnehmer sind risikoavers und realisieren ihren Risikonutzen am Ende der Planungsperiode.
10) Die Marktteilnehmer verfügen über denselben Zeithorizont (1 Jahr).
11) Der Kapitalmarkt befindet sich im Gleichgewicht.

Im Kontext dieser Annahmen wird es Investoren ermöglicht, durch Diversifikation der risikobehafteten Wertpapiere eine Reduzierung des Risikos im Gegensatz zu einer Investition in ein einzelnes Wertpapier zu erreichen.[296] Die Annahme der Risikoaversion ist von immanenter Bedeutung, da daraus folgt, dass Investoren, die die Wahl zwischen zwei Anlagealternativen haben, immer die Anlage bevorzugen, die bei gleicher erwarteter Rendite das geringere Risiko aufweist.[297] Im Ergebnis ergibt sich daraus eine Vielzahl effizienter Portfolios (sog. Effizienzlinie).[298] Gibt es zusätzlich die Mög-

---

Schritt wird das optimale Portfolio aus einer Mischung der risikobehafteten Anlagen bestimmt (Tangentialportfolio). Erst im zweiten Schritt wird auf Basis der individuellen Risikoneigung des Individuums mittels einer Kombination von Tangentialportfolio und risikoloser Anlage das nutzenoptimale Portfolio gebildet. So wird der individuellen Risikoneigung des jeweiligen Investors Rechnung getragen.

295 Vgl. *Munkert, M. J.*, Der Kapitalisierungszinssatz, 2005, S. 225; *Dörschell, A.* u. a., Der Kapitalisierungszinssatz, 2009, S. 16; *Franke, G./Hax, H.*, Finanzwirtschaft des Unternehmens, 2009, S. 360. Es wurden auch verschiedene Variationen des CAPM mit abweichenden Annahmen entwickelt. So etwa von *Black*, der auf die Annahme einer unbegrenzten Aufnahme von risikofreiem Kapital verzichtet (sog. Zero-Beta-CAPM). Vgl. *Black, F.*, Capital Market Equilibrium, 1972, S. 444-455. Vgl. zu weiteren Variationen des CAPM: *Lintner, J.*, Investors′ Diverse Judgement, 1969, S. 347-400, der von der Annahme homogener Erwartungen abweicht; *Lee, C. F.*, Investment Horizon, 1976, S. 356-363, der von einem veränderten Anlagehorizont der Anleger ausgeht; *Merton, R. C.*, Intertemporal Capital Asset Pricing, 1973, S. 867-887, der das klassische Einperioden-Modell auf ein Mehrperiodenmodell erweitert; *Brennan, M. J.*, Taxes, 1970, S. 417-427, der das CAPM um persönliche Steuern der Anteilseigener zum sog. TAX-CAPM erweitert.

296 Vgl. *Dörschell, A.* u. a., Der Kapitalisierungszinssatz, 2009, S. 16.

297 Vgl. *Pankoke, T./Petersmeier, K.*, Unternehmensbewertung, 2009, S. 112; *Perridon, L.* u. a., Finanzwirtschaft der Unternehmung, 2009, S. 253.

298 Vgl. *Dörschell, A.* u. a., Der Kapitalisierungszinssatz, 2009, S. 16 f.

lichkeit einer risikolosen Anlagealternative, werden die Investoren in die Lage versetzt, auch eine Kombination aus beiden zu halten. Dies verdeutlicht auch die Abbildung 6 grafisch. Die Investoren bevorzugen die Anlagekombination, die sich aus dem Tangentialpunkt (M) zwischen Kapitalmarktlinie und Effizienzline ergibt. Diese Anlagekombination ist dann das Tangentialportfolio oder auch das sog. Marktportfolio, welches von allen rationalen Investoren gehalten wird.[299]

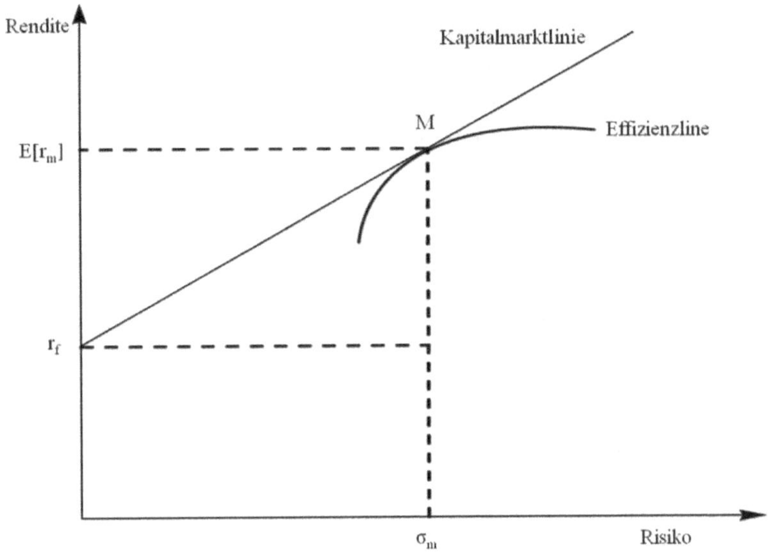

Abbildung 6: Kapitalmarktlinie im CAPM[300]

Eine andere Kombination der risikobehafteten Wertpapiere ist nicht effizient, da diese bei gleichem Risiko eine geringere Rendite oder bei gleicher Rendite ein höheres Risiko aufweist. Im Ergebnis unterscheiden sich die individuellen Portfolios der einzelnen Investoren nur durch die unterschiedliche Aufteilung der finanziellen Mittel zwischen risikoloser Anlage und dem Marktportfolio.[301] Konservative Investoren halten also eine Kombination aus risikofreier Anlage und dem optimalen Portfolio, risikofreudige

299 Vgl. *Perridon, L.* u. a., Finanzwirtschaft der Unternehmung, 2009, S. 263; *Dörschell, A.* u. a., Der Kapitalisierungszinssatz, 2009, S. 19.

300 Quelle: Eigene Darstellung in Anlehnung an *Perridon, L.* u. a., Finanzwirtschaft der Unternehmung, 2009, S. 263; *Rudolph, B.*, Kapitalkosten, 1979, S. 94.

301 Vgl. *Perridon, L.* u. a., Finanzwirtschaft der Unternehmung, 2009, S. 264.

Investoren verschulden sich und halten das optimale Portfolio.[302] Dies impliziert, dass alle Kapitalmarktteilnehmer vollständig diversifiziert sind.[303] Da das unternehmensspezifische Risiko durch die angenommene diversifizierte Anlagestrategie ausgeglichen werden kann (Markowitz-Diversifikation), werden rational handelnde Investoren nur solchen Risiken einen Wert beimessen, die nicht durch eine Diversifikation eliminiert werden können.[304] Im Ergebnis folgt daraus, dass im CAPM nur Risiken Berücksichtigung finden, die nicht durch die Diversifikation ausgeglichen werden können.[305] Unsystematische Risiken, hierunter werden Risiken subsumiert, die das einzelne Unternehmen betreffen, wie etwa die Positionierung am Markt oder Mängel bei einem Produkt, werden daher nicht abgegolten.[306] Lediglich das systematische Risiko, also das gesamtwirtschaftliche Risiko, wie etwa die Änderung von Marktzinsen oder politische und wirtschaftliche Ereignisse, werden im CAPM vergütet.[307]

Unter diesen Annahmen ergibt sich die erwartete Rendite eines Wertpapiers aus dem risikolosen Basiszinssatz (r_f) zzgl. der für das systematische Risiko übernommenen Risikoprämie. Daraus folgt folgende Bewertungsformel der Wertpapiermarktgeraden:[308]

$$E[r_i] = r_f + \beta_i(E[r_m] - r_f) \tag{6}$$

mit:

$E[r_i]$ = erwartete Rendite des Wertpapiers i

r_f = Rendite der risikolosen Anlage

---

302 Vgl. *Groh, A.*, Risikoadjustierte Performance, 2004, S. 67.

303 Vgl. *Drukarczyk, J./Schüler, A.*, Unternehmensbewertung, 2009, S. 56; *Copeland, T. E.* u. a., Finanzierungstheorie und Unternehmenspolitik, 2008, S. 211.

304 Vgl. *Busse, F.-J.*, Grundlagen Finanzwirtschaft, 2003, S. 105; *Schmidt, M.*, Rechnungslegung von Finanzinstrumenten, 2005, S. 198.

305 Vgl. *Rudolph, B./Zimmermann, P.*, Betafaktoren, 1998, S. 437. Zur kritischen Diskussion dieser Annahme in der Unternehmensbewertung vgl. *Born, K.*, Unternehmensanalyse und Unternehmensbewertung, 2003, S. 113; *Uzik, M./Weiser, M. F.*, Kapitalkostenbestimmung mittels CAPM, 2003, S. 706.

306 Vgl. *Ernst, D.* u. a., Unternehmensbewertungen verstehen, 2010, S. 56; *Fischer, B. R.*, Performanceanalyse, 2010, S. 391.

307 Vgl. *Thamm, R.*, Portfoliostrategien von Venture-Capital-Gesellschaften, 2009, S. 39; *Fischer, B. R.*, Performanceanalyse, 2010, S. 391; *Copeland, T. E.* u. a., Finanzierungstheorie und Unternehmenspolitik, 2008, S. 211; *Pratt, S. P./Grabowski, R. J.*, Cost of capital, 2010, S. 105; *Damodaran, A.*, Valuation, 2006, S. 32 f.; *Bachmann, U.*, Komponenten des Kreditspreads, 2004, S. 36.

308 Vgl. *Gröger, H.-C.*, Kapitalmarktorientierte Unternehmensbewertung, 2009, S. 62; *Perridon, L.* u. a., Finanzwirtschaft der Unternehmung, 2009, S. 267; *Peemöller, V. H.* u. a., Einsatz eines Nachsteuer-CAPM, 2005, S. 92. Siehe zur Herleitung der Formel *Steiner, P./Uhlir, H.*, Wertpapieranalyse, 2001, S. 186-192; *Steiner, M./Kleeberg, J. M.*, Problem der Indexauswahl, 1991, S. 173.

β_i = Betafaktor des Wertpapieres i

$E[r_m]$ = erwartete Rendite des Marktportfolios

Der Marktpreis für die Risikoübernahme, die sog. Marktrisikoprämie, ergibt sich aus der Differenz zwischen der erwarteten Rendite des Marktes $E[r_i]$ und dem risikolosen Zinssatz r_f und ist für alle Unternehmen identisch.[309] Das Risiko, welches darin besteht, sich an einem bestimmten Unternehmen zu beteiligen, wird durch den Betafaktor β_i ausgedrückt und über die Korrelation der Rendite des Wertpapiers zum Marktportfolio ermittelt.[310] Formal ergibt sich der Betafaktor wie folgt:[311]

$$\beta_i = \frac{cov_{i,m}}{\sigma_m^2} \tag{7}$$

mit:

$cov_{i,m}$ = Kovarianz des Wertpapiers i mit der Rendite des Marktportfolios

σ_m^2 = Varianz der Rendite des Marktportfolios

Betafaktoren zeigen vereinfacht ausgedrückt die Sensibilität des Aktienkurses eines Unternehmens im Verhältnis zum Marktportfolio an. Ein Beta > 1 bedeutet, dass das Risiko des Unternehmens größer ist als das der Referenz, der Aktienkurs weist also ein höhere Volatilität auf. Ein Beta < 1 besagt also im Umkehrschluss, dass das Risiko/die Volatilität dieser Aktie geringer ist als das Risiko des Marktes.[312]

Das Standard-CAPM abstrahiert in der dargestellten Grundform von persönlichen Ertragsteuern der Anteilseigner. Diese sind im Rahmen der Unternehmensbewertung jedoch grundsätzlich bewertungsrelevant,[313] sodass zur Berücksichtigung dieses Parameters im Rahmen der Unternehmensbewertung auf das sog. Tax-CAPM nach *Brennan* zurückgegriffen wird.[314] Dabei ergibt sich die erwartete Rendite nach persönlichen Steuern bei Verwendung eines typisierten persönlichen Steuersatzes wie folgt:[315]

---

309 Vgl. *Perridon, L.* u. a., Finanzwirtschaft der Unternehmung, 2009, S. 267; *Kruschwitz, L./Milde, H.*, Geschäftsrisiko, Finanzierungsrisiko, Kapitalkosten, 1996, S. 1020; *Benhof, H.*, Veräußerungsgewinnbesteuerung, 2010, S. 21.

310 Vgl. *Ernst, D.* u. a., Unternehmensbewertungen verstehen, 2010, S. 60.

311 Vgl. *Rudolph, B.*, Kapitalkosten, 1979, S. 97.

312 Vgl. *Kucher, A. B.*, Conglomerate Valuation, 2000, S. 27-28; *Günther, T.*, Unternehmenswertorientiertes Controlling, 1997, S. 167.

313 Vgl. etwa *Moxter, A.*, Grundsätze ordnungsmäßiger Unternehmensbewertung, 1983, S. 177 f.

314 Vgl. *Brennan, M. J.*, Taxes, 1970, S. 417-427.

315 Vgl. *Wagner, W.* u. a., Weiterentwicklung der Grundsätze, 2004, S. 893; *Hommel, M./Pauly, D.*, Unternehmensteuerreform 2008: Auswirkungen, 2007, S. 1158. Zur Ableitung der Grundformel nach Brennan vgl. auch *Hower, S.*, Tax-CAPM, 2009, S. 15.

$$E[r_i^{nSt}] = r_f(1 - est) + \beta_i \times \left(E[r_m^{nST}] - r_f(1 - est)\right) \quad (8)$$

mit:

$E[r_i^{nSt}]$	=	erwartete Rendite des Wertpapiers i nach persönlichen Steuern
r_f	=	Rendite der risikolosen Anlage
β_i	=	Betafaktor des Wertpapieres i
$E[r_m^{nST}]$	=	erwartete Rendite des Marktportfolios nach persönlichen Steuern
est	=	(Typisierter) Einkommensteuersatz

Berücksichtigt man das aktuelle Steuerrecht nach der Unternehmensteuerreform 2008 und beachtet die einzelnen Komponenten der geforderten Rendite (Zinseinkünfte, Dividenden und Kursgewinne), ergibt sich folgende Nachsteuerrendite des Marktportfolios:[316]

$$E[r_m^{nST}] = k_m - k_m \times s_{eff}^k + d_m - d_m \times s_{AS} \quad (9)$$

$$= E[r_m^{vST}] - k_m \times s_{eff}^k - d_m \times s_{AS} \quad (10)$$

mit:

$E[r_m^{nST}]$	=	erwartete Rendite des Marktportfolios nach persönlichen Steuern
$E[r_m^{vST}]$	=	erwartete Rendite des Marktportfolios vor persönlichen Steuern
k_m	=	Kursrendite des Marktportfolios
d_m	=	Dividendenrendite des Marktportfolios
s_{eff}^k	=	Effektiver Steuersatz der Kursrendite
s_{AS}	=	Abgeltungsteuersatz (inkl. Solidaritätszuschlag)

Dabei liegt der grundsätzliche Unterschied zwischen der Vor- und Nachsteuerrendite in der Abgeltungsteuer (25 %) zzgl. Solidaritätszuschlag (5,5 %) auf Dividendenrenditen und dem effektiven Kursgewinnsteuersatz auf die Kursrendite.[317] Die Abweichungen zwischen nominalem Steuersatz auf die Dividendenrendite und effektivem Steuersatz auf die Kursrendite resultieren aus der Annahme, dass die Kursgewinne nicht

---

316 Vgl. *Dörschell, A.* u. a., Der Kapitalisierungszinssatz, 2009, S. 36.

317 Vgl. *Dörschell, A.* u. a., Der Kapitalisierungszinssatz, 2009, S. 36. Zu einer Diskussion der Ermittlung der effektiven Kursgewinnbesteuerung vgl. *Baetge, J.* u. a., Discounted Cashflow-Verfahren, 2009, S. 375. Zur formalen Herleitung des effektiven Kursgewinnsteuersatzes vgl. *Wiese, J.*, Unternehmensbewertung und Abgeltungsteuer, 2007, S. 371.

jährlich realisiert werden.[318] Im Ergebnis folgt daraus, dass mit zunehmender Haltedauer der effektive Steuersatz sinkt.[319] Die zu bestimmende Nachsteuerrendite setzt sich daher aus folgenden Komponenten zusammen:[320]

$$E[r_i^{nSt}] = r_f(1 - s_{AS}) + \beta_j \times \left(E[r_m^{vSt}] - k_m \times s_{eff}^k - d_m \times s_{AS} - r_f \times (1 - s_{AS})\right) \quad (11)$$

mit:

$E[r_i^{nST}]$ = erwartete Rendite des Wertpapiers i nach persönlichen Steuern

$E[r_m^{vST}]$ = erwartete Rendite des Marktportfolios vor persönlichen Steuern

Damit ergibt sich die erwartete Nachsteuerrendite ($E[r_i^{nST}]$) des Wertpapiers als um die Abgeltungsteuer reduzierter risikoloser Zinssatz zzgl. der um die Besteuerungseffekte reduzierten Marktrisikoprämie vor Steuern ($E[r_m^{vST}]$).[321]

Wenngleich das CAPM bisher nur geringe empirische Unterstützung erhalten hat,[322] ist seine Verwendung in der Bewertungspraxis ungebrochen.[323] Auch hat in den letzten Jahren das CAPM in die deutsche Rechtsprechung Einzug gehalten.[324] Trotz der zahlreichen in der Literatur geäußerten Kritikpunkte[325] gibt es derzeit keinen geeigneteren und in der Praxis stärker akzeptierten Ansatz zur Bestimmung von quantitativen und grundsätzlich intersubjektiv nachvollziehbaren Risiken in Form von Risikoprämien.[326]

---

318 Bei einer jährlichen Realisierung der Kursgewinne entsprächen sich nominale und effektive Besteuerung. Vgl. *Wiese, J.*, Unternehmensbewertung und Abgeltungsteuer, 2007, S. 370; *Ballwieser, W.* u. a., Einkommensteuer und Unternehmensbewertung, 2007, S. 769.

319 Vgl. *Baetge, J.* u. a., Discounted Cashflow-Verfahren, 2009, S. 374.

320 Vgl. *Baetge, J.* u. a., Discounted Cashflow-Verfahren, 2009, S. 374; *Dörschell, A.* u. a., Der Kapitalisierungszinssatz, 2009, S. 37; *Hower, S.*, Tax-CAPM, 2009, S. 900.

321 Vgl. *Dörschell, A.* u. a., Der Kapitalisierungszinssatz, 2009, S. 37.

322 Vgl. zur Untersuchung auf die empirische Validierung des Standard-CAPM beispielsweise *Black, F.* u. a., Capital Asset Pricing, 1972; *Fama, E. F./MacBeth, J. D.*, Risk, 1973; *Banz, R. W.*, Return and Market, 1981; *Fama, E. F./French, K. R.*, Expected Stock Returns, 1992; *Haugen, R. A.*, The New Finance, 2004; *Hagemeister, M./Kempf, A.*, CAPM und erwartete Renditen, 2010; *Hower, S.*, Tax-CAPM, 2009, S. 901-903.

323 Vgl. etwa IDW S 1, Tz. 92; *IDW*, Wirtschaftsprüfer-Handbuch 2008, 2008, S. 65-69.

324 Vgl. etwa OLG Stuttgart, 17.03.2010, 20 W 9/08, OLG Stuttgart, 18.12.2009, 20 W 2/08 und OLG Düsseldorf, 27.05.2009, I-26 W 5/07 (AktE). Eine andere Auffassung vertritt der 31. Zivilsenat des OLG München, welcher daran festhält, dass die marktorientierte Ermittlung des Risikozuschlags unter Anwendung des (Tax-)CAPM (Capital Asset Pricing Model) der pauschalen Festlegung aufgrund von Erfahrungswerten nicht überlegen ist. Vgl. OLG München, 14.07.2009, 31 Wx 121/06.

325 Vgl. dazu ausführlicher *Düsterlho, J.-E. v.*, Das Shareholder-Value-Konzept, 2003, S. 124-127; *Günther, T.*, Unternehmenswertorientiertes Controlling, 1997, S. 167-169.

326 Vgl. beispielsweise *Düsterlho, J.-E. v.*, Das Shareholder-Value-Konzept, 2003, S. 127; *Coenenberg, A. G.*, Unternehmensbewertung, 1981, S. 239. Vgl. zur Kritik an der Anwendung des CAPM beispielhaft: *Hering, T.*, Unternehmensbewertung, 2006, S. 225-229.

3.2.2.2.2 Bestimmung der Marktrisikoprämie

Wie erläutert stellt das CAPM die theoretische Fundierung für die Ableitung des kapitalmarktorientierten Risikozuschlags und damit auch der Marktrisikoprämie dar.[327] Wesentliches Problem im Rahmen der Bestimmung der Marktrisikoprämie ($E[r_i] - r_f$) ist die Unkenntnis über die in der Zukunft zu erwartenden Renditen.[328] In der Literatur werden für deren Ermittlung daher zwei grundsätzliche Varianten diskutiert.[329] Zum einen kann die zukünftige Marktrisikoprämie, daher auch Markt**erwartungs**prämie[330] genannt, zukunftsorientiert (ex ante) ermittelt werden.[331] Zum anderen bietet sich die Möglichkeit, diese auf Basis historischer Kapitalmarktdaten (ex post) zu bestimmen.[332]

Bei der zukunftsorientierten oder auch sog. alternativen Ableitung sind zwei grundsätzliche Vorgehensweisen zu unterscheiden. Eine Möglichkeit ist die Bestimmung der Marktrisikoprämie, indem aus den erwarteten Zahlungsströmen (z. B. Dividenden / erwartete Gewinne) und dem Aktienkurs die daraus resultierenden impliziten Renditen ermittelt werden.[333] Der so ermittelte interne Zinsfuß spiegelt dann die erwartete Rendite $E[r_i]$ des Marktes wider.[334] Zusätzlich gibt es die Möglichkeit, durch Expertenbefragungen eine direkte Einschätzung über die zukünftige Marktrisikoprämie zu erhalten.[335] Basis dieser Einschätzungen über die Marktrisikoprämie und die geschätzten Überschüsse bilden Analystenschätzungen und Expertenbefragungen.[336] *Metz* hält die Befragung von Experten richtigerweise für die Unternehmensbewertung für ungeeignet, da weder die Unabhängigkeit der Befragten noch deren Expertise oder der Anreiz zur wahrheitsgemäßen Beantwortung überprüft werden können.[337]

Wesentliche Kritikpunkte an den Modellen zur Schätzung impliziter Eigenkapitalkosten sind ebenfalls die Verwendung von Analystenschätzungen und die den Berech-

---

327 Vgl. Kapitel 3.2.2.2.

328 Vgl. *Obermaier, R.*, Bestimmung des Basiszinssatzes, 2008, S. 504.

329 Vgl. *Copeland, T. E.* u. a., Unternehmenswert, 2002, S. 267. Für einen Überblick der verschiedenen Schätzverfahren vgl. *Koller, T.* u. a., Valuation, 2010, S. 242-248.

330 Vgl. zu diesem Begriff auch *Ernst, D.* u. a., Unternehmensbewertungen verstehen, 2010, S. 58.

331 Vgl. *Pratt, S. P./Grabowski, R. J.*, Cost of Capital, 2009, S. 117; *Dörschell, A.* u. a., Der Kapitalisierungszinssatz, 2009, S. 89.

332 Vgl. *Baetge, J.* u. a., Discounted Cashflow-Verfahren, 2009, S. 377.

333 Vgl. *Bark, C.*, Der Kapitalisierungszinssatz, 2011, S. 106.

334 Vgl. etwa *Claus, J./Thomas, J.*, Equity Premia, 2001, S. 1629-1666 als Beispiel für eine Schätzung mit Übergewinnmodellen. Zur Ermittlung auf Basis von Dividendendiskontierungsmodellen: *Fama, E. F./French, K. R.*, The Equity Premium, 2002, S. 637-659.

335 Vgl. beispielsweise *Welch, I.*, Equity Premium, 2000, S. 501-537, welcher unter 226 Finance-Professoren eine Umfrage zur zukünftigen Marktrisikoprämie durchführte. Ähnlich auch *Graham, J. R./Harvey, C. R.*, Equity Risk Premia, 2001, die CFOs zu ihrer Einschätzung befragten.

336 Vgl. *Obermaier, R.*, Bestimmung des Basiszinssatzes, 2008, S. 504.

337 Vgl. *Metz, V.*, Der Kapitalisierungszinssatz, 2007, S. 223.

nungsmodellen zu Grunde liegenden Annahmen, die dazu führen, dass die Prognosemodelle äußerst sensibel auf Änderungen der Parameter reagieren.[338] Dies zeigt sich auch an der von *Reese* durchgeführten Vergleichsuntersuchung verschiedener Modelle (CT = *Claus/Thomas*[339]; GLS = *Gebhard/Lee/Swaminathan*[340]; OJN = *Ohlson/Jüttner-Nauroth*[341]; PEG = Price-Earnings-Growth-Model) zur impliziten Schätzung von Marktrisikoprämien in Abbildung 7.[342]

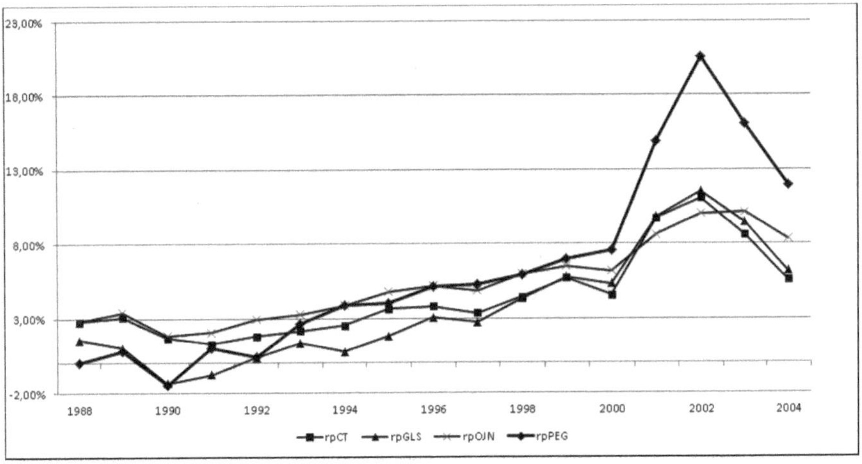

Abbildung 7: Schätzung von Marktrisikoprämien mit Ex-Ante-Modellen[343]

Insbesondere das Jahr 2002 verdeutlicht, dass in Abhängigkeit vom verwendeten Modell erhebliche Bandbreiten zu beobachten sind. *Ballwieser* hält in diesem Zusammenhang zutreffend fest, dass eine Überprüfung der auf Basis der verschiedenen Modelle ermittelten Marktrisikoprämien unmöglich ist und daher die Güte der Schätzungen nicht beurteilt werden kann.[344] *Copeland/Koller/Murrin* lehnen die Verwendung dieser Modelle aus diesem Grund sogar gänzlich ab.[345] Eine andere Auffassung vertritt *Metz*,

338 Vgl. *Dörschell, A.* u. a., Der Kapitalisierungszinssatz, 2009, S. 90; *Wagner, W.* u. a., Unternehmensbewertung, 2006, S. 1017.

339 Vgl. *Claus, J./Thomas, J.*, Equity Premia, 2001, S. 1629-1666.

340 Vgl. *Gebhardt, W. R.* u. a., Cost of Capital, 2001, S. 135-176.

341 Vgl. *Ohlson, J. A./Jüttner-Nauroth, B.*, Determinants of Value, 2005, S. 349-365.

342 Vgl. *Reese, R.*, Schätzung von Eigenkapitalkosten, 2007, S. 102. Zu einer weiteren Gegenüberstellung der Ergebnisse verschiedener Schätzmodell siehe auch die Darstellung bei *Metz, V.*, Der Kapitalisierungszinssatz, 2007, S. 236.

343 Quelle: *Reese, R.*, Schätzung von Eigenkapitalkosten, 2007, S. 102, Daten S. 101.

344 Vgl. *Ballwieser, W.*, Unternehmensbewertung, 2011, S. 118.

345 Vgl. *Copeland, T. E.* u. a., Unternehmenswert, 2002, S. 273.

der davon ausgeht, dass die Ermittlung impliziter Eigenkapitalkosten zu verlässlichen Werten führt.[346]

Im Ergebnis ist daher festzuhalten, dass die ex ante Schätzung von Marktrisikoprämien mit erheblicher Unsicherheit über die gewonnenen Ergebnisse verbunden ist, allerdings keine generelle Ablehnung erfolgen kann, da auch die Ermittlung auf Basis historischer Renditen nicht unproblematisch ist.[347]

Die in der Praxis weiter verbreitete Methode zur Ermittlung von Marktrisikoprämien basiert auf historischen Kapitalmarktdaten.[348] Dabei wird die Marktrisikoprämie mittels des Vergleichs zwischen historischer Marktrendite und historischem risikolosem Zinssatz bestimmt.[349] Es stellen sich sowohl in der Ausgestaltung der Messung als auch in der Interpretation der Ergebnisse erhebliche subjektive Einflüsse dar. Theoretisch müsste zur Abbildung der erwarteten Rendite des Marktes ein alle risikobehafteten Vermögensklassen umfassendes Portfolio gebildet werden.[350] Aufgrund der Unbeobachtbarkeit des Marktportfolios wird regelmäßig auf breite Aktienindizes als Proxy für das Marktportfolio zurückgegriffen.[351] Durch die Beschränkung auf Aktien werden damit aber unter Umständen wesentliche andere Vermögensgegenstände wie Immobilien, Gold, Kunstgegenstände etc. ausgeschlossen.[352] Ebenso wird die Auswahl des richtigen risikolosen Basiszinssatzes diskutiert. So wird zum einen argumentiert, dass auf kurzfristige Staatsanleihen zurückgegriffen werden sollte, da auch das CAPM als Einperiodenmodell nur kurzfristig orientiert ist.[353] Dem wird entgegengehalten, dass die Unternehmensbewertung eher langfristig orientiert ist und daher langfristige Staatsanleihen einen besseren Proxy für den risikolosen Zinssatz bilden.[354] Weiterer wesentlicher Parameter bei der Bestimmung der Marktrisikoprämie ist der der Be-

---

346 Vgl. *Metz, V.*, Der Kapitalisierungszinssatz, 2007, S. 237 f.

347 So auch *Ballwieser, W.*, Unternehmensbewertung, 2011, S. 118, der festhält, dass der Bewerter nur die Auswahl zwischen zwei unzulänglichen Alternativen hat.

348 Vgl. *Dörschell, A.* u. a., Der Kapitalisierungszinssatz, 2009, S. 91; *Baetge, J.* u. a., Discounted Cashflow-Verfahren, 2009, S. 377; *Copeland, T. E.* u. a., Unternehmenswert, 2002, S. 267; *Wagner, W.* u. a., Unternehmensbewertung, 2006, S. 1005-1021.

349 Vgl. *Dörschell, A.* u. a., Der Kapitalisierungszinssatz, 2009, S. 91.

350 Vgl. *Baetge, J./Krause, C.*, Berücksichtigung des Risikos, 1994, S. 441; *Rudolph, B./ Zimmermann, P.*, Betafaktoren, 1998, S. 439.

351 Vgl. *Pankoke, T./Petersmeier, K.*, Unternehmensbewertung, 2009, S. 117.

352 Vgl. *Voigt, C.*, Unternehmensbewertung, 2005, S. 60; *Heidorn, T.*, Finanzmathematik, 2009, S. 140 zur Berücksichtigung im Rahmen der APT.

353 Vgl. *Reese, R.*, Schätzung von Eigenkapitalkosten, 2007, S. 61.

354 Vgl. *Koller, T.* u. a., Valuation, 2010, S. 242-243, die die Nutzung von zehnjährigen Bonds favorisieren. Ähnlich auch *Damodaran, A.*, Valuation, 2006, S. 36, der sich ebenfalls für die Nutzung von zehnjährigen Staatsanleihen ausspricht, aber auch die Nutzung von dreißigjährigen Staatsanleihen andenkt, soweit diese im jeweiligen Land verfügbar sind. Vgl. für ein mögliches Vorgehen zur Bestimmung der passenden risikolosen Verzinsung auch *Pratt, S. P./Grabowski, R. J.*, Cost of capital, 2010, S. 119.

stimmung zu Grunde zu legende Zeitraum.[355] So spricht für einen langen Ermittlungszeitraum der damit einhergehende geringere Einfluss einzelner Ausreißer, sowie die Annahme, dass eine Mindestmenge an Beobachtungen vorhanden sein sollte, um eine repräsentative Schätzung vornehmen zu können.[356] Gegen die Verwendung langer Zeitreihen spricht die geringere Gewichtung zeitnaher Entwicklungen und der mögliche starke Einfluss einmaliger Ereignisse[357].[358] Für Deutschland liegen den meisten Untersuchungen zur Marktrisikoprämie daher Daten nach dem zweiten Weltkrieg zu Grunde.[359] Anders in den USA, wo *Koller/Goedhard/Wessels* sich dafür aussprechen, eine möglichst lange Zeitreihe zu verwenden, da sie keinen Trend innerhalb der untersuchten Zeitreihe feststellen können und daher der Schätzfehler durch die Verlängerung des Untersuchungszeitraums verringert werden kann.[360]

Äußerst umstritten ist in der Literatur die Art der Messung (geometrisch vs. arithmetisch) des Mittelwerts der gemessenen Renditen.[361] Dabei ist zu beachten, dass das arithmetische Mittel die Obergrenze des geometrischen Mittels bildet.[362] Eine Berechnung auf Basis des arithmetischen Mittels führt daher grundsätzlich zu höheren Marktrisikoprämien als eine Berechnung auf Basis des geometrischen Mittels. Die Befürworter der arithmetischen Mittelwertbildung argumentieren, dass bei einer Bestimmung der Marktrisikoprämie auf Basis des einperiodigen CAPM und einer Übertragung in einen mehrperiodigen Kontext unter der Annahme unabhängiger und identisch verteilter Renditen dieses anzuwenden sei.[363] Befürworter des geometrischen Mittels

---

355 Vgl. *Carleton, W. T./Lakonishok, J.*, Risk and Return, 1985, S. 38 für einen Überblick der verschieden Einflussfaktoren.

356 Vgl. *Dörschell, A.* u. a., Der Kapitalisierungszinssatz, 2009, S. 93.

357 Als Beispiel ist hier etwa der Zweite Weltkrieg zu nennen.

358 Vgl. *Dörschell, A.* u. a., Der Kapitalisierungszinssatz, 2009, S. 93. Für einen Überblick der erheblichen Auswirkungen unterschiedlicher Beobachtungszeiträume bei gleichem Endjahr vgl. *Reese, R.*, Schätzung von Eigenkapitalkosten, 2007, S. 33.

359 Vgl. Tabelle 2.

360 Vgl. *Koller, T.* u. a., Valuation, 2010, S. 243.

361 Vgl. für einen Überblick beispielhaft: *Drukarczyk, J./Schüler, A.*, Unternehmensbewertung, 2009, S. 218-224; *Reese, R.*, Schätzung von Eigenkapitalkosten, 2007, S. 34-56. Die Messung auf Basis des arithmetischen Mittelwerts befürworten: *Koller, T.* u. a., Valuation, 2010, S. 243; *Casey, C./Loistl, O.*, Risikoadjustierte Kapitalkosten, 2008, S. 330-335; *Brealey, R. A.* u. a., corporate finance, 2008, S. 175 f.; *Copeland, T. E.* u. a., Finanzierungstheorie und Unternehmenspolitik, 2008, S. 234; *Stehle, R.*, Die Festlegung der, 2004, S. 910, 921; *Dimson, E.* u. a., Triumph of the Optimists, 2002, S. 181 f. Die Messung auf Basis des geometrischen Mittels befürworten: *Knoll, L.*, Anmerkungen zur Mittelungsproblematik, 2010, S. 340 f.; *Damodaran, A.*, Valuation, 2006, S. 40; *Mandl, G./Rabel, K.*, Unternehmensbewertung, 1997, S. 292.

362 Vgl. *Ballwieser, W.*, Unternehmensbewertung, 2011, S. 101.

363 Vgl. *Titman, S./Martin, J. D.*, Valuation, 2010, S. 123; *Koller, T.* u. a., Valuation, 2010, S. 244; *Brealey, R. A.* u. a., corporate finance, 2008, S. 175; *Casey, C./Loistl, O.*, Risikoadjustierte Kapitalkosten, 2008, S. 330. Ähnlich auch *Damodaran, A.*, Valuation, 2006, S. 40, der allerdings aus anderen Gründen die Nutzung des geometrischen Mittels favorisiert.

führen an, dass die Annahme der Unabhängigkeit der Renditen nicht gegeben sei und das arithmetische Mittel daher zu einer Überschätzung der Marktrisikoprämie führe.[364] Sie verweisen dabei auf empirische Studien[365], die eine negative Korrelation der Renditen feststellen, welches zu einer nach oben verzerrten Messung der Marktrisikoprämie auf Basis des arithmetischen Mittels führen würde.[366] Besonders beachtenswert sind in diesem Zusammenhang die Untersuchungen von *Blume* und *Cooper.*[367] So zeigt *Blume*, dass es für den Fall der Aufzinsung von mehr als einem Jahr bei der Nutzung des arithmetischen Mittels zu einer nach oben verzerrten Schätzung kommt.[368] Für den Abzinsungsfall stellt *Cooper* fest, dass es sowohl bei Nutzung des geometrischen als auch bei Verwendung des arithmetischen Mittels zu Verzerrungen kommt, allerdings die von ihm korrigierten Abzinsungsfaktoren näher an den Ergebnissen der arithmetischen Mittelwerte liegen.[369] Die Diskussion um die Wahl des „richtigen" Mittelwerts ist daher noch nicht abgeschlossen, wenngleich sich etwa *Stehle* eindeutig für das arithmetische Mittel für die Festlegung von Risikozuschlägen ausspricht.[370] Die folgende Tabelle zeigt einen Überblick ausgewählter Untersuchungen zu historischen Marktrisikoprämien in Deutschland:[371]

---

364 Vgl. *Damodaran, A.*, Valuation, 2006, S. 40. *Koller/Goedhart/Wessels* halten ebenfalls fest, dass die Nutzung des arithmetischen Mittels zu einer überhöhten Schätzung führt, vgl. *Koller, T.* u. a., Valuation, 2010, S. 244.

365 Vgl. *Fama, E. F./French, K. R.*, Stock Prices, 1988, S. 246-273; *Fama, E. F./French, K. R.*, Dividend Yields, 1988, S. 3-25; *Poterba, J. M./Summers, L. H.*, Stock Prices, 1988, S. 27-59. Teilweise wurde auch positive Autokorrelation festgestellt, vgl. *Lo, A. W./MacKinley, A. C.*, Stock Market Prices, 1988, S. 41-66. Vgl. zu den Auswirkungen negativer Autokorrelation auf die Mittelwertberechnung *Indro, D. C./Lee, W. Y.*, Biases in Averages, 1997, S. 81-90. Diese stellen zunächst fest, dass bei einem langen Beobachtungszeitraum sowohl das arithmetische als auch das geometrische Mittel verzerrte Schätzer für erwartete Renditen sind und negativ korrelierte Renditen diese Verzerrung noch verstärken.

366 Vgl. *Koller, T.* u. a., Valuation, 2010, S. 244.

367 Vgl. *Blume, M. E.*, Unbiased Estimators, 1974, S. 634-638; *Cooper, I.*, Arithmetic versus geometric mean, 1996, S. 157-167.

368 Vgl. *Blume, M. E.*, Unbiased Estimators, 1974, S. 635.

369 Vgl. *Cooper, I.*, Arithmetic versus geometric mean, 1996, S. 165. Bei der Interpretation dieser Ergebnisse ist jedoch zu bedenken, dass die von ihm bestimmten Diskontzinssätze unter vereinfachten Annahmen ermittelt wurden und das CAPM Renditen und nicht Diskontfaktoren ermittelt. So auch *Wagner, W.* u. a., Unternehmensbewertung, 2006, S. 1018.

370 Vgl. *Dörschell, A.* u. a., Der Kapitalisierungszinssatz, 2009, S. 107; *Stehle, R.*, Die Festlegung der, 2004, S. 910. Er führt weiter aus, dass zur Prognose des Endwerts von z. B. Kapitalanlagen das geometrische Mittel oder ein Mittel aus geometrischem und arithmetischem Mittel genutzt werden sollte.

371 Vgl. *Baetge, J./Krause, C.*, Berücksichtigung des Risikos, 1994, S. 452; *Bimberg, L. H.*, Langfristige Renditeberechnung, 1991, S. 96, 104; *Bimberg, L. H.*, Langfristige Renditeberechnung, 1993, S. 131; *Conen, R./Väth, H.*, Risikoprämien am deutschen, 1993, S. 643; *Dimson, E.* u. a., Worldwide Equity Premium, S. 18; *Morawietz, M.*, Rentabilität und Risiko, 1994, S. 176 und S. 188; *Stehle, R.*, Renditevergleich von Aktien, 1999, S. 19 f.; *Stehle, R./Hartmond, A.*, Durchschnittsrenditen deutscher Aktien, 1991, S. 398 und S. 403; *Ballwieser, W.*, Unternehmensbewertung, 2011, S. 100; *Stehle, R.*, Die Festlegung der, 2004, S. 921. Aktuelle Daten zur Berechnung gemäß

Autoren	Zeitraum	Arithmetisches Mittel			Geometrisches Mittel		
		MRP	Aktienrendite	Basiszins	MRP	Aktienrendite	Basiszins
Baetge/Krause	1967-1991	-	-	-	2,65%	10,41%	7,76%
Bimberg	1954-1988	8,20%	15,00%	6,80%	5,30%	11,90%	6,60%
Bimberg	1954-1992	7,30%	14,10%	6,80%	4,50%	11,20%	6,70%
Conen/Väth	1876-1992	6,75%	12,03%	5,28%	-	-	-
Conen/Väth	1949-1992	10,43%	16,59%	6,16%	6,80%	12,90%	6,10%
Dimson/Marsh/Staunton	1900-2005	8,35%	-	8,35%	5,28%	-	-
Morawietz	1950-1992	-	-	-	4,40%	11,94%	7,49%
Stehle/Hartmond	1954-1988	-	-	-	4,60%	12,10%	7,50%
Stehle	1969-1998	-	-	-	3,20%	10,80%	7,60%
Stehle (CDAX, REX)	1955-2003	5,46%	12,40%	6,94%	2,66%	9,50%	6,84%
Stehle (CDAX, REX)	1995-2006	6,10%	12,85%	6,75%	3,42%	10,07%	6,65%
Stehle (CDAX, REX)	1995-2009	5,51%	12,21%	6,70%	2,61%	9,21%	6,60%

Tabelle 2: Ergebnisse zur historischen Ermittlung der Marktrisikoprämie

Deutlich wird hierbei, dass die dargestellten Parameter der Messung, wie Zeitraum oder geometrische vs. arithmetische Messung, einen erheblichen Einfluss auf die festgestellte Marktrisikoprämie haben. Dies zeigt deutlich, dass eine unkritische Übernahme einzelner Studienergebnisse nicht sinnvoll sein kann. Bei der Nutzung historischer Daten stellt sich zusätzlich das Problem des sog. „Survivor Bias".[372] Dieser führt dazu, dass die gemessenen historischen Renditen tendenziell überschätzt werden.[373] Als Folge ergibt sich damit eine zu hohe Marktrisikoprämie. Dies resultiert daraus, dass in den verwendeten Proxys für das Marktportfolio alle Unternehmen, die etwa aufgrund einer Insolvenz aus dem Index entfernt werden, durch andere Unternehmen ersetzt werden.[374] So schätzen etwa *Copeland/Weston/Shastri* den Survivor Bias in den USA auf 2 %.[375] *Dimson/Marsh/Staunton* hingegen kommen bei einem internationalen Vergleich der Marktrisikoprämien zu dem Ergebnis, dass die für die USA gemessene Marktrisikoprämie zwar tendenziell über dem internationalen Durchschnitt liegt, aber die bisherigen Einschätzungen zum Einfluss des Survivor Bias wohl zu hoch gegriffen waren.[376] In ihrer Folgeuntersuchung aus dem Jahr 2008 stellen sie weiterhin fest, dass

Stehle abrufbar unter http://lehre.wiwi.hu-berlin.de/Professuren/bwl/bb/aktien/DatenReihen (zuletzt geprüft 17.05.2011)

372 Vgl. *Copeland, T. E.* u. a., Finanzierungstheorie und Unternehmenspolitik, 2008, S. 236; *Metz, V.*, Der Kapitalisierungszinssatz, 2007, S. 219.

373 Vgl. *Brown, S. J.* u. a., Survival, 1995, S. 853-873.

374 Vgl. *Koller, T.* u. a., Valuation, 2010, S. 245 f.

375 Vgl. *Copeland, T. E.* u. a., Finanzierungstheorie und Unternehmenspolitik, 2008, S. 236. Ähnlich auch *Brown/Goetzmann/Ross*, die von mehreren Prozentpunkten ausgehen, vgl. *Brown, S. J.* u. a., Survival, 1995, S. 861 f.

376 Vgl. *Dimson, E.* u. a., Triumph of the Optimists, 2002, S. 175. Eine quantitative Einschätzung des Einflusses nehmen sie nicht vor. In einer neueren Studie schätzen sie den Einfluss des Bias auf die Marktrisikoprämie auf höchstens 0,1 %. Vgl. *Dimson, E.* u. a., Worldwide Equity Premium, S. 22.

der Einfluss lediglich im Bereich von 0,1 % liegt.[377] Ähnlich schätzen auch *Li/Xu* den Einfluss des Survivor Bias als äußerst gering ein.[378] Im Ergebnis ist daher festzuhalten, dass Einigkeit darüber besteht, dass der Survivor Bias einen Einfluss hat, allerdings die Stärke des Einflusses nicht eindeutig beziffert werden kann. Unabhängig von allen vorstehenden Ausführungen stellt sich das Problem der Nutzung von Vergangenheitsdaten zur Schätzung zukünftiger Entwicklungen bzw. deren Übertragbarkeit in die Zukunft. So hält *Ballwieser* dazu treffend fest, dass eine Übertragbarkeit nur möglich ist, wenn davon ausgegangen werden kann, dass der Bedingungskomplex für die Daten unverändert bleibt.[379] Dies ist insbesondere unter Berücksichtigung der Unternehmensteuerreform 2008 von Relevanz, da davon ausgegangen wird, dass diese einen Einfluss auf die Höhe der Marktrisikoprämie in Deutschland hat.[380] So geht etwa das IDW davon aus, dass die Abschaffung des Halbeinkünfteverfahrens und die Einführung eines einheitlichen Abgeltungsteuersatzes auch auf Kursgewinne zu einer leicht erhöhten Marktrisikoprämie vor Steuern und einer leicht gesunkenen Marktrisikoprämie nach persönlichen Steuern führen wird. Im Ergebnis werden daher für Bewertungsstichtage ab dem 01.01.2009 vom IDW 5,0 % vor persönlichen Steuern und 4,5 % nach persönlichen Steuern für sachgerecht erachtet, solange über die tatsächliche Entwicklung keine neuen empirischen Ergebnisse vorliegen.[381] Die vom IDW angenommene Entwicklung der Marktrisikoprämien in Deutschland lässt sich der folgenden Abbildung 8 entnehmen.

377 Vgl. *Dimson, E.* u. a., Worldwide Equity Premium, S. 493.

378 Vgl. *Li, H./Xu, Y.*, Survival Bias and, 2002, S. 1988.

379 Vgl. *Ballwieser, W.*, Unternehmensbewertung, 2011, S. 102.

380 Vgl. dazu ausführlich *Zeidler, G. W.* u. a., Auswirkungen der Unternehmensteuerreform, 2008, S. 276-288; *Wagner, W.* u. a., Unternehmensbewertungsgrundsätze, 2008, S. 731-747; *Jonas, M.*, Relevanz persönlicher Steuern, 2008, S. 831.

381 Vgl. *Wagner, W.* u. a., Unternehmensbewertungsgrundsätze, 2008, S. 741.

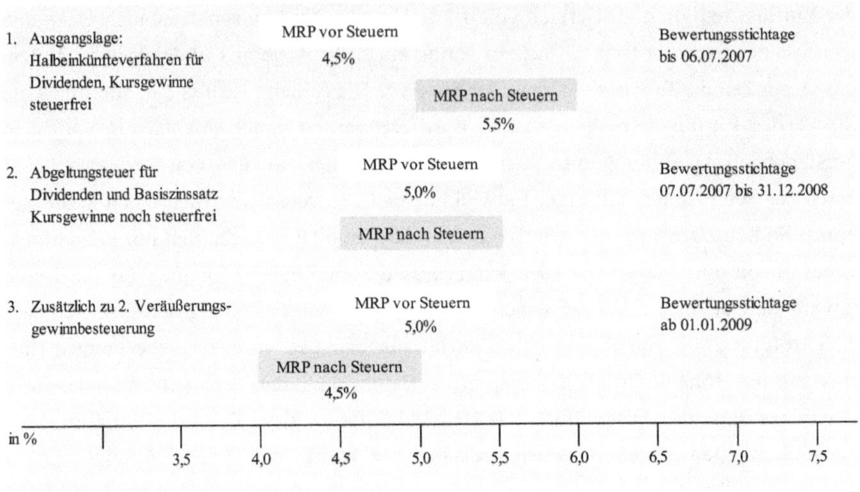

Abbildung 8: Auswirkungen der Unternehmensteuerreform 2008 auf die Marktrisikoprämie[382]

Da für die Zeit nach der Einführung der Abgeltungsteuer in Deutschland noch keine Studien zu den Auswirkungen auf die Marktrisikoprämie vorliegen, die Argumentation des IDW jedoch durchaus plausibel ist, wird für die Berechnung in Kapitel 4.2.4 von einer Marktrisikoprämie von 4,5 % nach Steuern ausgegangen.[383]

3.2.2.2.3 Bestimmung des Betafaktors

3.2.2.2.3.1 Grundlagen

Das in Kapitel 3.2.2.2.1 erläuterte CAPM stellt die theoretische Fundierung für die Ableitung von Betafaktoren dar und unterstellt eine vollständige Diversifikation der Kapitalmarktteilnehmer.[384] Da das unternehmensspezifische Risiko durch eine diversifizierte Anlagestrategie ausgeglichen werden kann (Markowitz-Diversifikation), werden rational handelnde Investoren nur Risiken einen Wert beimessen, die nicht durch eine Streuung der Anlagemöglichkeiten eliminiert werden können.[385] Insoweit folgt

---

382 Quelle: *Wagner, W.* u. a., Unternehmensbewertungsgrundsätze, 2008, S. 747.

383 So auch *Benhof* zur Bestimmung der Marktrisikoprämie vor Steuern, vgl. *Benhof, H.*, Veräußerungsgewinnbesteuerung, 2010, S. 57.

384 Vgl. *Drukarczyk, J./Schüler, A.*, Unternehmensbewertung, 2009, S. 56; *Copeland, T. E.* u. a., Finanzierungstheorie und Unternehmenspolitik, 2008, S. 211.

385 Vgl. *Busse, F.-J.*, Grundlagen Finanzwirtschaft, 2003, S. 105; *Schmidt, M.*, Rechnungslegung von Finanzinstrumenten, 2005, S. 198.

daraus, dass nur das systematische, auf gesamtwirtschaftlichen Ereignissen resultierende Risiko im CAPM berücksichtigt wird.[386]

Der Betafaktor ergibt sich dabei als Korrelation des Wertpapiers i zum Marktportfolio im Verhältnis zur Varianz des Marktportfolios:[387]

$$\beta_i = \frac{cov_{i,m}}{\sigma_m^2} \quad (12)$$

mit:

$cov_{i,m}$ = Kovarianz des Wertpapiers i mit der Rendite des Marktportfolios

σ_m^2 = Varianz der Rendite des Marktportfolios

Dabei muss beachtet werden, dass die **erwarteten** Renditen[388] eines Wertpapiers nicht direkt beobachtbar sind und daher in der Praxis und Theorie auf das sog. Marktmodell[389] zurückgegriffen wird. Bei diesem wird mittels historischer Renditen eine lineare Zeitreihenregression vorgenommen:[390]

$$r_{i,t} = \alpha_i + \beta_i * (r_{m,t}) + \varepsilon_{i,t} \quad (13)$$

mit:

$r_{i,t}$ = Rendite des Wertpapiers i in Periode t

α_i = von der Marktentwicklung unabhängiger Renditebestandteil

β_i = zu schätzender Betafaktor

$r_{m,t}$ = Rendite des Marktportfolios in Periode t

---

[386] Vgl. *Rudolph, B./Zimmermann, P.*, Betafaktoren, 1998, S. 437. Zur kritischen Diskussion dieser Annahme in der Unternehmensbewertung vgl. *Born, K.*, Unternehmensanalyse und Unternehmensbewertung, 2003, S. 113; *Uzik, M./Weiser, M. F.*, Kapitalkostenbestimmung mittels CAPM, 2003, S. 706; *Lammert, J.*, Kommunikationsformen, 2010, S. 189.

[387] Vgl. *Pratt, S. P./Grabowski, R. J.*, Cost of capital, 2010, S. 107; *Ernst, D.* u. a., Unternehmensbewertungen verstehen, 2010, S. 60; *Copeland, T. E.* u. a., Finanzierungstheorie und Unternehmenspolitik, 2008, S. 211; *Drukarczyk, J./Schüler, A.*, Unternehmensbewertung, 2009, S. 22; *Rudolph, B./Zimmermann, P.*, Betafaktoren, 1998, S. 436; *Beaver, W. H.* u. a., Risk Measures, 1970, S. 658.

[388] Vgl. zur Schätzung erwarteter Renditen *Ohlson, J. A.*, Earnings, 1995; *Hagemeister, M./Kempf, A.*, CAPM und erwartete Renditen, 2010, S. 148-149.

[389] Der Begriff wurde zunächst von *Fama, E. F.*, Return and Equilibrium, 1968, S. 37, verwendet. In der Literatur wird dieses auch als Single-Index-Modell bezeichnet. Vgl. *Rudolph, B./Zimmermann, P.*, Betafaktoren, 1998, S. 439. Ausführlicher zum Marktmodell auch *Fama, E. F.*, Foundations of finance, 1976.

[390] Vgl. *Luoma, M.* u. a., Thin Trading and, 1993, S. 297; *Cochrane, J. H.*, Asset pricing, 2005, S. 152; *Zimmermann, P.*, Prognose von Betawerten, 1997, S. 19; *Rudolph, B./Zimmermann, P.*, Betafaktoren, 1998, S. 439; *Copeland, T. E.* u. a., Finanzierungstheorie und Unternehmenspolitik, 2008, S. 249.

$\varepsilon_{i,t}$ = Störterm i in Periode t

Ziel ist es, die Parameter α_i und β_i zu schätzen. Dabei sollte bei Gültigkeit des CAPM der Wert von α_i gleich null sein.[391] $r_{i,t}$ ist die zu erklärende Variable und $r_{m,t}$ die erklärende Variable. Der Störterm $\varepsilon_{i,t}$ stellt einen von der Marktentwicklung unabhängigen und unsicheren Renditebestandteil dar.[392]

In der Praxis wird der zu schätzende Betafaktor β_i zumeist auf Basis einer linearen Einfachregression (ordinary least squares) ermittelt.[393] Bei der Methode der kleinsten Quadrate wird der Regressionskoeffizient durch die Minimierung der Summe der quadrierten Abweichungen bestimmt:[394]

$$\sum_{t=1}^{T} e_k^2 = \sum_{t=1}^{T}(y_k - x_i'\beta)^2 \rightarrow min! \tag{14}$$

mit:

e_k^2 = quadrierte Abweichung

$x_i'\beta$ = Schätzwert

y_k = beobachteter Wert

Dabei ist e_k^2 die quadrierte Abweichung der Schätzwerte $x_i'\beta$ von den Beobachtungswerten y_k. Durch die Quadrierung der Abweichungen wird größeren Abweichungen ein höheres Gewicht beigelegt als geringeren.[395]

Der Schätzwert des Regressionskoeffizienten für die univariate Regression beim Marktmodell ergibt sich daher wie folgt:[396]

$$\beta_i = \frac{\frac{1}{T-1} * \sum_{t=1}^{T}(r_{i,t}-\bar{r}_i) * (r_{m,t}-\bar{r}_m)}{\frac{1}{T-1} * \sum_{t=1}^{T}(r_{m,t}-\bar{r}_m)^2} = \frac{\text{cov}[r_i, r_m]}{\text{var}[r_m]} \tag{15}$$

mit:

β_i = zu schätzender Betafaktor

$r_{i,t}$ = Rendite des Wertpapiers i in Periode t

---

391 Vgl. *Rudolph, B./Zimmermann, P.*, Betafaktoren, 1998, S. 439.

392 Vgl. *Rudolph, B./Zimmermann, P.*, Betafaktoren, 1998, S. 438.

393 Vgl. *Großfeld, B./Stöver, R.*, Ermittlung des Betafaktors, 2004, S. 2806 f.; *Dörschell, A.* u. a., Der Kapitalisierungszinssatz, 2009, S. 125; *Dörschell, A.* u. a., Kapitalkosten 2010, 2010, S. 43.

394 Vgl. *Stock, J. H./Watson, M. W.*, Introduction to econometrics, 2007, S. 119; *Auer, L. von*, Ökonometrie, 2007, S. 53-57; *Eckstein, P. P.*, Statistik für Wirtschaftswissenschaftler, 2010, S. 317; *Bourier, G.*, Wahrscheinlichkeitsrechnung, 2011, S. 235.

395 Vgl. zu einer grundsätzlichen Einführung zur Methode der kleinsten Quadrate *Rottmann, H./Auer, B.*, Statistik und Ökonometrie, 2010, S. 418-423.

396 Vgl. *Podding, T.* u. a., Statistik, Ökonometrie, Optimierung, 2008, S. 268; *Zimmermann, P.*, Prognose von Betawerten, 1997, S. 65; *Schneeweiß, H.*, Ökonometrie, 1990, S. 44.

$r_{m,t}$ = Rendite des Marktportfolios in Periode t

$\bar{r}_m$ = Arithmetisches Mittel der Rendite des Marktportfolios

$\bar{r}_i$ = Arithmetisches Mittel der Rendite des Wertpapiers i

Dieses lässt sich gut anhand des folgenden Beispiels verdeutlichen. Abbildung 9 stellt dabei die Renditen von BMW AG und dem CDAX zueinander dar:

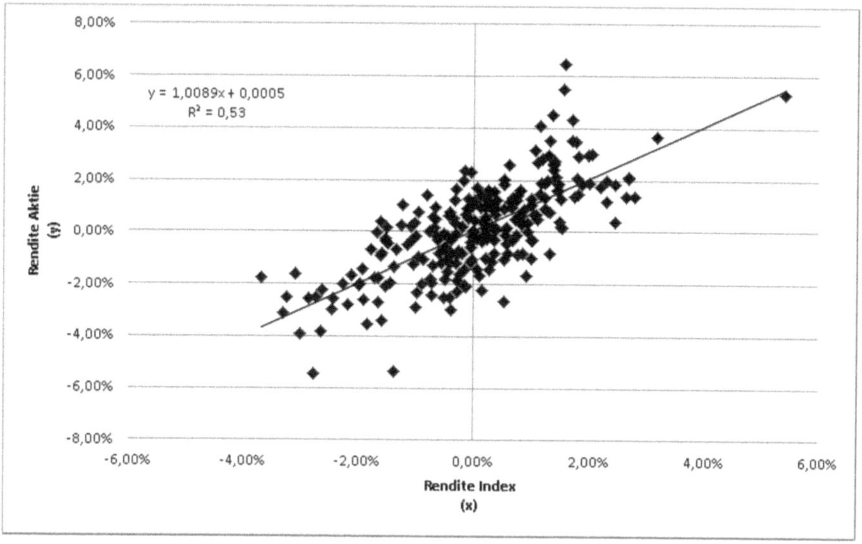

Abbildung 9: Renditen BMW AG und CDAX über 250 Tage zum 02.07.2010

Im Fall der BMW AG ergibt sich eine Steigung von 1,0089, welche dem zu ermittelnden Betafaktor entspricht. Dies bedeutet, dass BMW ein fast identisches systematisches Risiko wie der Marktproxy (CDAX) aufweist. Eine Veränderung der Marktrendite um 1 % führt also zu einer Veränderung der Aktienrendite um ebenfalls 1 %. Als weiteres Beispiel kann Abbildung 10 das Verhältnis der Renditen der Deutschen Bank zum CDAX entnommen werden. Diese zeigt deutlich, dass die Aktie der Deutschen Bank AG überproportional auf die Entwicklung des Gesamtmarktes (CDAX) reagiert. Sie weist insoweit ein höheres systematisches Risiko als der Markt auf.

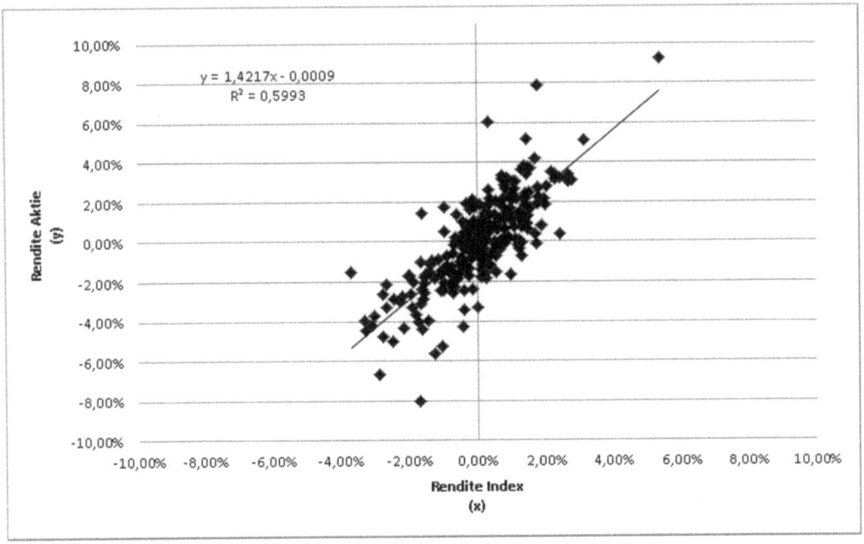

Abbildung 10: Renditen Deutsche Bank AG und CDAX über 250 Tage zum 02.07.2010

Das Verfahren der linearen Einfachregression wird auch der später folgenden Untersuchung[397] zu Grunde gelegt, um aufzuzeigen, welche Streuungen des Betafaktors sich bei der in der Praxis genutzten Methodik ergeben.

3.2.2.2.3.2 Kapitalstrukturrisiko

Ist eine objektivierte Bewertung von nicht börsennotierten Unternehmen vorzunehmen, stellt sich das Problem, dass eine direkte Ableitung des Betafaktors, wie in Kapitel 3.2.2.2.3.1 beschrieben, aufgrund mangelnder Datenverfügbarkeit, nicht möglich ist. Dieses Problem wird in der Praxis regelmäßig über Analogieansätze gelöst. So wird eine Ableitung über ein vergleichbares Unternehmen (pure play beta), eine Gruppe von vergleichbaren Unternehmen (peergroup beta) oder Branchenbetafaktoren (industry beta) vorgenommen.[398] In diesen Fällen wird damit implizit unterstellt, dass das zu bewertende Unternehmen und das Vergleichsobjekt demselben operativen Risiko

[397] Vgl. Kapitel 3.2.3.

[398] Vgl. *Nowak, K.*, Marktorientierte Unternehmensbewertung, 2003, S. 100; *Ernst, D.* u. a., Unternehmensbewertungen verstehen, 2010, S. 65-70.

unterliegen.[399] Das wesentliche Problem der Analogiegrundsätze liegt damit in der Identifikation vergleichbarer Unternehmen.[400]

Da die in der Unternehmensbewertung anzusetzenden Eigenkapitalkosten (Betafaktoren) sowohl das operative als auch das Kapitalstrukturrisiko des jeweiligen Unternehmens abbilden müssen,[401] ist in einem nächsten Schritt der auf Basis des Analogiegrundsatzes ermittelte Betafaktor an die Kapitalstruktur des spezifischen Bewertungsobjekts anzupassen.[402] Hierfür gilt unter den Modellannahmen von *Modigliani/Miller*[403] folgende Beziehung zwischen verschuldetem und unverschuldetem Betafaktor:[404]

$$\beta_u = \frac{\beta_v}{(1+(1-s)*V)} \tag{16}$$

mit:

β_u = Betafaktor des unverschuldeten Unternehmens

β_v = Betafaktor des verschuldeten Unternehmens

s = Unternehmensteuersatz

V = Verschuldungsgrad des Unternehmens (zu Marktwerten)

Zur Anpassung des Betafaktors wird zunächst der ermittelte Betafaktor der Analogieschätzung um die Kapitalstruktur bereinigt (sog. unlevern) und im nächsten Schritt auf die spezifische Kapitalstruktur des zu bewertenden Objekts angepasst (sog. relevern).[405] So wird ein sowohl das operative als auch das Kapitalstrukturrisiko berücksichtigender Betafaktor des Bewertungsobjekts ermittelt.

---

399 Vgl. *Dinstuhl, V./Dirrigl, H.*, Konzernbezogene Unternehmensbewertung, 2003, S. 236.

400 Vgl. *Schütte-Biastoch, S.*, Unternehmensbewertung von KMU, 2011, S. 185; *Bark, C.*, Der Kapitalisierungszinssatz, 2011, S. 131. Vgl. dazu ausführlicher *Nowak, K.*, Marktorientierte Unternehmensbewertung, 2003, S. 100-102.

401 Vgl. *Lehmann, M.*, Finanzwirtschaft, 2003, S. 173.

402 Vgl. *Ernst, D.* u. a., Unternehmensbewertungen verstehen, 2010, S. 60 f.; *Jähnchen, S.*, Kapitalkosten von Versicherungsunternehmen, 2009, S. 73.

403 Vgl. *Modigliani, F./Miller, M. H.*, Cost of Capital, 1958, S. 261-297; *Modigliani, F./Miller, M. H.*, Corporate Income Taxes, 1963, S. 433-443.

404 Vgl. *Hamada, R. S.*, Portfolio Analysis, 1969, S. 19; *Drukarczyk, J./Schüler, A.*, Unternehmensbewertung, 2009, S. 225; *Dörschell, A.* u. a., Der Kapitalisierungszinssatz, 2009, S. 41; *Ernst, D.* u. a., Unternehmensbewertungen verstehen, 2010, S. 61; *Wollny, C.*, Der objektivierte Unternehmenswert, 2010, S. 383; *Bark, C.*, Der Kapitalisierungszinssatz, 2011, S. 129. Vgl. weiterführend zur Gearing-Formel bei unterschiedlichen Annahmen über die Finanzierungsstruktur *Watrin, C./Stöver, R.*, Gearing Formel, 2011, S. 67-70.

405 Vgl. *Wollny, C.*, Der objektivierte Unternehmenswert, 2010, S. 383; *Ernst, D.* u. a., Unternehmensbewertungen verstehen, 2010, S. 61.

3.2.2.2.3.3 Voraussetzungen und Beurteilung der Regression

Die OLS-Regression ist die am weitesten verbreitete Variante zur Bestimmung des Betafaktors auf Basis historischer Kapitalmarktdaten. Dabei ist zu beachten, dass die Nutzung der OLS-Regression an zahlreiche Bedingungen geknüpft ist. Nur dann liefert die Regression nach dem sog. Gauß-Markov-Theorem[406] den bestmöglichen Schätzer[407].[408] Es müssen daher für die Anwendung des Marktmodells folgende Annahmen erfüllt sein:[409]

A1. Der Erwartungswert der Störvariable $\varepsilon_{i,t}$ ist gleich null: $E[\varepsilon_{i,t}] = 0$

A2. Die Varianz der Störvariable $\varepsilon_{i,t}$ ist konstant (Homoskedastizität) und wird damit weder von den Beobachtungen noch von der Zeit beeinflusst: $\text{var}[\varepsilon_{i,t}] = \sigma_i^2$

A3. Die Störvariablen sind weder positiv noch negativ für bestimmte Lags (l) autokorreliert: $corr(\varepsilon_{i,t}; \varepsilon_{i,t-l}) = 0$

A4. Die Varianz der Indexrendite $r_{m,t}$ ist konstant und korreliert nicht mit der Störvariablen $\varepsilon_{i,t}$: $\text{Var}[r_{m,t}] = \sigma_{mi}^2$; $\text{cov}[\varepsilon_{i,t}, r_{m,t}] = 0$

A5. Die Störvariable $\varepsilon_{i,t}$ ist normalverteilt: $\varepsilon_{i,t} \sim N(0, \sigma_i^2)$

Die Annahmen 1 bis 3 entsprechen dabei den klassischen Annahmen der linearen Einfachregression und werden um die Annahmen 4 bis 5, welche als wesentlich für das Marktmodell anzusehen sind, ergänzt.[410]

Da $\varepsilon_{i,t}$ eine Zufallsvariable ist und als solche eine Wahrscheinlichkeitsverteilung, einen Erwartungswert und eine Varianz besitzt,[411] muss für eine effiziente Schätzung gelten, dass die Störvariable keinen Einfluss auf die abhängige Variable hat.[412] Die Ursachen für eine Verletzung der Annahme 1 basieren im Wesentlichen auf Schätzfeh-

---

406 Vgl. zum Gauß-Markov-Theorem detailliert: *Rottmann, H./Auer, B.*, Statistik und Ökonometrie, 2010, S. 456 f.; *Hackl, P.*, Ökonometrie, 2005, S. 55 f.; *Schneeweiß, H.*, Ökonometrie, 1990, S. 72 f.

407 Dieser wird auch als Best Linear Unbiased Estimator (BLUE) bezeichnet, vgl. *Wooldridge, J. M.*, Introductory Econometrics, 2009, S. 103.

408 Vgl. *Rottmann, H./Auer, B.*, Statistik und Ökonometrie, 2010, S. 443; *Auer, L. von*, Ökonometrie, 2007, S. 74-76.

409 Vgl. *Jähnchen, S.*, Kapitalkosten von Versicherungsunternehmen, 2009, S. 35; *Podding, T.* u. a., Statistik, Ökonometrie, Optimierung, 2008, S. 269; *Elton, E. J.*, Modern portfolio theory, 2003, S. 132 und S. 152; *Schneeweiß, H.*, Ökonometrie, 1990, S. 37, 90 und 92 f.; *Zimmermann, P.*, Prognose von Betawerten, 1997, S. 61-64; *Greene, W. H.*, Econometric analysis, 2008, S. 11.

410 Vgl. *Jähnchen, S.*, Kapitalkosten von Versicherungsunternehmen, 2009, S. 35 f.; *Podding, T.* u. a., Statistik, Ökonometrie, Optimierung, 2008, S. 269.

411 Vgl. *Auer, L. von*, Ökonometrie, 2007, S. 37.

412 Vgl. *Dörschell, A.* u. a., Der Kapitalisierungszinssatz, 2009, S. 128. Vgl. auch *Bourier, G.*, Wahrscheinlichkeitsrechnung, 2011, S. 231-234.

lern oder einer Fehlspezifikation des Modells.[413] Im Kontext des Marktmodells treten diese Messfehler insbesondere bei illiquiden Aktien auf, da sie erst mit einer zeitlichen Verzögerung auf neue Informationen des Marktes reagieren und die auf dieser Basis ermittelten Renditen daher verzerrt werden.[414]

Die Annahme 2 fordert eine konstante Varianz des Störterms über alle Beobachtungen (Homoskedastizität). Wird diese Annahme verletzt, also ändert sich die Varianz der Störvariablen im Zeitablauf bzw. in Abhängigkeit von der erklärenden Variable $r_{m,t}$ im Marktmodell, so liegt Heteroskedastizität vor.[415] Die geschätzten Koeffizienten sind dann zwar noch weiterhin erwartungstreu, die Standardfehler und die t-Statistiken werden jedoch falsch ermittelt.[416] Die Tests zur Überprüfung der Signifikanz des Modells und der geschätzten Parameter sind damit nicht mehr zuverlässig und das Verfahren ist nicht mehr effizient.[417] Die möglichen Ursachen für Heteroskedastizität sind dabei vielfältig, so kommt es etwa bei Strukturbrüchen innerhalb einer Zeitreihe zu Heteroskedastizität.[418] Auch eine Fehlspezifikation des Modells kann dazu führen.[419] Für den deutschen Markt liegen dabei unterschiedliche Ergebnisse zur Heteroskedastizität bei Renditen vor. So stellt etwa *Ullschmid* nur für einen geringen Anteil deutscher Aktien Heteroskedastizität fest.[420] Zu einem anderen Ergebnis kommen hingegen *Winkelmann* und *Peters* in ihren Untersuchungen.[421] Sie stellen eine hohe Heteroskedastizität fest. Die Auswirkungen im Rahmen der Unternehmensbewertung erscheinen allerdings gering und die Anwendung von robusten Schätzverfahren führt zu keiner we-

---

413 Vgl. *Auer, L. von*, Ökonometrie, 2007, S. 37; *Podding, T.* u. a., Statistik, Ökonometrie, Optimierung, 2008, S. 218.

414 Vgl. *Jähnchen, S.*, Kapitalkosten von Versicherungsunternehmen, 2009, S. 36.

415 Vgl. *Zimmermann, P.*, Prognose von Betawerten, 1997, S. 62.

416 Vgl. *Wooldridge, J. M.*, Introductory Econometrics, 2009, S. 264; *Auer, L. von*, Ökonometrie, 2007, S. 38.

417 Vgl. *Auer, L. von*, Ökonometrie, 2007, S. 363.

418 Vgl. *Rottmann, H./Auer, B.*, Statistik und Ökonometrie, 2010, S. 518.

419 Wichtig für die Beurteilung und die ggf. vorzunehmenden statistischen Maßnahmen ist die Unterscheidung der Ursachen der Heteroskedastizität. Liegt diese in den Daten begründet, können robuste Regressionsverfahren genutzt werden, um den Effekt zu kontrollieren. Liegt jedoch eine Fehlspezifikation des Modells vor, so muss das Modell angepasst werden. Vgl. dazu ausführlicher *Rottmann, H./Auer, B.*, Statistik und Ökonometrie, 2010, S. 517 f.

420 Vgl. *Ulschmid, C.*, Empirische Validierung von Kapitalmarktmodellen, 1994, S. 211-216 und 290-294.

421 Vgl. *Winkelmann, M.*, Aktienbewertung in Deutschland, 1984, S. 68-72, welcher feststellt, dass bei hohen Marktrenditen die Varianz der Residuen besonders hoch ist. Vgl. auch *Peters, H.-W.*, Kapitalmarkttheorie und Aktienmarktanalyse, 1987, S. 85.

sentlichen Verbesserung des Zusammenhangs zwischen den erwarteten Renditen und dem Betafaktor.[422]

Als weitere Voraussetzung ist die Freiheit von Autokorrelation (Annahme 3) zwischen den Störvariablen zu nennen. Eine Verletzung dieser Annahme würde dazu führen, dass die zu erklärende Variable nicht länger nur von der erklärenden Variable (im Marktmodell $r_{m,t}$) abhängen würde, sondern auch von $\varepsilon_{i,t-1}$.[423] Dieses Problem tritt dabei besonders in Zeitreihenmodellen auf und führt zu einem Effizienzverlust der Schätzung sowie unter Umständen zu einer Verzerrung der geschätzten Parameter.[424] Für die Ableitung von Betafaktoren liegt das Problem der mangelnden Erwartungstreue vor, wenn die Renditen des Marktmodells selbst autokorreliert sind, welches sich zumeist aus zu geringem oder keinem liquiden Markt für diese Aktie ergibt.[425]

Da $r_{m,t}$ eine Zufallsvariable ist und als solche eine Wahrscheinlichkeitsverteilung, einen Erwartungswert und eine Varianz besitzt,[426] muss für eine effiziente Schätzung gelten, dass die Varianz der Marktrendite konstant und von der Störvariable unabhängig ist.[427] Wäre der stochastische Störterm mit der erklärenden Variable korreliert, würde der ermittelte Betafaktor fälschlicherweise sowohl den Einfluss der erklärenden Variable als auch den Einfluss des Störterms abbilden.[428] Liegt also eine Korrelation vor, kommt es zu einer verzerrten Schätzung der Parameter und eine Isolierung des Einflusses der erklärenden Variable ist nicht mehr möglich. Für die Schätzung mittels des Marktmodells kann davon ausgegangen werden, dass eine vollständige Unabhängigkeit nicht immer gegeben ist.[429] Dieses liegt darin begründet, dass die Störvariable einen Einfluss auf die Aktienrendite hat und diese Aktienrendite wiederum einen Teil der Indexrendite bilden kann. Dieses Problem lässt sich allerdings umgehen, indem auf einen Aktienindex zurückgegriffen wird, der die Aktie, für die der Betafaktor bestimmt werden soll, nicht enthält oder indem eine Bereinigung des Einflusses der jeweiligen Aktie auf den Index vorgenommen wird.[430] Eine weit praktikablere und damit

422 Vgl. *Jähnchen, S.*, Kapitalkosten von Versicherungsunternehmen, 2009, S. 37; *Zimmermann, P.*, Prognose von Betawerten, 1997, S. 207. Für eine Darstellung verschiedener robuster Schätzverfahren vgl. *Zimmermann, P.*, Prognose von Betawerten, 1997, S. 177-205.

423 Vgl. *Rottmann, H./Auer, B.*, Statistik und Ökonometrie, 2010, S. 449.

424 Vgl. *Rottmann, H./Auer, B.*, Statistik und Ökonometrie, 2010, S. 449.

425 Vgl. *Zimmermann, P.*, Prognose von Betawerten, 1997, S. 63.

426 Vgl. *Auer, L. von*, Ökonometrie, 2007, S. 37.

427 Vgl. *Wooldridge, J. M.*, Introductory Econometrics, 2009, S. 546; *Rottmann, H./Auer, B.*, Statistik und Ökonometrie, 2010, S. 445; *Podding, T.* u. a., Statistik, Ökonometrie, Optimierung, 2008, S. 270.

428 Vgl. *Rottmann, H./Auer, B.*, Statistik und Ökonometrie, 2010, S. 445.

429 Vgl. *Jähnchen, S.*, Kapitalkosten von Versicherungsunternehmen, 2009, S. 37.

430 Ähnlich auch *Möller, H. P.*, Bilanzkennzahlen und Ertragsrisiken, 1986, S. 72.

einfachere Möglichkeit ist weiterhin die Nutzung eines sehr breiten Index, da der Einfluss der einzelnen Aktie auf den Index dann nur noch marginal und damit zu vernachlässigen ist.[431] Insofern ist dies bei der Auswahl eines geeigneten Index als Proxy für das Marktportfolio zu beachten.[432]

Als letzte Voraussetzung ist die Annahme der Normalverteilung der Störvariablen zu nennen (Annahme 5). Diese führt dazu, dass auch die Schätzer der Regressionskoeffizienten normalverteilt sind und so die Ermittlung von Konfidenzintervallen und Signifikanztests ermöglicht wird.[433] Die Nichterfüllung dieser Annahme führt dazu, dass andere nicht lineare Schätzverfahren eine höhere Effizienz aufweisen können, allerdings bleiben die OLS-Schätzer weiterhin unverzerrt und effizient.[434] Hierbei ist zu beachten, dass für den deutschen Markt wöchentliche und tägliche Renditen nicht immer der Normalverteilung folgen.[435] Die folgende Abbildung zeigt die zur Ermittlung eines 250 Tagesbetafaktors und eines 104 Wochenbetafaktors genutzten Renditen zum 02.07.2010 für die BMW AG an:

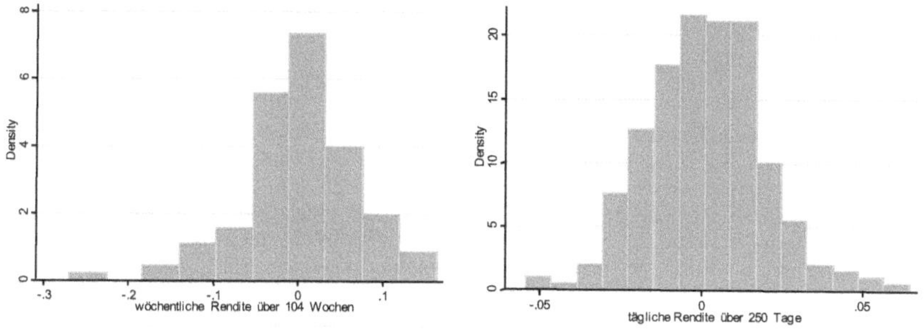

Abbildung 11: Verteilung der Renditen zum 02.07.2010

Abbildung 11 bestätigt die Vermutung am Beispiel der BMW AG. Von einer Normalverteilung der Renditen kann bei einer Schätzung von Betafaktoren nicht ausgegangen werden. So weist die Ermittlung über wöchentliche Renditen eine linksschiefe, die tägliche Renditeermittlung eine rechtsschiefe Verteilung auf. Im Rahmen der prakti-

431 Vgl. *Möller, H. P.*, Bilanzkennzahlen und Ertragsrisiken, 1986, S. 72; *Hachmeister, D.*, Discounted Cash Flow, 1999, S. 191.

432 Vgl. *Dörschell, A.* u. a., Der Kapitalisierungszinssatz, 2009, S. 129; *Jähnchen, S.*, Kapitalkosten von Versicherungsunternehmen, 2009, S. 38.

433 Vgl. *Zimmermann, P.*, Prognose von Betawerten, 1997, S. 64.

434 Vgl. *Zimmermann, P.*, Prognose von Betawerten, 1997, S. 64.

435 Vgl. *Zimmermann, P.*, Prognose von Betawerten, 1997, S. 64; *Winkelmann, M.*, Aktienbewertung in Deutschland, 1984, S. 53-58. Dieser testet 93 Gesellschaften und lehnt in 31 Fällen die Hypothese der Normalverteilung ab. Vgl. zum Test auf Normalverteilung auch *Ulschmid, C.*, Empirische Validierung von Kapitalmarktmodellen, 1994, S. 209 und 293 f.

schen Regressionsanwendung ist dieses Problem allerdings von untergeordneter Bedeutung, da der zentrale Grenzwertsatz dazu führt, dass von einer approximierten Normalverteilung ausgegangen werden kann.[436]

Insgesamt sind die genannten Annahmen im Rahmen der Betafaktorenermittlung für Deutschland erfüllt und die OLS-Regression sollte daher effiziente und erwartungstreue Schätzer ergeben.[437]

Die ermittelten Betafaktoren sind weiterhin auf ihre **Güte** zu überprüfen. In der Literatur und Praxis werden hierfür insbesondere das Bestimmtheitsmaß und der sog. t-Test vorgeschlagen.[438]

Das Bestimmtheitsmaß gibt allgemein die Güte der Anpassung des Modells an die beobachteten Werte an, indem es aufzeigt wie hoch der Anteil der erklärten Varianz an der Gesamtvarianz ist.[439] Es lässt sich nach folgender Formel ermitteln:[440]

$$R^2 = \frac{\sum_{k=1}^{K}(\widehat{y_k}-\bar{y})^2}{\sum_{k=1}^{K}(y_k-\bar{y})^2} \tag{17}$$

mit:

---

436 Vgl. zum Zentralen Grenzwertsatz ausführlich *Mosler, K./Schmid, F.*, Wahrscheinlichkeitsrechnung, 2004, S. 158 f. In der Literatur werden unterschiedliche Mindestbeobachtungen für die Erfüllung des zentralen Grenzwertsatzes genannt: *Podding, T.* u. a., Statistik, Ökonometrie, Optimierung, 2008, S. 90 nennen 30; *Mosler, K./Schmid, F.*, Wahrscheinlichkeitsrechnung, 2004, S. 218 nennen 40; *Henze, N.*, Stochastik für Einsteiger, 2008, S. 206 nennt 100 Beobachtungen. Lediglich bei einer Ermittlung von Betafaktoren mit einem geringen Stichprobenumfang (Regression mit weniger als 40 oder 100 Datenpunkten) erscheint die Annahme der Normalverteilung daher problematisch.

437 Vgl. *Jähnchen, S.*, Kapitalkosten von Versicherungsunternehmen, 2009, S. 45. Diese Aussage gilt jedoch nicht für unregelmäßig gehandelte Aktien. Zu verschiedenen Korrekturverfahren bei geringem Handel (Thin Trading), vgl. *Scholes, M./Williams, J.*, Estimating betas, 1977, S. 309-327; *Dimson, E.*, Risk Measurement, 1979, S. 197-226; *Cohen, K. J.* u. a., Estimating and Adjusting, 1983, S. 135-148; *Bartholdy, J./Riding, A.*, Thin Trading, 1994, S. 241-254; *Luoma, M.* u. a., Thin Trading and, 1993, S. 297-305. Kritisch zum Vorgehen von *Dimson*: *Fowler, D. J./Rorke, C. H.*, Risk measurement, 1983, S. 279-283, welcher eine korrigierte Version vorstellt, welche zu denselben Ergebnissen führt wie die von *Scholes, M./Williams, J.*, Estimating betas, 1977 vorgeschlagene Korrekturmethode. Weiterhin kann neben den Korrekturverfahren auch auf das Trade-to-Trade Verfahren zurückgegriffen werden, bei welchem nur für Handelstage mit tatsächlichem Umsatz auch Renditen ermittelt werden. Vgl. zu dessen Anwendung etwa *Schwert, G. W.*, Stock Exchange, 1977, S. 51-78; *Franks, J. R.* u. a., Industry Study, 1977, S. 1513-1525; *Marsh, P.*, Equity Rights Issues, 1979, S. 839-862.

438 Vgl. *Zimmermann, P.*, Prognose von Betawerten, 1997, S. 67-70; *Jähnchen, S.*, Kapitalkosten von Versicherungsunternehmen, 2009, S. 34 f.; *Franken, L./Schulte, J.*, Eignung von Betafaktoren, 2010, S. 1113. Vgl. zur Interpretation des Bestimmtheitsmaßes auch allgemein: *Eckstein, P. P.*, Statistik für Wirtschaftswissenschaftler, 2010, S. 320.

439 Vgl. *Böllhoff, D.*, Demerger-Management, 2009, S. 214; *Fahrmeir, L.* u. a., Regression, 2009, S. 98.

440 Vgl. *Fahrmeir, L.* u. a., Regression, 2009, S. 98; *Eckstein, P. P.*, Statistik für Wirtschaftswissenschaftler, 2010, S. 320.

R^2 = Bestimmtheitsmaß

$\widehat{y_k}$ = Schätzwert der abhängigen Variable

y_k = Beobachteter Wert der abhängigen Variable

$\bar{y}$ = Arithmetisches Mittel der abhängigen Variable

Alternativ lässt sich dies auch wie folgt darstellen:[441]

$$R^2 = \rho_{iM}^2 = \frac{S_{\hat{i}}^2}{S_i^2} = 1 - \frac{S_e^2}{S_i^2} \qquad (18)$$

mit:

ρ_{iM}^2 = Korrelationskoeffizient zwischen Aktien- und Marktrendite

$S_{\hat{i}}^2$ = Varianz der geschätzten Residuen = $S_i^2 - S_e^2$

S_i^2 = Gesamtvarianz der Stichprobe

S_e^2 = Residualvarianz

Dabei kann das Bestimmtheitsmaß Ausprägungen zwischen 0 und 1 annehmen ($0 \leq R^2 \leq 1$). Umso näher das Bestimmtheitsmaß der Regression an 1 liegt, desto geringer ist die Residualvarianz (S_e^2). Mit größerem Bestimmtheitsmaß ist demnach eine bessere Anpassung des Modells an die Daten gegeben.[442] Im Fall der Unternehmensbewertung mittels des Marktmodells bedeutet dies, dass das Bestimmtheitsmaß den Anteil der durch die Marktrendite erklärten Varianz ($S_{\hat{i}}^2$) an der Gesamtvarianz (S_i^2) der Aktienrendite ausdrückt.[443] Wenn das Bestimmtheitsmaß nahe 0 liegt, könnte das Modell fehlspezifiziert sein, da es keinen oder nur einen sehr geringen Erklärungsgehalt hat. In der Praxis werden aus diesem Grund häufig Betafaktoren, die nur über ein geringes Bestimmtheitsmaß verfügen, nicht für die Bewertung verwendet.[444] Im Fall des Marktmodells muss jedoch der ökonomische Hintergrund des Bestimmtheitsmaßes betrachtet werden. So gibt das Bestimmtheitsmaß im Marktmodell nur an, wie hoch der durch den Marktindex erklärte Anteil an der Gesamtvarianz ist.[445] Daraus folgt, dass das R^2 nur Auskunft über die Höhe des systematischen, also gemäß CAPM abzugeltenden, Risikos gibt. Der restliche Teil, die nicht erklärte Varianz, ist daher das

441 Vgl. *Stock, J. H./Watson, M. W.*, Introduction to econometrics, 2007, S. 124; *Dörschell, A.* u. a., Der Kapitalisierungszinssatz, 2009, S. 131.

442 Vgl. *Fahrmeir, L.* u. a., Regression, 2009, S. 98; *Eckstein, P. P.*, Statistik für Wirtschaftswissenschaftler, 2010, S. 320.

443 Vgl. *Jähnchen, S.*, Kapitalkosten von Versicherungsunternehmen, 2009, S. 34.

444 Vgl. *Knoll, L.*, Äquivalenz, 2010, S. 1107.

445 Vgl. *Jähnchen, S.*, Kapitalkosten von Versicherungsunternehmen, 2009, S. 34.

unsystematische und damit nicht abzugeltende Risiko.[446] Ein Bestimmtheitsmaß von 50 % gibt daher lediglich an, dass 50 % der Variation der Aktienrendite durch den Markt verursacht werden und der Rest aus firmenspezifischen und damit unsystematischen Risiken resultiert.[447] Daher ist das Bestimmtheitsmaß als alleiniges Güte- und insbesondere Ausschlusskriterium eines Betafaktors im Marktmodell abzulehnen.[448]

Als weiteres Gütekriterium von Regressionen wird der t-Test genutzt.[449] Dieser Test gibt an, ob der mittels Regression bestimmte Parameter[450] einen Einfluss auf die zu erklärende Variable hat.[451] Für das Marktmodell wird damit überprüft, ob die Marktrendite die Aktienrendite beeinflusst.[452] Die Berechnung des t-Werts erfolgt dabei auf Basis des Standardfehlers des Regressionskoeffizienten:[453]

$$std[\beta_i] = \frac{S_e^2}{\sqrt{(T-1)*S_M^2}} \tag{19}$$

mit:

$std[\beta_i]$	=	Standardfehler von β_i
S_e	=	Standardabweichung der Residuen
S_M	=	Standardabweichung der Marktrendite
T	=	Stichprobenumfang

Die Zuverlässigkeit der Schätzung des Regressionskoeffizienten steigt mit sinkendem Standardfehler.[454] Damit wirken sich eine Erhöhung des Stichprobenumfangs und eine höhere Standardabweichung des Marktes positiv auf die Schätzung aus, wohingegen eine höhere Streuung der Residuen einen negativen Einfluss auf die Zuverlässigkeit

446 Vgl. *Damodaran, A.*, Investment Valuation, 2002, S. 183.

447 Vgl. zu diesem Beispiel *Dörschell, A.* u. a., Der Kapitalisierungszinssatz, 2009, S. 136.

448 Vgl. *Franken, L./Schulte, J.*, Eignung von Betafaktoren, 2010, S. 1113; *Knoll, L.*, Äquivalenz, 2010, S. 1107.

449 Vgl. *Franken, L./Schulte, J.*, Eignung von Betafaktoren, 2010, S. 1113. Vgl. ausführlicher zum t-Test *Podding, T.* u. a., Statistik, Ökonometrie, Optimierung, 2008, S. 293-302; *Hill, R. C.* u. a., Principles of Econometrics, 2008, S. 49-52.

450 Im Marktmodell der Betafaktor.

451 Vgl. *Zimmermann, P.*, Prognose von Betawerten, 1997, S. 69; *Podding, T.* u. a., Statistik, Ökonometrie, Optimierung, 2008, S. 292.

452 Vgl. *Franken, L./Schulte, J.*, Eignung von Betafaktoren, 2010, S. 1112.

453 Vgl. *Zimmermann, P.*, Prognose von Betawerten, 1997, S. 69; *Fama, E. F.*, Foundations of finance, 1976, S. 88; *Schneeweiß, H.*, Ökonometrie, 1990, S. 60; *Auer, L. von*, Ökonometrie, 2007, S. 107; *Rudolph, B./Zimmermann, P.*, Betafaktoren, 1998, S. 440.

454 Vgl. *Kobelt, H./Steinhausen, D.*, Wirtschaftsstatistik für Studium, 2000, S. 247; *Bühner, M./Ziegler, M.*, Statistik für Psychologen, 2010, S. 593; *Zimmermann, P.*, Prognose von Betawerten, 1997, S. 69.

der Schätzung hat.[455] Als einziger durch den Bewerter zu beeinflussender Parameter ist der Stichprobenumfang von immanenter Bedeutung.[456] So werden in der Literatur zumeist 60 Beobachtungen als Mindestgrenze vorgeschlagen.[457]

Auf Basis des ermittelten Standardfehlers wird mit dem t-Test überprüft, ob der zu schätzende Parameter (Regressionskoeffizient: β_i) signifikant von dem in der Nullhypothese vorzugebenden Wert (β_h) verschieden ist ($H_0: \beta_i = \beta_h$).[458] Zumeist wird für β_h der Wert Null gewählt, da so überprüft wird, ob eine Einfluss des Koeffizienten auf den Regressand besteht.[459] Zur Überprüfung der Hypothese wird der empirische t-Wert ermittelt:[460]

$$t_{emp} = \frac{\beta_i - \beta_h}{std[\beta_i]} \tag{20}$$

mit:

t_{emp}	=	empirischer t-Wert
β_i	=	zu schätzender Regressionskoeffizient
β_h	=	vorgegebener Wert
$std[\beta_i]$	=	Standardfehler von β_i

Der errechnete empirische t-Wert wird mit dem kritischen theoretischen t-Wert verglichen. Dieser ergibt sich unter Vorgabe des Signifikanzniveaus[461] (α) und folgt einer

455 Vgl. *Steiner, P./Uhlir, H.*, Wertpapieranalyse, 2001, S. 179 f.; *Zimmermann, P.*, Prognose von Betawerten, 1997, S. 69.

456 Vgl. *Dörschell, A.* u. a., Der Kapitalisierungszinssatz, 2009, S. 133; *Jähnchen, S.*, Kapitalkosten von Versicherungsunternehmen, 2009, S. 35.

457 So nennen etwa *Rudolph, B./Zimmermann, P.*, Betafaktoren, 1998, S. 440 als Mindestmaß 30 Beobachtungen empfehlen aber 60 als Mindestmenge. *Steiner, P./Uhlir, H.*, Wertpapieranalyse, 2001, S. 180 setzen ebenfalls mindestens 60 Beobachtungen voraus. *Dörschell, A.* u. a., Der Kapitalisierungszinssatz, 2009, S. 133 nennen als Mindestgrenze 20-30 Beobachtungen. In diesem Zusammenhang ist auch die Mindestmenge an Beobachtungen für die Erfüllung des zentralen Grenzwertsatzes zu beachten, um von einer Normalverteilung ausgehen zu können. So erscheinen Stichproben von kleiner 30 ungeeignet.

458 Vgl. *Zimmermann, P.*, Prognose von Betawerten, 1997, S. 70; *Franken, L./Schulte, J.*, Eignung von Betafaktoren, 2010, S. 1112.

459 Vgl. *Knoll, L.*, Äquivalenz, 2010, S. 1106; *Zimmermann, P.*, Prognose von Betawerten, 1997, S. 70. Dieser Prüfung liegt die Annahme der Normalverteilung zu Grunde.

460 Vgl. *Schneeweiß, H.*, Ökonometrie, 1990, S. 67; *Podding, T.* u. a., Statistik, Ökonometrie, Optimierung, 2008, S. 294. Zu detaillierten Erläuterung siehe auch *Bühner, M./Ziegler, M.*, Statistik für Psychologen, 2010, S. 165 f.

461 Zumeist wird auf ein Signifikanzniveau von 1 %, 5 % oder 10 % getestet. Dabei gilt ein 10 % Signifikanzniveau als noch statistisch signifikant. Vgl. *Watrin, C.* u. a., Betafaktor, 2011, S. 182. Teilweise wird statt Signifikanzniveau auch der Begriff der Sicherheitswahrscheinlichkeit (1-α) verwendet. Vgl. etwa *Bühner, M./Ziegler, M.*, Statistik für Psychologen, 2010, S. 142, S. 173 und *Bourier, G.*, Wahrscheinlichkeitsrechnung, 2011, S. 240.

Student-t-Verteilung[462].[463] Liegt der empirische t-Wert oberhalb des kritischen t-Werts, ist die Nullhypothese abzulehnen. Im Marktmodell bedeutet dies, dass der Betafaktor statistisch signifikant von Null verschieden ist. Ähnlich wie bei der Interpretation des Bestimmtheitsmaßes muss der der Prüfung unterliegende Modellgedanke beachtet werden. Die in der Praxis und in der Regressionsdiagnostik allgemein verwendete Hypothese ($H_0: \beta_i = 0$) prüft lediglich, ob es hinreichend wahrscheinlich ist, dass der ermittelte Parameter von Null verschieden ist (signifikant von Null verschieden) und der Parameter damit einen Erklärungsgehalt im Modell hat. Das CAPM hingegen fordert nicht, dass ein Betafaktor von Null verschieden ist, insofern bietet die Überprüfung dieser Hypothese allein keine Möglichkeit, den Betafaktor aus diesem Grund nicht zu verwenden.[464] Ein Betafaktor von Null gibt nur an, dass das Unternehmen über kein systematisches Risiko verfügt.[465] Die dargestellten Prüfgrößen stellen daher allein keine geeigneten Verfahren zum Ausschluss von Betafaktoren dar.[466] Allerdings können niedrige Bestimmtheitsmaße und nicht statistisch signifikante Betafaktoren ein Hinweis darauf sein, dass eine Fehlspezifikation des Modells in der Weise vorliegt, dass die zur Ermittlung genutzten Renditen des Wertpapiers nicht unverzerrt gebildet wurden.[467] Es ist daher notwendig, neben den dargestellten Gütekriterien auch die Liquidität der den Schätzungen zu Grunde liegenden Aktien zu analysieren.[468] Dies bedeutet, dass überprüft werden muss, ob die Rendite der Aktie, die zur Messung des Betafaktors genutzt wird, überhaupt im Zusammenhang mit der Rendite des Marktes steht. Hierfür muss sich die Aktienrendite zeitlich und sachlich unverzerrt an die Änderungen der ökonomischen Rahmenbedingungen des Marktes anpassen.[469] Dieses ist normalerweise nur gegeben, wenn die Aktie auch im Markt gehandelt wird und damit

462 Vgl. zu unterschiedlichen Formen der Stichprobenverteilung *Kobelt, H./Steinhausen, D.*, Wirtschaftsstatistik für Studium, 2000, S. 235-241; *Bourier, G.*, Wahrscheinlichkeitsrechnung, 2011, S. 212-219.

463 Vgl. *Schneeweiß, H.*, Ökonometrie, 1990, S. 67; *Podding, T.* u. a., Statistik, Ökonometrie, Optimierung, 2008, S. 295 f. Da die tatsächlichen Varianzen der geschätzten Parameter auch zu schätzen sind, kann nicht auf die Standardnormalverteilung zurückgegriffen werden. Vgl. *Podding, T.* u. a., Statistik, Ökonometrie, Optimierung, 2008, S. 294.

464 Vgl. *Dörschell, A.* u. a., Der Kapitalisierungszinssatz, 2009, S. 135 f. Im Jahr 2008 noch anderer Auffassung *Dörschell, A.* u. a., Ableitung CAPM-basierter Risikozuschläge, 2008, S. 1160, welche den t-Test als Filterkriterium bei Peer-Group-Analysen akzeptierten.

465 Wenngleich davon auszugehen ist, dass dieser Umstand für Unternehmen in der Realität (abstrahierend von Squeeze-Outs und Beherrschungs- und Gewinnabführungsverträgen) eher selten anzutreffen sein sollte.

466 So auch *Franken, L./Schulte, J.*, Eignung von Betafaktoren, 2010, S. 1113; *Dörschell, A.* u. a., Der Kapitalisierungszinssatz, 2009, S. 136.

467 Vgl. *Franken, L./Schulte, J.*, Eignung von Betafaktoren, 2010, S. 1113; *Dörschell, A.* u. a., Der Kapitalisierungszinssatz, 2009, S. 136.

468 Vgl. dazu ausführlicher *Franken, L./Schulte, J.*, Eignung von Betafaktoren, 2010, S. 1115 f.; *Dörschell, A.* u. a., Der Kapitalisierungszinssatz, 2009, S. 136-143.

469 Vgl. *Franken, L./Schulte, J.*, Eignung von Betafaktoren, 2010, S. 1115.

über eine ausreichende Liquidität, gemessen etwa durch das Handelsvolumen, Free Float oder eine geringe Geld-Brief-Spanne verfügt. Eindeutige Schwellenwerte bezogen auf das Handelsvolumen, den Free Float und die Geld-Brief-Spanne gibt es derzeit nicht,[470] auch weitere Kennzahlen zur Liquiditätsmessung sind denkbar. Insofern ist festzuhalten, dass eine intersubjektive und objektivierte Überprüfung aufgrund mangelnder Kriterien momentan nicht möglich ist. In diesem Bereich besteht daher noch Forschungsbedarf.

3.2.2.2.3.4 Spezifikationsmöglichkeiten

In der Literatur ist das CAPM vielfach untersucht worden. Fokus dieser Untersuchungen war zumeist der grundsätzliche Erklärungsgehalt.[471] In der praktischen Umsetzung sind, unabhängig von der empirischen Unterstützung des CAPM, wesentliche Einflussfaktoren des Betafaktors analysiert worden. Dabei wurden, als für die Bewertung wesentliche Parameter des Marktmodells, der gewählte Marktindex (International, National, Performance, Kurs), das Renditeintervall (täglich, wöchentlich, monatlich, vierteljährlich) und die Regressionslänge (1 Jahr, 1,5 Jahre, 2 Jahre, etc.) untersucht.[472]

Indexwahl

Da das Marktportfolio, welches theoretisch aus allen auf der Welt verfügbaren riskanten Anlagemöglichkeiten besteht, nicht beobachtbar ist,[473] wird in der Bewertungspra-

---

470 Vgl. *Franken, L./Schulte, J.*, Eignung von Betafaktoren, 2010, S. 1115.

471 Vgl. zu den Untersuchungen mit realisierten Renditen: *Black, F.* u. a., Capital Asset Pricing, 1972; *Fama, E. F./MacBeth, J. D.*, Risk, 1973; *Banz, R. W.*, Return and Market, 1981; *Fama, E. F./French, K. R.*, Expected Stock Returns, 1992; *Haugen, R. A.*, The New Finance, 2004. Ein neuerer Ansatz zum Test des CAPM wird von *Hagemeister, M./Kempf, A.*, CAPM und erwartete Renditen, 2010, S. 145-164 gewählt, welche basierend auf dem Ansatz von *Ohlson, J. A.*, Earnings, 1995 erwartete Renditen verwenden.

472 Vgl. beispielsweise *Pratt, S. P./Grabowski, R. J.*, Cost of capital, 2010, S. 163-166; *Damodaran, A.*, Investment Valuation, 2002, S. 187; *Zimmermann, P.*, Prognose von Betawerten, 1997, S. 50; *Dörschell, A.* u. a., Ableitung CAPM-basierter Risikozuschläge, 2008, S. 1155-1159. Als weiterer Parameter ist auch die Berechnungsform der Renditen zu beachten. So können die Renditen auf Basis einer stetigen oder diskreten Rendite ermittelt werden. Vgl. dazu ausführlicher *Zimmermann, P.*, Prognose von Betawerten, 1997, S. 81-86. Wenngleich die stetige Berechnungsform einige Vorteile wie bessere statistische Eigenschaften oder eine bessere Berechnungsweise aufweist, vgl. *Möller, H. P.*, Bilanzkennzahlen und Ertragsrisiken, 1986, S. 34; *Fama, E. F.*, Foundations of finance, 1976, S. 20, ist der Einfluss auf den Betafaktor marginal. Daher wird im Folgenden dieser Effekt nicht weitergehend analysiert. Gleiches gilt auch für die Nutzung von nominalen im Vergleich zu inflationsbereinigten Renditen und für die Verwendung von Überschussrenditen. Vgl. für eine detaillierte Analyse der verschiedenen Renditeberechnungen und deren Auswirkung auf den Betafaktor *Zimmermann, P.*, Prognose von Betawerten, 1997, S. 81-91.

473 Vgl. *Ross, S. A.*, Status of CAPM, 1977, S. 892; *Kruschwitz, L.* u. a., Unternehmensbewertung, 2009, S. 70; *Dörschell, A.* u. a., Der Kapitalisierungszinssatz, 2009, S. 144; *Dörschell, A.* u. a., Ableitung CAPM-basierter Risikozuschläge, 2008, S. 1157. Vgl. grundlegend zur Problematik der Indexwahl *Steiner, M./Kleeberg, J. M.*, Problem der Indexauswahl, 1991, S. 173-180; *Lang, A. J.*, Indices, 1993, S. 648-650.

xis auf Aktienindizes zurückgegriffen.[474] Dabei stellt sich insbesondere die Frage, ob auf einen lokalen (nationalen) oder einen internationalen Index zurückgegriffen werden sollte.[475] *Stulz* stellte etwa bereits 1995 fest, dass die Auswahl von nationalen Indizes unter bestimmten Umständen zu einer Fehlbewertung führen kann, und führte dazu aus, dass in kleinen Ländern das Risiko auf Basis internationaler Indizes ermittelt werden sollte.[476] Bei der Auswahl eines nationalen oder internationalen Index sollten diese Probleme berücksichtigt werden, aber die Entscheidung sollte vorrangig am typisierten Anleger ausgerichtet werden.[477]

Allgemeine Aussagen über die Vorteilhaftigkeit eines Index gegenüber einem anderen lassen sich nur bedingt treffen, da die Bestimmung der Effizienz eines Aktienindex ein unlösbares Problem darstellt.[478] Mit einer zunehmenden Anzahl an Assets sollte jedoch ein Index an Effizienz zunehmen.[479]

Zudem bestehen weitere Ermessensspielräume in Bezug auf die Zusammensetzung (Auswahl der einzelnen Aktien im Index), die Gewichtung (kapital-, kurs-, oder gleichgewichtet), die Bereinigung (z. B. um Kapitalerhöhungen, Dividenden) und die Berechnung (Paasche, Laspeyres).[480] Einige empirische Untersuchungen zeigen, dass die Wahl des Index, bei ausreichender Anzahl an Aktien, nur einen marginalen Einfluss auf die Höhe des Betafaktors hat. *Winkelmann* zeigt etwa für vier deutsche Aktienindizes eine Korrelation zwischen +0,97 und +0,99, welches im Ergebnis zu einer nahezu identischen Performancemessung führt.[481] Ähnliche Untersuchungen bestätigen, dass aufwendig konstruierte Indizes, welche zusätzliche Vermögensgegenstände enthalten, keine anderen Resultate als „normale" aus Aktien bestehende Börsenindizes

474 Vgl. *Rudolph, B./Zimmermann, P.*, Betafaktoren, 1998, S. 439; *Kruschwitz, L.* u. a., Unternehmensbewertung, 2009, S. 70; *Damodaran, A.*, Investment Valuation, 2002, S. 186; *Ernst, D.* u. a., Unternehmensbewertungen verstehen, 2010, S. 64; *Winkelmann, M.*, Aktienbewertung in Deutschland, 1984, S. 105.

475 Vgl. *Dörschell, A.* u. a., Der Kapitalisierungszinssatz, 2009, S. 144; *Nowak, K.*, Marktorientierte Unternehmensbewertung, 2003, S. 95; *Kern, C./Mölls, S. H.*, Ableitung CAPM-basierter Betafaktoren, 2010, S. 442.

476 Vgl. *Stulz, R. M.*, Cost of Capital, 1995, S. 20. Ähnlich auch *Koller, T.* u. a., Valuation, 2010, S. 253, die die Auswahl eines internationalen Index allerdings vorschlagen, um Verzerrungen aufgrund von unterschiedlichen Branchengewichtungen in einzelnen Ländern zu vermeiden.

477 Vgl. *Dörschell, A.* u. a., Ableitung CAPM-basierter Risikozuschläge, 2008, S. 1157; *Dörschell, A.* u. a., Der Kapitalisierungszinssatz, 2009, S. 151.

478 Vgl. *Zimmermann, P.*, Prognose von Betawerten, 1997, S. 92.

479 Vgl. *Zimmermann, P.*, Prognose von Betawerten, 1997, S. 92.

480 Vgl. *Bleymüller, J.*, Theorie und Technik, 1966, S. 60-71; *Pratt, S. P./Grabowski, R. J.*, Cost of capital, 2010, S. 165 f.

481 Vgl. *Winkelmann, M.*, Indexwahl und Performance-Messung, 1981, S. 475-487. Auch *Frantzmann* kam in einer Untersuchung zu dem Ergebnis, dass die Auswahl des Index nur geringe Auswirkungen hat, vgl. *Frantzmann, H. J.*, Messung des Marktrisikos, 1990, S. 73.

generieren.[482] Einen Überblick über die Auswirkungen verschiedener Indexspezifikationen zeigen Abbildung 12 und Abbildung 13 am Beispiel der BMW AG.

Abbildung 12: Betafaktoren der BMW AG gegenüber verschiedenen Indizes (104 Wochen)[483]

Es ist deutlich zu erkennen, dass die Auswahl des Referenzindex einen Einfluss auf den ermittelten Betafaktor hat. Allerdings ist dieser innerhalb Deutschlands bei einem Vergleich zwischen DAX und CDAX noch relativ gering.[484] Gleichwohl handelt es sich nur um die Betafaktoren der BMW AG, sodass nicht ausgeschlossen werden kann, dass bei anderen Unternehmen eine größere Abweichung vorzufinden sein könnte.[485] Die Wahl eines europäischen Index als Surrogat für das Marktportfolio hingegen führt zu erheblich abweichenden Ergebnissen. Insoweit erscheint die Auswahl des Referenzindex in Bezug auf den untersuchten Markt von hoher Relevanz.[486]

Die Auswirkungen zwischen Performance- und Kursindex können der Abbildung 13 entnommen werden. Wie sich deutlich aufgrund der überlagernden Linien ergibt, führt die Nutzung eines Kurs-Index im Vergleich mit einem Performance-Index zu keinen

---

482 Vgl. *Ulschmid, C.*, Empirische Validierung von Kapitalmarktmodellen, 1994, S. 188. Anderer Ansicht sind *Steiner, M./Kleeberg, J. M.*, Problem der Indexauswahl, 1991, S. 179, die sich für eine Berücksichtigung verschiedener Vermögenspositionen aussprechen.

483 Eigene Darstellung auf Basis von Daten der Datenbank Datastream.

484 Der starke Rückgang der Betafaktoren um das Jahr 2000/2001 resultiert aus der „Dotcom-Blase" und ist auch in den folgenden Abbildungen zu erkennen. Vgl. dazu auch *Fischer, E. O./Glawischnig, M.*, Historische Branchenrisiken, 2010, S. 253 f.

485 Ähnlich stellen auch *Dörschell, A.* u. a., Der Kapitalisierungszinssatz, 2009, S. 145 f. teilweise erhebliche Unterschiede fest.

486 Vgl. dazu ausführlicher *Dörschell, A.* u. a., Der Kapitalisierungszinssatz, 2009, S. 144-151.

bewertungsrelevanten Auswirkungen.[487] Insbesondere beim CDAX ergibt sich im dargestellten Zeitraum für BMW keine Veränderung.[488] Die Auswahl zwischen Performance-Index oder Kurs-Index spielt insoweit nur eine marginale Rolle. Ein eigens vorgenommener Vergleich von CDAX (Kurs) und CDAX (Performance) über den Zeitraum 01.01.1980 bis 02.07.2010 zeigt einen Korrelationskoeffizienten von +0,9849. Der Korrelationskoeffizient der Renditen ist mit 0,9957 für diesen Zeitraum noch etwas höher. Daraus folgt, dass die Auswahl eines Performance-Index im Verhältnis zu einem Kursindex für Deutschland nur einen marginalen Einfluss auf die Höhe des Betafaktors hat.

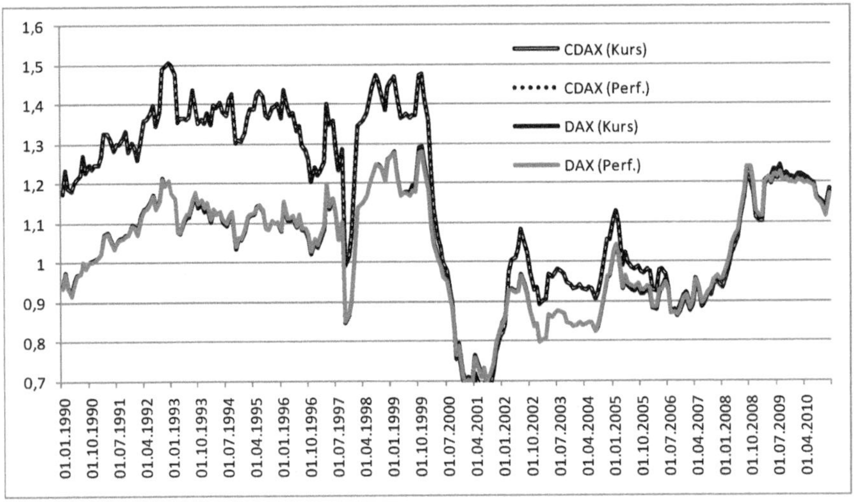

Abbildung 13: Betafaktoren der BMW AG gegenüber Kurs- vs. Performance-Indizes (104 Wochen)[489]

Die in Teilen der Literatur pauschal geäußerte Auffassung,[490] der Referenzindex habe nur einen geringen Einfluss auf den Betafaktor, kann daher am Beispiel BMW nicht bestätigt werden.

---

487 So auch *Fischer, E. O./Glawischnig, M.*, Historische Branchenrisiken, 2010, S. 246.

488 Der Korrelationskoeffizient nach Pearson liegt daher auch bei eins.

489 Eigene Darstellung auf Basis von Daten der Datenbank Datastream.

490 Vgl. etwa *Winkelmann, M.*, Indexwahl und Performance-Messung, 1981, S. 483; *Winkelmann, M.*, Aktienbewertung in Deutschland, 1984, S. 109; *Frantzmann, H. J.*, Messung des Marktrisikos, 1990, S. 73; *Jähnchen, S.*, Kapitalkosten von Versicherungsunternehmen, 2009, S. 40. *Rudd, A./Rosenberg, B.*, Market Model, 1980, S. 598 gehen davon aus, dass es einen wesentlichen Einflussfaktor gibt, der das Risiko für alle Märkte bestimmt. Im Ergebnis müsste dies zu einer nahezu gleichen Risikomessung durch das Marktmodell (unabhängig vom gewählten Index) führen. Gleiche Interpretation auch *Winkelmann, M.*, Aktienbewertung in Deutschland, 1984, S. 105.

Renditeintervall

Von wesentlicher Bedeutung im Rahmen der Ermittlung des Betafaktors ist zudem das Renditeintervall (täglich, wöchentlich, monatlich, quartalsweise etc.).[491] So zeigen Untersuchungen, dass dieses einen wesentlichen Einfluss auf den geschätzten Betafaktor haben kann. Bereits 1977 stellten *Scholes/Williams* für den amerikanischen Aktienmarkt einen Einfluss des Renditeintervalls auf die Höhe des Betafaktors fest.[492] *Levhari/Levy* stellten 1983 fest, dass Aktien mit einem Betafaktor > 1 einen positiven Intervalling-Effekt aufweisen. Demgegenüber stellten sie für Aktien mit einem Betafaktor < 1 einen negativen Intervalling-Effekt fest.[493] Insbesondere bei Aktien mit hoher Liquidität weichen die auf Monatsbasis ermittelten Betafaktoren signifikant von wöchentlichen und täglichen Betafaktoren ab.[494]

Eine eindeutige Festlegung eines Renditeintervalls lässt sich weder aus dem einperiodigen, noch aus dem mehrperiodigen CAPM oder der Arbitrage Pricing Theorie (APT)[495] ableiten, da diese keine Aussage über die Länge einer Anlageperiode treffen.[496] So fordern einige Autoren eine Orientierung am Anlagehorizont eines durchschnittlichen Investors und damit eher einen längeren Anlagehorizont.[497] Insbesondere die günstigeren statistischen Eigenschaften des Marktmodells und die damit vermeidbaren Probleme der Messfehler durch Noise und illiquiden Handel[498] sprechen für ein längeres Renditeintervall.[499] Problematisch kann die Verwendung längerer Renditeintervalle hingegen sein, wenn nur eine geringe Anzahl von Datenpunkten vorhanden ist. Die Auswirkungen unterschiedlicher Intervalle können der folgenden Abbildung 14 für BMW entnommen werden:

491 Vgl. *Pratt, S. P./Grabowski, R. J.*, Cost of capital, 2010, S. 165; *Nowak, K.*, Marktorientierte Unternehmensbewertung, 2003, S. 93; *Damodaran, A.*, Investment Valuation, 2002, S. 187.

492 Vgl. *Scholes, M./Williams, J.*, Estimating betas, 1977, S. 309-327.

493 Vgl. *Levhari, D./Levy, H.*, Capital Asset Pricing Model, 1977, S. 101 f. Bei ihrer Untersuchung von 101 Aktien wiesen allerdings lediglich zehn Unternehmen einen Betafaktor < 1 auf. Insofern ist die Verallgemeinerbarkeit der Ergebnisse zu bezweifeln.

494 Vgl. *Dörschell, A.* u. a., Der Kapitalisierungszinssatz, 2009, S. 154.

495 Vgl. zur detaillierten Erläuterung der APT *Cochrane, J. H.*, Asset pricing, 2005, S. 173-182.

496 Vgl. *Zimmermann, P.*, Prognose von Betawerten, 1997, S. 99.

497 Vgl. *Levhari, D./Levy, H.*, Capital Asset Pricing Model, 1977; *Levy, H.*, CAPM, 1981, S. 34 ff.; *Möller, H. P.*, Bilanzkennzahlen und Ertragsrisiken, 1986, S. 25.

498 Für einen Überblick über verschiedene Korrekturverfahren für dieses Problem vgl. *Brüchle, C.* u. a., Konzerneinfluss und Entkopplung, 2008, S. 460-463.

499 Vgl. *Zimmermann, P.*, Prognose von Betawerten, 1997, S. 99.

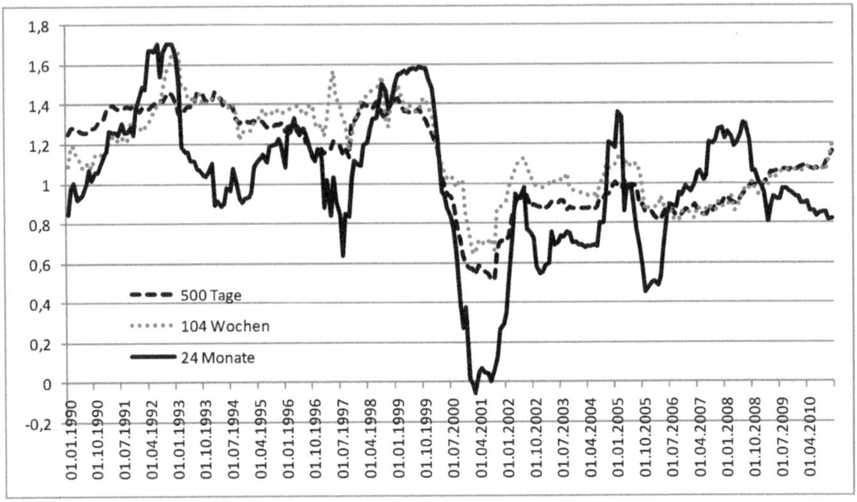

Abbildung 14: Betafaktoren der BMW AG gegenüber dem CDAX bei verschiedenen Intervallen[500]

Es zeigt sich deutlich, dass die Auswahl des Intervalls hier täglich, wöchentlich und monatlich zu erheblichen Divergenzen bei den ermittelten Betafaktoren führt. Insbesondere das Problem der zu geringen Datenpunkte zeigt sich am Beispiel des über 24 Monate ermittelten Betafaktors außerordentlich deutlich. So weist dieser eine erhebliche Schwankung im Zeitablauf auf und wird im Jahr 2001 sogar kurzfristig negativ.[501] Für die Unternehmensbewertungspraxis ist es daher unumgänglich, die verschiedenen Spezifikationsmöglichkeiten und deren Auswirkungen auch im Zeitablauf zu analysieren.

Regressionslänge

Ein weiteres Kriterium bei der Ausgestaltung der Regression ist die Festlegung des Zeitraumes (Regressionslänge), über den der Betafaktor ermittelt werden soll.[502] Zum einen ist zu beachten, dass ausreichend Datenpunkte vorhanden sein müssen, damit eine statistisch valide Regression durchgeführt werden kann.[503] Weiterhin führt eine Vergrößerung des Strichprobenumfangs zu einer Verringerung der Unsicherheit über

500 Eigene Darstellung auf Basis von Daten der Datenbank Datastream.

501 Der über 24 Monate ermittelte Betafaktor ist nur zur Veranschaulichung des Intervalleffektes und sollte im Rahmen einer Bewertung nicht genutzt werden.

502 Vgl. *Koller, T.* u. a., Valuation, 2010, S. 251; *Damodaran, A.*, Investment Valuation, 2002, S. 187.

503 Vgl. dazu die Ausführungen in Kapitel 3.2.2.2.3.3, insbesondere die Anmerkungen zum zentralen Grenzwertsatz.

die gezogene Stichprobe.[504] Zum anderen ist zu beachten, dass eine Verlängerung des Beobachtungszeitraums dazu führt, dass die Wahrscheinlichkeit von Strukturbrüchen oder dauerhaften Veränderungen steigt.[505] Bei der Verwendung kurzer Perioden hingegen muss berücksichtigt werden, dass der Betafaktor in diesen Fällen eher durch Sondereinflüsse beeinflusst sein kann.[506] Eine eindeutige Festlegung des Regressionszeitraums ist daher nicht möglich.[507] Die Auswirkungen unterschiedlicher Regressionslängen können beispielhaft der folgenden Abbildung 14 für BMW bei einem wöchentlichen Intervall entnommen werden:

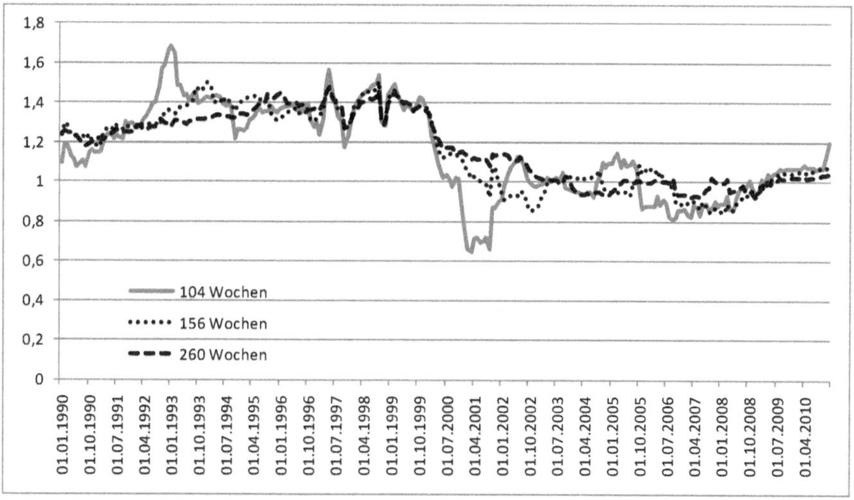

Abbildung 15: Betafaktoren der BMW AG gegenüber dem CDAX bei verschiedenen Regressionslängen[508]

So zeigt sich deutlich, dass der über 104 Wochen ermittelte Betafaktor erwartungsgemäß die stärksten Schwankungen aufweist und die Schwankungsbreite mit zunehmender Regressionslänge abnimmt.[509]

---

504 Vgl. *Fischer, E. O./Glawischnig, M.*, Historische Branchenrisiken, 2010, S. 241.

505 Vgl. *Jähnchen, S.*, Kapitalkosten von Versicherungsunternehmen, 2009, S. 42. Vgl. beispielhaft zur Diskussion um die optimale Länge des Regressionszeitraums: *Alexander, G. J./Chervany, N. L.*, Estimation of Beta, 1980, S. 123-137; *Baesel, J. B.*, Assessment of Risk, 1974, S. 1491-1494; *Gonedes, N. J.*, Evidence on the, 1973, S. 407-443.

506 Vgl. *Sharpe, W. F./Cooper, G. M.*, Risk-Return Classes, 1972, S. 52.

507 So auch *Dörschell, A.* u. a., Der Kapitalisierungszinssatz, 2009, S. 157. Anderer Ansicht *Koller, T.* u. a., Valuation, 2010, S. 251, die für eine monatliche Ermittlung über fünf Jahre plädieren.

508 Eigene Darstellung auf Basis von Daten der Datenbank Datastream.

509 In einigen Studien wurde herausgefunden, dass mit zunehmender Regressionslänge die Betafaktoren tendenziell sinken. Vgl. *Breen, W. J./Lerner, E. M.*, Beta, 1972, S. 617-620; *Berner, C.* u. a., Unternehmensbewertung, 2005, S. 715 und die Ausführungen von *Hachmeister, D.*, Discounted

Aus den vorgenommenen Analysen und Ausführungen wird deutlich, dass eine Wechselbeziehung zwischen den Parametern Renditeintervall und Regressionslänge besteht. Es ist damit nicht sinnvoll, diese Parameter unabhängig voneinander festzulegen.

Festlegung des Wochen-/Monatstages

Ein bisher wenig thematisierter Parameter der Betaschätzung ist der Einfluss des Wochentags als Intervallstartpunkt. So ergeben sich bei der Berechnung eines Betafaktors auf wöchentlicher Basis je nach Anzahl der Handelstage maximal 5 Betafaktoren für die jeweilige Woche, einer für jeden Wochentag. Wird eine Betaschätzung anhand monatlicher Renditen vorgenommen, sind ca. 20 verschiedene Betafaktoren möglich.[510] Abbildung 16 stellt beispielhaft die Entwicklung des Betafaktors der BMW AG über den Zeitraum 1985 bis 2010 in Abhängigkeit vom gewählten Wochentag (Montag, Dienstag, Mittwoch, etc.) als Basis des Intervalls dar. Es zeigen sich erhebliche und auch wertrelevante Differenzen zwischen den anhand unterschiedlicher Wochentage ermittelten Betafaktoren.[511]

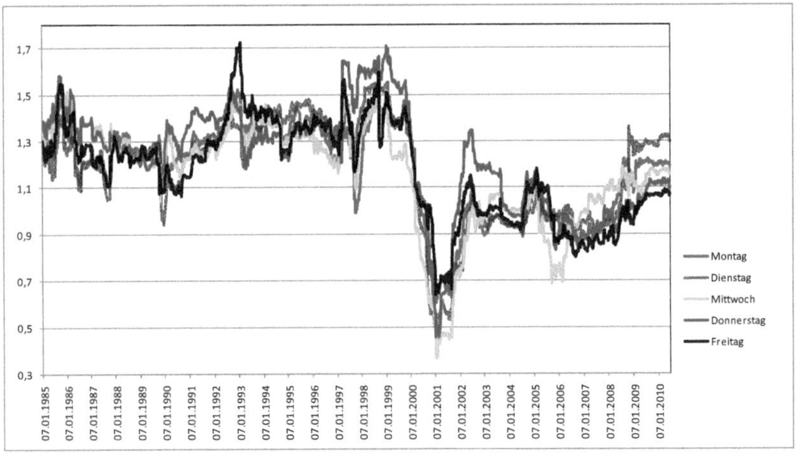

Abbildung 16: Betafaktoren der BMW AG (rollierend 104 Wochen)[512]

Cash Flow, 1999, S. 193. Dies lässt sich am Beispiel der BMW AG nicht feststellen, da der über 260 Wochen gemessene Betafaktor im arithmetischen Mittel den höchsten Betafaktor aufweist.

510 Auch die Auswahl anderer Intervalllängen, z. B. jeder zweite Handelstag etc., ist grundsätzlich möglich, wird aber nach Kenntnis des Autors in der Unternehmensbewertung nicht genutzt.

511 Der dargestellte Effekt ist unabhängig von der Höhe des sog. Bestimmtheitsmaßes (R^2) zu beobachten. So weisen z. B. von den in Abbildung 16 dargestellten 6650 Beobachtungen lediglich 87 ein Bestimmtheitsmaß von weniger als 10 % auf. Diese liegen zudem alle im Zeitraum vom 03.10.2000-05.09.2000, welcher durch die Internetblase beeinflusst ist. 186 Beobachtungen weisen ein Bestimmtheitsmaß von weniger als 20 % auf.

512 Eigene Darstellung auf Basis von Daten der Datenbank Datastream.

Nach Wissen des Autors wird diesem Effekt insbesondere in der Unternehmensbewertungspraxis bisher keine Beachtung geschenkt. Die Betafaktoren werden regelmäßig anhand von Monatsend- bzw. Freitagskursen berechnet.[513] So wird etwa in der aktuellen Bewertungsliteratur vorgeschlagen Freitagsrenditen zu verwenden, um die Berechnung leichter mit Bloomberg-Daten vergleichen zu können.[514] Als Argument gegen die tägliche Ermittlung wird auch angeführt, dass die tägliche Ermittlung einen hohen Rechenaufwand verursachen würde und die Wertrelevanz als gering einzuschätzen sei.[515] In Zeiten der datenbankengestützten Berechnung von Betafaktoren kann der Rechenaufwand allerdings kein Hindernis mehr sein.

Ob die Ausgestaltung der Regression in Bezug auf die unterschiedlichen Regressionsstartpunkte (Wochentage) von Relevanz ist, ist bisher kaum bzw. noch nicht ausreichend untersucht worden. Bisher liegt keine auf aktuellen Daten basierende Untersuchung zu diesem Thema vor, welche insbesondere die Regressionsspezifikation der Unternehmensbewertungspraxis analysiert. Die folgende Untersuchung in Kapitel 3.2.3 schließt diese Lücke und trägt dazu bei, die Diskussion um die Wahl des Wochentages als Startzeitpunkt der Betafaktorenberechnung in den Fokus zu rücken. So sollen auch Praktiker für die Wertrelevanz im Rahmen der Unternehmensbewertung sensibilisiert werden.

3.2.3 Untersuchung zum Einfluss des Wochentags auf den Betafaktor

3.2.3.1 Einführung

Ziel dieses Kapitels ist es, den Einfluss des Intervallstartpunkts, also des Wochentags, auf den Betafaktor im Rahmen der Unternehmensbewertung zu analysieren. Dabei wird insbesondere die Eignung der in der Praxis erhobenen Betafaktoren vor dem Hintergrund der gewonnenen Erkenntnisse untersucht. Datengrundlage bilden die zum 02.07.2010 in den Leitindizes gelisteten Unternehmen in Deutschland, Europa, den USA und Japan. Der Untersuchung liegen die Aktienkurse, soweit vorhanden, von 1980 bis 2010 zu Grunde.

---

513 Vgl. *Dörschell, A.* u. a., Kapitalkosten 2010, 2010, S. 52; *Dörschell, A.* u. a., Der Kapitalisierungszinssatz, 2009, S. 200.

514 Vgl. *Dörschell, A.* u. a., Kapitalkosten 2010, 2010, S. 52, Fn. 222.

515 Vgl. *Jähnchen, S.*, Kapitalkosten von Versicherungsunternehmen, 2009, S. 41, der allerdings vorschlägt, auf Basis von Dienstags- oder Mittwochsrenditen Schätzungen vorzunehmen, um vom Day of the Week Effekt unbeeinflusste Kurse bzw. Renditen zu erhalten. Berücksichtigt man die neuen Ergebnisse der Untersuchung von *Doyle, J. R./Chen, C. H.*, Wandering Weekday Effect, 2009, so ist dies allerdings kein Ausweg, da auch Mittwochsrenditen durch den Wandering-Weekday-Effect beeinflusst sein können.

Folgt man den dargestellten Meinungen zur Wertrelevanz, sollte die Wahl des Tages zur Bestimmung des Betafaktors keinen bzw. nur einen marginalen Einfluss haben. Damit müssten sich die Betafaktoren innerhalb derselben Woche zumindest weitgehend entsprechen:

$$\beta_{Montag} = \beta_{Dienstag} = \beta_{Mittwoch} = \beta_{Donnerstag} = \beta_{Freitag} \quad (21)$$

Tatsächlich zeigt sich wie in Kapitel 3.2.2.2.3.4 angerissen ein anderes Bild.

Die Untersuchung erfolgt in folgenden Schritten. Zunächst werden kurz die bisherigen Studien zum Einfluss des Wochentags auf die Betafaktorenableitung dargestellt. Darauf folgt die Darstellung des Designs der Untersuchung. Im nächsten Schritt wird analysiert, ob und wie hoch die Abweichungen aufgrund des Wochentageffekts sind. Hierbei wird insbesondere die Wertrelevanz im Rahmen der praktischen Unternehmensbewertung anhand einer Beispielrechnung überprüft. Anschließend wird die Verteilung der jeweiligen Maxima und Minima auf die Wochentage untersucht, um zu analysieren, ob einzelne Wochentage besonders von diesem Effekt betroffen sind bzw. besonders häufig den maximalen oder minimalen Betafaktor stellen. Zuletzt wird die Eignung des Freitags-/Monatsendbetafaktors für die Unternehmensbewertung untersucht, um aufzuzeigen, ob die übliche Bewertungspraxis zu wesentlichen Verzerrungen führt. Die Untersuchung schließt mit einer kritischen Überprüfung der gewonnen Erkenntnisse auf ihre externe und interne Validität und einer Zusammenfassung der Implikationen.

3.2.3.2 Bisherige Studien zum Einfluss des Wochentags

Der Einfluss des Wochentageffekts im Rahmen der Betaschätzung wurde bisher nur wenig überprüft bzw. analysiert. Weiterhin sind die bisherigen Analysen älteren Datums und umfassen lediglich Zeiträume bis Mitte der 1990er Jahre.

Als erste wesentliche Studie ist die Untersuchung von *Draper/Paudyal* von 1995 zu nennen. In einer Analyse des britischen Aktienmarktes stellten diese für einen einzigen Stichtag einen Einfluss des Wochentages/Monatstages auf die Höhe des Betafaktors fest. Grundlage ihrer Untersuchung war eine Regression über 225 Wochen für 75 Unternehmen des damaligen FTSE 100 Index.[516] Wesentliche Limitationen dieser Untersuchung sind der geringe Zeitraum (nur ein Stichtag), die Untersuchung lediglich eines Marktes und die Art der Regression (225 Wochen). Eine allgemeine Aussage über den Einfluss des Wochentags ist daher auf Basis dieser Untersuchung nicht möglich.

[516] Vgl. *Draper, P./Paudyal, K.*, Empirical Irregularities, 1995, S. 157-177.

Als weitere Studie ist die Untersuchung von *Chang/Pinegar/Ravichandran* zu erwähnen. Sie stellen im Rahmen einer Analyse von sieben europäischen Indizes gegenüber einem internationalen Marktindex einen Einfluss des Wochentages auf den Betafaktor fest.[517] Basis der Untersuchung bildeten die Renditen für den Zeitraum 01. Januar 1986 bis 31. Mai 1993. Auch hier wurde nur eine einzelne wöchentliche Regression über diesen Zeitraum vorgenommen und der Zeitraum ist äußerst begrenzt.

Auch für Deutschland ist dieser Effekt zumindest festgestellt worden. So kam *Zimmermann* in einer Untersuchung über den Zeitraum 1974-1991 ebenfalls zu dem Ergebnis, dass ein grundsätzlicher Einfluss des Wochentages auf den Betafaktor besteht.[518] Wesentliche Einschränkung dieser Untersuchung ist, dass dieses lediglich für wöchentliche, über ein Jahr erhobene Betafaktoren analysiert wurde und so nur eine der in der Praxis anzutreffenden Regressionsspezifikationen nutzt. Weiterhin ist diese Untersuchung auf Deutschland beschränkt.

Die obigen Studien weisen alle ein eingeschränktes Untersuchungsdesign (räumlich, zeitlich, Anzahl der untersuchten Aktien) auf. So sind Verallgemeinerungen der gewonnenen Ergebnisse nur unter starken Einschränkungen möglich. Weiterhin ist zu hinterfragen, ob die festgestellten Ergebnisse auch heute noch beobachtbar sind, da die Untersuchungszeiträume mehr als 15 Jahre zurückliegen. So liegt die Vermutung nahe, dass aufgrund der zunehmenden Integration der globalen Kapitalmärkte deren Effizienz gestiegen sein könnte und der Wochentageffekt an Bedeutung verloren hat.[519] Durch die nunmehr durchgeführte Untersuchung kann erstmalig umfassend analysiert werden, ob ein Einfluss des Wochentags auf den Betafaktor vorliegt und ob dieser von bestimmten Märkten oder Konjunkturphasen abhängig ist. Weiterhin kann durch die Verwendung praxisbezogener Regressionsspezifikationen analysiert werden, ob und wie stark sich dieser Effekt in der Bewertungspraxis auswirkt.

3.2.3.3 Design der Untersuchung

3.2.3.3.1 Datengrundlage

Untersuchungsgegenstand sind die Märkte Deutschland, Europa, USA und Japan. Durch die Auswahl dieser verschiedenen Märkte wird eine sehr breite Datenbasis geschaffen. Basis der Analyse bilden die zum 02.07.2010 im jeweiligen Leitindex gelisteten Unternehmen. Dies bedeutet, dass für Deutschland die 30 im Deutschen Aktien-

---

517 Vgl. *Chang, E. C.* u. a., European day-of-the week effects, 1995, S. 173-200.

518 Vgl. *Zimmermann, P.*, Prognose von Betawerten, 1997, S. 112 f.

519 So stellen etwa *Kohers, G.* u. a., Day-of-the-Week Effect, 2004 fest, dass der klassische Weekday-Effekt im Zeitablauf verschwunden ist.

index (DAX) gelisteten Unternehmen ausgewählt wurden. Für Europa wurden die 50 im Euro Stoxx 50, für die USA die 30 im Dow Jones Industrial Average (DJIA) und für Japan die 30 im TOPIX Core 30 gelisteten Unternehmen untersucht. Damit liegt der Untersuchung ein Sample von 128 Unternehmen zu Grunde[520]. Grund für die Auswahl lediglich der Aktien der Leitindizes war, dass diese die größte Aufmerksamkeit durch den Kapitalmarkt erfahren. Damit können Verzerrungen aufgrund von Friktionen im Handel bzw. Verzögerungen bei der Kursreaktion nahezu ausgeschlossen werden.[521] Als Surrogat für die Rendite des Marktportfolios wurden möglichst breite Indizes verwandt. Für Deutschland wurde der CDAX[522], für Europa der STOXX Europe 600[523], für Japan der TOPIX[524] und für die USA der S&P 500 Composite[525] ausgewählt.

Basis der Untersuchung sind grundsätzlich die Kurs-/Indexdaten für den Zeitraum vom 01.01.1980 bis zum 02.07.2010. Da nicht alle zum 02.07.2010 ausgewählten Unternehmen über den gesamten Zeitraum an den jeweiligen Börsen gehandelt wurden, verkürzt sich für diese der Untersuchungszeitraum entsprechend. Für den STOXX Europe 600 sind weiterhin erst Indexdaten ab dem 31.12.1986 verfügbar, was dazu führt, dass für die Untersuchung des Marktes Europa der Zeitraum der Untersuchung entsprechend verkürzt ist. Insoweit liegt der Untersuchung ein unbalanciertes Panel[526] zu Grunde.

Weiterhin wurden in der Analyse nur Betafaktoren berücksichtigt, für die genügend Renditekombinationen zwischen Aktie und Index verfügbar waren. So mussten für Betafaktoren auf 104 Wochenbasis mindestens für zwei Jahre Kurs-/Index-Kombinationen vorhanden sein. Betafaktoren, die auf Basis von 260 Wochen bzw. 60

520 Im Euro Stoxx 50 sind 12 deutsche Unternehmen enthalten, die auch im DAX gelistet sind. Dies ermöglicht gleichzeitig eine Überprüfung, ob ein breiterer Index zu Veränderung der gewonnenen Erkenntnisse führt.

521 Weiterhin wurde für die untersuchten Unternehmen eine Überprüfung des Handelsvolumens vorgenommen, welche für alle Unternehmen einen kontinuierlichen Handel zeigte.

522 Der Composite DAX (CDAX) setzt sich aus allen an der Frankfurter Wertpapierbörse im General Standard und Prime Standard notierten deutschen Aktien zusammen.

523 Der STOXX 600 Index Europe ist vom Europa STOXX Total Market Index (TMI) abgeleitet und ist eine Teilmenge des STOXX Global 1800 Index. Mit einer festen Anzahl von 600 Komponenten besteht dieser aus Unternehmen mit großer, mittlerer und kleiner Börsenkapitalisierung aus 18 Ländern der Europäischen Region: Österreich, Belgien, Dänemark, Finnland, Frankreich, Deutschland, Griechenland, Island, Irland, Italien, Luxemburg, den Niederlanden, Norwegen, Portugal, Spanien, Schweden, der Schweiz und dem Vereinigten Königreich.

524 Der Tokyo Stock Price Index (TOPIX) umfasst alle im amtlichen Handel zugelassenen Aktien.

525 Der Standard & Poor's 500 umfasst die 500 größten, börsennotierten US-amerikanischen Unternehmen.

526 Vgl. zu dieser Terminologie auch *Greene, W. H.*, Econometric analysis, 2008, S. 184; *Stock, J. H./Watson, M. W.*, Introduction to econometrics, 2007, S. 350 f.

Monaten ermittelt wurden, wurden nur berücksichtigt, wenn für die vorhergehenden fünf Jahre sowohl Kurs- als auch Indexdaten verfügbar waren. So werden Verzerrungen, die sich aus einer geringen Anzahl von Datenpunkten ergeben, von vornherein ausgeschlossen.[527]

Die Betafaktoren wurden mittels Aktien- und Indexkurse der Datenbank Datastream des Finanzdienstleisters Thomson Reuters ermittelt. Die Aktienkurse basieren auf den Schlusskursen der Hauptbörse des jeweiligen Landes. Für Deutschland daher auf den Kursen des Parketthandels an der Frankfurter Börse, in Japan auf den Kursen der Tokyo Stock Exchange, für die USA auf den Kursen der New York Stock Exchange. Die Aktienkurse der Unternehmen des Euro Stoxx 50 basieren auf den Kursen der jeweiligen Hauptbörse des Landes. Es handelt sich um mit Termindaten (Dividenden, Kapitalmaßnahmen) bereinigte Kurse.

Da in der Unternehmensbewertungspraxis zumeist das Verfahren der linearen Einfachregression (OLS) angewandt wird,[528] wurden die Betafaktoren dieser Untersuchung ebenfalls nach dieser Methode ermittelt. Für wöchentliche Betafaktoren wurde eine Bestimmung über 104 Wochen (zwei Jahre) und 260 Wochen (fünf Jahre) für jedes Unternehmen vorgenommen. Diese Spezifikationen wurden ausgewählt, da es sich bei der Ermittlung über 104 Wochen um die Standardeinstellung bei Bloomberg handelt; [529] die Ermittlung über 260 Wochen wurde vorgenommen, um den möglichen Einfluss einer Verlängerung des Renditeintervalls zu zeigen. Die Ermittlung auf monatlicher Basis wurde zum Anfang (09.), zur Mitte (20.) und zum Ende des Monats[530] durchgeführt.[531] Der Regressionszeitraum betrug 60 Monate (fünf Jahre) und wurde gewählt, da dieses Vorgehen in der Praxis weit verbreitet ist.[532].

Für Unternehmen, die über den gesamten Zeitraum an einer Börse gehandelt wurden, konnten auf Basis wöchentlicher Berechnung je Unternehmen 1.330 Betafaktoren je

---

527 Vgl. dazu auch die Ausführungen in Kapitel 3.2.2.2.3.4.

528 Vgl. *Großfeld, B./Stöver, R.*, Ermittlung des Betafaktors, 2004, S. 2806 f.; *Dörschell, A.* u. a., Der Kapitalisierungszinssatz, 2009, S. 125; *Dörschell, A.* u. a., Kapitalkosten 2010, 2010, S. 43.

529 Vgl. auch *Bowman, R. G./Bush, S. R.*, Using Comparable Companies, 2006, S. 74; *Koller, T.* u. a., Valuation, 2010, S. 251.

530 Die Ermittlung auf Basis des letzten Handelstages des Monats stellt ebenfalls die Standardeinstellung bei Bloomberg bei monatlicher Ermittlung des Betafaktors dar.

531 Dabei gilt es zu beachten, dass die Betafaktoren rollierend ermittelt wurden. Dies bedeutet, dass ein Betafaktor für $t = 0$ und ein Betafaktor für $t = 1$ lediglich einen Unterschied von einer Aktien-Markt-Renditekombination aufweisen.

532 So stellt etwa der Finanzdienstleister Morningstar Ibbotson die Betafaktoren so zur Verfügung. Vgl. *Koller, T.* u. a., Valuation, 2010, S. 251.

Wochentag, insgesamt also 6.650 Betafaktoren, berechnet werden.[533] Bei monatlichen Betafaktoren konnten je Ausprägung des Intervallstartpunktes 306, mithin 918 Betafaktoren, ermittelt werden.

3.2.3.3.2 Hypothesen und Modell

Die statistische Signifikanz des untersuchten Effekts wird anhand des nachfolgend erläuterten Regressionsmodells untersucht. Hypothese der Untersuchung ist, dass das mittels des Betafaktors zu bestimmende Risiko im Rahmen der Unternehmensbewertung innerhalb derselben Woche bzw. innerhalb desselben Monats konstant ist. Damit sollten Betafaktoren, die von Montag zu Montag geschätzt wurden, keinen signifikanten Unterschied zu Betafaktoren aufweisen, die über denselben Zeitraum von Mittwoch zu Mittwoch oder Freitag zu Freitag geschätzt wurden.[534] Für wöchentlich und monatlich ermittelte Betafaktoren sollten daher folgende Hypothesen gelten:

Hypothese B0:

$$\beta_{Montag} = \beta_{Dienstag} = \beta_{Mittwoch} = \beta_{Donnerstag} = \beta_{Freitag} \quad (22)$$

Hypothese B1:

$$\beta_{Monatsanfang} = \beta_{Monatsmitte} = \beta_{Monatsende} \quad (23)$$

Hypothese B2:

$$\beta_{Durchschintt} = \beta_{Freitag,Monatsende} \quad (24)$$

Insoweit sollte der Betafaktor des Montags (β_{Montag}) ein unverzerrter Schätzer für den Betafaktor des Dienstags ($\beta_{Dienstag}$) sein etc.:

$$\beta_{T2,i} = \alpha + \gamma\ \beta_{T1,i} + \epsilon_i \quad (25)$$

Bei $\beta_{T1,i}$ handelt es sich um den Betafaktor des Unternehmens i berechnet auf Basis einer linearen Einfachregression gegenüber dem jeweiligen Index.

Die vorhergehenden Ausführungen gelten analog für die auf Monatsbasis ermittelten Betafaktoren. Um auf mögliche zeitliche Effekte zu kontrollieren, wird die Regression um Dummy-Variablen $\beta_i JahrDummy$ für die untersuchten Jahre ergänzt.[535] Um Verzerrungen aufgrund von Autokorrelation zu vermeiden, werden für die Untersuchung

---

533 Um einen Vergleich mit den 260-Wochen- bzw. 60-Monatsintervallen zu ermöglichen, wurden die über 104-Wochen erhobenen Betafaktoren ab dem 07.01.1985 ermittelt.

534 Vgl. zu diesem Vorgehen hier und im folgenden *Draper, P./Paudyal, K.*, Empirical Irregularities, 1995, S. 168.

535 So etwa auch *Faulkender, M./Petersen, M. A.*, Capital Structure, 2006, S. 56.

mittels des vorgestellten Modells nur nicht überlappende Betafaktoren verwandt.[536] Daraus folgend kommt es zu einer Reduktion des untersuchten Stichprobenumfangs. Insgesamt sind bei einer Regression über 104 Wochen im untersuchten Zeitraum maximal 13 unabhängige Beobachtungen je Unternehmen möglich. Die Standardfehler werden zudem nach Unternehmen geclustert ermittelt, um firmenspezifische Effekte zu berücksichtigen.[537] Der Untersuchung liegt damit folgendes Regressionsmodell zu Grunde:

$$\beta_{T2,i} = \alpha + \gamma\ \beta_{T1,i} + \beta_i JahrDummy + \epsilon_i \qquad (26)$$

Zur Gewährleistung effizienter Schätzungen wird für die Schätzung der OLS-Regression auf robuste Standardfehler nach *Huber*[538] und *White*[539] zurückgegriffen. Abschließend wird mittels des Wald-Tests[540] überprüft, ob die Hypothese, dass $\gamma = 1$ ist, verworfen werden kann.[541]

3.2.3.4 Abweichungsanalyse

3.2.3.4.1 Untersuchung der durchschnittlichen Abweichung

Tabelle 3 stellt die durchschnittlichen Betafaktoren über den Untersuchungszeitraum je Unternehmen für Deutschland dar. Dieser wurde maximal über 1.330 Betafaktoren je Wochentag ermittelt und verkürzt sich, falls für einzelne Aktien keine Kursdaten vorhanden waren.[542]

Die Tabelle umfasst dabei zehn Spalten und ist wie folgt aufgebaut. Die erste Spalte gibt den Namen des Unternehmens wieder. Die folgenden fünf Spalten enthalten die durchschnittlichen Betafaktoren der Wochentage von Montag bis Freitag auf Basis der linearen Einfachregression über 104 Wochen. In der siebten Spalte ist das arithmetische Mittel bezogen auf die gesamte Woche je Unternehmen zu finden. In den letzten drei Spalten sind die relativen Betaspannen (Max) über 104 Wochen, 260 Wochen und 60 Monate angegeben. Diese ergeben sich als Differenz von maximalem zu minima-

---

536 Bei rollierender Ermittlung der Betafaktoren wird die Anzahl der Beobachtungen konstant gehalten (104 Wochen, 260 Wochen, 60 Monate) und das Regressionsfenster nur um eine Beobachtung verschoben. Dies führt dazu, dass die einzelnen Betafaktoren nicht unabhängig voneinander sind, sondern bis auf eine Beobachtung dieselben Werte enthalten. Vgl. zur Nutzung nicht überlappender Zeiträume auch *Zimmermann, P.*, Prognose von Betawerten, 1997, S. 220.

537 Vgl. *Petersen, M. A.*, Estimating Standard Errors, 2006, S. 39-40.

538 Vgl. *Huber, P. J.*, Maximum Likelihood Estimates, 1967, S. 221-223.

539 Vgl. *White, H.*, Heteroskedasticity-Consistent Covariance, 1980, S. 817-838.

540 Vgl. *Wald, A.*, Tests of Statistical Hypothesis, 1943.

541 Vgl. zu dieser Vorgehensweise *Doyle, J. R./Chen, C. H.*, Wandering Weekday Effect, 2009, S. 1390, welche ebenfalls den Wald-Test nutzen.

542 Vgl. dazu auch die Ausführungen in Kapitel 3.2.3.3.1 dieser Arbeit.

lem Betafaktor im Verhältnis zum minimalen Betafaktor des Unternehmens.[543] Dadurch lässt sich ermessen, wie stark die Betafaktoren innerhalb einer Woche bzw. innerhalb eines Monats schwanken. Die Darstellungsweise wurde analog für die Märkte Europa, USA und Japan angewandt.

Betafaktoren über	104 Wochen							260 Wochen	60 Monate
Unternehmen	Mo	Di	Mi	Do	Fr	Ø	(Max-Min) / Min	(Max-Min) / Min	(Max-Min) / Min
Adidas	0,71	0,75	0,67	0,71	0,64	0,70	17,4%	16,6%	35,6%
Allianz	1,33	1,34	1,38	1,30	1,31	1,33	6,0%	5,7%	6,3%
BASF	0,96	0,96	0,96	0,97	0,99	0,97	3,6%	3,5%	2,3%
Bayer	1,00	1,00	1,01	1,00	1,00	1,01	1,5%	1,2%	10,3%
Beiersdorf	0,61	0,63	0,67	0,66	0,61	0,64	9,7%	10,3%	10,3%
BMW	1,18	1,17	1,16	1,23	1,18	1,18	5,6%	6,8%	6,5%
Commerzbank	1,20	1,18	1,17	1,16	1,16	1,17	3,7%	5,6%	2,9%
Daimler	1,17	1,17	1,17	1,17	1,14	1,16	2,9%	4,0%	15,2%
Deutsche Bank	1,21	1,24	1,19	1,20	1,21	1,21	4,5%	4,5%	8,2%
Deutsche Börse	0,88	0,97	0,91	0,96	0,82	0,91	17,8%	15,8%	6,4%
Deutsche Lufthansa	1,07	1,10	1,06	1,09	1,10	1,08	3,4%	6,2%	25,0%
Deutsche Post	0,90	0,83	0,89	0,86	0,82	0,86	9,8%	8,5%	3,3%
Deutsche Telekom	0,92	0,92	0,92	0,84	0,90	0,90	10,2%	16,5%	4,8%
E.ON	0,87	0,84	0,81	0,83	0,86	0,84	7,5%	8,4%	4,8%
Fresenius Med. Care	0,49	0,48	0,52	0,57	0,55	0,52	17,9%	26,1%	15,2%
Fresenius Pref.	0,63	0,64	0,69	0,64	0,57	0,63	21,9%	27,2%	47,4%
Heidelberg Cement	0,68	0,64	0,74	0,75	0,68	0,70	15,8%	18,6%	20,5%
Henkel Pref.	0,79	0,78	0,75	0,75	0,78	0,77	5,1%	6,6%	21,5%
Infineon Technologies	1,53	1,51	1,44	1,52	1,47	1,50	6,3%	6,6%	33,6%
K + S	0,87	0,85	0,86	0,83	0,83	0,85	5,3%	3,2%	8,5%
Linde	0,92	0,92	0,88	0,87	0,86	0,89	6,1%	7,0%	8,0%
MAN	1,27	1,26	1,20	1,22	1,18	1,23	7,8%	8,1%	2,6%
Merck KGAA	0,60	0,62	0,50	0,56	0,56	0,57	25,4%	11,6%	78,0%
Metro	0,86	0,84	0,79	0,78	0,79	0,81	9,4%	11,7%	17,9%
Münchener Ruck.	1,20	1,21	1,21	1,18	1,23	1,21	4,4%	5,4%	11,1%
RWE	0,85	0,85	0,83	0,80	0,85	0,83	6,5%	6,4%	6,2%
SAP	1,18	1,16	1,03	1,18	1,17	1,14	14,3%	19,1%	14,6%
Siemens	1,23	1,20	1,19	1,22	1,23	1,21	2,7%	3,2%	1,5%
ThyssenKrupp	1,16	1,13	1,09	1,16	1,14	1,14	6,4%	6,7%	4,4%
Volkswagen Pref.	1,09	1,09	1,12	1,12	1,10	1,10	3,5%	5,5%	13,2%

Max steht für den größten Betafaktor der jeweiligen Woche/des jeweiligen Monats; Min steht für den kleinsten Betafaktor der jeweiligen Woche/des jeweiligen Monats; Ø bezeichnet das arithmetische Mittel der Wochentage

Tabelle 3: Durchschnittliche Betafaktoren und Schwankung der DAX 30-Unternehmen

Die Ergebnisse verdeutlichen, dass die Wahl des Wochentags als Basis der Regression einen erheblichen Einfluss auf den Betafaktor hat. Insbesondere unter der Berücksichtigung, dass es sich um durchschnittliche[544] Betafaktoren je Wochentag handelt, ist dieses beachtenswert. Diese Befunde sind dabei unabhängig von den gewählten Spezi-

543 Aus Platzgründen wurde auf die Einzeldarstellung der auf 260 Wochen und 60 Monaten ermittelten einzelnen Betafaktoren verzichtet.

544 Bei wöchentlichen Betafaktoren bildet sich der Durchschnitt über maximal 1.330 Stichtagsbetafaktoren je Wochentag, bei monatlichen Betafaktoren über 918 Betafaktoren je Stichtag im Monat.

fikationen. So haben weder die Wahl des Regressionsparameters Länge (104 oder 260 Wochen) noch die Art des Renditeintervalls (monatlich vs. wöchentlich) einen wesentlichen Einfluss (Tabelle 3). Beispielsweise liegen die durchschnittlichen Betafaktoren der BMW AG (104 Wochen) zwischen 1,16 am Mittwoch und 1,23 am Donnerstag, mithin ein absoluter Unterschied von gerundet 0,07. Die relative Betaspanne liegt daher bei 5,6 % . Die entsprechenden Werte für den 260-Wochen-Regressionszeitraum bzw. den 60-Monats-Regressionszeitraum betragen 6,8 % bzw. 6,5 %. Auf den ersten Blick erscheinen diese Differenzen gering, es muss jedoch berücksichtigt werden, dass es sich lediglich um durchschnittliche Werte handelt. Einen besseren Eindruck vermittelt die Darstellung der einzelnen Betafaktoren der BMW AG im Zeitablauf für den Mittwoch und Donnerstag (Abbildung 17). So wird deutlich, dass auch bei zunächst geringen Abweichungen im Durchschnitt an einzelnen Tagen durchaus wertrelevante Abweichungen bestehen können.

Abbildung 17: Betafaktoren der BMW AG (rollierend 104 Wochen) für Mittwoch und Donnerstag[545]

Die Ergebnisse bestätigen, dass für alle Unternehmen sich die auf Basis unterschiedlicher Wochentage bestimmten Betafaktoren unterscheiden. Wenngleich einige Unternehmen weniger, andere mehr von diesem Effekt betroffen sind, ist die daraus zu ziehende Schlussfolgerung eindeutig. Nur in Ausnahmefällen entsprechen sich die auf Basis unterschiedlicher Wochentage berechneten Betafaktoren. Daraus folgt, dass eine Unternehmensbewertung, welche beispielsweise den Freitagsbetafaktor zur Ableitung

545 Eigene Darstellung auf Basis von Daten der Datenbank Datastream.

des Risikozuschlags nutzt, nur in seltenen Fällen zum selben Unternehmenswert führt wie eine Bewertung, die einen anderen Wochentag zur Ableitung des Betafaktors verwendet. Diese Beobachtung ist dabei lokal nicht nur auf Deutschland beschränkt, sondern lässt sich auch auf den restlichen untersuchten Märkten finden. Weiterhin bestehen die Unterschiede auch bei unterschiedlichen Regressionsspezifikationen.

Für den europäischen Markt (vgl. Tabelle 4) zeigen sich mit Deutschland vergleichbare Ergebnisse. Da zwölf der bereits im deutschen Markt analysierten Aktien auch Teil des Euro Stoxx 50 sind, kann vereinfachend auch der isolierte Einfluss einer Indexänderung untersucht werden.[546] Am Beispiel BASF ist zu erkennen, dass die Veränderung des Index zu einer Veränderung des Betafaktors der jeweiligen Woche führt, allerdings der grundsätzliche Wochentageffekt bestehen bleibt. So liegen die durchschnittlichen über alle Unternehmen kumulierten Abweichungen[547] immer noch in einem ähnlichen Bereich. Deutschland weist für über 104 Wochen erhobene Betafaktoren eine durchschnittliche Abweichung von 14,9 % auf und Europa eine durchschnittliche Abweichung von 12,3 %. Insgesamt führt eine Verbreiterung des Index (CDAX vs. Stoxx Europe 600) zu keiner Veränderung der grundsätzlichen Ergebnisse.

546 Da die Untersuchung des deutschen Aktienmarkts und des europäischen Aktienmarkts über unterschiedliche Zeiträume erfolgt, sind nur Tendenzaussagen möglich.

547 Hierunter ist das arithmetische Mittel der relativen Betaspannen über alle Unternehmen des jeweiligen Marktes zu verstehen.

Betafaktoren über	104 Wochen							260 Wochen	60 Monate
Unternehmen	Mo	Di	Mi	Do	Fr	Ø	(Max-Min) / Min	(Max-Min) / Min	(Max-Min) / Min
Aegon	1,22	1,21	1,27	1,24	1,24	1,24	4,7%	6,9%	11,1%
Air Liquide	0,87	0,85	0,83	0,79	0,82	0,83	10,0%	13,8%	16,4%
Allianz	1,31	1,38	1,36	1,30	1,34	1,34	5,7%	5,3%	22,7%
Alstom	1,15	1,30	1,28	1,37	1,17	1,25	18,8%	27,3%	147,3%
Anheuser-Busch INBEV	0,73	0,60	0,69	0,65	0,62	0,66	21,8%	17,3%	31,5%
Arcelormittal	1,13	1,05	1,18	1,10	0,99	1,09	18,9%	30,1%	45,7%
AXA	1,50	1,53	1,54	1,45	1,45	1,49	5,9%	8,3%	5,0%
Banco Santander	1,14	1,16	1,17	1,19	1,16	1,16	4,4%	1,7%	4,3%
BASF	0,95	1,04	0,99	0,99	1,00	1,00	9,4%	12,5%	20,1%
Bayer	1,01	1,08	1,09	1,06	1,06	1,06	7,8%	8,2%	23,8%
BBV. Argentaria	1,22	1,15	1,14	1,16	1,16	1,16	6,8%	7,6%	5,1%
BNP Paribas	1,25	1,26	1,35	1,35	1,31	1,31	8,0%	9,2%	4,1%
Carrefour	0,88	0,89	0,87	0,84	0,91	0,88	7,3%	7,1%	24,2%
Credit Argricole	1,15	1,38	1,39	1,25	1,10	1,25	26,8%	28,8%	23,0%
CRH	0,83	0,90	0,86	0,91	0,88	0,88	9,3%	9,0%	13,6%
Daimler	1,34	1,35	1,30	1,36	1,30	1,33	5,0%	7,6%	22,2%
Danone	0,73	0,75	0,71	0,69	0,72	0,72	8,5%	7,3%	9,2%
Deutsche Bank	1,26	1,37	1,30	1,33	1,32	1,32	8,9%	8,3%	15,0%
Deutsche Börse	0,99	1,16	1,05	1,17	1,00	1,08	17,7%	17,4%	12,3%
Deutsche Telekom	1,08	1,07	1,04	0,96	1,01	1,03	12,6%	20,7%	31,2%
Eon	0,84	0,81	0,77	0,80	0,83	0,81	9,2%	17,2%	28,0%
Enel	0,62	0,66	0,62	0,59	0,65	0,63	10,8%	12,4%	28,8%
Eni	0,76	0,72	0,70	0,74	0,84	0,75	19,4%	24,8%	22,5%
France Telecom	1,22	1,20	1,22	1,12	1,07	1,16	14,1%	21,8%	21,0%
GDF Suez	0,82	0,72	0,80	0,90	0,99	0,85	37,8%	-	-
Generali	0,89	0,91	0,84	0,80	0,80	0,85	14,0%	15,6%	6,9%
Iberdrola	0,73	0,70	0,67	0,70	0,68	0,70	7,8%	13,7%	24,2%
ING Groep	1,39	1,46	1,44	1,37	1,37	1,41	6,7%	7,9%	11,6%
Intesa Sanpaolo	0,99	1,11	1,02	0,99	0,87	0,99	28,2%	22,9%	14,2%
L'Oreal	1,00	1,04	0,96	0,95	0,93	0,98	10,9%	13,5%	18,9%
LVMH	1,16	1,18	1,17	1,20	1,18	1,18	3,0%	5,9%	18,7%
Münchener Rück	1,26	1,32	1,29	1,18	1,24	1,26	11,5%	20,2%	36,6%
Nokia	1,31	1,46	1,42	1,47	1,39	1,41	12,3%	10,8%	10,3%
Philips Eltn. Koninkklijke	1,38	1,39	1,46	1,48	1,34	1,41	10,5%	10,9%	7,0%
Repsol YPF	0,87	0,86	0,90	0,91	0,86	0,88	6,6%	7,7%	9,0%
RWE	0,83	0,89	0,85	0,83	0,85	0,85	7,9%	4,1%	26,3%
Saint Gobain	1,19	1,20	1,14	1,15	1,14	1,16	5,3%	6,6%	19,2%
Sanofi-Aventis	0,79	0,85	0,77	0,81	0,82	0,81	10,0%	12,6%	6,6%
SAP	1,45	1,41	1,11	1,37	1,38	1,34	30,8%	36,1%	23,2%
Schneider Electric	1,16	1,12	1,01	1,10	1,09	1,10	15,0%	16,9%	6,4%
Siemens	1,31	1,32	1,27	1,31	1,31	1,30	3,3%	6,1%	10,4%
Societe Generale	1,28	1,29	1,30	1,33	1,35	1,31	5,0%	2,5%	1,9%
Telecom Italia	1,03	0,99	1,00	1,00	1,00	1,01	3,9%	4,6%	5,7%
Telefonica	0,98	0,98	1,03	0,98	0,97	0,99	5,9%	6,8%	24,9%
Total	0,89	0,88	0,88	0,91	0,92	0,90	5,2%	6,2%	11,9%
Unibail-Rodamco	0,47	0,48	0,52	0,45	0,31	0,44	68,0%	30,8%	41,0%
Unicredit	1,16	1,21	1,18	1,15	1,11	1,16	9,3%	8,1%	11,8%
Unilever Certs.	0,72	0,68	0,67	0,67	0,70	0,69	7,1%	9,6%	7,3%
Vinci (EX SGE)	0,86	0,86	0,84	0,80	0,79	0,83	9,9%	8,9%	24,9%
Vivendi	1,11	1,14	1,15	1,09	1,11	1,12	5,5%	7,9%	15,7%

Tabelle 4: Durchschnittliche Betafaktoren und Schwankung der Euro Stoxx 50-Unternehmen (Europa)

Für die USA (vgl. Tabelle 5) und Japan (vgl. Tabelle 6) ergeben sich zu Deutschland und Europa vergleichbare Ergebnisse. Es sind wiederum Unternehmen zu erkennen, deren Betafaktoren sehr geringen Schwankungen unterliegen. Als Beispiel ist hier etwa Caterpillar anzusehen, welches bei einer Regression über 104 Wochen nur eine Schwankung von 4,7 % aufweist. Exxon Mobil hingegen weist mit einer durchschnittlichen Abweichung von 14,9 % auf 104 Wochenbasis bzw. von 11,1 % auf 260 Wochenbasis einen wesentlich größeren Wochentagseffekt auf. Besonders die Abweichungen auf Basis einer monatlichen Ermittlung zeigen mit 33,1 % den wertrelevanten Einfluss des Wochentags auf. Als weiteres Extrembeispiel ist KDDI zu nennen, welches mit einer Abweichung von über 65 % auf Basis eines wöchentlichen Renditeintervalls heraussticht.

Betafaktoren über	104 Wochen							260 Wochen	60 Monate
Unternehmen	Mo	Di	Mi	Do	Fr	Ø	(Max-Min) / Min	(Max-Min) / Min	(Max-Min) / Min
3M	0,81	0,81	0,81	0,82	0,86	0,82	6,1%	6,8%	15,4%
Alcoa	1,17	1,13	1,19	1,24	1,20	1,19	10,3%	6,8%	17,5%
American Express	1,41	1,39	1,46	1,43	1,38	1,41	6,2%	7,5%	17,9%
AT & T	0,85	0,81	0,81	0,81	0,81	0,82	4,6%	8,8%	14,0%
Bank of America	1,22	1,29	1,30	1,26	1,24	1,26	6,4%	10,3%	12,1%
Boeing	0,91	0,93	0,96	0,95	0,95	0,94	6,1%	6,6%	11,1%
Caterpillar	1,13	1,14	1,15	1,16	1,11	1,14	4,7%	6,6%	5,5%
Chevron	0,65	0,67	0,68	0,67	0,75	0,69	15,2%	11,2%	37,4%
Cisco Systems	1,72	1,72	1,63	1,55	1,57	1,63	11,0%	9,2%	15,5%
Coca Cola	0,81	0,77	0,76	0,78	0,85	0,79	10,8%	13,5%	30,8%
E I Du Pont Nemours	1,02	1,05	0,97	0,95	1,04	1,01	9,9%	9,9%	4,2%
Exxon Mobil	0,64	0,59	0,59	0,61	0,68	0,62	14,9%	11,1%	33,1%
General Electric	1,12	1,13	1,16	1,20	1,15	1,15	7,0%	6,6%	7,1%
Hewlett-Packard	1,36	1,33	1,26	1,34	1,29	1,32	8,3%	5,1%	4,8%
Home Depot	1,38	1,27	1,35	1,31	1,35	1,33	8,5%	8,3%	11,6%
Intel	1,63	1,54	1,44	1,44	1,49	1,51	12,9%	9,9%	6,9%
International Bus.Mchs.	0,99	0,99	0,99	0,93	0,93	0,97	6,8%	9,3%	17,5%
Johnson & Johnson	0,85	0,80	0,77	0,80	0,83	0,81	10,3%	11,7%	1,3%
JP Morgan Chase & Co.	1,42	1,41	1,48	1,49	1,42	1,44	6,1%	8,5%	32,2%
Kraft Foods	0,56	0,58	0,57	0,57	0,65	0,59	17,0%	19,5%	21,5%
Mc Donalds	0,88	0,84	0,90	0,90	0,82	0,87	9,4%	8,5%	6,0%
Merck & Co.	0,85	0,81	0,84	0,82	0,83	0,83	4,0%	4,1%	7,2%
Microsoft	1,23	1,21	1,21	1,16	1,12	1,19	9,7%	9,9%	19,0%
Pfizer	0,94	0,94	0,93	0,96	0,99	0,95	6,6%	4,1%	7,6%
Procter & Gamble	0,72	0,71	0,66	0,66	0,75	0,70	14,4%	16,7%	16,6%
Travelers Cos.	0,93	0,94	0,96	1,00	0,94	0,96	7,9%	10,2%	8,2%
United Technologies	1,03	1,03	1,03	1,11	1,08	1,06	8,6%	9,9%	7,6%
Verizon Communications	0,79	0,81	0,78	0,79	0,81	0,80	3,5%	2,7%	22,8%
Wal Mart Stores	1,03	1,09	1,04	1,02	1,06	1,05	6,3%	6,2%	14,3%
Walt Disney	1,13	1,06	1,08	1,10	1,08	1,09	7,0%	7,2%	11,1%

Tabelle 5: Durchschnittliche Betafaktoren und Schwankung der Dow Jones 30-Unternehmen (USA)

Betafaktoren über	104 Wochen							260 Wochen	60 Monate
Unternehmen	Mo	Di	Mi	Do	Fr	Ø	(Max-Min) / Min	(Max-Min) / Min	(Max-Min) / Min
Astellas Pharma	0,59	0,59	0,58	0,50	0,51	0,55	18,4%	18,5%	2,7%
Canon	0,82	0,89	0,90	0,89	0,87	0,88	9,1%	5,9%	19,8%
East Japan Railway	0,44	0,38	0,41	0,38	0,42	0,41	16,1%	15,2%	49,4%
Honda Motor	0,86	0,82	0,83	0,87	0,85	0,85	6,9%	4,5%	18,2%
Japan Tobaco	0,39	0,32	0,36	0,30	0,36	0,35	28,7%	35,4%	90,3%
JFE Holdings	1,35	1,25	1,22	1,29	1,25	1,27	10,7%	10,3%	15,1%
Kansai Electric PWR.	0,68	0,60	0,61	0,60	0,64	0,62	11,9%	12,2%	14,8%
KDDI	0,99	1,04	1,05	1,03	0,63	0,95	65,6%	9,8%	17,8%
Komatsu	0,98	1,01	1,01	1,05	0,99	1,01	7,4%	7,7%	9,1%
Mitsubishi	1,12	1,13	1,14	1,11	1,14	1,13	3,1%	4,0%	6,6%
Mitsubishi Estate	1,30	1,29	1,34	1,29	1,34	1,31	4,3%	7,2%	2,8%
Mitsubishi UFJ Finl. GP.	1,45	1,46	1,48	1,50	1,52	1,48	5,3%	4,5%	17,0%
Mitsui	1,09	1,09	1,13	1,11	1,10	1,11	4,5%	2,6%	3,6%
Mitsuho Finl. GP.	1,74	1,77	1,91	1,89	1,82	1,83	10,4%	12,1%	5,2%
Nintendo	0,76	0,80	0,74	0,70	0,74	0,75	14,6%	13,1%	12,0%
Nippon Steel	1,09	1,02	1,06	1,04	1,02	1,04	6,9%	4,9%	9,4%
Nippon Telg. & Tel.	0,98	0,97	0,96	1,01	0,96	0,98	5,7%	6,2%	1,3%
Nissan Motor	0,82	0,82	0,81	0,87	0,85	0,84	7,0%	5,9%	8,2%
Nomura HDG	1,60	1,66	1,67	1,66	1,61	1,64	3,9%	3,2%	6,4%
NTT Docomo INC	1,07	1,01	0,95	1,04	1,01	1,02	11,9%	10,1%	13,0%
Panasonic	0,89	0,89	0,92	0,90	0,88	0,90	5,2%	4,4%	11,4%
Seven & I HDG.	0,76	0,67	0,73	0,74	0,78	0,74	16,2%	16,1%	9,1%
Shin-Etsu Chemical	0,99	0,95	0,96	0,98	1,00	0,98	4,8%	5,2%	2,6%
Sony	0,92	0,90	0,93	0,87	0,91	0,91	6,9%	6,6%	10,7%
Sumitomo Mitsui Finl. GP.	1,47	1,49	1,49	1,51	1,53	1,50	4,2%	7,0%	8,0%
Takeda Pharm-	0,67	0,71	0,71	0,64	0,68	0,68	11,2%	13,3%	6,2%
Tokio Marine Holdings	1,18	1,23	1,21	1,23	1,25	1,22	5,6%	4,6%	1,3%
Tokyo Electric Power	0,71	0,64	0,65	0,62	0,67	0,66	13,4%	11,9%	31,9%
Toshiba	1,10	1,08	1,07	1,10	1,08	1,08	3,2%	3,2%	15,2%
Toyota Motor	0,80	0,82	0,85	0,86	0,78	0,82	9,7%	9,4%	20,8%

Tabelle 6: Durchschnittliche Betafaktoren und Schwankung der TOPIX 30-Unternehmen (Japan)

Die gewonnenen Erkenntnisse zeigen auf, dass der Wochentagseffekt auch bei einer Durchschnittsbildung vorhanden ist. Selbst in dem sehr langen der Untersuchung zu Grunde liegenden Zeitraum gleichen sich die Effekte nicht aus. Die Ergebnisse haben dabei auf allen untersuchten Märkten Bestand und verhalten sich auch für verschiedene Regressionsspezifikationen robust. So ist der grds. Effekt weitestgehend unabhängig von den verschiedenen Renditeintervallen und der Regressionslänge.

Dies verdeutlicht nochmal die folgende Tabelle 7, in der für alle Märkte die durchschnittlichen Abweichungen dargestellt sind:

	104 Wochen	260 Wochen	60 Monate
Deutschland	8,8 %	9,5 %	14,9 %
Europa	12,3 %	12,8 %	20,1 %
USA	8,7 %	8,9 %	14,6 %
Japan	11,1 %	9,2 %	14,7 %

Tabelle 7: Durchschnittliche kumulierte Abweichungen je Markt[548]

Auffällig ist, dass bei allen Variationen die Regression gegenüber dem Euro Stoxx 600 die höchsten Abweichungen aufweist. Es sollte daher sehr sorgfältig auf die Auswahl des Proxys für das Marktportfolio geachtet werden.

3.2.3.4.2 Untersuchung der Verteilung der relativen Betaspannen

Wie die vorhergehende Untersuchung gezeigt hat, weisen bereits die durchschnittlichen Betafaktoren erhebliche e Schwankung auf Basis des Wochentages auf. Da Unternehmensbewertungen jedoch stichtagsbezogen erfolgen, wird im Folgenden die Ausprägung der relativen Betaspannen über die einzelnen Wochen innerhalb des Untersuchungszeitraums je Woche bzw. Monat untersucht. Die relative Betaspanne ergibt sich als Differenz von maximalem zu minimalem Betafaktor im Verhältnis zum minimalen bzw. maximalen Betafaktor des Unternehmens und bezieht sich auf die Abweichung der Betafaktoren der jeweiligen Woche/des jeweiligen Monats. Anhand dieser Maßzahl kann direkt abgelesen werden, wie hoch die Schwankungen innerhalb einer Woche bzw. innerhalb eines Monats auf Basis der ermittelten Betafaktoren sind.

$$relative\ Betaspanne_{Min} = \frac{\beta_{Max} - \beta_{Min}}{\beta_{Min}} \tag{27}$$

$$relative\ Betaspanne_{Max} = \frac{\beta_{Max} - \beta_{Min}}{\beta_{Max}} \tag{28}$$

mit:

β_{Max} = Maximaler Betafaktor der Woche/des Monats

β_{Min} = Minimaler Betafaktor der Woche/des Monats

Damit kann untersucht werden, in wie viel Prozent aller Fälle relative Betaspannen in den jeweiligen Größenordnungen aufgetreten sind. Für Deutschland liegen dieser Analyse beispielsweise 30 Unternehmen mit jeweils maximal 1.330 Bewertungen bezogen auf eine wöchentliche Ermittlung bzw. 306 Bewertungen bezogen auf eine monatliche Ermittlung zu Grunde. Die nachfolgenden Abbildungen zeigen die betragsmäßig absoluten Ausprägungen der relativen Betaspannen innerhalb der einzelnen Wo-

[548] Die durchschnittlichen kumulierten Abweichungen ergeben sich als arithmetisches Mittel der einzelnen in Tabelle 3 bis Tabelle 6 (Spalten 8 bis 10) ausgewiesenen Abweichungen.

chen/Monate. Dabei werden die unterschiedlichen vier untersuchten Märkte direkt über den gesamten Untersuchungszeitraum analysiert und direkt gegenübergestellt. Die Aufteilung der Abbildungen erfolgt nach Regressionslänge bzw. Renditeintervall. Als Schwellenwerte zur Klassifikation der Abweichungen wurden folgende festgelegt:: bis 12,5 %, bis 25 %, bis 37,5 %, bis 50 % und größer 50 %. Jeder Balken in der jeweiligen Abbildung stellt die relative Häufigkeit der für alle Unternehmen kumulierten einzelnen Abweichungen je Land in dem Untersuchungszeitraum dar.

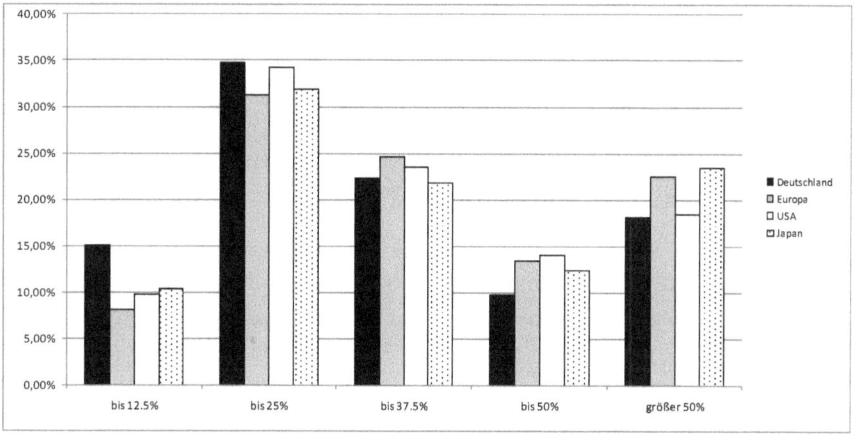

Abbildung 18: Verteilung der relativen Betaspannen zum Minimum (104 Wochen)

Abbildung 18 sind die Ergebnisse bei einer Regression über 104 Wochen zu entnehmen. Für den deutschen Markt ist deutlich zu erkennen, dass im untersuchten Zeitraum die Abweichungen innerhalb einer Woche in ca. 50 % der betrachteten Fälle zwischen 0 % und 25 % lagen. Allerdings ist auch zu beobachten, dass in ca. 18 % der Fälle Abweichungen von mehr als 50 % auftreten. Wie sich aus dem Vergleich der einzelnen Balken je Land ergibt, ist dies kein auf Deutschland beschränktes Ergebnis. Vielmehr stellen die gefundenen Abweichungen den Regelfall dar. Wenngleich sich die Abweichungen je Markt in der jeweiligen Häufigkeit unterscheiden, ist zu beobachten, dass auch auf den Märkten Europa, USA und Japan ähnliche Abweichungen vorliegen. Es zeigt sich deutlich, dass die Schwankungen innerhalb einer Woche erheblich sein können.

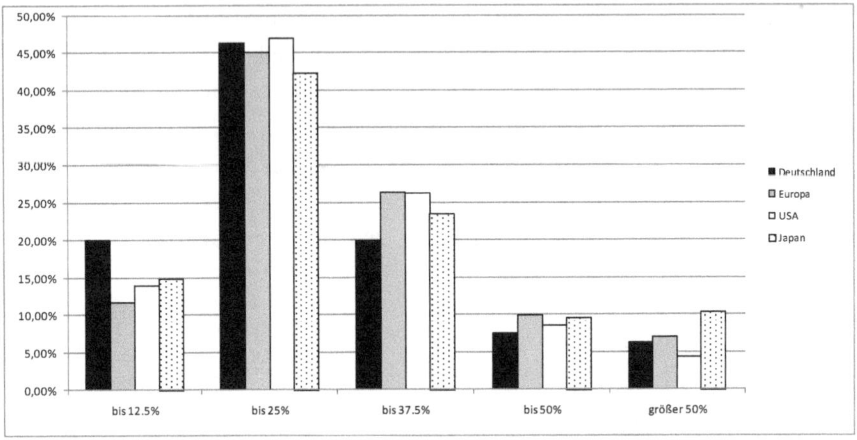

Abbildung 19: Verteilung der relativen Betaspannen zum Maximum (104 Wochen)

Abbildung 20 zeigt die relativen Betaspannen im Verhältnis zum Maximum. Auffällig ist, dass, obwohl die Berechnung nun im Verhältnis zum Maximum vorgenommen wird, weiterhin bewertungsrelevante Abweichungen bestehen bleiben.[549]

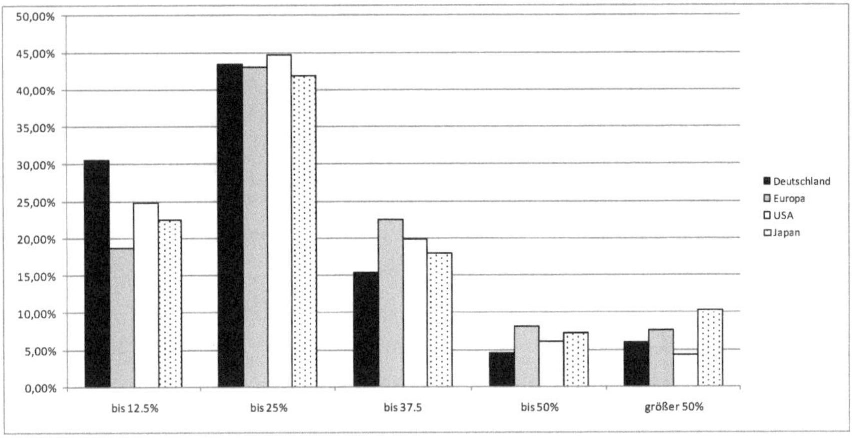

Abbildung 20: Verteilung der relativen Betaspannen zum Minimum (260 Wochen)

Die Abweichungsanalyse der Regression über 260 Wochen zeigt einen ähnlichen Effekt auf. Bei einem Vergleich im Verhältnis zur Regression über 104 Wochen wird jedoch deutlich, dass sich der Effekt abschwächt. Dieses Ergebnis lässt sich wie folgt

549 Auf eine weitere Darstellung der Abbildungen der relativen Betaspannen zum Maximum über 260 Wochen und 60 Monate wurde verzichtet. Die Ergebnisse sind den vorgestellten vergleichbar.

begründen. Durch die Verlängerung des Schätzzeitraums (im Verhältnis zur 104 Wochen-Regression um 156 Wochen) nimmt der Einfluss einzelner Beobachtungen in der Regression ab und es ergibt sich ein ausgleichender Effekt.[550] Obwohl es durch die Verlängerung des Regressionszeitraums zu einem ausgleichenden Effekt kommt, sind weiterhin erhebliche Abweichungen zu erkennen. Insbesondere Japan, wie schon in Kapitel 3.2.3.4.1 auf Basis der durchschnittlichen Betafaktoren zu beobachten, sticht hervor. Dort liegen bei über 10 % der Beobachtungen Abweichungen von mehr als 50 % vor.

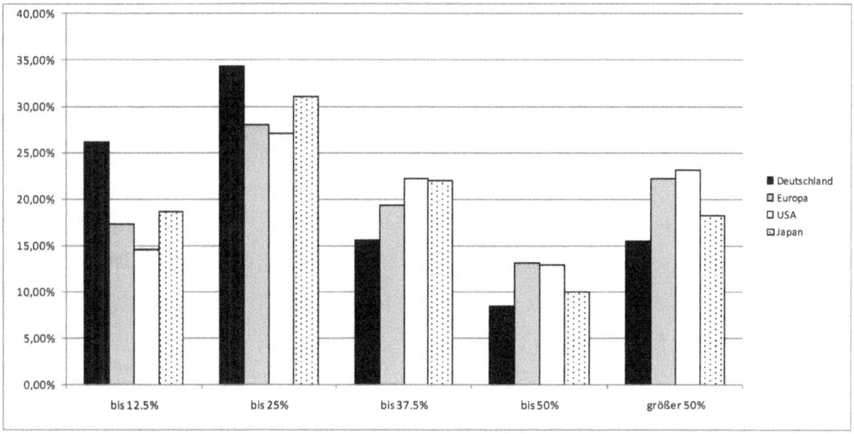

Abbildung 21: Verteilung der relativen Betaspannen zum Minimum (60 Monate)

Abbildung 21 sind die relativen Betaspannen auf Basis eines monatlichen Renditeintervalls (60 Monate) zu entnehmen. Auch diese Abweichungen zeigen, dass sich Monatsanfangs-, Monatsmittel- und Monatsendbetafaktoren nur äußerst selten entsprechen; damit werden anhand unterschiedlicher Monatstage ebenfalls divergierende Betafaktoren ermittelt. Für alle Märkte zeigen sich ähnliche Ergebnisse, allerdings sind für Deutschland die geringsten Abweichungen zu beobachten. Dies bedeutet jedoch nicht, dass diese keine erhebliche Auswirkung im Rahmen einer Unternehmensbewertung haben können.

Insgesamt ist auf Basis der vorgestellten Untersuchungsergebnisse festzuhalten, dass bewertungsrelevante relative Betaspannen vorhanden sind. Die Höhe der relativen Betaspannen ist im Vergleich zur in Kapitel 3.2.3.4.1 durchgeführten Analyse der durchschnittlichen Betafaktoren ferner deutlich höher. Unzweifelhaft kann daher festgehalten werden, dass der Wochentag als Basis des Intervalls einer Betafaktorenableitung

550 Vgl. *Draper, P./Paudyal, K.*, Empirical Irregularities, 1995, S. 165.

im Zuge einer Unternehmensbewertung von erheblicher Relevanz ist. Beachtenswert ist zudem, dass dieser Effekt, zumindest in seiner Tendenz, bei allen untersuchten Renditeintervallen und unterschiedlichen Regressionslängen auftritt. Insgesamt scheint der grundsätzliche Wochentagseffekt damit unabhängig von den untersuchten Spezifikationen. Eine geringe und damit wenig bewertungsrelevante Abweichung von kleiner bzw. gleich 12,5 % ist innerhalb einer Woche sogar die Ausnahme. Ähnlich stellen sich die Ergebnisse bei einer monatlichen Ermittlung der Betafaktoren dar. Daher kommt dem Wochentag bei der Bestimmung des Betafaktors eine wesentliche Bedeutung zu.

3.2.3.4.3 Untersuchung der Abweichungen des Unternehmenswerts

Nach der in Kapitel 3.2.3.4.2 gewonnenen Erkenntnis, dass erhebliche Abweichungen der Betafaktoren innerhalb einer Woche/eines Monats vorzufinden sind, wird im Folgenden aufgezeigt, wie sich dieses auf den Unternehmenswert auswirkt. Um den Einfluss zu verdeutlichen, wurde auf Basis der ermittelten Betafaktoren für jeden Wochentag/Monatstag der tagesspezifische Unternehmenswert ermittelt. Prämissen sind dabei:

1) Eine unendliche Nettozahlung von 100,

2) ein Basiszinssatz von 4 % vor persönlichen Steuern,

3) eine Marktrisikoprämie vor persönlichen Steuern von 5 % und

4) ein Wachstumsabschlag von 1 %.

Die nachfolgenden Abbildungen stellen die relativen Spannen der Unternehmenswerte analog zu dem in Kapitel 3.2.3.4.2 vorgenommenen vorgehen dar. Dies bedeutet, dass die Abweichung der Unternehmenswerte der jeweiligen Woche/des jeweiligen Monats als Differenz von maximalem zu minimalem Unternehmenswert im Verhältnis zum minimalen Unternehmenswert des Unternehmens zu verstehen sind. Dieses Maß zeigt, wie hoch die Schwankungen der Unternehmenswerte innerhalb einer Woche bzw. innerhalb eines Monats aufgrund der unterschiedlichen Betafaktoren sind.

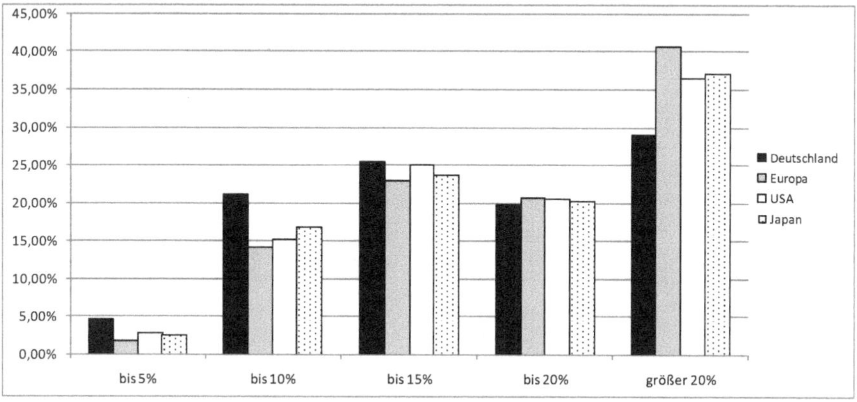

Abbildung 22: Verteilung der Unternehmenswertabweichungen zum Minimum (104 Wochen)

Deutlich ist zu erkennen, dass für alle Märkte und alle Regressionsspezifikationen erhebliche Abweichungen festzustellen sind. So liegt in Deutschland bei einer Regression über 104 Wochen in knapp 30 % der Fälle die Abweichung bei mehr als 20 %. Ähnliche Ergebnisse ergeben sich dabei auch für die anderen Märkte. Erwartungsgemäß liegen die Abweichungen bei einer Regression über 260 Wochen unterhalb der Abweichungen bei einer Regression über 104 Wochen.

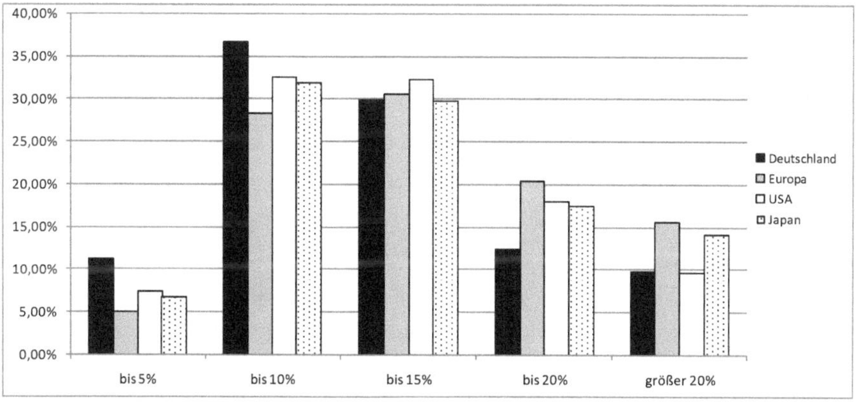

Abbildung 23: Verteilung der Unternehmenswertabweichungen zum Minimum (260 Wochen)

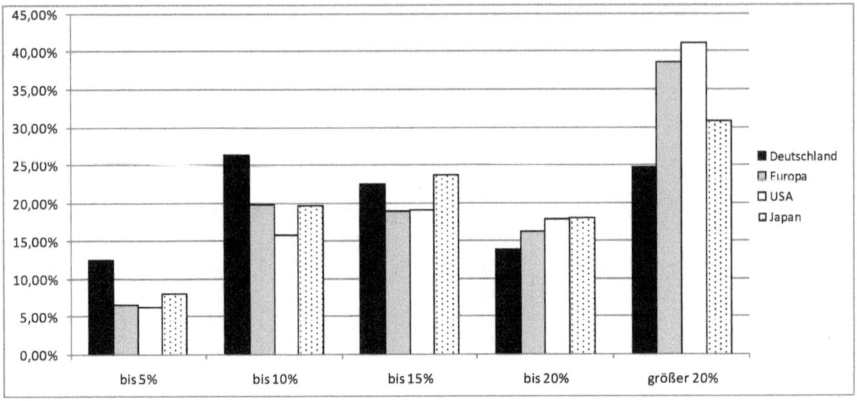

Abbildung 24: Verteilung der Unternehmenswertabweichungen zum Minimum (60 Monate)

Es ist daher festzuhalten, dass die Unternehmenswerte auf Basis des Wochentages erheblich schwanken und dieser Effekt daher im Rahmen der Bewertung zu berücksichtigen ist.

3.2.3.4.4 Untersuchung der statistischen Signifikanz des Wochentageffekts

Die bisherigen Analysen waren rein deskriptiv und werden in diesem Kapitel um eine Signifikanzanalyse mit Hilfe des in Kapitel 3.2.3.3.2 vorgestellten Modells ergänzt. Basis der Untersuchung bilden nicht überlappende, wöchentlich ermittelte Betafaktoren (104 und 260 Wochen) sowie nicht überlappende monatliche Betafaktoren (60 Monate). Die Tabellen sind wie folgt aufgebaut. Die erste Hauptzeile (Montag) zeigt das Ergebnis der Untersuchung, ob der Montag ($\beta_{T1,i}$) ein unverzerrter Schätzer für die folgenden Tage der Woche ($\beta_{T2,i}$) ist. Es wird also untersucht, ob $\beta_{Montag} = \beta_{Dienstag}$ etc. ist. In der darunter liegenden Hauptzeile sind die Ergebnisse der Analyse, ob der Dienstag ein unverzerrter Schätzer für die folgenden Tage der Woche, also ob $\beta_{Dienstag} = \beta_{Mittwoch}$ etc. ist, zu finden. In den folgenden Zeilen sind Ergebnisse für die restlichen Wochentage abgetragen. Gemäß den aufgestellten Hypothesen sollte der Koeffizient (γ) eins sein. In diesem Fall würden sich die Betafaktoren innerhalb einer Woche/eines Monats entsprechen. Weiterhin müsste sich bei einer exakten Übereinstimmung ein Bestimmtheitsmaß von 100 % ergeben. Für jeden Wochentag enthalten die nachfolgenden Tabellen im Einzelnen die Koeffizienten (γ) und das Bestimmtheitsmaß (R^2) der jeweiligen Regression. Weiterhin sind dort der sich auf Basis des Wald-Tests für die Hypothese ($\gamma = 1$) ergebende Wert der F-Statistik und der jeweilige Standardfehler angegeben.

Die exakte Übereinstimmung der Betafaktoren ($\gamma = 1$) ist auf keinem der Märkte gegeben. Für die Regressionsspezifikation über 104 Wochen lehnt der Wald-Test die Hypothese sogar für nahezu alle Wochentage und alle Märkte ab (vgl. Tabelle 8). So sind die Koeffizienten in den meisten Fällen hoch signifikant von eins verschieden, welches die bisher gefundenen Ergebnisse bestätigt.

Lediglich für Japan sind die gefundenen Resultate nicht immer signifikant. Für die restlichen Märkte ist jedoch festzuhalten, dass die auf Basis eines Wochentages ermittelten Betafaktoren nur in äußerst seltenen Fällen den auf Basis eines anderen Wochentages ermittelten Betafaktoren entsprechen. Im Umkehrschluss bedeutet dies für Japan, dass auf Basis des Montags ermittelte Betafaktoren nur geringe Abweichungen zu auf Basis anderer Wochentage ermittelten Betafaktoren aufweisen. Dieses gilt auch für anhand von Dienstagskursen ermittelte Betafaktoren im Vergleich zu Mittwochsbetafaktoren. Von diesen Ausnahmen abgesehen sind für die restlichen Wochentagskombinationen auch bei Japan hoch signifikante Abweichungen zu beobachten. Damit kann, die Hypothese, dass sich die auf Basis unterschiedlicher Wochentage ermittelten Betafaktoren entsprechen, in einer Vielzahl der Fälle verworfen werden.

		$\beta_{T2,i} = \alpha + \gamma\, \beta_{T1,i} + \beta_i JahrDummy + \epsilon_i$															
104 Wochen		Dienstag				Mittwoch				Donnerstag				Freitag			
		Koeff.	F-Statistik	Std.-Fehler	R^2	Koeff.	F-Statistik	Std.-Fehler	R^2	Koeff.	F-Statistik	Std.-Fehler	R^2	Koeff.	F-Statistik	Std.-Fehler	R^2
Montag	Deutschland	0,958**	4,91	0,019	90,31%	0,873***	10,65	0,039	81,59%	0,836***	41,14	0,025	81,76%	0,839***	38,86	0,026	84,03%
	Europa	0,956**	5,09	0,019	86,33%	0,922***	8,01	0,028	79,93%	0,887***	24,97	0,023	78,51%	0,849***	29,55	0,028	78,59%
	USA	0,874***	36,13	0,021	85,65%	0,826***	20,29	0,039	77,26%	0,812***	16,65	0,046	75,38%	0,811***	40,71	0,030	82,61%
	Japan	0,978	0,87	0,024	88,51%	0,987	0,28	0,024	86,15%	0,990	0,17	0,025	86,99%	1,017	0,60	0,022	90,36%
Dienstag	Deutschland	-	-	-	-	0,899***	11,58	0,030	88,28%	0,829***	39,32	0,027	82,52%	0,805***	55,13	0,026	79,79%
	Europa	-	-	-	-	0,933***	9,25	0,022	87,26%	0,861***	23,90	0,028	79,29%	0,793***	39,93	0,033	74,21%
	USA	-	-	-	-	0,921**	6,05	0,032	85,94%	0,870***	10,10	0,041	77,59%	0,819***	49,68	0,026	76,15%
	Japan	-	-	-	-	0,978	1,26	0,020	91,53%	0,944**	5,90	0,023	85,85%	0,947**	4,10	0,026	85,20%
Mittwoch	Deutschland	-	-	-	-	-	-	-	-	0,890***	21,05	0,024	87,35%	0,840***	27,59	0,030	80,45%
	Europa	-	-	-	-	-	-	-	-	0,890***	19,80	0,025	84,65%	0,792***	58,46	0,027	74,51%
	USA	-	-	-	-	-	-	-	-	0,915***	11,98	0,025	84,96%	0,826***	50,13	0,025	77,06%
	Japan	-	-	-	-	-	-	-	-	0,947***	8,54	0,018	90,42%	0,916***	11,15	0,025	83,51%
Donnerstag	Deutschland	-	-	-	-	-	-	-	-	-	-	-	-	0,926***	10,26	0,023	88,75%
	Europa	-	-	-	-	-	-	-	-	-	-	-	-	0,888***	46,71	0,016	87,60%
	USA	-	-	-	-	-	-	-	-	-	-	-	-	0,877***	28,68	0,023	85,65%
	Japan	-	-	-	-	-	-	-	-	-	-	-	-	0,951**	4,97	0,022	89,42%

*** bezeichnet den signifikanten Unterschied des Koeffizienten von 1 auf Basis des Wald-Tests auf dem 1 % Niveau, ** auf dem 5 % Niveau, * auf dem 10 % Niveau.

Tabelle 8: Signifikanztest 104 Wochen

Die in Tabelle 9 dargestellten Ergebnisse der Signifikanztests für die Betafaktorenermittlung über 260 Wochen bestätigen grundsätzlich die für 104 Wochen gefundenen Resultate. Wie bereits aufgrund der in Kapitel 3.2.3.4.2 beobachtbaren geringeren Schwankung zu erwarten war, ist eine Abschwächung der statistischen Signifikanz zu beobachten. Im Ergebnis führt dies dazu, dass die aufgestellt Hypothese im Verhältnis zu den 104 Wochen-Betafaktoren in weniger Fällen abgelehnt werden. Die Annäherung der Betafaktoren zueinander, ausgedrückt durch die geringeren relativen Betaspannen innerhalb der jeweiligen Woche, führt dazu, dass die einzelnen Wochentagsbetafaktoren bessere Schätzer füreinander darstellen. Daraus folgend ermittelt der Wald-Test in weniger Fällen eine signifikante Abweichung von eins.

		$\beta_{T2,i} = \alpha + \gamma\ \beta_{T1,i} + \beta_i JahrDummy + \epsilon_i$															
260 Wochen		Dienstag				Mittwoch				Donnerstag				Freitag			
		Koeff.	F-Statistik	Std.-Fehler	R^2	Koeff.	F-Statistik	Std.-Fehler	R^2	Koeff.	F-Statistik	Std.-Fehler	R^2	Koeff.	F-Statistik	Std.-Fehler	R^2
Montag	Deutschland	1,010	0,16	0,027	93,88%	0,915*	2,91	0,050	86,10%	0,903***	17,44	0,023	88,18%	0,890***	20,78	0,024	90,67%
	Europa	1,045*	3,42	0,024	92,85%	1,001	0,00	0,034	88,97%	0,982	0,68	0,022	90,19%	0,906***	15,09	0,024	89,20%
	USA	0,973	1,58	0,022	93,82%	0,979	0,49	0,031	90,93%	0,952	1,85	0,035	87,38%	0,922***	9,46	0,025	90,44%
	Japan	0,984	0,39	0,026	94,93%	0,927*	3,79	0,037	89,43%	0,910**	4,85	0,041	90,57%	0,948*	3,17	0,029	93,07%
Dienstag	Deutschland	-	-	-	-	0,910***	7,73	0,032	92,72%	0,871***	25,03	0,026	89,57%	0,838***	23,85	0,033	87,98%
	Europa	-	-	-	-	0,940**	5,01	0,027	92,61%	0,903***	15,00	0,025	90,09%	0,820***	38,22	0,029	86,51%
	USA	-	-	-	-	0,987	0,21	0,028	93,49%	0,948	2,20	0,035	87,51%	0,903***	11,87	0,028	87,77%
	Japan	-	-	-	-	0,951**	4,84	0,022	95,68%	0,916***	11,33	0,025	93,66%	0,932***	11,28	0,020	92,27%
Mittwoch	Deutschland	-	-	-	-	-	-	-	-	0,932**	5,12	0,030	91,76%	0,872***	9,48	0,042	85,62%
	Europa	-	-	-	-	-	-	-	-	0,935**	6,70	0,025	92,28%	0,841***	35,39	0,027	86,89%
	USA	-	-	-	-	-	-	-	-	0,963	2,64	0,023	94,12%	0,892***	12,34	0,031	89,39%
	Japan	-	-	-	-	-	-	-	-	0,937***	7,25	0,023	93,22%	0,935**	5,38	0,028	88,77%
Donnerstag	Deutschland	-	-	-	-	-	-	-	-	-	-	-	-	0,934**	4,43	0,031	93,10%
	Europa	-	-	-	-	-	-	-	-	-	-	-	-	0,898***	29,85	0,019	93,70%
	USA	-	-	-	-	-	-	-	-	-	-	-	-	0,913**	6,60	0,034	92,27%
	Japan	-	-	-	-	-	-	-	-	-	-	-	-	0,990	0,19	0,022	94,10%

*** bezeichnet den signifikanten Unterschied des Koeffizienten von 1 auf Basis des Wald-Tests auf dem 1 % Niveau, ** auf dem 5 % Niveau, * auf dem 10 % Niveau.

Tabelle 9: Signifikanztests 260 Wochen

Die Ergebnisse der auf Basis eines monatlichen Renditeintervalls ermittelten Betafaktoren entsprechen im Wesentlichen den gefundenen Ergebnissen der wöchentlichen Betafaktorenanalyse:

60 Monate		$\beta_{T2,i} = \alpha + \gamma\beta_{T1,i} + \beta_i$ Jahr-Dummy + ε_i							
		Mitte				Ende			
		Koeff.	F-Statistik	Std.-Fehler	R^2	Koeff.	F-Statistik	Std.-Fehler	R^2
Anfang	Deutschland	0,782**	5,14	0,096	73,93%	0,889**	5,82	0,046	83,95%
	Europa	0,777***	19,78	0,050	73,44%	0,923**	4,19	0,038	84,51%
	USA	0,722***	62,67	0,035	73,24%	0,773***	12,48	0,064	75,65%
	Japan	0,932**	5,74	0,028	84,38%	0,912**	7,47	0,032	84,71%
Mitte	Deutschland	-	-	-	-	0,915	1,37	0,073	75,41%
	Europa	-	-	-	-	0,957	0,73	0,050	74,90%
	USA	-	-	-	-	0,833***	11,39	0,049	63,79%
	Japan	-	-	-	-	0,900***	11,45	0,030	86,56%

*** bezeichnet den signifikanten Unterschied des Koeffizienten von 1 auf Basis des Wald-Tests auf dem 1 % Niveau, ** auf dem 5 % Niveau, * auf dem 10 % Niveau.

Tabelle 10: Signifikanztest 60 Monate

Bis auf zwei Ausnahmen weisen auch die monatlichen Betafaktoren hoch signifikante Abweichungen von eins auf. Diese Erkenntnis wird auch durch die im Verhältnis zu den Ermittlungen über 104 bzw. 260 Wochen teilweise sehr niedrigen Koeffizienten und die relativ geringen Bestimmtheitsmaße verdeutlicht. Damit ist insgesamt nur ein relativ geringerer Zusammenhang zwischen den Betafaktoren innerhalb eines Monats zu beobachten.

So ist festzuhalten, dass sich auf Basis unterschiedlicher Wochentage ermittelte Betafaktoren derselben Woche zumeist signifikant voneinander unterschieden; Betafaktoren, die für einen Wochentag ermittelt werden, also nur in wenigen Fällen ein unverzerrter Schätzer für einen anderen Wochentag derselben Woche sind. Diese Ergebnisse sind im Wesentlichen auch auf monatliche Betafaktoren übertragbar.

Mögliche Ursache dieses Wochentagseffekts könnte die unterschiedliche Variabilität der Renditen der zu Grunde liegenden Aktien in Bezug auf den jeweiligen Wochentag sein. Die ermittelten Querschnitt-Standardabweichungen (hierunter ist die für jeden einzelnen Wochentag ermittelte Standardabweichung der Renditen über alle Unternehmen zu verstehen) z. B. auf wöchentlicher Basis zeigen jedoch keine wesentlichen Unterschiede auf. Für den deutschen Markt weist der Montag zwar mit 0,02109 die höchste Standardabweichung auf, der Freitag ist mit 0,01911 (niedrigste Standardabweichung) jedoch nur unwesentlich geringer. Neben der Variabilität der Aktien könnte auch eine wochentagsabhängige Schwankung des Index ein möglicher Grund sein. Die wochentagsbezogenen Standardabweichungen des CDAX unterscheiden sich jedoch nur unwesentlich. Die höchste Standardabweichung ist für den Montag mit 0,01313 zu beobachten; der Freitag weist mit 0,01070 die niedrigste Standardabweichung auf. Erhebliche Differenzen, die diesen Effekt erklären könnten, sind daher nicht zu beobachten. Diese Aussage trifft ebenfalls für die restlichen untersuchten Märkte zu.[551]

Die gewonnenen Erkenntnisse bestätigen das bereits in den Kapiteln 3.2.3.4.1 und 3.2.3.4.2 gefundene Ergebnis, dass der Wochentag einen erheblichen Einfluss auf den Betafaktor und damit auf den Unternehmenswert hat.

3.2.3.5 Verteilung der Maxima/Minima über die Wochentage

Die bisherigen Ergebnisse bestätigen eindeutig, dass es erhebliche Abweichungen in der Höhe der Betafaktoren gibt. Die weitergehende Analyse konnte zudem bestätigen, dass diese Abweichungen grundsätzlich statistisch signifikant sind. Hieraus ergibt sich die Frage, ob einzelne Wochentage immer bzw. sehr häufig den höchsten oder niedrigsten Betafaktor innerhalb einer Woche bzw. innerhalb eines Monats aufweisen. Daher wurde die Verteilung des maximalen bzw. des minimalen Betafaktors untersucht. Aus Abbildung 25 bis Abbildung 28 ist zu erkennen, dass die Minima und Maxima über die unterschiedlichen Wochentage relativ gleichverteilt sind.

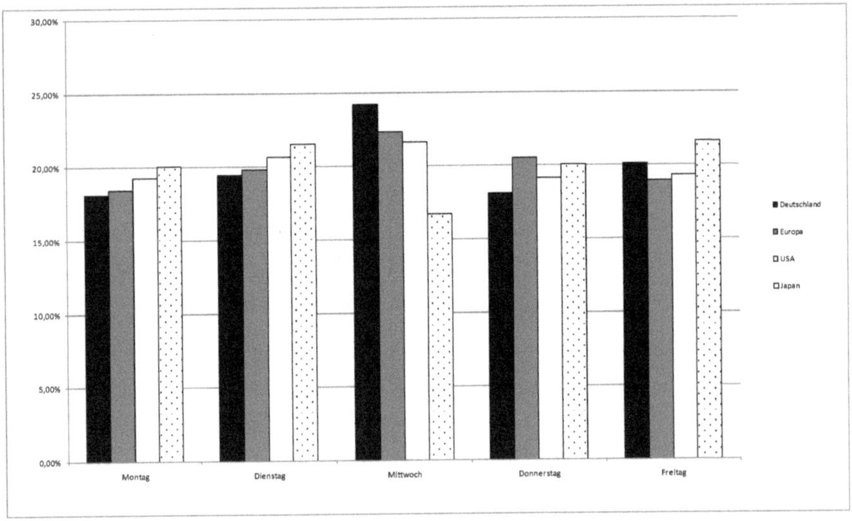

Abbildung 25: Verteilung der Minima (104 Wochen)

Dies gilt jedoch nicht für alle untersuchten Wochentage. Dies ist besonders am deutschen und japanischen Markt für den Mittwoch zu beobachten. Dort weist Deutschland mit 24 % den höchsten Anteil der minimalen Betafaktoren und korrespondierend mit

[551] So auch *Draper, P./Paudyal, K.*, Empirical Irregularities, 1995, S. 172.

17 % den geringsten Anteil der maximalen Betafaktoren auf. Für die praktische Bewertung bedeutet dies, dass Unternehmensbewertungen auf Basis des Mittwochsbetafaktors bei einer Regression über 104 Wochen tendenziell zu den höchsten Unternehmenswerten in Deutschland geführt hätten. Japan hingegen weist am Mittwoch mit 17 % den geringsten Anteil an den minimalen Betafaktoren auf; der Anteil der Maxima ist am Mittwoch mit 23 % relativ hoch. Damit hätten Unternehmensbewertungen auf Basis des Mittwochsbetafaktors (bei einer Regression über 104 Wochen) in Japan im Gegensatz zu Deutschland tendenziell zu niedrigeren Unternehmenswerten geführt. Die Ergebnisse für die Ermittlung über 260 Wochen weisen keine wesentlichen Unterschiede auf und sind den folgenden Abbildungen zu entnehmen.

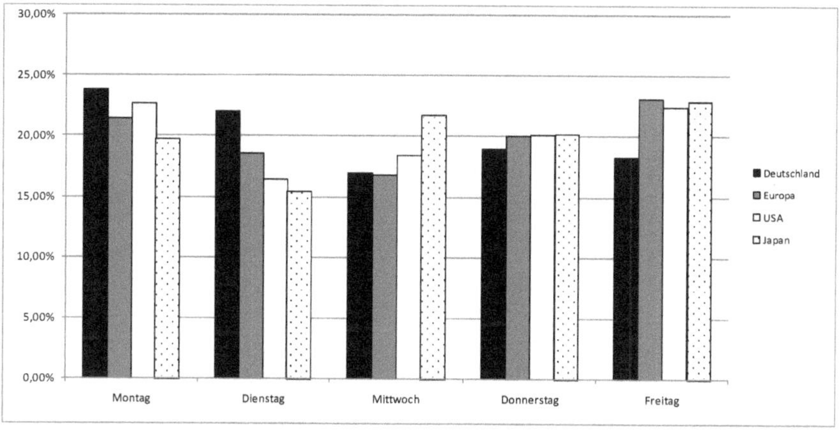

Abbildung 26: Verteilung der Maxima (104 Wochen)

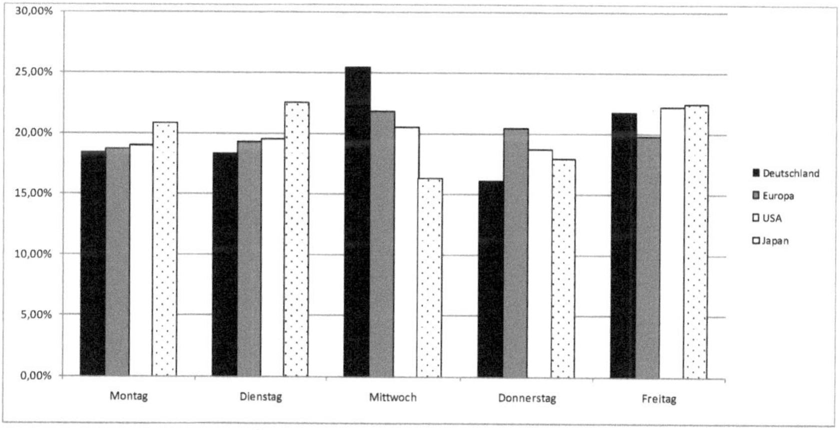

Abbildung 27: Verteilung der Minima (260 Wochen)

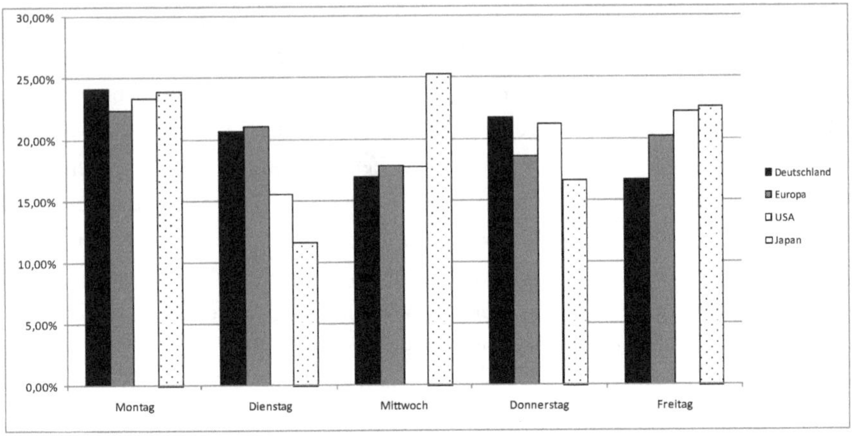

Abbildung 28: Verteilung der Maxima (260 Wochen)

Bei einer Schätzung der Regression über 60 Monate und einem monatlichen Renditeintervall zeigt sich ein ähnliches Bild zu den vorhergehenden Analysen.

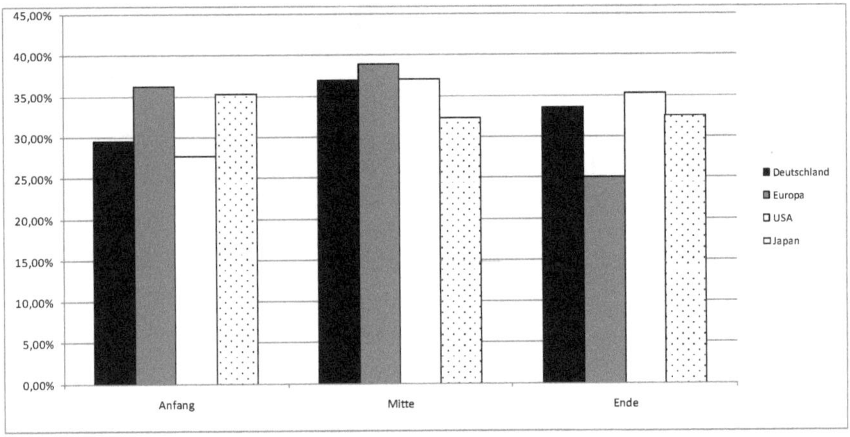

Abbildung 29: Verteilung der Minima (60 Monate)

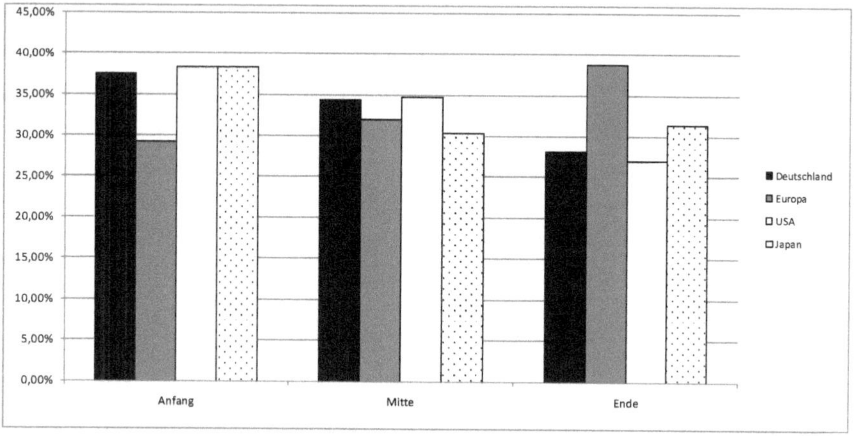

Abbildung 30: Verteilung der Maxima (60 Monate)

Damit kann die Vermutung, dass einzelne Wochentage für den Effekt (relative Betaspannen) verantwortlich sind, nicht bestätigt werden. Vielmehr verursachen alle Wochentage diesen Effekt. Damit ist kein Wochentag oder Monatstag dem anderen grds. überlegen und daher im Rahmen einer Unternehmensbewertung bevorzugt auszuwählen.

Für die Bewertungspraxis erscheint es daher sachgerecht, zur Ableitung des Betafaktors besser auf den Durchschnitt abzustellen. So können wertrelevante Abweichungen aufgrund einzelner Wochentage direkt vermieden werden.[552]

3.2.3.6 Freitag/Monatsende als geeigneter Proxy für den Durchschnittsbetafaktor

Üblicherweise wird in der Bewertungspraxis der Betafaktor anhand von Freitags- bzw. Monatsendkursen ermittelt.[553] Daher wird in diesem Kapitel untersucht, ob zwischen dem vorgeschlagenen Mittelwert der Wochentage und dem Freitags- bzw. Monatsendbetafaktor wesentliche, insbesondere bewertungsrelevante, Differenzen bestehen. Analog zum in Kapitel 3.2.3.4.2 verwendeten Vorgehen wird zunächst untersucht, wie hoch die Abweichungen des Freitagsbetafaktors zum Durchschnittsbetafaktor ausfallen (relative Betaspannen zum Freitag). Darauf folgend werden diese deskriptiven Analysen, wie n in Kapitel 3.2.3.4.4, um die Untersuchung auf ihre statistische Signifikanz ergänzt.

552 Ähnlich auch *Corhay, A.*, The intervalling effect, 1992, S. 64; *Rudolph, B./Zimmermann, P.*, Betafaktoren, 1998, S. 440.

553 Vgl. *Dörschell, A.* u. a., Kapitalkosten 2010, 2010, S. 52; *Dörschell, A.* u. a., Der Kapitalisierungszinssatz, 2009, S. 200.

Wie sich aus den nachfolgenden Abbildungen ergibt, liegen zwischen dem vorgeschlagenen Durchschnittsbetafaktor und dem auf Basis des Freitags-/Monatsendkurses berechneten Betafaktor Differenzen vor. Hierbei handelt es sich um betragsmäßig absolute Werte. Im Vergleich zu dem in Kapitel 3.2.3.4.2 vorgenommenen Vergleich zwischen Minimum und Maximum der jeweiligen Woche ist eine Verringerung der relativen Betaspannen zu erkennen. Dieses Ergebnis resultiert aus der Durchschnittsbildung des Vergleichswerts. Insofern kommt es durch die Durchschnittsbildung zu einer Annäherung der hier verglichenen Betafaktoren.

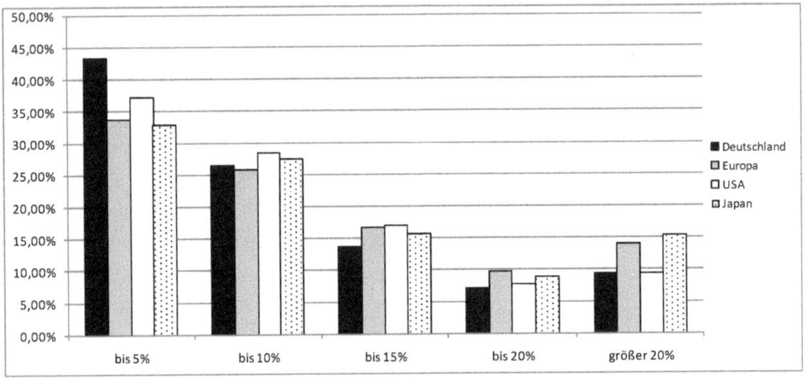

Abbildung 31: Verteilung der relativen Abweichungen der Mittelwerte zum Freitag (104 Wochen)

Gleichwohl liegen zwischen dem Freitagsbetafaktor und dem über eine 104-Wochenregression berechneten Durchschnittsbetafaktor wertrelevante Differenzen vor. Für Deutschland sind noch in knapp 10 % der Fälle Abweichungen von mehr als 20 % zu beobachten. Auch Japan weist mit einem Anteil von mehr als 15 % der Abweichungen oberhalb von 20 % weiterhin erhebliche Differenzen auf.

Diese grundsätzlichen Ergebnisse sind auch aus den Analysen bei einer Regression über 260 Wochen zu beobachten (vgl. Abbildung 32). Zwar sind die Differenzen im Verhältnis zur 104-Wochenregression geringer, allerdings bleibt der Effekt bestehen. Aufgrund der höheren Anzahl der Beobachtungen (156 Datenpunkte mehr) der über 260 Wochen durchgeführten Regression kommt es wiederum zu einem kompensierenden Effekt, der dazu führt, dass die Abweichungen geringer ausfallen.

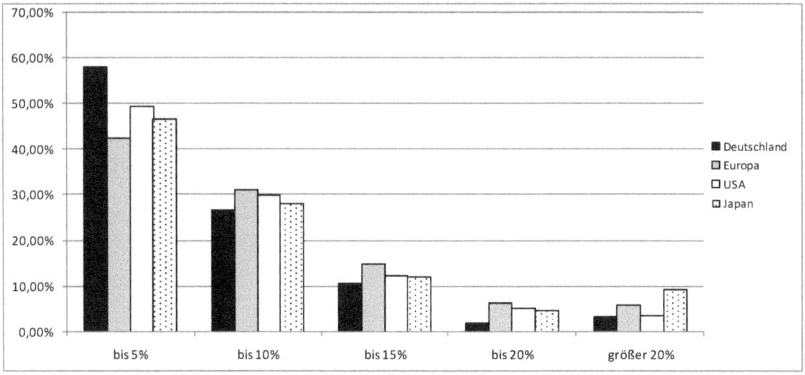

Abbildung 32: Verteilung der relativen Abweichungen der Mittelwerte zum Freitag (260 Wochen)

Auf Basis der monatlichen Betafaktoren bleiben die höchsten Abweichungen bestehen (vgl. Abbildung 33). So liegen in ca. 15 % aller Fälle für alle untersuchten Märkte Abweichungen von mehr als 20 % vor. Da die Verwendung von Monatsbetafaktoren, insbesondere über 60 Monate, in der amerikanischen Literatur besonders häufig als Standard empfohlen wird, ist dies von erheblicher praktischer Bedeutung.[554]

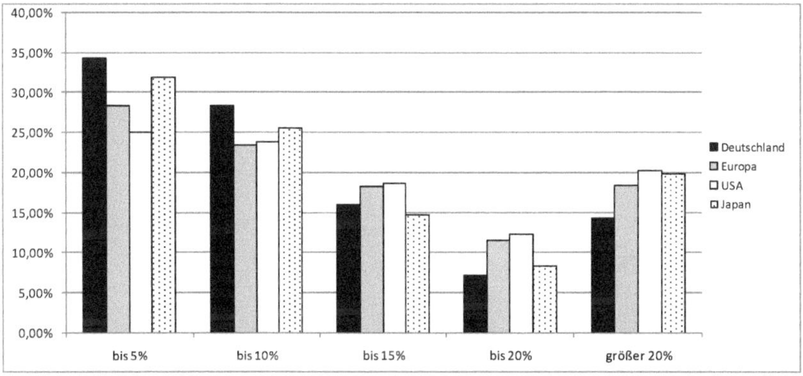

Abbildung 33: Verteilung der relativen Abweichungen der Mittelwerte zum Monatsende (60 Monate)

Im Folgenden wird analog zum in Kapitel 3.2.3.3.2 dargestellten Modell und der in Kapitel 3.2.3.4.4 vorgenommenen Analyse die statistische Signifikanz der Ergebnisse untersucht. Damit wird überprüft, ob der Freitagsbetafaktor bzw. der Monatsendbetafaktor ein unverzerrter Schätzer für den vorgeschlagenen Durchschnittsbetafaktor ist.

554 Vgl. *Koller, T.* u. a., Valuation, 2010, S. 252; *Pratt, S. P./Grabowski, R. J.*, Cost of capital, 2010, S. 165; *Damodaran, A.*, Investment Valuation, 2002, S. 187.

Um Probleme aufgrund von korrelierten Betafaktoren zu vermeiden, werden wiederum nur nicht überlappende Betafaktoren in die Untersuchung einbezogen. Die nachfolgende Tabelle 11 stellt zunächst die Koeffizienten (γ) der Regressionsgleichung dar. Weiterhin wird der Wert der F-Statistik für die Hypothese ($\gamma = 1$) auf Basis des Wald-Tests angegeben. Die letzte Spalte gibt jeweils das Bestimmtheitsmaß (R^2) bei einer Untersuchung über den gesamten Beobachtungszeitraum an:

		$\beta_{Durchschnitt} = \alpha + \gamma\beta_{Freitags/Monatsende,i} + \beta_i$ Jahr-Dummy $+ \varepsilon_i$								
		104 Wochen			260 Wochen			60 Monate		
		Durchschnitt			Durchschnitt			Durchschnitt		
		Koeff.	F-Statistik	R^2	Koeff.	F-Statistik	R^2	Koeff.	F-Statistik	R^2
Freitag / Monatsende	Deutschland	0,968	1,73	92,19%	1,005	0,040	95,28%	0,920***	8,93	90,31%
	Europa	0,938***	13,49	86,46%	1,020	1,480	94,71%	0,898***	23,89	94,71%
	USA	0,962*	4,10	91,27%	0,990	0,260	95,48%	0,911***	12,60	88,63%
	Japan	0,926***	17,99	94,47%	0,966**	4,990	96,57%	0,951**	4,95	95,14%

*** bezeichnet den signifikanten Unterschied des Koeffizienten von 1 auf Basis des Wald-Tests auf dem 1 % Niveau, ** auf dem 5 % Niveau, * auf dem 10 % Niveau.

Tabelle 11: Signifikanztest des Durchschnittsbetafaktors

Bereits die obigen Ergebnisse belegen, dass eine unreflektierte Übernahme der in der Praxis verwendeten Freitags- bzw. Monatsendkurse nur eingeschränkt möglich ist. Wird aufgrund der Finanzkrise eine zusätzliche Bereinigung des Datensatzes um den Zeitraum 04.07.2008 bis 02.07.2010 durchgeführt, kommt es zu einer deutlichen Verstärkung des festgestellten Effekts.

		$\beta_{Durchschnitt} = \alpha + \gamma\beta_{Freitags/Monatsende,i} + \beta_i$ Jahr-Dummy $+ \varepsilon_i$								
		104 Wochen			260 Wochen			60 Monate		
		Durchschnitt			Durchschnitt			Durchschnitt		
		Koeff.	F-Statistik	R^2	Koeff.	F-Statistik	R^2	Koeff.	F-Statistik	R^2
Freitag / Monatsende	Deutschland	0,931**	7,00	92,45%	0,931**	5,930	95,28%	0,903***	14,27	93,45%
	Europa	0,896***	42,66	89,51%	0,954***	7,310	94,71%	0,898***	24,10	93,70%
	USA	0,957*	3,42	89,96%	0,990	0,270	95,48%	0,908**	6,52	85,00%
	Japan	0,914***	22,14	95,08%	0,945***	12,470	96,57%	0,929***	10,65	95,75%

*** bezeichnet den signifikanten Unterschied des Koeffizienten von 1 auf Basis des Wald-Tests auf dem 1 % Niveau, ** auf dem 5 % Niveau, * auf dem 10 % Niveau.

Tabelle 12: Signifikanztest des Durchschnittsbetafaktors ohne Finanzkrise

Für die Unternehmensbewertung in der Praxis ergibt sich daher die Notwendigkeit, diesen Effekt zu berücksichtigen. Wie bereits in Kapitel 3.2.3.6 vorgeschlagen, sollte hierfür auf den Durchschnitt der Betafaktoren der Woche bzw. des Monats abgestellt werden. So können die erheblichen Abweichungen aufgrund einzelner Wochentage vermieden und sich neu eröffnende Ermessensspielräume des Bewerters von vornherein eingeschränkt werden.

3.2.3.7 Diskussion und Würdigung der empirischen Ergebnisse

Wesentlich für die Interpretation und die Ableitung von Implikationen aus den gewonnenen Ergebnissen ist deren Validität (Gültigkeit);[555] insbesondere ist zwischen der internen und externen Validität zu unterscheiden.[556] Die interne Validität bezieht sich auf die Kausalität der untersuchten Zusammenhänge und liegt vor, wenn die Veränderung der abhängigen Variable allein aufgrund der erklärenden Variable geschieht.[557] Externe Validität ermöglicht die Übertragung und damit Verallgemeinerung der gewonnen Ergebnisse über die untersuchte Stichprobe hinaus.[558] Dies bedeutet, dass die gefundenen Zusammenhänge etwa auch auf anderen Märkten oder zu anderen Zeiten Gültigkeit besitzen.

Im Folgenden wird daher eine kritische Analyse der in Kapitel 3.2.3.4 durchgeführten Untersuchung vorgenommen und diese auf interne (Kapitel 3.2.3.7.1) und externe Validität (Kapitel 3.2.3.7.2) analysiert.

3.2.3.7.1 Interne Validität

3.2.3.7.1.1 Heteroskedastizität

Die der Untersuchung zu Grunde liegenden Parameter wurden mit der Methode der kleinsten Quadrate (OLS Regression) geschätzt. Eine wesentliche Annahme ist dabei die Konstanz der Varianz der Störvariable $\varepsilon_{i,t}$ (Homoskedastizität).[559] Wird diese Annahme verletzt, wird auch von Heteroskedastizität gesprochen.[560] Für die vorgenommene Untersuchung bedeutet dies, dass etwa weder die Branche noch die zeitliche Entwicklung einen Einfluss auf die Varianz der Betafaktoren haben. Dies erscheint im

---

555 Vgl. *Judd, C. M./Kenny, D. A.*, social interventions, 1981, S. 18; *Rieger, S.*, Steuerklientelunsicherheit und Investitionsentscheidungen, 2011, S. 244; *Tebben, T.*, Vergütungsanreize, 2011, S. 199.

556 Vgl. *Langbein, L. I./Felbinger, C. L.*, Public Program Evaluation, 2006, S. 34. Vgl. grundlegend auch *Campbell, D. T.*, Validity, 1957, S. 297-312.

557 Vgl. *Campbell, D. T.*, Validity, 1957, S. 297; *Powell, R. R.*, Basic Research Methods, 2002, S. 128.

558 Vgl. *Langbein, L. I./Felbinger, C. L.*, Public Program Evaluation, 2006, S. 34.

559 Vgl. *Greene, W. H.*, Econometric analysis, 2008, S. 16; *Rottmann, H./Auer, B.*, Statistik und Ökonometrie, 2010, S. 400; *Auer, L. von*, Ökonometrie, 2007, S. 363.

560 Vgl. *Backhaus, K.* u. a., Multivariate Analysemethoden, 2011, S. 90.

Einzelfall möglich, allerdings für die gesamte Stichprobe eher unwahrscheinlich.[561] Anhand des Breusch-Pagan/Cook-Weisberg-Tests[562] kann zudem gezeigt werden, dass die Hypothese der konstanten Varianz in einer Vielzahl der Fälle zu verwerfen ist.

104 Wochen		Dienstag		Mittwoch		Donnerstag		Freitag	
		Chi²	Prob > Chi²	Chi²	Prob > Chi²	Chi²	Prob > Chi²	Chi²	Prob > Chi²
Montag	Deutschland	0,08	0,7742	1,16	0,282	0,53	0,468	0,86	0,354
	Europa	8,71***	0,003	28,70***	0,000	0,57	0,451	7,20***	0,007
	USA	25,45***	0,000	45,89***	0,000	28,16***	0,000	55,47***	0,000
	Japan	19,00***	0,000	11,33***	0,001	3,64*	0,057	16,22***	0,000
Dienstag	Deutschland	-	-	0,11	0,743	1,64	0,200	0,53	0,467
	Europa	-	-	34,53***	0,000	3,30*	0,069	8,77***	0,003
	USA	-	-	14,89***	0,000	25,22***	0,000	23,36***	0,000
	Japan	-	-	25,49***	0,000	14,32***	0,000	6,46**	0,011
Mittwoch	Deutschland	-	-	-	-	6,95***	0,008	0,07	0,786
	Europa	-	-	-	-	6,03**	0,014	8,64***	0,003
	USA	-	-	-	-	6,23**	0,013	7,52***	0,006
	Japan	-	-	-	-	5,94**	0,015	8,47***	0,004
Donnerstag	Deutschland	-	-	-	-	-	-	0,12	0,734
	Europa	-	-	-	-	-	-	10,45***	0,001
	USA	-	-	-	-	-	-	5,09**	0,024
	Japan	-	-	-	-	-	-	19,14***	0,000

*** bezeichnet das Signifikanzniveau der Test-Statistik auf dem 1 % Niveau, ** auf dem 5 % Niveau, * auf dem 10 % Niveau.

Tabelle 13: Ergebnisse des Breusch-Pagan/Cook-Weisberg-Tests (104 Wochen)

Tabelle 13 zeigt die Ergebnisse des Breusch-Pagan/Cook-Weisberg-Tests bei der Analyse der über einen Zeitraum von 104 Wochen erhobenen Betafaktoren. In 30 von 40 Fällen wird die Hypothese der konstanten Varianz auf einem Signifikanzniveau von mindestens 10 % verworfen.[563]

Ähnlich stellen sich die Ergebnisse auch für die Überprüfung der über 260 Wochen und 60 Monate durchgeführten Regression dar. Bei diesen wird in 20 von 40 bzw. 2 von 12 Tests die Hypothese der konstanten Varianz auf einem Signifikanzniveau von mindestens 10 % verworfen. Dieser Hinweis auf das Vorliegen von Heteroskedastizität ist jedoch nicht verwunderlich, sondern im Rahmen von Panel-Analysen eher zu erwarten.

[561] Der Einfluss einzelner Jahre wird zwar durch Jahres-Dummys berücksichtigt, allerdings wird nicht für die unterschiedliche Varianz der Betafaktoren kontrolliert. Vgl. dazu auch *Tebben, T.*, Vergütungsanreize, 2011, S. 211.

[562] Vgl. *Breusch, T. S./Pagan, A. R.*, Test For Heteroscedasticity, 1979, S. 1287-1294 und *Cook, R. D./Weisberg, S.*, Diagnostics for heteroscedasticity, 1983, S. 1-10.

[563] Ähnliche Ergebnisse ergeben sich auch auf Basis des White-Tests, vgl. *White, H.*, Heteroskedasticity-Consistent Covariance, 1980, S. 817-838.

260 Wochen		Dienstag		Mittwoch		Donnerstag		Freitag	
		Chi²	Prob > Chi²	Chi²	Prob > Chi²	Chi²	Prob > Chi²	Chi²	Prob > Chi²
Montag	Deutschland	0,87	0,3508	5,46**	0,019	0,14	0,705	1,87	0,171
	Europa	4,61**	0,032	27,71***	0,000	3,23*	0,072	1,13	0,289
	USA	6,89***	0,009	5,92**	0,015	12,56***	0,000	9,81***	0,002
	Japan	6,03**	0,014	6,11**	0,014	6,30**	0,012	7,85***	0,005
Dienstag	Deutschland	-	-	4,44**	0,035	0,15	0,701	2,5	0,114
	Europa	-	-	11,8***	0,001	0,81	0,369	0,27	0,604
	USA	-	-	7,65***	0,006	14,10***	0,000	15,81***	0,000
	Japan	-	-	1,5	0,221	2	0,157	1,72	0,190
Mittwoch	Deutschland	-	-	-	-	0,96	0,326	0,04	0,833
	Europa	-	-	-	-	2,10	0,147	0,01	0,941
	USA	-	-	-	-	15,91***	0,000	13,06***	0,000
	Japan	-	-	-	-	0,02	0,886	0,38	0,535
Donnerstag	Deutschland	-	-	-	-	-	-	0,25	0,618
	Europa	-	-	-	-	-	-	0,53	0,467
	USA	-	-	-	-	-	-	6,04**	0,014
	Japan	-	-	-	-	-	-	1,62	0,203

*** bezeichnet das Signifikanzniveau der Test-Statistik auf dem 1 % Niveau, ** auf dem 5 % Niveau, * auf dem 10 % Niveau.

Tabelle 14: Ergebnisse des Breusch-Pagan/Cook-Weisberg-Tests (260 Wochen)

60 Monate		Mitte		Ende	
		Chi²	Prob > Chi²	Chi²	Prob > Chi²
Anfang	Deutschland	13,76***	0,000	0,39	0,530
	Europa	31,30***	0,000	2,82*	0,093
	USA	7,34***	0,007	32,04***	0,000
	Japan	2,87*	0,090	10,58***	0,001
Mitte	Deutschland	-	-	4,69**	0,030
	Europa	-	-	2,54	0,111
	USA	-	-	13,62***	0,000
	Japan	-	-	12,05***	0,001

*** bezeichnet das Signifikanzniveau der Test-Statistik auf dem 1 % Niveau, ** auf dem 5 % Niveau, * auf dem 10 % Niveau.

Tabelle 15: Ergebnisse des Breusch-Pagan/Cook-Weisberg-Tests (60 Monate)

Um die Ergebnisse nicht durch Heteroskedastizität zu gefährden, sind daher alle in dieser Untersuchung genannten t- und F-Statistiken auf Basis robuster Standardfehler nach *Huber*[564] und *White*[565] ermittelt worden. Diese berücksichtigen mögliche Heteroskedastizität und führen daher zur korrekten Angabe über die Signifikanz der Koeffizienten.[566]

564 Vgl. *Huber, P. J.*, Maximum Likelihood Estimates, 1967, S. 221-223.

565 Vgl. *White, H.*, Heteroskedasticity-Consistent Covariance, 1980, S. 817-838.

566 Bei Vorliegen von Homoskedastizität führen die robusten Standardfehler zu denselben Ergebnissen wie die unkorrigierten Standardfehler, sodass sich hieraus keine Verzerrungen der Ergebnisse ergeben können. Vgl. *Böve, R.*, Spezialisierungsvorteile und -risiken, 2009, S. 112.

3.2.3.7.1.2 Autokorrelation

Als weitere Voraussetzung für die Nutzung der linearen Einfachregression ist die Freiheit von Autokorrelation zwischen den Störvariablen zu berücksichtigen.[567] Eine Verletzung dieser Annahme führt dazu, dass die zu erklärende Variable nicht länger nur von der erklärenden Variable abhängig ist, sondern auch vom Störterm $\varepsilon_{i,t-1}$.[568] Da insbesondere bei den Ermittlungen auf Basis des 104 Wochenintervalls die Jahresdummys signifikant waren und die Signifikanz von Jahresdummys ein Hinweis auf Autokorrelation sein kann,[569] wurden alle geschätzten Regressionen mittels des Wooldridge Tests[570] auf Autokorrelation untersucht. Die nachfolgenden Tabellen geben die Ergebnisse des Wooldridge-Tests für die jeweiligen Regressionen wieder:

104 Wochen		Dienstag		Mittwoch		Donnerstag		Freitag	
		F-Statistik	Prob > F	F-Statistik	Prob > F	F-Statistik	Prob > F	F-Statistik	Prob > F
Montag	Deutschland	2,73	0,109	3,692**	0,065	1,97	0,171	2,76	0,108
	Europa	4,427**	0,041	0,66	0,419	0,01	0,923	0,08	0,783
	USA	0,09	0,769	0,00	0,996	0,52	0,479	2,09	0,160
	Japan	2,23	0,146	1,43	0,242	0,04	0,842	5,243**	0,030
Dienstag	Deutschland	-	-	1,40	0,247	0,30	0,590	2,29	0,141
	Europa	-	-	0,00	0,993	1,37	0,248	0,34	0,561
	USA	-	-	4,156*	0,051	0,26	0,614	0,08	0,783
	Japan	-	-	1,23	0,276	0,01	0,935	5,495**	0,026
Mittwoch	Deutschland	-	-	-	-	0,12	0,733	5,33	0,028
	Europa	-	-	-	-	0,61	0,437	757,00	0,389
	USA	-	-	-	-	0,04	0,853	0,00	0,969
	Japan	-	-	-	-	1,15	0,293	5,486**	0,026
Donnerstag	Deutschland		-	-	-	-	-	0,14	0,713
	Europa	-	-	-	-	-	-	0,00	0,956
	USA	-	-	-	-	-	-	0,01	0,910
	Japan	-	-	-	-	-	-	1,97	0,171

*** bezeichnet das Signifikanzniveau der Test-Statistik auf dem 1 % Niveau, ** auf dem 5 % Niveau, * auf dem 10 % Niveau.

Tabelle 16: Ergebnisse des Wooldridge-Tests (104 Wochen)

567 Vgl. *Greene, W. H.*, Econometric analysis, 2008, S. 16 f.

568 Vgl. *Rottmann, H./Auer, B.*, Statistik und Ökonometrie, 2010, S. 449.

569 Vgl. *Müller, J.*, Unternehmensbewertung, 2008, S. 59.

570 Vgl. *Wooldridge, J. M.*, Econometric Analysis, 2002, S. 282 f.

260 Wochen		Dienstag		Mittwoch		Donnerstag		Freitag	
		F-Statistik	Prob > F	F-Statistik	Prob > F	F-Statistik	Prob > F	F-Statistik	Prob > F
Montag	Deutschland	0,49	0,493	0,32	0,579	4,299**	0,051	0,94	0,344
	Europa	3,055**	0,089	2,46	0,125	0,03	0,874	0,00	0,979
	USA	4,706**	0,039	0,29	0,594	0,00	0,989	2,36	0,136
	Japan	4,855**	0,037	1,32	0,262	0,53	0,476	8,118***	0,009
Dienstag	Deutschland	-	-	0,32	0,581	0,26	0,619	0,48	0,497
	Europa	-	-	2,11	0,155	0,12	0,731	0,34	0,564
	USA	-	-	1,44	0,240	0,08	0,775	0,59	0,450
	Japan	-	-	1,38	0,251	0,59	0,451	1,80	0,192
Mittwoch	Deutschland	-	-	-	-	2,92	0,103	0,45	0,511
	Europa	-	-	-	-	2,12	0,154	0,14	0,711
	USA	-	-	-	-	0,00	0,971	2,973*	0,096
	Japan	-	-	-	-	0,55	0,467	0,89	0,356
Donnerstag	Deutschland	-	-	-	-	-	-	0,40	0,533
	Europa	-	-	-	-	-	-	0,17	0,683
	USA	-	-	-	-	-	-	1,92	0,177
	Japan	-	-	-	-	-	-	0,16	0,697

*** bezeichnet das Signifikanzniveau der Test-Statistik auf dem 1 % Niveau, ** auf dem 5 % Niveau, * auf dem 10 % Niveau.

Tabelle 17: Ergebnisse des Wooldridge-Tests (260 Wochen)

60 Monate		Mitte		Ende	
		F-Statistik	Prob > F	F-Statistik	Prob > F
Anfang	Deutschland	1,62	0,218	0,65	0,430
	Europa	2,65	0,112	0,22	0,641
	USA	1,86	0,183	1,62	0,209
	Japan	0,08	0,782	3,004*	0,096
Mitte	Deutschland	-	-	1,49	0,236
	Europa	-	-	2,71	0,109
	USA	-	-	2,10	0,158
	Japan	-	-	5,052**	0,034

*** bezeichnet das Signifikanzniveau der Test-Statistik auf dem 1 % Niveau, ** auf dem 5 % Niveau, * auf dem 10 % Niveau.

Tabelle 18: Ergebnisse des Wooldridge-Tests (60 Monate)

Im Ergebnis wies der Test zwar nur in einigen Fällen auf Autokorrelation hin. Um die Ergebnisse durch diesbezügliche Sensibilität nicht zu gefährden, wurde für alle Regressionen nochmals eine Schätzung der Modelle unter Nutzung von *Newey-West*-Standard-Fehlern[571] vorgenommen. Diese Standardfehler verhalten sich auch bei Autokorrelation robust und führen daher zu keiner Verzerrung der Konfidenzintervalle. Die geschätzten Parameter bleiben von Autokorrelation grundsätzlich unbeeinflusst.

571 Vgl. *Newey, W. K./West, K. D.*, Heteroscedastic and Autocorrelation, 1987, S. 703-708.

		$\beta_{T2,i} = \alpha + \gamma\ \beta_{T1,i} + \beta_i JahrDummy + \epsilon_i$															
104 Wochen		Dienstag				Mittwoch				Donnerstag				Freitag			
		Koeff.	F-Statistik	Std.-Fehler	R²	Koeff.	F-Statistik	Std.-Fehler	R²	Koeff.	F-Statistik	Std.-Fehler	R²	Koeff.	F-Statistik	Std.-Fehler	R²
Montag	Deutschland	0,958**	3,94	0,021	90,31%	0,873***	15,92	0,032	81,59%	0,836***	47,510	0,024	81,76%	0,839***	44,560	0,024	84,03%
	Europa	0,956**	4,19	0,021	86,33%	0,922***	8,38	0,027	79,93%	0,887***	23,910	0,023	78,51%	0,849***	39,910	0,024	78,59%
	USA	0,874***	24,75	0,025	85,65%	0,826***	26,15	0,034	77,26%	0,812***	25,580	0,037	75,38%	0,811***	42,670	0,029	82,61%
	Japan	0,978	0,76	0,025	88,51%	0,987	0,20	0,028	86,15%	0,990	0,220	0,022	86,99%	1,017	0,530	0,023	90,36%
Dienstag	Deutschland	-	-	-	-	0,899***	17,16	0,024	88,28%	0,829***	49,800	0,024	82,52%	0,805***	57,430	0,026	79,79%
	Europa	-	-	-	-	0,933***	10,57	0,021	87,26%	0,861***	32,380	0,024	79,29%	0,793***	52,420	0,029	74,21%
	USA	-	-	-	-	0,921***	12,17	0,023	85,94%	0,870***	17,040	0,032	77,59%	0,819***	44,210	0,027	76,15%
	Japan	-	-	-	-	0,978	0,92	0,023	91,53%	0,944**	5,480	0,024	85,85%	0,947**	4,560	0,025	85,20%
Mittwoch	Deutschland	-	-	-	-	-	-	-	-	0,890***	29,250	0,020	87,35%	0,840***	35,020	0,027	80,45%
	Europa	-	-	-	-	-	-	-	-	0,890***	24,930	0,022	84,65%	0,792***	67,710	0,025	74,51%
	USA	-	-	-	-	-	-	-	-	0,915***	14,230	0,023	84,96%	0,826***	48,020	0,025	77,06%
	Japan	-	-	-	-	-	-	-	-	0,947***	6,800	0,020	90,42%	0,916***	10,110	0,026	83,51%
Donnerstag	Deutschland	-	-	-	-	-	-	-	-	-	-	-	-	0,926***	10,150	0,023	88,75%
	Europa	-	-	-	-	-	-	-	-	-	-	-	-	0,888***	35,680	0,019	87,60%
	USA	-	-	-	-	-	-	-	-	-	-	-	-	0,877***	27,500	0,023	85,65%
	Japan	-	-	-	-	-	-	-	-	-	-	-	-	0,951**	4,610	0,023	89,42%

*** bezeichnet den signifikanten Unterschied des Koeffizienten von 1 auf Basis des Wald-Tests auf dem 1 % Niveau, ** auf dem 5 % Niveau, * auf dem 10 % Niveau.

Tabelle 19: Signifikanztest mit Newey-West-Standard-Fehlern (104 Wochen)

260 Wochen		$\beta_{T2,i} = \alpha+\gamma\ \beta_{T1,i} + \beta_i JahrDummy + \epsilon_i$															
		Dienstag				Mittwoch				Donnerstag				Freitag			
		Koeff.	F-Statistik	Std.-Fehler	R²	Koeff.	F-Statistik	Std.-Fehler	R²	Koeff.	F-Statistik	Std.-Fehler	R²	Koeff.	F-Statistik	Std.-Fehler	R²
Montag	Deutschland	1,010	0,15	0,027	93,88%	0,915*	3,40	0,046	86,10%	0,903***	14,420	0,025	88,18%	0,890***	17,400	0,026	90,67%
	Europa	1,045*	3,05	0,026	92,85%	1,001	0,00	0,034	88,97%	0,982	0,610	0,023	90,19%	0,906***	15,870	0,024	89,20%
	USA	0,973	1,47	0,022	93,82%	0,979	0,57	0,028	90,93%	0,952	1,830	0,035	87,38%	0,922***	9,150	0,026	90,44%
	Japan	0,984	0,45	0,024	94,93%	0,927**	4,03	0,363	89,43%	0,910**	5,120	0,040	90,57%	0,948	2,690	0,032	93,07%
Dienstag	Deutschland	-	-	-	-	0,910***	9,29	0,030	92,72%	0,871***	23,440	0,027	89,57%	0,838***	23,910	0,033	87,98%
	Europa	-	-	-	-	0,940**	5,31	0,026	92,61%	0,903***	14,790	0,025	90,09%	0,820***	38,330	0,029	86,51%
	USA	-	-	-	-	0,987	0,28	0,024	93,49%	0,948	2,440	0,033	87,51%	0,903***	12,540	0,027	87,77%
	Japan	-	-	-	-	0,951**	5,32	0,021	95,68%	0,916***	11,510	0,248	93,66%	0,932***	8,770	0,023	92,27%
Mittwoch	Deutschland	-	-	-	-	-	-	-	-	0,932**	6,100	0,027	91,76%	0,872***	12,110	0,064	85,62%
	Europa	-	-	-	-	-	-	-	-	0,935***	7,070	0,025	92,28%	0,841***	37,240	0,026	86,89%
	USA	-	-	-	-	-	-	-	-	0,963	2,730	0,022	94,12%	0,892***	14,960	0,028	89,39%
	Japan	-	-	-	-	-	-	-	-	0,937***	6,640	0,024	93,22%	0,935**	4,970	0,029	88,77%
Donnerstag	Deutschland	-	-	-	-	-	-	-	-	-	-	-	-	0,934**	5,380	0,029	93,10%
	Europa	-	-	-	-	-	-	-	-	-	-	-	-	0,898***	29,140	0,019	93,70%
	USA	-	-	-	-	-	-	-	-	-	-	-	-	0,913**	8,770	0,029	92,27%
	Japan	-	-	-	-	-	-	-	-	-	-	-	-	0,990	0,170	0,023	94,10%

*** bezeichnet den signifikanten Unterschied des Koeffizienten von 1 auf Basis des Wald-Tests auf dem 1 % Niveau, ** auf dem 5 % Niveau, * auf dem 10 % Niveau.

Tabelle 20: Signifikanztest mit Newey-West-Standard-Fehlern (260 Wochen)

60 Monate		$\beta_{T2,i} = \alpha + \gamma\beta_{T1,i} + \beta_i$ Jahr-Dummy + ε_i							
		Mitte				Ende			
		Koeff.	F-Statistik	Std.-Fehler	R^2	Koeff.	F-Statistik	Std.-Fehler	R^2
Anfang	Deutschland	0,782**	5,98	0,089	73,93%	0,889**	6,80	0,043	83,95%
	Europa	0,777***	20,69	0,049	73,44%	0,923**	4,60	0,036	84,51%
	USA	0,722***	62,08	0,035	73,24%	0,773***	16,38	0,056	75,65%
	Japan	0,932**	4,63	0,032	84,38%	0,912***	7,28	0,033	84,71%
Mitte	Deutschland	-	-	-	-	0,915	1,51	0,069	75,41%
	Europa	-	-	-	-	0,957	0,70	0,051	74,90%
	USA	-	-	-	-	0,833***	9,38	0,054	63,79%
	Japan	-	-	-	-	0,900***	8,22	0,035	86,56%

*** bezeichnet den signifikanten Unterschied des Koeffizienten von 1 auf Basis des Wald-Tests auf dem 1 % Niveau, ** auf dem 5 % Niveau, * auf dem 10 % Niveau.

Tabelle 21: Signifikanztest mit Newey-West-Standard-Fehlern (60 Monate)

Wie sich aus dem Vergleich der in Tabelle 19 bis Tabelle 21 gezeigten Ergebnissen mit den in Kapitel 3.2.3.3.2 dargestellten Resultaten zeigt, ergeben sich lediglich marginale Abweichungen, welche zu keiner wesentlichen Veränderung der Signifikanztests führen. Die in Kapitel 3.2.3.3.2 dargestellten Ergebnisse werden daher bestätigt und sind, wenn überhaupt, nur geringfügig von Autokorrelation beeinflusst.

3.2.3.7.1.3 Verteilung der abhängigen Variablen und Residuen

Formell stellt die Regressionsanalyse keine Anforderungen an die Verteilungsform der abhängigen Variablen und der Residuen. Allerdings führt die Erfüllung dieser Annahme dazu, dass auch die Schätzer der Regressionskoeffizienten normalverteilt sind und so die Ermittlung von Konfidenzintervallen und Signifikanztests ermöglicht wird.[572] Aus der Nichterfüllung dieser Annahme folgt, dass andere nicht lineare Schätzverfahren eine höhere Effizienz aufweisen können, allerdings bleiben die OLS-Schätzer weiterhin unverzerrt und effizient.[573] Die folgende Abbildung stellt beispielhaft die Verteilung der Betafaktoren für Dienstag und Mittwoch dar.[574] Es zeigt sich, dass die Variablen annähernd der Normalverteilung folgen. Auch der Shapiro-Wilk-[575] und der Shapiro-Francia[576]-Test lehnen die Hypothese der Normalverteilung nur in wenigen Fällen ab.[577]

572 Vgl. *Zimmermann, P.*, Prognose von Betawerten, 1997, S. 64; *Greene, W. H.*, Econometric analysis, 2008, S. 18.

573 Vgl. *Zimmermann, P.*, Prognose von Betawerten, 1997, S. 64.

574 Die den anderen Regressionen zu Grunde liegenden Variablen zeigen ein ähnliches Bild. Lediglich der Donnerstag weicht stärker von der Normalverteilung ab.

575 Vgl. *Shapiro, S. S./Wilk, M. B.*, Test for Normality, 1965, S. 591-611.

576 Vgl. *Shapiro, S. S./Francia, R. S.*, Test for Normality, 1972, S. 215-216.

577 Der Shapiro-Francia-Test lehnt für keinen der Wochentage die Hypothese der Normalverteilung ab. Der Shapiro-Wilk-Test lehnt lediglich für Donnerstag und Freitag die Hypothese ab.

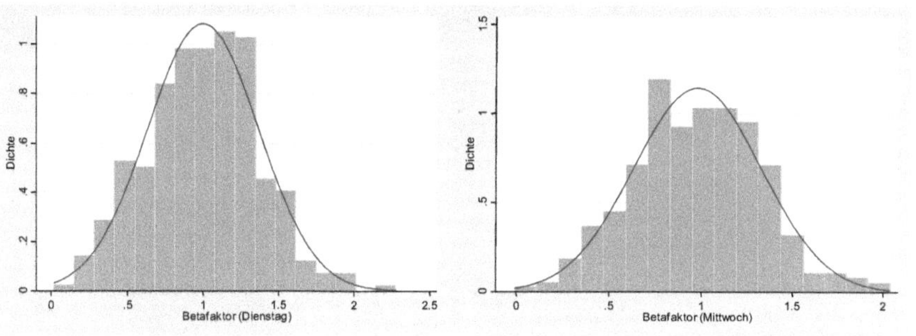

Abbildung 34: Verteilung der Betafaktoren für Dienstag und Mittwoch (104 Wochen)

Weiterhin ist zu beachten, dass bei Erfüllung des zentralen Grenzwertsatzes, unabhängig von der tatsächlichen Verteilung der unabhängigen Variablen, die Parameter der Regressionsanalyse der Normalverteilung entsprechen.[578] Da in der vorliegenden Untersuchung weit mehr als 100 Datenpunkte je Regression verwandt wurden, kann unabhängig von der tatsächlichen Verteilung von der Gültigkeit der Test-Statistiken ausgegangen werden.

Als weitere Voraussetzung ist die Annahme der Normalverteilung der Störvariablen zu nennen. Diese führt dazu, dass auch die Schätzer der Regressionskoeffizienten normalverteilt sind und so die Ermittlung von Konfidenzintervallen und Signifikanztests unverzerrt erfolgen kann.[579] Abbildung 35 stellt beispielhaft die Verteilung der Residuen der Regressionsschätzungen für Montag zu Dienstag/Mittwoch der in Tabelle 8 vorgenommenen Regressionen dar. Es ist wiederum deutlich zu erkennen, dass die Residuen der Regression von Montag zu Dienstag tendenziell der Normalverteilung folgen, wohingegen die Residuen der Regression von Montag zu Mittwoch stärker von der Normalverteilung abweichen. Dieses wird auch durch den Shapiro-Wilk und den Shapiro-Francia-Test bestätigt.

578 In der Literatur werden unterschiedliche Mindestbeobachtungen für die Erfüllung des zentralen Grenzwertsatzes genannt: *Podding, T.* u. a., Statistik, Ökonometrie, Optimierung, 2008, S. 90 nennen 30; *Mosler, K./Schmid, F.*, Wahrscheinlichkeitsrechnung, 2004, S. 218 nennen 40; *Henze, N.*, Stochastik für Einsteiger, 2008, S. 206 nennt 100 Beobachtungen. Vgl. zu einer detaillierteren Darstellung auch *Greene, W. H.*, Econometric analysis, 2008, S. 92-94.

579 Vgl. *Zimmermann, P.*, Prognose von Betawerten, 1997, S. 64.

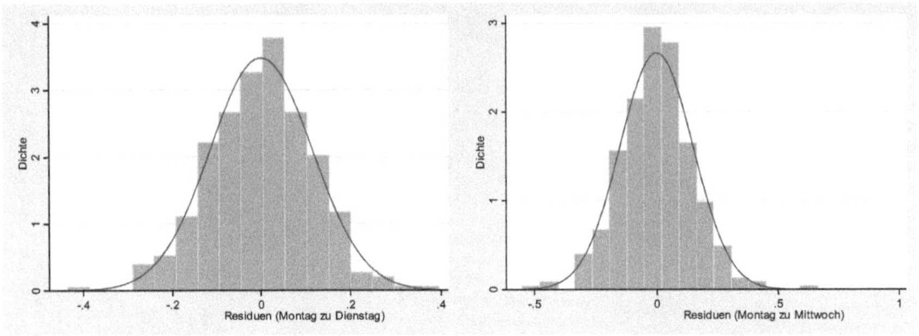

Abbildung 35: Verteilung der Residuen der Schätzungen von Montag zu Dienstag und Montag zu Mittwoch Deutschland 104 Wochen

Die teilweise Verletzung der Verteilungsannahme der Residuen führt aufgrund des zentralen Grenzwertsatzes jedoch zu keinem Problem bei der Nutzung der Test-Statistiken und hat daher keine Auswirkungen auf die gefundenen Ergebnisse.[580]

3.2.3.7.2 Externe Validität

Die gefundenen Ergebnisse einer Untersuchung gelten zunächst nur für die untersuchte Stichprobe. Eine Übertragung der Ergebnisse ist nur möglich, wenn diese repräsentativ für die Grundgesamtheit ist. Die vorgenommene Untersuchung analysiert die zum 02.07.2010 in den Leitindizes gelisteten Unternehmen in Deutschland, Europa, den USA und Japan. Dies bedeutet, dass nur die liquidesten[581] Aktien analysiert wurden. Es kann jedoch davon ausgegangen werden, dass eine grundsätzliche Übertragbarkeit der gewonnenen Ergebnisse auch über diese Indizes und Märkte hinaus möglich ist. Hierfür spricht zum einen die Robustheit der Ergebnisse, als auch dass die Ergebnisse bei allen Aktien vorzufinden waren. Stichprobenartige Untersuchungen von Aktien außerhalb des Untersuchungssamples weisen auf eine Übertragbarkeit der Ergebnisse hin, da diese ebenfalls unterschiedliche Betafaktoren je Wochentag aufweisen. Fraglich ist hingegen, inwieweit die gewonnenen Erkenntnisse auch für Aktien gelten, welche nur sehr selten gehandelt werden.[582] Insgesamt erscheint die Übertragbarkeit der gewonnenen Erkenntnisse auf Aktiengesellschaften, welche über eine ausreichende Liquidität verfügen, jedoch möglich, da diese ähnlichen Marktbedingungen unterliegen, wie die im Sample untersuchten Unternehmen.

---

580 Vgl. *Tebben, T.*, Vergütungsanreize, 2011, S. 212.

581 Hierunter sind das Handelsvolumen und die Handelshäufigkeit zu verstehen.

582 Vgl. zum Einfluss von geringem Handel insbesondere *Brüchle, C.* u. a., Konzerneinfluss und Entkopplung, 2008, S. 455-476.

$$\beta_{T2,i} = \alpha + \gamma\ \beta_{T1,i} + \beta_i JahrDummy + \epsilon_i$$

104 Wochen		Dienstag				Mittwoch				Donnerstag				Freitag			
		Koeff.	F-Statistik	Std.-Fehler	R^2	Koeff.	F-Statistik	Std.-Fehler	R^2	Koeff.	F-Statistik	Std.-Fehler	R^2	Koeff.	F-Statistik	Std.-Fehler	R^2
Montag	Deutschland	0,986	0,66	0,017	90,98%	0,884***	12,81	0,033	83,35%	0,855***	41,52	0,022	83,36%	0,895***	18,35	0,025	87,74%
	Europa	1,031	2,12	0,021	88,19%	0,977	0,78	0,026	84,02%	0,932***	9,76	0,022	82,16%	0,907***	20,54	0,020	85,84%
	USA	0,893***	15,54	0,027	85,98%	0,892***	11,99	0,031	79,52%	0,881***	11,89	0,035	78,75%	0,8637***	41,29	0,021	85,38%
	Japan	0,986	0,43	0,021	90,90%	0,948**	4,64	0,024	86,81%	0,986	0,47	0,021	87,68%	0,991	0,32	0,017	90,90%
Dienstag	Deutschland	-	-	-	-	0,882***	27,37	0,023	89,09%	0,825***	62,04	0,022	84,04%	0,824***	29,51	0,032	81,79%
	Europa	-	-	-	-	0,917***	18,58	0,019	89,79%	0,859***	27,35	0,027	84,74%	0,797***	49,21	0,029	81,33%
	USA	-	-	-	-	0,960	2,29	0,026	85,81%	0,92**	6,10	0,033	80,15%	0,865***	38,20	0,022	80,52%
	Japan	-	-	-	-	0,941***	12,63	0,017	91,78%	0,949***	8,81	0,017	87,41%	0,934***	9,27	0,022	87,25%
Mittwoch	Deutschland	-	-	-	-	-	-	-	-	0,899***	16,73	0,025	87,94%	0,872***	11,60	0,038	81,37%
	Europa	-	-	-	-	-	-	-	-	0,900***	23,55	0,021	87,68%	0,823***	67,74	0,022	81,69%
	USA	-	-	-	-	-	-	-	-	0,924***	11,56	0,022	87,19%	0,821***	52,28	0,025	78,70%
	Japan	-	-	-	-	-	-	-	-	0,981	1,60	0,015	90,40%	0,932**	7,58	0,025	84,33%
Donnerstag	Deutschland	-	-	-	-	-	-	-	-	-	-	-	-	0,956	2,09	0,030	89,98%
	Europa	-	-	-	-	-	-	-	-	-	-	-	-	0,893***	30,64	0,019	88,93%
	USA	-	-	-	-	-	-	-	-	-	-	-	-	0,863***	30,97	0,025	85,44%
	Japan	-	-	-	-	-	-	-	-	-	-	-	-	0,934***	11,97	0,019	90,27%

*** bezeichnet den signifikanten Unterschied des Koeffizienten von 1 auf Basis des Wald-Tests auf dem 1 % Niveau, ** auf dem 5 % Niveau, * auf dem 10 % Niveau.

Tabelle 22: Signifikanztest 104 Wochen (Robustness)

		$\beta_{T2,i} = \alpha + \gamma\ \beta_{T1,i} + \beta_i JahrDummy + \epsilon_i$															
260 Wochen		Dienstag				Mittwoch				Donnerstag				Freitag			
		Koeff.	F-Statistik	Std.-Fehler	R^2	Koeff.	F-Statistik	Std.-Fehler	R^2	Koeff.	F-Statistik	Std.-Fehler	R^2	Koeff.	F-Statistik	Std.-Fehler	R^2
Montag	Deutschland	0,977	0,65	0,029	90,95%	0,862**	6,08	0,056	84,56%	0,862***	19,39	0,031	86,87%	0,929**	6,92	0,027	90,27%
	Europa	1,004	0,04	0,023	88,35%	0,981	0,21	0,042	83,22%	0,94*	3,01	0,035	80,66%	0,951*	2,93	0,028	87,72%
	USA	0,944***	8,67	0,019	91,94%	0,948	1,45	0,043	85,35%	0,943	1,16	0,053	83,00%	0,882***	34,10	0,020	86,01%
	Japan	0,970	1,98	0,022	93,88%	0,955**	4,37	0,021	92,70%	0,998	0,01	0,300	91,27%	1,021	0,72	0,025	93,39%
Dienstag	Deutschland	-	-	-	-	0,877***	8,36	0,043	92,03%	0,847***	17,94	0,036	88,73%	0,889***	9,57	0,036	87,72%
	Europa	-	-	-	-	0,947	2,47	0,034	88,67%	0,891***	9,33	0,036	83,00%	0,879***	16,03	0,030	85,73%
	USA	-	-	-	-	0,999	0,00	0,034	91,73%	0,979	0,26	0,042	86,74%	0,894***	16,58	0,026	85,95%
	Japan	-	-	-	-	0,966	2,74	0,021	94,96%	1,009	0,12	0,025	93,54%	1,011	0,22	0,023	91,85%
Mittwoch	Deutschland	-	-	-	-		-	-	-	0,927**	4,36	0,035	89,50%	0,961	0,66	0,048	86,55%
	Europa	-	-	-	-	-	-	-	-	0,924**	6,01	0,031	90,23%	0,880***	15,44	0,031	87,05%
	USA	-	-	-	-	-	-	-	-	0,964	2,18	0,024	91,66%	0,849***	21,92	0,032	84,88%
	Japan	-	-	-	-	-	-	-	-	1,029*	3,19	0,016	95,55%	1,018	1,12	0,017	91,59%
Donnerstag	Deutschland	-	-	-	-	-	-	-	-	-	-	-	-	1,015	0,17	0,038	93,17%
	Europa	-	-	-	-	-	-	-	-	-	-	-	-	0,930***	6,11	0,028	91,99%
	USA	-	-	-	-	-	-	-	-	-	-	-	-	0,859***	19,96	0,032	88,32%
	Japan	-	-	-	-	-	-	-	-	-	-	-	-	0,983	0,96	0,017	94,63%

*** bezeichnet den signifikanten Unterschied des Koeffizienten von 1 auf Basis des Wald-Tests auf dem 1 % Niveau, ** auf dem 5 % Niveau, * auf dem 10 % Niveau.

Tabelle 23: Signifikanztest 260 Wochen (Robustness)

60 Monate		$\beta_{T2,i} = \alpha + \gamma\beta_{T1,i} + \beta_i$ Jahr-Dummy + ε_i							
		Mitte				Ende			
		Koeff.	F-Statistik	Std.-Fehler	R^2	Koeff.	F-Statistik	Std.-Fehler	R^2
Anfang	Deutschland	0,811***	10.85	0.057	70.71%	0,891**	4.72	0.050	71.58%
	Europa	0,754***	20.56	0.054	61.96%	0.930	1.31	0.061	66.39%
	USA	0,686***	38.68	0.050	67.16%	0,724***	17.28	0.066	67.96%
	Japan	0,942*	3.15	0.033	79.60%	0.984	0.29	0.030	83.61%
Mitte	Deutschland	-	-	-	-	0.892	1.74	0.082	68.02%
	Europa	-	-	-	-	0.988	0.04	0.057	69.66%
	USA	-	-	-	-	0,809***	18.58	0.044	61.08%
	Japan	-	-	-	-	0.947	2.28	0.035	86.62%

*** bezeichnet den signifikanten Unterschied des Koeffizienten von 1 auf Basis des Wald-Tests auf dem 1 % Niveau, ** auf dem 5 % Niveau, * auf dem 10 % Niveau.

Tabelle 24: Signifikanztest 60 Monate (Robustness)

Als weiterer Aspekt ist der untersuchte Zeitraum von 1980 bis 2010 zu berücksichtigen. So könnte angenommen werden, dass die Auswahl der nicht überlappenden Zeiträume einen Einfluss auf die Ergebnisse hat. Um dieses zu analysieren, wurden nochmals alle Regressionen auf Basis unterschiedlicher Startpunkte geschätzt. Die ermittelten Ergebnisse verhielten sich jedoch robust und führen zu keiner grundsätzlichen Veränderung der Erkenntnisse. Die Regressionsergebnisse können Tabelle 22 bis Tabelle 24 entnommen werden. Weiterhin wurden verschiedene Effekte, wie die Internetblase und die Finanzkrise aus dem Sample eliminiert. Dies führte ebenfalls zu keiner Veränderung der grundsätzlichen Ergebnisse. Angesichts des hohen Wachstums und der zunehmenden Integration der globalen Kapitalmärkte könnte es zudem sein, dass die Kapitalmärkte effizienter geworden sind und der Wochentageffekt an Bedeutung verloren hat. Zur Überprüfung dieser Hypothese wurde eine Aufspaltung des Untersuchungszeitraums in mehrere Sub-Samples vorgenommen. Die Abweichungen aufgrund unterschiedlicher Wochentage bleiben jedoch bestehen. Exemplarisch ist die Verteilung der relativen Betaspannen der untersuchten Märkte für den Zeitraum 01.01.2005 bis 02.07.2010 bei einer Regression über 104 Wochen Abbildung 36 zu entnehmen.[583] Es ist deutlich zu erkennen, dass die relativen Betaspannen weiterhin erheblich sind und die Untersuchung daher nicht durch weit zurückliegende Daten verzerrt wird. Zudem wurden durch die Nutzung von Jahres-Dummys bei der Schätzung der Koeffizienten mögliche jahresspezifische Einflüsse berücksichtigt.

[583] Die Ergebnisse der Regressionen über 260 Wochen und 60 Monate verhalten sich ähnlich robust.

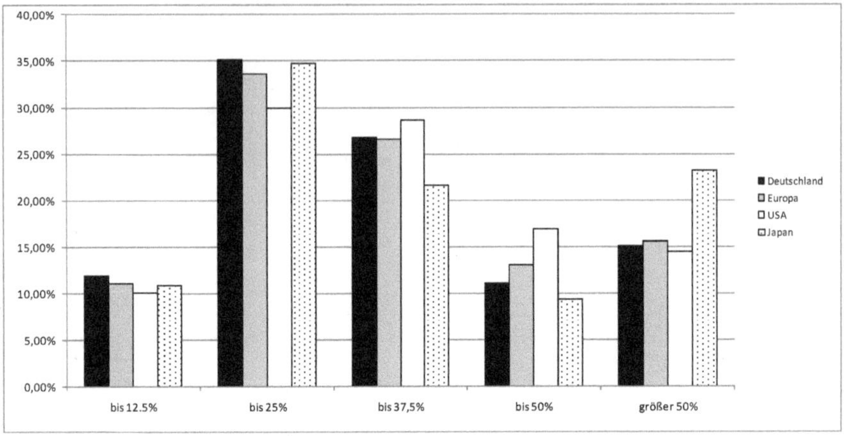

Abbildung 36: Verteilung der relativen Betaspannen zum Maximum (104 Wochen) vom 01.01.2005 bis 02.07.2010

Wie sich aus den vorhergehenden Ausführungen ergibt, verhalten sich die Ergebnisse sowohl bei einer Veränderung des Untersuchungszeitraums als auch bei einer Elimination von speziellen Konjunkturphasen, wie etwa der Internetblase im Jahr 2001 oder der Finanzkrise ab 2008, robust. Dies legt den Schluss nahe, dass sich auf Basis unterschiedlicher Wochentage ermittelte Betafaktoren in allen konjunkturellen Phasen unterscheiden und auch weiterhin unterscheiden werden. Unter Berücksichtigung der vorgenannten Einschränkungen und den durchgeführten Sensitivitätsanalysen erscheint eine Übertragbarkeit der gefundenen Ergebnisse auch über die untersuchte Stichprobe und über den untersuchten Zeitraum hinaus grundsätzlich möglich.

3.2.3.7.3 Zwischenfazit

Die vorgenommenen Analysen zeigen, dass die durchgeführte Untersuchung sowohl über interne, als auch externe Validität verfügt. Die Analyse der methodischen Umsetzung hat zwar gezeigt, dass teilweise Abweichungen von den Voraussetzungen der Regressionsanalyse vorliegen; dies ist insbesondere in Bezug auf Heteroskedastizität und die Abweichung von der Normalverteilungsannahme der abhängigen Variablen und der Residuen gegeben. Es konnte jedoch gezeigt werden, dass durch den Einsatz robuster Standardfehler und den zentralen Grenzwertsatz diese Abweichungen berücksichtigt wurden. Auch der mögliche Einfluss von Autokorrelation wurde durch die Verwendung von *Newey-West*-Standardfehlern[584] beachtet. Allerdings ergeben sich im

584 Vgl. *Newey, W. K./West, K. D.*, Heteroscedastic and Autocorrelation, 1987, S. 703-708.

Verhältnis zu den robusten Standardfehlern nach *Huber*[585] und *White*[586] keine relevanten Abweichungen. Insoweit scheint die interne Validität der Ergebnisse gesichert, wenngleich dieses niemals vollkommen nachgewiesen werden kann. In Bezug auf die externe Validität ist festzuhalten, dass sowohl die Variation der Märkte als auch die Variation von Zeiträumen oder die Elimination von Einmaleffekten zu keiner wesentlichen Veränderung der Ergebnisse führt. Gleichwohl muss berücksichtigt werden, dass eine Übertragbarkeit von Untersuchungsergebnissen über die Stichprobe hinaus immer unter Unsicherheit geschieht.

3.2.3.8 Implikationen der empirischen Untersuchung

In den vorhergehenden Kapiteln wurde umfassend der Einfluss des Wochentageffektes auf den Betafaktor untersucht. Grundlage bildeten die in den Leitindizes der wichtigsten Kapitalmärkte enthaltenen Aktien zum 02.07.2010. Die Kursdaten bezogen sich dabei auf den Zeitraum 01.01.1980 bis 02.07.2010. Die vorgenommenen Analysen heben eindeutig hervor, dass die Wahl des Wochen-/Monatstages einen bewertungsrelevanten und signifikanten Einfluss auf die Höhe des Betafaktors hat. Der grundsätzliche Effekt ist unabhängig von den untersuchten Märkten (Deutschland, Europa, USA und Japan), allerdings schwankt die Höhe der Abweichungen je nach Unternehmen und Markt. Die Verwendung unterschiedlicher Renditeintervalle und Regressionslängen zeigt, dass die Höhe des Effekts von diesen Spezifikationen beeinflusst wird, sich der grundsätzliche Effekt jedoch weitgehend robust verhält. Die Teilung des Samples in zeitliche Subsamples oder die Elimination von möglichen Anomalien, wie der Finanzkrise, führt ebenfalls zu keinen wesentlichen Änderungen der Ergebnisse.

Die weitergehende Untersuchung, ob es einen dominierenden Wochentag gibt, der als grundsätzlicher Auswahltag für den Betafaktor zu bevorzugen wäre, zeigt dass dieses nicht der Fall ist. Daraus ergibt sich, dass die in Teilen der Literatur geäußerte Auffassung, bevorzugt auf Dienstags- oder Mittwochsrenditen zurückzugreifen, um Verzerrungen durch den *Day oft the week effect* zu vermeiden, im Kontext der Unternehmensbewertung keine sinnvolle Eingrenzung ist. Die sich daraus ergebende Empfehlung ist daher die Verwendung eines Durchschnittsbetafaktors der Woche. So können Verzerrungen aufgrund der Wochentagwahl verringert bzw. eliminiert werden. Der in der Bewertungspraxis genutzte Freitagskurs bzw. Monatsendkurs eignet sich zudem nur bedingt als Schätzer für den vorgeschlagenen Durchschnittsbetafaktor. Auf Basis der vorgenommenen Untersuchungen kann zudem festgehalten werden, dass diese

585 Vgl. *Huber, P. J.*, Maximum Likelihood Estimates, 1967, S. 221-223.
586 Vgl. *White, H.*, Heteroskedasticity-Consistent Covariance, 1980, S. 817-838.

Aussagen auch auf die Ermittlung monatlicher Betafaktoren über einen Regressionszeitraum von fünf Jahren übertragbar sind. Insgesamt muss auf Basis der gefundenen Ergebnisse in der Bewertungspraxis berücksichtigt werden, ob wertrelevante Differenzen innerhalb einer Woche vorliegen.[587]

Die Verwendung eines Durchschnittsbetafaktors erscheint insbesondere unter dem Gesichtspunkt des Ermessensspielraums im Rahmen objektivierter Bewertungen notwendig. In Bezug zur erbschaftsteuerlichen Bewertung ist dies von besonderer Bedeutung, da hier eine objektivierte Wertermittlung notwendig ist, bei welcher das Ermessen, soweit wie möglich eingeschränkt werden muss, ohne zu einer Übertypisierung zu führen.

3.3 Erbschaftsteuerrechtliche Bewertungsmethodik

Im Folgenden werden die Grundlagen der erbschaftsteuerlichen Bewertung von Unternehmen nach der Erbschaftsteuerreform 2009 dargestellt. Wesentliche Aspekte der Analyse sind die Definition des gemeinen Werts und eine Darstellung der Grundlagen der erbschaftsteuerlichen Bewertung (Bewertungshierarchie). Weiterhin wird eine detaillierte Beschreibung und Prüfung des vereinfachten Ertragswertverfahrens vorgenommen.

3.3.1 Der gemeine Wert als Wertmaßstab der erbschaftsteuerlichen Bewertung

Zur Bemessung der Steuer im Erbschaftsteuerrecht ist die Bereicherung des Erben festzustellen.[588] Um diese operationalisieren zu können, muss jedem übergehenden Vermögensgegenstand einer Geldgröße zugeordnet werden.[589] Im Kontext der Erbschaftsteuer bedeutet dies, dass die Bewertung unter Berücksichtigung der in § 12 ErbStG gemachten Vorgaben erfolgen muss. Soweit keine besonderen Ausnahmetatbestände vorliegen, verweist § 12 Abs. 1 ErbStG auf die Vorgaben des BewG.[590] Im Rahmen der Bewertung von Unternehmen sind dabei insbesondere die Verweise in § 12 Abs. 2 und Abs. 5 ErbStG für die Bewertung von Kapitalgesellschaften und Betriebsvermögen relevant.[591] Für Unternehmen heißt dies, dass gemäß § 151 Abs. 1 Satz 1 Nr. 3 i.V.m. § 11 BewG, sowie § 151 Abs. 1 Satz 1 Nr. 2 i.V.m. §§ 109, 11 Abs. 2

[587] Dies gilt umso mehr, als es sich bei den hier untersuchten Unternehmen um hoch liquide Aktien handelt. Inwieweit ein weniger liquider Handel den gefundenen Wochentageffekt beeinflusst, kann Gegenstand zukünftiger Untersuchungen sein.

[588] Vgl. *Hübner, H.*, Bereicherungsprinzip, 2003, S. 5; *Schubert, C.*, Schenkung- und Erbschaftsteuer des, 2011, S. 77, Tz. 56.

[589] Vgl. *Viskorf, H.-U.*, BewG § 9, 2009, S. 9, Tz. 1; *Schleithoff, F.*, Unternehmensbewertung, 2006, S. 48.

[590] Vgl. *Heilmann, A.*, Erbschaft- und Schenkungsteuerrecht, 2010, S. 72.

[591] Vgl. *Hannes, F./Onderka, W.*, Bewertung und Verschonung, 2009, S. 422.

BewG der **gemeine Wert** als Wertmaßstab der Bereicherung anzuwenden ist.[592] Dieser ergibt sich aus § 9 BewG und stellt den originären Bewertungsmaßstab im Erbschaftsteuerrecht dar.[593] Der gemeine Wert ist dabei wie folgt definiert (§ 9 Abs. 2 BewG):

„Der gemeine Wert wird durch den Preis bestimmt, der im gewöhnlichen Geschäftsverkehr nach der Beschaffenheit des Wirtschaftsgutes bei einer Veräußerung zu erzielen wäre. Dabei sind alle Umstände, die den Preis beeinflussen, zu berücksichtigen. Ungewöhnliche oder persönliche Verhältnisse sind nicht zu berücksichtigen."

Der Begriff des gemeinen Werts ist in diesem Zusammenhang gleichzusetzen mit dem Begriff des Verkehrswerts[594].[595] Dieses wird deutlich durch die Verwendung des Begriffs „Preis" in der Definition, da ein Preis sich mittels einer Markttransaktion, also aufgrund von Angebot und Nachfrage ergibt.[596] Der Preis wird abgeleitet unter der Bedingung des gewöhnlichen Geschäftsverkehrs, insoweit wird eine (fiktive) Markttransaktion unterstellt, die nicht durch Zwang oder andere Einwirkungen beeinflusst wird.[597] Es wird deutlich, dass der gemeine Wert nicht immer mit einem tatsächlich erzielten Preis gleichzusetzen ist, allerdings tatsächliche Kaufpreise Rückschlüsse auf den gemeinen Wert zulassen.[598] Weiterhin stellt der gemeine Wert auf die individuelle Beschaffenheit des Wirtschaftsguts ab. Hierunter sind die tatsächlichen und rechtlichen Verhältnisse zu verstehen, die dem Wirtschaftsgut innewohnen.[599] Gemäß § 9 Abs. 2 Satz 3 BewG sind ungewöhnliche und persönliche Verhältnisse bei der Bewertung nicht zu berücksichtigen. Unter ungewöhnlichen Verhältnissen sind Umstände zu verstehen, mit denen der Verkehr bei Abschätzung des Werts eines Wirtschaftguts nicht zu rechnen pflegt bzw. diese bei der Preisbildung allgemein nicht berücksichtigt.[600] Davon zu unterscheiden sind die persönlichen Verhältnisse, welche nochmals in § 9 Abs. 3 BewG konkretisiert werden. Hierunter sind solche Verhältnisse zu ver-

---

592 Vgl. *Viskorf, H.-U.*, Rechtsstaatsprinzip, 2009, S. 592; *Rose, G./Watrin, C.*, Erbschaftsteuer, 2009, S. 127; *Olbrich, M.* u. a., Erbschaftsteuerreform und Unternehmensbewertung, 2010, S. 1250; *Demuth, R.*, Erbschaftsteuer- und Schenkungsteuerreform, 2009, S. 9.

593 Vgl. *Viskorf, H.-U.*, BewG § 9, 2009, S. 967, Tz. 2; *Halaczinsky, R.*, BewG § 9, 2011, S. 2, Tz. 2; *Knittel, M.*, BewG § 9, S. 2; Tz. 1.

594 Vgl. zur Diskussion um die Begriffsänderung von gemeinem Wert in Verkehrswert: *Raupach, A.*, Verkehrswert, 2007, S. 2038.

595 Vgl. *Fechner, U.*, Erbschaft- und Schenkungsteuergesetz, 2008, S. 173; *Knittel, M.*, BewG § 9, S. 2, Tz. 2; *Olbrich, M.* u. a., Erbschaftsteuerreform und Unternehmensbewertung, 2010, S. 1250.

596 Vgl. *Viskorf, H.-U.*, BewG § 9, 2009, S. 968, Tz. 5; *Halaczinsky, R.*, BewG § 9, 2011, S. 2; Tz. 1.

597 Vgl. *Viskorf, H.-U.*, BewG § 9, 2009, S. 968, Tz. 5.

598 Vgl. *Halaczinsky, R.*, BewG § 9, 2011, S. 4, Tz. 6.

599 Vgl. BFH, 17.01.1975, III R 68/73, S. 377. Beispielhaft sind dies Alter, Zustand oder Nutzungsdauer. Vgl. *Horn, H.-J.*, ErbStG § 12, 2009, S. 423, Tz. 64.

600 Vgl. *Viskorf, H.-U.*, BewG § 9, 2009, S. 969, Tz. 9; *Halaczinsky, R.*, BewG § 9, 2011, S. 6, Tz. 10.

stehen, die in der Person des Steuerpflichtigen liegen.[601] Als wesentliches Beispiel für wertbeeinflussende persönliche Verhältnisse sind die bei KMU weit verbreiteten Verfügungsbeschränkungen zu sehen.[602] Für die Bewertung von KMU kann dies zu erheblichen Differenzen zwischen gemeinem Wert und dem erzielbaren Preis für das Unternehmen führen, da durch die Verfügungsbeschränkung der realisierbare Preis weit unterhalb des gemeinen Werts liegt.[603] Folgt man konsequent den Vorgaben des Bundesverfassungsgerichts, also einer Bewertung des Unternehmens zum Verkehrswert, so ist § 9 Abs. 3 BewG als verfassungswidrig anzusehen.[604]

Insgesamt wird deutlich, dass der Begriff des gemeinen Werts im Sinne eines typisierten bzw. objektivierten Verkehrswerts zu verstehen ist, der losgelöst von der Person des Anteilseigners realisiert werden kann.[605] Für die Bewertung von Unternehmen hat der Gesetzgeber den Wertmaßstab des gemeinen Werts bzw. dessen Ermittlung noch weiter in § 11 BewG konkretisiert. Die Bewertungsmethoden zur Bestimmung des gemeinen Werts von Unternehmen werden daher im folgenden Kapitel weitergehend analysiert.

3.3.2 Grundlagen der steuerlichen Unternehmensbewertung

3.3.2.1 Vorbemerkung

Der Gesetzgeber hat gemäß den Vorgaben des Bundesverfassungsgerichts[606] die Regelungen zur Bewertung für die Erbschaft- und Schenkungsteuer am gemeinen Wert ausgerichtet.[607] Im Bereich der Bewertung von Unternehmen hat er dies erreicht, in-

601 Vgl. *Rose, G./Watrin, C.*, Erbschaftsteuer, 2009, S. 100; *Viskorf, H.-U.*, BewG § 9, 2009, S. 969, Tz. 10; BFH, 17.06.1998, II R 46/96, S. 17.

602 Vgl. *Rose, G./Watrin, C.*, Erbschaftsteuer, 2009, S. 100; *Viskorf, H.-U.*, BewG § 9, 2009, S. 969, Tz. 10. Vgl. detaillierter zu unterschiedlichen Formen der Verfügungsbeschränkung *Horn, H.-J.*, ErbStG § 12, 2009, S. 424, Tz. 68.

603 Vgl. *Rose, G./Watrin, C.*, Erbschaftsteuer, 2009, S. 101. Ähnlich auch *Viskorf, H.-U.*, BewG § 9, 2009, S. 969, Tz. 10, der darauf hinweist, dass darin im Einzelfall eine gewisse Härte liegen kann.

604 Vgl. *Rose, G./Watrin, C.*, Erbschaftsteuer, 2009, S. 101.

605 Vgl. *Meincke, J. P.*, Erbschaftsteuer- und Schenkungsteuergesetz, 2009, S. 20, Tz. 19; *Knittel, M.*, BewG § 9, S. 2, Tz. 2. Der Begriff des gemeinen Werts weist insoweit auch Überschneidungen zum objektiven Wert auf. Vgl. dazu die Ausführungen in Kapitel 3.1.1 dieser Arbeit.

606 Vgl. BVerfG, 07.11.2006, 1 BvL 10/02.

607 Vgl. *Preißer, M.* u. a., Erbschaftsteuerreform 2009, 2009, S. 103; *von Oertzen, C.*, Unternehmenserbschaftsteuerrecht, 2008, S. 58; *Schleifenbaum, H.*, Erbschaft- und schenkungsteuerreform, 2008, S. 477; *Deubel, I.*, Neuordnung des Erbschaftsteuerrechts, 2008, S. I. Vgl. zu einer Analyse der möglichen Belastungswirkungen *Spengel, C./Broer, E.*, Belastungswirkungen der Erbschaftsteuerreform, 2008, S. 86-91; *Rohde, A./Gemeinhardt, G.*, Besteuerung des Betriebsvermögens, 2009, S. 217. Zum Belastungsvergleich zwischen neuem und altem Recht vgl. *Neufang, B.* u. a., Ausübung, 2009, S. 129-132. Vgl. dazu auch die Ausführungen in Kapitel 2.2 und 2.3 dieser Arbeit. Vgl. zur früheren Bewertung von Betriebsvermögen *Watrin, C.*, Erbschaftsteuerplanung internationaler Familienunternehmen, 1997, S. 59-66.

dem alle Rechtsformen (Einzelunternehmen, Personengesellschaften und Kapitalgesellschaften) nach denselben Grundsätzen (Rechtsformneutralität und Gesamtbewertung) bewertet werden.[608] Unter Gesamtbewertung ist hierbei zu verstehen, dass nicht die einzelnen Wirtschaftsgüter an sich, wie früher bei der Bewertung von Personengesellschaften, den Wert des Unternehmens darstellen, sondern die Kombination der einzelnen Wirtschaftsgüter und der daraus entstehende Ertrag[609] den Wert des Unternehmens bilden.[610]

Im Rahmen der Bewertung hat der Gesetzgeber gemäß § 11 Abs. 1 und 2 BewG sechs[611] „Bewertungsmethoden" für die Ermittlung des gemeinen Werts einer Kapitalgesellschaft bzw. des gemeinen Werts eines Unternehmens festgelegt:[612]

1. Gemäß § 11 Abs. 1 BewG sind Wertpapiere und damit auch Unternehmensanteile, die am Stichtag an einer deutschen Börse zum Handel im regulierten Markt zugelassen sind, mit dem niedrigsten am Stichtag für sie im regulierten Markt notierten Kurs anzusetzen.[613] Unter Umständen ist der Wert noch um einen Paketzuschlag i. S. d. § 11 Abs. 3 BewG zu erhöhen.

2. Liegen die Voraussetzungen des § 11 Abs. 1 BewG nicht vor, handelt es sich also nicht um ein börsennotiertes Unternehmen, so ist der gemeine Wert aus Verkäufen unter fremden Dritten abzuleiten, die weniger als ein Jahr zurückliegen (§ 11 Abs. 2 Satz 2 BewG, § 109 Abs. 2 Satz 2 BewG). Im Rahmen der Bewertung von Kapitalgesellschaften galt diese Anordnung seit jeher, allerdings ohne die Qualifikation der Verkäufe „unter fremden Dritten". Hieraus ergibt sich, dass Verkäufe zwischen Angehörigen nicht mehr als Wert-

608 Vgl. *Hegemann, J.*, Erbschaftsteuer- und Bewertungsrecht, 2009, S. 21; *Bruckmeier, G.* u. a., Unternehmensbewertung im Erbschaftsteuerrecht, 2011, S. 422; *Piltz, D. J.*, Unternehmensübertragung, 2008, S. 160; *Hannes, F./Steger, C.*, Erbschaftsteuerreform, 2009, S. 113; *Rohde, A./Gemeinhardt, G.*, Bewertung von Betriebsvermögen, 2009, S. 170; *Ramb, J.*, Die neue Bedarfsbewertung, 2010, S. 3486.

609 Als Ausnahme ist der Substanzwert in seiner Funktion als Wertuntergrenze anzusehen, der sich aus der Summe der Werte der einzelnen Wirtschaftsgüter ergibt.

610 Vgl. *Preißer, M.* u. a., Erbschaftsteuerreform 2009, 2009, S. 103.

611 Teilweise werden auch einzelne Stufen zusammengefasst, sodass nur von 3 Stufen gesprochen wird. Vgl. *Dirrigl, H.*, Unternehmensbewertung, 2009, S. B 14; *Kohl, T.*, Bewertungsrecht, 2009, S. 554.

612 Vgl. *Piltz, D. J.*, Erbschaftsteuer-Bewertungserlass, 2009, S. 1829 f.; *Meincke, J. P.*, Erbschaftsteuer- und Schenkungsteuergesetz, 2009, S. 400, 420; *Piltz, D. J.*, Unternehmensbewertung im Erbschaftsteuerrecht, 2008, S. 746 f.; *Mannek, W.*, Diskussionsentwurf, 2008, S. 423; *Bruckmeier, G.* u. a., Unternehmensbewertung im Erbschaftsteuerrecht, 2011, S. 422; *Stahl, R./Fuhrmann, C.*, Erbschaftssteuer- und Bewertungsrecht, 2008, S. 14f; *von Oertzen, C.*, Unternehmenserbschaftsteuerrecht, 2008, S. 58f; *Schmidt, E.*, Reform der Erbschaftsteuer, 2008, S. 243f; *Demuth, R.*, Erbschaftsteuer- und Schenkungsteuerreform, 2009, S. 9.

613 Vgl. *Dirrigl, H.*, Unternehmensbewertung, 2009, S. B 14.

maßstab genutzt werden können, auch wenn sie wie unter fremden Dritten vorgenommen wurden.[614]

3. Ist die Gesellschaft nicht börsennotiert und liegen auch keine zeitnahen Verkäufe vor, ist der Wert des Unternehmens unter Berücksichtigung der Ertragsaussichten zu schätzen (§ 11 Abs. 2 Satz 2 BewG). *Piltz* vertritt hierbei die Ansicht, das auch wenn der Gesetzgeber es nicht klar ausdrückt, in diesem Kontext die Bewertungsmethode zu verstehen ist, welche die Betriebswirtschaft und die Wirtschaftsprüfer in ihrer Berufsausübung entwickelt haben.[615] Eine solche Schlussfolgerung lässt sich indes aus dem Gesetzeswortlaut nicht direkt ableiten.[616]

4. Zur Erleichterung gewährt das Bewertungsgesetz dem Steuerpflichtigen zudem die Möglichkeit, sein Unternehmen mittels des sog. vereinfachten Ertragswertverfahrens (§§ 199-203 BewG) zu bewerten. Dieses entspricht in seiner grundsätzlichen Konzeption ebenfalls dem in der Wirtschaft üblichen Ertragswertverfahren, legt jedoch zur Vereinfachung bestimmte Faktoren, wie etwa den Kapitalisierungszinssatz fest.[617]

5. Zusätzlich sieht § 11 Abs. 2 BewG vor, dass der gemeine Wert eines Unternehmens nicht nach dem Ertragswertverfahren zu ermitteln ist, falls eine andere anerkannte, auch im gewöhnlichen Geschäftsverkehr für nichtsteuerliche Zwecke übliche Methode angewandt werden kann.

6. Als Wertuntergrenze wird durch § 11 Abs. 2 Satz 3 BewG der Substanzwert[618] als Mindestwert festgelegt.[619]

Abbildung 37 stellt das dargestellte Bewertungssystem für nicht börsennotierte Unternehmen grafisch dar.

---

614 Vgl. *Piltz, D. J.*, Unternehmensbewertung im Erbschaftsteuerrecht, 2008, S. 746.

615 Vgl. *Piltz, D. J.*, Unternehmensbewertung im Erbschaftsteuerrecht, 2008, S. 746.

616 Vgl. dazu weiterführend die Ausführungen in Kapitel 3.3.2.3 dieser Arbeit.

617 Vgl. dazu ausführlich die Ausführung in Kapitel 3.3.3 dieser Arbeit.

618 Gemäß § 11 Abs. 2 Satz 3 ErbStG entspricht dieser der Summe der gemeinen Werte der zum Betriebsvermögen gehörenden Wirtschaftsgüter und sonstigen aktiven Ansätze abzgl. der zum Betriebsvermögen gehörenden Schulden.

619 Vgl. dazu ausführlich die Ausführung in Kapitel 3.3.2.4 dieser Arbeit.

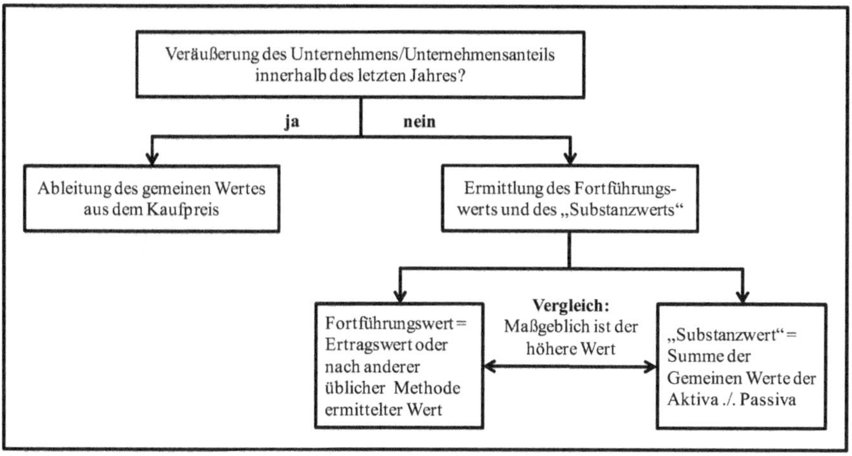

Abbildung 37: Bewertung von nicht börsennotierten Unternehmen nach dem ErbStRG[620]

Es ist offensichtlich – zumindest für denjenigen, der in der Praxis Unternehmensbewertungen erlebt hat –, dass vorgenannte Wertmaßstäbe nur zufällig und in seltenen Fällen zu gleichen Ergebnissen führen.[621] Im Normalfall ergibt sich aus der Anwendung einer anderen Bewertungsmethode auch ein anderer Unternehmenswert. Daher ist es für den Rechtsanwender von immanenter Relevanz, welche der genannten Methoden in seinem Bewertungsfall gesetzlich anzuwenden sind. Es geht um die Konkurrenz der Bewertungsmethoden, also um deren Rangverhältnis zueinander.[622] Diese Bewertungshierarchie wird in den folgenden Kapiteln dargestellt.

3.3.2.2 Transaktionswerte

Auf der ersten Stufe erfolgt die Bewertung von Unternehmen anhand von Transaktionswerten. Hierunter sind Werte zu verstehen, die sich durch Angebot und Nachfrage auf einem Markt gebildet haben, mithin der Preis eines bestimmten Gutes. Im Einzelnen bedeutet dies, dass zunächst eine Bewertung auf Basis von deutschen Börsenkursen[623] (Kurswerten) vorzunehmen ist (§ 11 Abs. 1 BewG).[624] Zu beachten ist, dass von

620 Quelle: *Röder, E.*, Unternehmensbewertung, 2009, S. 77.

621 Vgl. *Kußmaul, H.* u. a., ErbStRG und Unternehmensbewertung, 2008, S. 476; *Preißer, M.* u. a., Erbschaftsteuerreform 2009, 2009, S. 104; *Piltz, D. J.*, Unternehmensbewertung im Erbschaftsteuerrecht, 2008, S. 747.

622 Vgl. *Piltz, D. J.*, Unternehmensbewertung im Erbschaftsteuerrecht, 2008, S. 747; *Preißer, M.* u. a., Erbschaftsteuerreform 2009, 2009; S. 104; *Moench, D./Albrecht, G.*, Erbschaftsteuerrecht, 2009, S. 182, Tz. 796.

623 Diese Wertpapiere müssen im regulierten Markt zugelassen oder in den Freiverkehr einbezogen sein. Vgl. *Möllmann, P.*, Erbschaft- und schenkungsteuerliche Unternehmensbewertung, 2010,

den Kursen eines Börsentages der niedrigste notierte Kurs maßgeblich ist.[625] Fehlt es an einem amtlichen Börsenkurs am Bewertungsstichtag, so ist der letzte innerhalb von 30 Kalendertagen vor dem Bewertungsstichtag im amtlichen Handel notierte Kurs maßgebend.[626] Weiterhin kann ein Paketzuschlag zu berücksichtigen sein (§ 11 Abs. 3 BewG). Dieser kommt insbesondere in Betracht, wenn die Höhe der Beteiligung die Beherrschung der Gesellschaft ermöglicht.[627] Fraglich ist jedoch, ab welcher Beteiligungshöhe und in welcher Höhe Paketzuschläge zu bemessen sind.[628] *Meincke* führt etwa an, dass in der Praxis ab einer Beteiligung zwischen 25 und 50 % am Nennkapital ein Zuschlag von 5 bis 10 % erfolgt.[629] Welcher Zuschlag anzuwenden ist, richtet sich dabei nach dem Einzelfall.[630] Einen Paketabschlag hingegen sieht § 11 Abs. 3 BewG nicht vor. Bei der Bewertung von Unternehmen auf Basis von Ertragswertverfahren, ist ein Paketzuschlag regelmäßig nicht anzuwenden.[631]

Die vereinfachte Bewertung anhand des Börsenkurses stellt insoweit eine grundsätzlich zulässige Typisierung dar und unterstellt eine Effizienz des Kapitalmarktes, da nur unter dieser Bedingung eine unverzerrte Preisbildung möglich ist.[632] Kommt es hingegen zu Marktverzerrungen, als Beispiel kann hier die Entwicklung der Volkswagenstammaktie durch die Spekulationen im Rahmen der Übernahmeversuche durch Porsche angesehen werden,[633] ist eine verzerrungsfreie Bildung des Aktienkurses nicht mehr möglich. Daraus resultiert die Möglichkeit, im Falle von erwiesenen Marktanomalien vom festgestellten Börsenkurs abweichen zu können.[634] In der wesentlichen

---

S. 407. Zur Abgrenzung von reguliertem Markt und Freiverkehr vgl. *Lepczyk, D. A.*, Börsenfusionen, 2009, S. 42-44.

624 Vgl. *Balmes, F./Felten, C.*, Hoch bewertet, 2009, S. 258 f.; *Viskorf, S.*, BewG § 11, 2009, S. 978, Tz. 1-5.

625 Vgl. *Möllmann, P.*, Erbschaft- und schenkungsteuerliche Unternehmensbewertung, 2010, S. 408; *Piltz, D. J.*, Unternehmensbewertung im Erbschaftsteuerrecht, 2008, S. 746.

626 Vgl. *Rose, G./Watrin, C.*, Erbschaftsteuer, 2009, S. 102; *Viskorf, S.*, BewG § 11, 2009, S. 981, Tz. 12.

627 Vgl. *Horn, H.-J.*, ErbStG § 12, 2009, S. 432, Tz. 90.

628 Vgl. dazu ausführlicher *Stamm, A./Blum, A.*, Erbschaftsteuerliche Bewertung, 2009, S. 811; *Eisele, D.*, BewG § 11, 2011, S. 21a-25, Tz. 50-58; *Horn, H.-J.*, ErbStG § 12, 2009, S. 432-435, Tz. 90-96.

629 Vgl. *Meincke, J. P.*, Erbschaftsteuer- und Schenkungsteuergesetz, 2009, S. 393, Tz. 27.

630 Vgl. *Ramb, J.*, Die neue Bedarfsbewertung, 2010, S. 3488; *Meincke, J. P.*, Erbschaftsteuer- und Schenkungsteuergesetz, 2009, S. 393, Tz. 27. Vgl. weiterführend *Piltz, D. J.*, Erbschaftsteuer-Bewertungserlass, 2009, S. 1832 f.

631 Vgl. *Ramb, J.*, Die neue Bedarfsbewertung, 2010, S. 3488.

632 Vgl. *Eisele, D.*, BewG § 11, 2011, S. 8, Tz. 11; *Großfeld, B.*, Unternehmens- und Anteilsbewertung, 2002, S. 180.

633 So auch *Möllmann, P.*, Erbschaft- und schenkungsteuerliche Unternehmensbewertung, 2010, S. 409.

634 Vgl. *Eisele, D.*, BewG § 11, 2011, S. 9, Tz. 9; *Möllmann, P.*, Erbschaft- und schenkungsteuerliche Unternehmensbewertung, 2010, S. 409.

Zahl der Fälle stellt der Börsenkurs jedoch einen geeigneten Bewertungsmaßstab dar.[635]

Als weiterer Transaktionswert ist gemäß § 11 Abs. 2 Satz 2 BewG die Ableitung anhand von zeitnahen Verkäufen möglich bzw. vorgegeben.[636] Diese Wertbestimmung kommt zur Anwendung, wenn die Voraussetzungen des § 11 Abs. 1 BewG nicht vorliegen, es sich also nicht um eine börsennotierte Kapitalgesellschaft handelt. In diesen Fällen ist der gemeine Wert aus Verkäufen unter fremden Dritten abzuleiten, die weniger als ein Jahr zurückliegen (§ 11 Abs. 2 Satz 2 BewG, § 109 Abs. 2 Satz 2 BewG). Hierbei ist zu beachten, dass für den Jahreszeitraum die Einigung über den Kaufpreis maßgebend ist. Weiterhin ist zu berücksichtigen, dass es nicht zu einer direkten Übernahme des im Rahmen der Transaktion bezahlten Kaufpreises kommen muss.[637] So ist etwa eine veränderte Marktlage des Unternehmens bei der nachträglichen erbschaftsteuerlichen Bewertung zu berücksichtigen.[638] Neu bei der Ableitung des gemeinen Werts aus stichtagsnahen Verkäufen ist, dass nur noch Verkäufe „unter fremden Dritten" zur Ableitung geeignet sind. Hieraus ergibt sich, dass Verkäufe zwischen Angehörigen nicht mehr als Wertmaßstab genutzt werden können, auch wenn sie wie unter fremden Dritten vorgenommen wurden.[639]

Insgesamt ist festzuhalten, dass das Heranziehen von Transaktionswerten gegenüber anderen Bewertungsmethoden Vorrang besitzt. Falls es an einem Börsenkurs fehlt, ist auf der nächsten Stufe zu prüfen, ob es zeitnahe Verkäufe unter Fremden Dritten gegeben hat, aus denen sich der Wert ableiten lässt. Diese beiden Bewertungsverfahren sind auch in ihrer durch das BewG festgelegten Reihenfolge untereinander gegenüber jedem Verfahren zur reinen Schätzung des Werts vorrangig.[640]

---

635 Kritisch zur Verwendung von Börsenkursen *Jonas, M.*, Unternehmensbewertung, 2009, S. 68; *Dörner, A.*, Problemfelder der Unternehmensbewertung, 2009, S. 2.

636 Vgl. *Balmes, F./Felten, C.*, Hoch bewertet, 2009, S. 259; *Meincke, J. P.*, Erbschaftsteuer- und Schenkungsteuergesetz, 2009, S. 401, Tz. 42; *Dirrigl, H.*, Unternehmensbewertung, 2009, S. B 14; *Piltz, D. J.*, Unternehmensübertragung, 2008, S. 162.

637 Vgl. *Ramb, J.*, Bedarfsbewertung, 2010, S. 3392; *Meincke, J. P.*, Erbschaftsteuer- und Schenkungsteuergesetz, 2009, S. 401, Tz. 42.

638 Vgl. *Viskorf, S.*, BewG § 11, 2009, S. 984, Tz. 23 f.

639 Vgl. *Piltz, D. J.*, Unternehmensbewertung im Erbschaftsteuerrecht, 2008, S. 746. Vgl. weiterführend *Piltz, D. J.*, Erbschaftsteuer-Bewertungserlass, 2009, S. 1830 f.

640 Vgl. *Jülicher, M.*, ErbStG § 12, 2011, Tz. 260; *Eisele, D.*, Unternehmensbewertung, 2010, S. 78.

3.3.2.3 Ertragswertverfahren und marktübliche Methoden

In einer Vielzahl von Fällen wird das Problem auftreten, dass weder Börsenkurse (§ 11 Abs. 1 BewG) noch stichtagsnahe Verkäufe (§ 11 Abs. 2 Satz 2 BewG) vorliegen.[641] Daher wird die Schätzung des gemeinen Werts unter Berücksichtigung der Ertragsaussichten oder einer anderen anerkannten, auch im gewöhnlichen Geschäftsverkehr für nichtsteuerliche Zwecke üblichen, Methode (§ 11 Abs. 2 Satz 2 BewG) der Regelfall sein.[642] Der Gesetzgeber führt damit einen Methodenpluralismus zur Bewertung ein und schafft einen erheblichen Bereich der Rechtsunsicherheit.

Die Verwendung der Formulierung „unter Berücksichtigung der Ertragsaussichten" impliziert zunächst, dass die Ertragsaussichten lediglich berücksichtigt werden müssen und insoweit auch andere Parameter (Substanzwerte etc.) in die Bewertung eingehen könnten.[643] Daraus folgt, dass grundsätzlich auch die in Kapitel 3.1.2 beschriebenen Mittelwertverfahren oder Übergewinnverfahren nach dem reinen Wortlaut des Gesetzes anwendbar sind.[644] Damit würde auch das Stuttgarter Verfahren die Voraussetzung zur Schätzung des gemeinen Werts erfüllen.[645] Allerdings muss das Ziel der Norm berücksichtigt werden. Es soll der gemeine Wert, also der Verkehrswert des Unternehmens ermittelt werden. Dieses Ziel wurde jedoch gerade durch das Stuttgarter Verfahren verfehlt und führte zumindest indirekt zur Reform der Erbschaftsteuer. Daher ist die Verwendung des Stuttgarter Verfahrens zur Ermittlung des Verkehrswerts, auch wenn es durch den Wortlaut des Gesetzes gedeckt wird, abzulehnen.[646] Unter den die Ertragsaussichten berücksichtigenden Verfahren sind daher vorrangig das Ertragswertverfahren und die Discounted-Cashflow-Verfahren zu verstehen, welche darauf abzielen, den Verkehrswert des Unternehmens zu ermitteln.[647] Aufgrund seiner starken Anwendung in der Praxis ist hier insbesondere der IDW S 1 i. d. F. 2008 zu nennen.[648]

---

641 Vgl. *Fechner, U.*, Erbschaft- und Schenkungsteuergesetz, 2008, S. 173 f.; *Piltz, D. J.*, Unternehmensübertragung, 2008, S. 162; *Ramb, J.*, Bedarfsbewertung, 2010, S. 3392.

642 Vgl. *Röder, E.*, Unternehmensbewertung, 2009, S. 76; *Hannes, F./Onderka, W.*, Erbschaftsteuerreform, 2008, S. 17.

643 Vgl. *Viskorf, S.*, BewG § 11, 2009, S. 988, Tz. 43.

644 Vgl. *Piltz, D. J.*, Der gemeine Wert, 2009, S. 14; *Eisele, D.*, BewG § 11, 2011, S. 15a, Tz. 35.

645 Vgl. dazu FG Hamburg, 28.04.2009, 3 K 43/09; *Wilms, H.*, BewG § 11, 2000, S. 15, Tz. 30.

646 So auch *Ballwieser, W.*, Erbschaftsteuer und Unternehmensbewertung, 2010, S. 158; *Wilms, H.*, BewG § 11, 2000, S. 15, Tz. 31.

647 Vgl. *Ballwieser, W.*, Erbschaftsteuer und Unternehmensbewertung, 2010, S. 157; *Kußmaul, H.* u. a., ErbStRG und Unternehmensbewertung, 2008, S. 476; *Jülicher, M.*, ErbStG § 12, 2011, S. 103, Tz. 261.

648 Vgl. dazu insbesondere die Ausführungen in Kapitel 3.2 dieser Arbeit.

Weiterhin ist hierunter das vereinfachte Ertragswertverfahren (§§ 199 ff. BewG) zu fassen.[649]

Daneben hat der Gesetzgeber erkannt, dass auch andere Verfahren in der Bewertungspraxis genutzt werden, um den Verkehrswert zu ermitteln (sog. Marktübliche Methoden).[650] Im Wesentlichen sind hierunter Multiplikatorverfahren oder andere branchenspezifische Bewertungsalgorithmen zu verstehen.[651] Als Orientierungshilfe für mögliche Bewertungsverfahren hat das Bayerische Staatsministerium der Finanzen einen Überblick über branchenspezifische Bewertungsmethoden erstellt, welcher allerdings keinen Anspruch auf Vollständigkeit erhebt.[652] Einschränkend ist aus betriebswirtschaftlicher Sicht zu berücksichtigen, dass Multiplikatorverfahren gravierende theoretische Mängel haben.[653] Sie weisen nur vordergründig den Vorteil der leichten Bestimmbarkeit auf, da bei der notwendigen Anpassung der Multiplikatoren[654] an das zu bewertende Unternehmen die gleichen Probleme auftauchen, wie im Rahmen einer Ertragsbewertung.[655]

Sind also weder ein Börsenkurs noch Preise aus zeitnahen Verkäufen vorhanden, so ist der Wert unter Berücksichtigung der Ertragsaussichten oder einer anderen im gewöhnlichen Geschäftsverkehr anzuwendenden Methode zu bestimmen. Festzuhalten ist, dass Letztere vorrangig anzuwenden ist, wenn diese in der Branche üblich ist.[656] Den Nachweis über die Branchenüblichkeit trägt in diesem Fall der Steuerpflichtige.[657] Unabhängig von der Wahl der Bewertungsmethodik muss der Steuerpflichtige zudem den gemeinen Wert durch Vorlage eines methodisch nicht zu beanstandenden Gutachtens

---

[649] Vgl. dazu detailliert die Ausführungen in Kapitel 3.3.3 dieser Arbeit.

[650] Vgl. *Piltz, D. J.*, Der gemeine Wert, 2009, S. 14; *Viskorf, S.*, BewG § 11, 2009, S. 995, Tz. 71.

[651] Vgl. *Jonas, M.*, Unternehmensbewertung, 2009, S. 69.

[652] Vgl. *Bayerisches Staatsministerium der Finanzen*, Überblick Branchenspezifische Bewertungsmethoden. Für eine Übersicht der Anwendung von in der Bewertungspraxis genutzten Bewertungsmethoden vgl. insbesondere die Untersuchung von *Fischer-Winkelmann, W. F./Busch, K.*, Unternehmensbewertungsverfahren, 2009, S.635-656 und *Henselmann, K./Barth, T.*, Übliche Bewertungsmethoden, 2009, S. 9-13.

[653] Vgl. *Ballwieser, W.*, Unternehmensbewertung, 2011, S. 215f; *Behringer, S.*, Mittel- und Kleinbetriebe, 2009, S. 149.

[654] Als Beispiel ist hier die Auswahl der Peer-Group-Unternehmen zu nennen. Vgl. *Viskorf, S.*, BewG § 11, 2009, S. 995 f., Tz. 72.

[655] Vgl. *Jonas, M.*, Unternehmensbewertung, 2009, S. 69.

[656] Vgl. *Preißer, M.* u. a., Erbschaftsteuerreform 2009, 2009, S. 105; *Hegemann, J.*, Erbschaftsteuer- und Bewertungsrecht, 2009, S. 24.

[657] Vgl. *Moench, D./Albrecht, G.*, Erbschaftsteuerrecht, 2009, S. 183, Tz. 801. Für einen Überblick branchenüblicher Bewertungsmethoden aus Sicht der Finanzverwaltung vgl. *Bayerisches Staatsministerium der Finanzen*, Überblick Branchenspezifische Bewertungsmethoden.

erklären, das auf den, für die Verwendung in einem solchen Verfahren üblichen, Daten des betreffenden Unternehmens aufbaut.[658]

In Ergänzung zu den Ausführungen der möglichen Bewertungsverfahren schreibt § 11 Abs. 2 Satz 2 BewG zudem vor, dass die Methode anzuwenden ist, die ein Erwerber seiner Kaufpreisbemessung zu Grunde legen würde. Dies könnte so zu verstehen sein, dass die Bewertungsmethode anzuwenden ist, die der Interessenlage des Erwerbers am besten gerecht wird. *Moench* argumentiert daraus folgend, dass dies die Methode sei, die den niedrigsten Wert ermittelt.[659] Diese Argumentation folgt zwar der Intention des Gesetzgebers, den Steuerpflichtigen zu entlasten, greift allerdings gedanklich zu kurz, da ein Erwerber nicht immer den niedrigsten Preis zahlen wird.[660] So wird etwa ein Unternehmen, welches einen Konkurrenten verdrängen will, der über einen Ertragswert von 0 verfügt, aufgrund der möglichen Synergien bereit sein, einen höheren Preis zu bezahlen.[661] In diesen Fällen ist die Annahme des Gesetzgebers nicht sachgerecht;[662] insgesamt läuft diese Regelung daher ins Leere.[663] Weiterhin ist zu beachten, dass der Verkehrswert eines Unternehmens zu bestimmen ist, welcher sich aus Angebot und Nachfrage ergibt und daher die einseitige Ausrichtung auf die Erwerbersicht schon grundsätzlich nicht zum richtigen Wert führen kann.

3.3.2.4 Substanzwert als Mindestwert

Als Mindestwert (Wertuntergrenze) des nach dem Ertragswertverfahren oder einer anderen anerkannten Methode ermittelten Unternehmenswerts normiert § 11 Abs. 2 Satz 3 BewG den Substanzwert.[664] Dieser bestimmt sich durch den Saldo der gemeinen Werte der zum Betriebsvermögen gehörenden Wirtschaftsgüter und Schulden. Für die Interpretation dieses Werts ist wichtig, dass eine Abgrenzung zum betriebswirtschaftlichen Begriff des Substanzwerts vorgenommen wird. Im betriebswirtschaftlichen Sinne wird unter dem Substanzwert der Reproduktionswert des Unternehmens verstanden, also der Betrag, der nötig wäre, um das Unternehmen vollkommen nach-

658 Vgl. *Eisele, D.*, BewG § 11, 2011, S. 14a, Tz. 30.

659 Vgl. *Moench, D./Albrecht, G.*, Erbschaftsteuerrecht, 2009, S. 184, Tz. 801. So auch *Kußmaul, H.* u. a., ErbStRG und Unternehmensbewertung, 2008, S. 477.

660 So auch *Piltz, D. J.*, Unternehmensübertragung, 2008, S. 163; *Ballwieser, W.*, Erbschaftsteuer und Unternehmensbewertung, 2010, S. 159.

661 Vgl. *Piltz, D. J.*, Unternehmensbewertung im Erbschaftsteuerrecht, 2008, S. 752.

662 Vgl. *Piltz, D. J.*, Unternehmensübertragung, 2008, S. 163.

663 Vgl. *Ballwieser, W.*, Erbschaftsteuer und Unternehmensbewertung, 2010, S. 159.

664 Vgl. *Mannek, W.*, Diskussionsentwurf, 2008, S. 423; *Eisele, D.*, Erbschaftsteuerliches Bewertungsrecht, 2008, S. 792; *Schmidt, E.*, Reform der Erbschaftsteuer, 2008, S. 244. Dörner spricht in diesem Zusammenhang von einer Renaissance des Substanzwerts. Vgl. *Dörner, A.*, Problemfelder der Unternehmensbewertung, 2009, S. 2.

zubilden (zu reproduzieren).[665] Im Ergebnis ist der betriebswirtschaftliche Substanzwert damit die Summe der einzelnen bewertbaren Vermögensgegenstände abzgl. der Schulden, mithin also lediglich ein Teilreproduktionswert[666] aus Sicht eines Käufers.[667]

Im Gegensatz dazu ist der steuerliche Substanzwert als Wert im Rahmen einer Veräußerung der einzelnen Vermögensgegenstände zu interpretieren (§ 9 Abs. 2 Satz 1 BewG). Dies bedeutet, dass aus Sicht eines Verkäufers zu bewerten ist. Damit entspricht der steuerliche Substanzwert eher dem in der Betriebswirtschaft verwendeten Begriff des Liquidationswerts[668].[669] Wesentlicher Unterschied ist jedoch, dass Liquidationskosten im Rahmen des steuerlichen Substanzwerts nicht berücksichtigt werden, insofern entspricht dieser lediglich einem unvollständigen Liquidationswert.[670] Nur wenn von einer Aufgabe des Unternehmens ausgegangen wird, entsprechen sich der betriebswirtschaftliche Liquidationswert und der steuerliche Substanzwert, da dieser Liquidationswert dann als Spezialfall des Substanzwerts angesehen wird.[671]

Es ist daher festzuhalten, dass trotz der Verwendung des Begriffs „Substanzwert" das Ziel des Gesetzgebers die Bestimmung einer Wertuntergrenze im Sinne eines Teil-Liquidationswerts ist und daher keine Renaissance des Substanzwertverfahrens im Erbschaftsteuerrecht stattfindet.[672]

3.3.3 Vereinfachtes Ertragswertverfahren

3.3.3.1 Ermittlung des Unternehmenswerts

Wie in Kapitel 3.3.2 ausgeführt, hat der Gesetzgeber zur Bestimmung des gemeinen Werts von Unternehmen einen Methodenpluralismus zugelassen. Um dem Steuerpflichtigen eine einfache und kostengünstige Möglichkeit zur Bewertung seines Unternehmens zu bieten, wurde zudem das sog. vereinfachte Ertragswertverfahren entwi-

665 Vgl. *Tewinkel, A.*, Unternehmensbewertung, 2003, S. 10; *Mandl, G./Rabel, K.*, Methoden der Unternehmensbewertung, 2009, S. 82.

666 Es handelt sich lediglich um einen Teilreproduktionswert, da die Bewertung, insbesondere immaterieller Vermögensgegenstände, wie des Geschäfts- oder Firmenwerts, nur schwer möglich ist und daher regelmäßig nicht vorgenommen werden kann.

667 Vgl. *Behringer, S.*, Mittel- und Kleinbetriebe, 2009, S. 102.

668 Die einzelnen Vermögensgegenstände und Schulden werden dabei auf Basis der zu erwartenden Verwertungserlöse bewertet.

669 Vgl. *Jonas, M.*, Unternehmensbewertung, 2009, S. 68.

670 Vgl. *Jonas, M.*, Unternehmensbewertung, 2009, S. 69.

671 Vgl. Regierungsentwurf zum ErbStRG, S. 38; *Jülicher, M.*, ErbStG § 12, 2011, S. 116 f., Tz. 317.

672 Vgl. *Ballwieser, W.*, Erbschaftsteuer und Unternehmensbewertung, 2010, S. 158. A,A. *Dörner, A.*, Problemfelder der Unternehmensbewertung, 2009, S. 2.

ckelt.[673] Nachdem dieses zunächst im Gesetzentwurf zum Erbschaftsteuerreformgesetz vom 04.01.2008 noch gemäß § 11 Abs. 2 Satz 4 BewG in einer eigenen Rechtsverordnung (AntBVBewV) geregelt werden sollte,[674] ist es in der endgültigen Fassung in den §§ 199 ff. des Bewertungsgesetzes kodifiziert worden. Weiterhin wurde der Anwendungsbereich des vereinfachten Ertragswertverfahrens auch auf Großbetriebe (G1) im Sinne von § 3 der Betriebsprüfungsordnung vom 15.03.2000 ausgedehnt, welches zunächst noch ausgeschlossen war.[675] Gemäß § 199 Abs. 1 Satz 1 BewG kann das Verfahren angewendet werden, wenn der gemeine Wert von Anteilen an Kapitalgesellschaften nach § 11 Abs. 2 Satz 2 BewG ermittelt werden muss.[676] Analog wird über § 199 Abs. 2 BewG die Verwendung auch für Personengesellschaften und Einzelunternehmen ermöglicht. Die Nutzung des vereinfachten Ertragswertverfahrens liegt insofern im Ermessen des Steuerpflichtigen und begründet daher ein Wahlrecht.[677] Die Anwendung ist ausgeschlossen, soweit das Verfahren zu einem offensichtlich unzutreffenden Ergebnis führt.[678] Die Voraussetzungen für ein offensichtlich unzutreffendes Ergebnis werden im Gesetz nicht genannt.[679] Aus der Gesetzesbegründung ergibt sich jedoch, dass offensichtlich unzutreffende Ergebnisse dann vorliegen, wenn sich im Rahmen einer Erbauseinandersetzung oder aus zeitnahen Verkäufen, hierzu zählen auch Verkäufe nach dem Bewertungsstichtag, Erkenntnisse über den höheren oder niedrigeren Wert des Unternehmens ergeben.[680] Weiterhin ist das vereinfachte Ertragswertverfahren aus Sicht der Finanzverwaltung für *„komplexe Strukturen von verbundenen Unternehmen"* regelmäßig nicht anwendbar, da es zu unzutreffenden Ergeb-

---

673 Vgl. *Eisele, D.*, Unternehmensbewertung, 2010, S. 79; *Neufang, B.*, Bewertung des Betriebsvermögens, 2009, S. 2005. Zur Bedeutung des vereinfachten Ertragswertverfahrens im Ertragsteuerrecht vgl. *Drosdzol, W.-D.*, Unternehmensbewertung, 2011, S. 1258-1262.

674 Vgl. Vgl. BT-Drs. 16/11107; *Hofmann, G.*, BewG § 199-203, 2009, S. 1562f; *Rohde, A./Gemeinhardt, G.*, Bewertung von Betriebsvermögen, 2009, S. 167. Weiterhin sollte es zunächst zu einer Fixierung von Basiszinssatz und Risikozuschlag in Höhe von 9 % kommen. Vgl. *Kühnold, J.*, Erbschaftsteuerreformgesetz, 2008, S. 82; *von Oertzen, C.*, Unternehmenserbschaftsteuerrecht, 2008, S. 58; *Schmidt, E.*, Reform der Erbschaftsteuer, 2008, S. 244.

675 Vgl. *Neufang, B.*, Bewertung des Betriebsvermögens, 2009, S. 2006; *Hannes, F./Onderka, W.*, Bewertung von Betriebsvermögen, 2008, S. 173; *Eisele, D.*, Erbschaftsteuerliches Bewertungsrecht, 2008, S. 793 f.

676 Vgl. *Demuth, R.*, Erbschaftsteuer- und Schenkungsteuerreform, 2009, S. 9.

677 Vgl. *Wassermann, B.*, Mittelständische Unternehmensbewertung, 2010, S. 183; *Hannes, F./Onderka, W.*, Bewertung von Betriebsvermögen, 2008, S. 174; *Bruckmeier, G.* u. a., Unternehmensbewertung im Erbschaftsteuerrecht, 2011, S. 422; *Piltz, D. J.*, Der gemeine Wert, 2009, S. 20. A. A. *Viskorf, H.-U.*, Rechtsstaatsprinzip, 2009, S. 594 f., der das vereinfachte Ertragswertverfahren in allen Fällen, in denen unter Berücksichtigung der Ertragsaussichten zu bewerten ist, als Regelbewertung ansieht.

678 Vgl. *Hübner, H.*, Erbschaftsteuer-Bewertungserlass, 2009, S. 2582; *Eisele, D.*, Erbschaftsteuerliches Bewertungsrecht, 2008, S. 793.

679 Vgl. dazu ausführlicher *Hinz, M.*, Unternehmensbewertung, 2011, S. 306 f.

680 Vgl. *Balmes, F./Felten, C.*, Hoch bewertet, 2009, S. 259; *Ramb, J.*, Bedarfsbewertung, 2010, S. 3395; *Eisele, D.*, BewG § 199, 2011, S. 7a, Tz. 5.

nissen führt.[681] *Wassermann* hält dazu kritisch fest, dass eine Definition einer komplexen Struktur weder im Gesetz noch in den Erlassen der obersten Finanzbehörden zu finden ist und daher für den Steuerpflichtigen nur schwer erkennbar ist, wann eine komplexe Struktur vorliegt.[682] Im Ergebnis läuft diese Einschränkung daher ins Leere.[683]

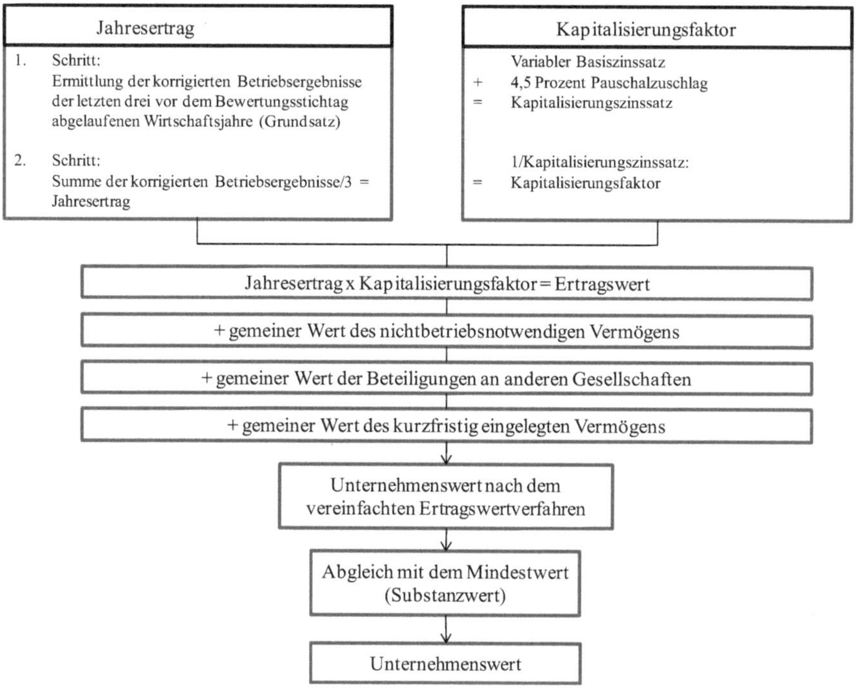

Abbildung 38: Ermittlung des Unternehmenswerts gemäß vereinfachtem Ertragswertverfahren[684]

Konzeptionell handelt es sich bei dem vereinfachten Ertragswertverfahren um ein Mischverfahren[685], welches sich aus einer Ertragswertkomponente und einer Liquidationswertkomponente zusammensetzt (vgl. dazu Abbildung 38). Der Ertragswert ergibt sich mittels Diskontierung des nachhaltigen Jahresertrags, welcher aus den korrigierten Vergangenheitsergebnissen der letzten drei Jahre berechnet wird. Der Barwertberech-

681 Vgl. Ländererlasse, 2009, Abschn. 19, Abs. 5; *Eisele, D.*, Unternehmensbewertung, 2010, S. 80.

682 Vgl. *Wassermann, B.*, Mittelständische Unternehmensbewertung, 2010, S. 186. So auch *Stalleiken, J./Theissen, C.*, Erbschaftsteuer-Bewertungserlass, 2010, S. 26 f.

683 Vgl. *Stalleiken, J./Theissen, C.*, Erbschaftsteuer-Bewertungserlass, 2010, S. 26 f.

684 Quelle: Eigene Darstellung in Anlehnung an *Ramb, J.*, Bedarfsbewertung, 2010, S. 3397; *IHK Hannover (Hrsg.)*, Vereinfachtes Ertragswertverfahren, 2010, S. 6.

685 Vgl. dazu auch die Ausführungen in Kapitel 3.1.2 dieser Arbeit.

nung liegt dabei eine vereinfachte unendliche Rentenannahme zu Grunde,[686] sodass mittels Multiplikation von nachhaltigem Jahresertrag und Kapitalisierungsfaktor der Ertragswert ermittelt werden kann.[687] Zusätzlich zum Ertragswert müssen die gemeinen Werte bestimmter Einzelpositionen (Liquidationswertkomponente) hinzugerechnet werden (§ 200 Abs. 2-4 BewG). Im Einzelnen sind dies das nicht betriebsnotwendige Vermögen (§ 200 Abs. 2 BewG), Beteiligungen (§ 200 Abs. 3 BewG) und das kurzfristig eingelegte Vermögen (§ 200 Abs. 4 BewG), welches auch als junges Vermögen bezeichnet wird.

Der so ermittelte Gesamtunternehmenswert muss weiterhin mit dem Substanzwert verglichen werden, welcher den Mindestwert darstellt.[688] Durch die vereinfachte Ermittlung des nachhaltigen Jahresertrags und der Fixierung des Risikozuschlags nimmt der Gesetzgeber eine Komplexitätsreduktion der Bewertung vor und in diesem Zusammenhang eine Abweichung des geschätzten Werts vom Verkehrswert des Unternehmens in Kauf. So hält die Finanzverwaltung selbst fest, dass die vorgenommenen Typisierungen dazu führen können, dass ein Wert oberhalb oder unterhalb des gemeinen Werts ermittelt werden kann.[689] Es ist zu vermuten, dass eine Bewertung zum gemeinen Wert durch das vereinfachte Ertragswertverfahren nur in Ausnahmefällen ermöglicht wird.[690] Auf eine detaillierte Gegenüberstellung von klassischem und vereinfachtem Ertragswertverfahren wird an dieser Stelle verzichtet, da in Kapitel 4.1 darauf detailliert eingegangen wird.

3.3.3.2 Bewertungsrelevante Überschüsse

Grundlage der Bewertung gemäß vereinfachtem Ertragswertverfahren bildet der zukünftig zu erzielende nachhaltige Jahresertrag gemäß § 201 BewG i.V.m. § 202 BewG. Wie sich aus der Formulierung ergibt, wird eine zukunftsorientierte Sichtweise angenommen, denn es soll der zukünftige Jahresertrag ermittelt werden (§ 201 Abs. 1 Satz 1 BewG).[691] Fehlt es jedoch an zukunftsorientierten Finanzplandaten, hiervon kann bei KMU regelmäßig ausgegangen werden, ist der Zukunftsertrag anhand des in

686 Vgl. *Hofmann, G.*, BewG § 199-203, 2009, S. 1563; *Hinz, M.*, Unternehmensbewertung, 2011, S. 308.

687 Vgl. *Balmes, F./Felten, C.*, Hoch bewertet, 2009, S. 259.

688 Vgl. zur Problematik des Substanzwertbegriffs ausführlich die Ausführungen in Kapitel 3.3.2.4 dieser Arbeit.

689 Vgl. Ländererlasse, 2009, Abschn. 19, Abs. 3.

690 Vgl. dazu die Analyse in Kapitel 4.2 dieser Arbeit.

691 Damit lehnt sich das vereinfachte Ertragswertverfahren auch an die Ermittlung des Ertragshundertsatzes im Rahmen des Stuttgarter Verfahrens an. Vgl. *Eisele, D.*, Unternehmensbewertung, 2010, S. 81.

der Vergangenheit erzielten Durchschnittsertrags zu schätzen.[692] Dieses wird auch durch § 201 Abs. 1 Satz 2 BewG bestätigt, indem darauf hingewiesen wird, dass der in der Vergangenheit tatsächlich erzielte Durchschnittsertrag eine Beurteilungsgrundlage für den zukünftig nachhaltigen Jahresertrag bilden kann.

Durch den regelmäßig notwendigen Rückgriff auf Vergangenheitsdaten wird die zukunftsorientierte Sichtweise im Rahmen des vereinfachten Ertragswertverfahrens schlussendlich aufgegeben. § 202 Abs. 2 BewG konkretisiert die Ermittlung des Durchschnittsertrags.[693] Gemäß diesem ergibt sich der Durchschnittsertrag aus dem gleichgewichteten Mittel der Betriebsergebnisse der letzten drei vor dem Bewertungsstichtag abgelaufenen Wirtschaftsjahre (§ 201 Abs. 2 Satz 1 BewG).[694] Ist das noch nicht abgelaufene Wirtschaftsjahr für die Herleitung des nachhaltigen Jahresertrags von Bedeutung, so ist dieses anstelle des drittletzten Wirtschaftjahres in die Berechnung aufzunehmen (§ 201 Abs. 2 Satz 2 BewG). § 201 Abs. 3 BewG führt zudem Fälle auf, in denen von den vorgenannten Berechnungsmodalitäten abzuweichen ist. Im Einzelnen führt eine Veränderung des Charakters des Unternehmens oder eine Neugründung zu einer Verkürzung des Ermittlungszeitraums (§ 201 Abs. 3 Satz 1 BewG). Weiterhin ist in Fällen der Umwandlung, der Einbringung und bei Umstrukturierungen von den früheren Betriebsergebnissen des Unternehmens auszugehen (§ 200 Abs. 3 Satz 2 BewG). Etwaige Effekte aufgrund eines Wechsels der Rechtsform sind ebenfalls zu korrigieren (§ 201 Abs. 3 Satz 3 BewG).

Die der Ermittlung des Durchschnittsertrags zu Grunde liegenden Betriebsergebnisse basieren auf den steuerlichen Betriebsergebnissen nach § 4 Abs. 1 Satz 1 EStG und werden um die in § 202 BewG vorgegebenen Bereinigungen korrigiert.[695] In den Fällen des § 4 Abs. 3 EStG bildet der Überschuss der Betriebseinnahmen über die Betriebsausgaben den Ausgangswert.[696]

Wesentliches Ziel der Bereinigungen ist es, Aufwands- und Ertragspositionen zu eliminieren, mit deren zukünftiger Wiederholung nicht gerechnet wird, bzw. deren Charakter einmalig ist.[697] Die Korrekturen entsprechen dabei im Wesentlichen den auch in

---

692 Vgl. *Demuth, R.*, Erbschaftsteuer- und Schenkungsteuerreform, 2009, S. 9; *Rohde, A./Gemeinhardt, G.*, Bewertung von Betriebsvermögen, 2009, S. 169; *Ramb, J.*, Bedarfsbewertung, 2010, S. 3397; *Eisele, D.*, BewG § 201, 2011, S.1, Tz. 1.

693 Vgl. hier und im Folgenden *Rose, G./Watrin, C.*, Erbschaftsteuer, 2009, S. 128.

694 Damit wird auf eine unterschiedliche Gewichtung der einzelnen Jahre, wie noch im Rahmen des Stuttgarter Verfahrens, verzichtet. Vgl. *Eisele, D.*, Unternehmensbewertung, 2010, S. 81 f.; *Rohde, A./Gemeinhardt, G.*, Bewertung von Betriebsvermögen, 2009, S. 169.

695 Vgl. *Rose, G./Watrin, C.*, Erbschaftsteuer, 2009, S. 128.

696 Vgl. *Balmes, F./Felten, C.*, Hoch bewertet, 2009, S. 259.

697 Vgl. *Piltz, D. J.*, Unternehmensbewertung im Erbschaftsteuerrecht, 2008, S. 750.

einer betriebswirtschaftlichen Bewertung durchgeführten Korrekturen zur Bereinigung der Vergangenheitsergebnisse.[698]

	Ausgangswert zur Ermittlung des Betriebsergebnisses: Gewinn i. S. d. § 4 Abs. 1 Satz 1 EStG	§ 202 Abs. 1 Satz 1 BewG
+	Investitionsabzugsbeträge, Sonderabschreibungen oder erhöhte Absetzungen, Bewertungsabschläge (soweit über das normale Maß hinausgehend), Zuführung zu steuerfreien Rücklagen sowie Teilwertabschreibungen	§ 202 Abs. 1 Nr. 1 lit. a) BewG
+	Absetzungen auf den Geschäfts- oder Firmenwert oder auf firmenwertähnliche Wirtschaftsgüter	§ 202 Abs. 1 Nr. 1 lit. b) BewG
+	Einmalige Veräußerungsverluste sowie außerordentliche Aufwendungen	§ 202 Abs. 1 Nr. 1 lit. c) BewG
+	Im Gewinn nicht enthaltene Investitionszulagen, soweit in Zukunft mit weiteren zulagebegünstigten Investitionen im gleichen Umfang gerechnet werden kann	§ 202 Abs. 1 Nr. 1 lit. d) BewG
+	Ertragsteueraufwand (KSt, Zuschlagsteuern, GewSt)	§ 202 Abs. 1 Nr. 1 lit. e) BewG
+	Aufwendungen, die im Zusammenhang stehen mit Vermögen i. S. d. § 200 Abs. 2 und Abs. 4 BewG und übernommene Verluste aus Beteiligungen i. S. d. § 200 Abs. 2 bis 4 BewG	§ 202 Abs. 1 Nr. 1 lit. f) BewG
=	Zwischensumme	
-	Gewinnerhöhende Auflösungsbeträge steuerfreier Rücklagen sowie Gewinne aus der Anwendung des § 6 Abs. 1 Nr. 1 Satz 4 und Nr. 2 Satz 3 EStG	§ 202 Abs. 1 Nr. 2 lit. a) BewG
-	Einmalige Veräußerungsgewinne sowie außerordentliche Erträge	§ 202 Abs. 1 Nr. 2 lit. b) BewG
-	Im Gewinn enthaltene Investitionszulagen, soweit in Zukunft nicht mit weiteren zulagebegünstigten Investitionen in gleichem Umfang gerechnet werden kann	§ 202 Abs. 1 Nr. 2 lit. c) BewG
-	Angemessener Unternehmerlohn, soweit in der bisherigen Ergebnisrechnung kein solcher berücksichtig worden ist	§ 202 Abs. 1 Nr. 2 lit. d) BewG
-	Erträge aus der Erstattung von Ertragsteuern (KSt, Zuschlagsteuern und GewSt)	§ 202 Abs. 1 Nr. 2 lit. e) BewG
-	Erträge, die im Zusammenhang stehen mit Vermögen i. S. d. § 200 Abs. 2 bis Abs. 4 BewG	§ 202 Abs. 1 Nr. 2 lit. f) BewG
=	Zwischensumme	
+/-	Weitere Hinzurechnungen und Kürzungen	§ 202 Abs. 1 Nr. 3 BewG
=	Zwischensumme	
-	Zur Abgeltung des Ertragsteueraufwands ist ein positives Betriebsergebnis um 30 % zu mindern (unabhängig von der Rechtsform)	§ 202 Abs. 3 BewG
=	**Bereinigtes Betriebsergebnis**	

Abbildung 39: Ermittlungsschema des bereinigten Betriebsergebnisses[699]

So soll ein quasi „normalisiertes" Betriebsergebnis ermittelt werden. Große Teile der Korrekturen sind dabei deckungsgleich zur Bereinigung im Rahmen des alten Stuttgar-

698 Vgl. *Knief, P./Weippert, K.*, Bewertungsgesetz, 2010, S. 1 f.

699 Quelle: Eigene Darstellung auf Basis von § 202 BewG.

ter Verfahrens.[700] Weiterhin sind Korrekturen vorzunehmen, die sich aus der Einzelbewertung gemäß § 200 Abs. 2-4 BewG ergeben.[701] So sind Aufwendungen und Erträge, die im Zusammenhang mit nicht betriebsnotwendigem Vermögen und jungen Wirtschaftsgütern stehen, zu eliminieren (§ 202 Abs. 1 Nr. 1 lit f) BewG i.V.m § 202 Abs. 1 Nr. 2 lit f) BewG). Ausgenommen von dieser Nettokorrektur ist das Beteiligungsvermögen, bei dem lediglich die Erträge voll zu eliminieren sind; auf der Aufwandsseite hingegen werden nur Beteiligungsverluste korrigiert, die Finanzierungskosten der Beteiligung werden nicht korrigiert.[702] Weiterhin sind gemäß § 202 Abs. 1 Nr. 3 BewG auch sonstige wirtschaftlich nicht begründete Vermögensminderungen oder -erhöhungen zu korrigieren. Das so ermittelte Ergebnis ist weiterhin um einen pauschalen Ertragsteueraufwand von 30 % zu mindern.[703] Eine umfängliche Übersicht der vorgeschriebenen Bereinigungen ist Abbildung 39 zu entnehmen.

3.3.3.3 Kapitalisierungszinssatz

§ 200 Abs. 1 BewG gibt vor, dass sich der Ertragswert des vereinfachten Ertragswertverfahrens mittels Multiplikation des nachhaltigen Jahresertrags mit dem Kapitalisierungsfaktor nach § 203 BewG ergibt.[704] Der Kapitalisierungsfaktor ist dabei der Kehrwert des Kapitalisierungszinssatzes. Dieser setzt sich im vereinfachten Ertragswertverfahren gemäß § 203 Abs. 1 BewG aus einem variablen Basiszinssatz und einem fixen Zuschlag von 4,5 % zusammen.[705] § 203 Abs. 2 BewG konkretisiert dabei die Ermittlung des Basiszinssatzes nur ungenau. Es wird lediglich angegeben, dass der Basiszins aus den langfristig erzielbaren Renditen öffentlicher Anleihen abzuleiten ist. Welche Wertpapiere dies im Einzelnen sind, insbesondere welche Laufzeit[706] der Wertpapiere zu berücksichtigen ist, wird nicht weiter bestimmt. In § 203 Abs. 2 Satz 2 BewG wird ergänzend ausgeführt, dass der Zinssatz zu verwenden ist, der zum jeweiligen ersten Börsenhandelstag von der Bundesbank bestimmt und durch das Bundesfinanzministerium bekannt gegeben wird. Dieser gilt dann unabhängig vom tat-

700 Vgl. *Ramb, J.*, Bedarfsbewertung, 2010, S. 3398; *Eisele, D.*, BewG § 202, 2011, S. 4, Tz. 3.
701 Vgl. dazu die Ausführungen in Kapitel 3.3.3.4 dieser Arbeit.
702 Vgl. *Eisele, D.*, BewG § 202, 2011, S. 5, Tz. 4.
703 Bei Kapitalgesellschaften entspricht dies einer Belastung von KSt (15 %), Soli (5,5 % von 15 %) und Gewerbesteuer (14,175 %). Es wird damit implizit ein Gewerbesteuerhebesatz von 405 % unterstellt. Vgl. zur Problematik des Steuersatzes für Personengesellschaften *Rohde, A./ Gemeinhardt, G.*, Bewertung von Betriebsvermögen, 2009, S. 170.
704 Vgl. *Eisele, D.*, Unternehmensbewertung, 2010, S. 84.
705 Vgl. *Watrin, C./Rieger, S.*, Erbschaftsteuerrefrom, 2008, S. 28.
706 Vgl. zur Diskussion um die richtige Laufzeit für die betriebswirtschaftliche Bestimmung von Basiszinssätzen Kapitel 3.2.2.1 dieser Arbeit.

sächlichen Bewertungsstichtag für das gesamte Jahr.[707] Ausweislich der vom BMF bekannt gegebenen Zinssätze handelt es sich bei diesen um aus der Zinsstrukturkurve von Bundeswertpapieren mit jährlicher Kuponzahlung und einer Restlaufzeit von 15 Jahren abgeleiteten Zinssätzen zum ersten Börsenhandelstag des Jahres.[708]

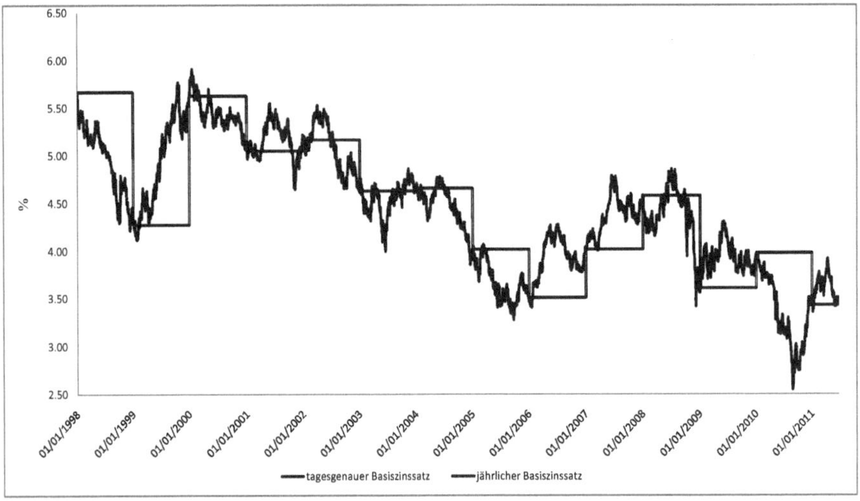

Abbildung 40: Vergleich jährlicher und tagesgenauer Basiszinssätze laut BewG[709]

Die Festschreibung des Basiszinssatzes erscheint aus Vereinfachungsgründen durch die Finanzverwaltung vorgenommen worden zu sein, hält aber einer genaueren Überprüfung nicht stand. So führt dies zunächst zu keiner Vereinfachung, da die Basiszinssätze tagesgenau über die Homepage der Bundesbank abzurufen sind und daher für jeden frei zugänglich sind. Das sich aus der Festschreibung ergebende konzeptionelle Problem erscheint schwerwiegender. Durch die jahresbezogene Normierung können unterjährige Veränderungen der Renditen im Rahmen der Bewertung durch das vereinfachte Ertragswertverfahren nicht nachvollzogen werden. Die folgende Abbildung 40 verdeutlicht diesen Effekt für den Zeitraum 1998 bis 2011. Dort sind der Basiszinssatz als Jahresanfangswert und die tagesgenauen Basiszinssätze abgetragen. Es ist zu erkennen, dass unterjährig Schwankungen vorkommen, die bewertungsrele-

707 Vgl. *Gerber, C./König, J.*, ErbStRG, 2009, S. 1269; *Kohl, T./Schilling, D.*, Erbschaftsteuer- und Bewertungsrecht, 2008, S. 914 f.

708 Vgl. die Zeitreihe http://www.bundesbank.de/statistik/statistik_zeitreihen.php?open=%20&func=%20row&tr=WT3414.

709 Quelle: Eigene Darstellung auf Basis von Daten der deutschen Bundesbank.

vant sein können.[710] Insgesamt ist daher festzuhalten, dass die jährliche Fixierung weder aus Gründen der Praktikabilität noch unter bewertungstheoretischen Gesichtspunkten sinnvoll ist.[711]

Weiteres zentrales Element ist der (Risiko-)Zuschlag in Höhe von 4,5 %. Diese Typisierung soll sowohl das operative Unternehmensrisiko als auch etwaige Fungibilitätszuschläge, Wachstumsabschläge und inhaberabhängige Faktoren berücksichtigen.[712] Die Fixierung des Risikozuschlags sieht sich dabei erheblichen Bedenken ausgesetzt.[713] So muss beachtet werden, dass die Vorgabe des BVerfG eine Bewertung zum gemeinen Wert und damit zum Verkehrswert fordert. Wird ein fester Risikozuschlag vorgegeben, so kann dieses Risiko höchstens zufällig mit dem unternehmensspezifischen Risiko übereinstimmen. Eine Bewertung zum Verkehrswert ist folglich nur zufällig möglich.

Auf einen detaillierteren Vergleich von steuerlicher und betriebswirtschaftlicher Risikobestimmung wird an dieser Stelle verzichtet, da diese in Kapitel 4.1.2 vorgenommen wird.

3.3.3.4 Gesondert zu bewertende Wirtschaftsgüter

Neben der Ertragswertkomponente geht in die Bestimmung des Unternehmenswerts auf Basis des vereinfachten Ertragswertverfahrens auch eine Liquidationswertkomponente ein. Bei diesen gesondert zu bewertenden Wirtschaftsgütern handelt es sich nach Ansicht des Gesetzgebers um nicht durch den Ertragswert abgegoltene Werte. Es erfolgt daher eine gesonderte Hinzurechnung zum Ertragswert.[714]

Gemäß § 200 Abs. 2 BewG sind Wirtschaftsgüter und die mit diesen in Zusammenhang stehenden Schulden, welche aus dem zu bewertenden Unternehmen herausgelöst werden können, ohne die eigentliche Unternehmenstätigkeit zu beeinflussen, mit dem

[710] So auch *Schiffers, J.*, Bewertung von Unternehmensvermögen, 2009, S. 554; *Hinz, M.*, Unternehmensbewertung, 2011, S. 310; *Gerber, C./König, J.*, Vereinfachtes Ertragswertverfahren, 2010, S. 349.

[711] Vgl. *Ballwieser, W.*, Unternehmensbewertung, 2011, S. 162 f. Zum Problem der Laufzeit vgl. die Ausführungen in Kapitel 4.1.2. dieser Arbeit.

[712] Vgl. BT-Drs. 16/11107, S. 24.

[713] Vgl. *Kohl, T.*, Bewertungsrecht, 2009, S. 558; *Dirrigl, H.*, Unternehmensbewertung, 2009, S. B59; *Neufang, B.*, Bewertung des Betriebsvermögens, 2009, S. 2010; *Gerber, C./König, J.*, ErbStRG, 2009, S. 1271; *Lang, J.*, Erbschaft- und Schenkungsteuer, 2008, S. 195. Zunächst war auch eine Fixierung des Risikozuschlags über das vereinfachte Ertragswertverfahren hinaus, also auf alle ertragsorientierten Verfahren vorgesehen. Vgl. *Rohde, A./Gemeinhardt, G.*, Bewertung von Betriebsvermögen, 2009, S. 171.

[714] Vgl. *Halaczinsky, R.*, Bewertung des Betriebsvermögens, 2009, S. 81; *Rohde, A./Gemeinhardt, G.*, Bewertung von Betriebsvermögen, 2009, S. 169; *Ramb, J.*, Bedarfsbewertung, 2010, S. 3401.

eigenständigen gemeinen Wert anzusetzen.[715] Diese Definition des nicht betriebsnotwendigen Vermögens führt dazu, dass insoweit ein Nettoansatz des Vermögens vorgenommen wird.[716] Zu beachten ist, dass das nicht betriebsnotwendige Vermögen im betriebsindividuellen Kontext zu bestimmen ist und daher keine zwingende Deckungsgleichheit mit dem ertragsteuerlich gewillkürten Betriebsvermögen bzw. mit dem Verwaltungsvermögen i. S. d. § 13 b Abs. 2 ErbStG vorliegen muss.[717] Wie in Kapitel 3.3.3.2 dargestellt, sind die mit diesem Vermögen zusammenhängenden Erträge und Aufwendungen bei der Bestimmung des nachhaltigen Jahresertrags zu eliminieren, um eine doppelte Berücksichtigung zu verhindern.[718] Zu beachten ist weiterhin, dass auf die festgestellten gemeinen Werte keine latente Steuer zu berechnen ist.[719]

Weiterhin sind gemäß § 200 Abs. 3 BewG Beteiligungen an anderen Unternehmen (Personen- und Kapitalgesellschaften) dem vereinfachten Ertragswert hinzuzurechnen.[720] Es ist zu beachten, dass Beteiligungen, die dem nicht betriebsnotwendigen Vermögen zuzurechnen sind, von § 200 Abs. 3 BewG nicht mehr betroffen sind, da diese bereits gemäß § 200 Abs. 2 BewG bewertet wurden. Im Gegensatz zur Bewertung von nicht betriebsnotwendigem Vermögen wird bei der Bewertung von Beteiligungen lediglich eine Korrektur der Erträge der Beteiligungen vorgenommen, die (Finanzierungs-) Aufwendungen hingegen werden nicht korrigiert.[721] Es erfolgt insoweit kein Nettoansatz, sondern eine Bruttobewertung. Die Notwendigkeit der eigenständigen Bewertung ergibt sich dabei insbesondere aus den Fällen, in welchen die Tochtergesellschaften keine Ausschüttungen vorgenommen haben;[722] sie wären damit im Ertragswert nicht enthalten und würden nicht besteuert.[723] Für Fälle, in denen die Beteiligung im wirtschaftlichen Sinne unbedeutend ist, kann auf eine eigenständige Bewertung verzichtet werden.[724] Bei vorliegen dieser Voraussetzung kann der Wert der Beteiligung vereinfachend mittels Multiplikation der durchschnittlichen Bruttoausschüt-

---

715 Vgl. *Neufang, B.*, Bewertung des Betriebsvermögens, 2009, S. 2011; *Eisele, D.*, Unternehmensbewertung, 2010, S. 80.

716 Vgl. *Radeisen, R. R.*, Erbschaftsteuerreform, 2009, S. 17; *Neufang, B.*, Bewertung des Betriebsvermögens, 2009, S. 2011.

717 Vgl. *Stalleiken, J./Theissen, C.*, Erbschaftsteuer-Bewertungserlass, 2010, S. 25; *Eisele, D.*, BewG § 200, 2011, S. 3, Tz. 3.

718 Vgl. *Eisele, D.*, Erbschaftsteuerliches Bewertungsrecht, 2008, S. 794.

719 Vgl. *Dörner, A.*, Problemfelder der Unternehmensbewertung, 2009, S. 6.

720 Vgl. *Eisele, D.*, Erbschaftsteuerliches Bewertungsrecht, 2008, S. 794 f.

721 Vgl. *Mannek, W.*, Diskussionsentwurf, 2008, S. 424.

722 Vgl. *Eisele, D.*, Erbschaftsteuerliches Bewertungsrecht, 2008, S. 794.

723 Vgl. *Eisele, D.*, BewG § 200, 2011, S. 4, Tz. 4. Vgl. zur Bewertung im Rahmen mehrstufiger Beteiligungsstrukturen *Hannes, F./Onderka, W.*, Bewertung und Verschonung, 2009, S. 422; *Eisele, D.*, BewG § 200, 2011, S. 4, Tz. 5.

724 Vgl. *Neufang, B.*, Bewertung des Betriebsvermögens, 2009, S. 2011.

tungen der letzten drei Jahre mit dem Kapitalisierungsfaktor nach § 203 BewG bestimmt werden; als Untergrenze gilt der Steuerbilanzwert der Beteiligung.[725]

Durch § 200 Abs. 4 BewG ergibt sich zudem die Pflicht der eigenständigen Bewertung von innerhalb von zwei Jahren vor dem Bewertungsstichtag eingelegten Wirtschaftgütern. Diese auch als „junge“ Wirtschaftsgüter bezeichneten Vermögensgegenstände werden mit dem eigenständigen gemeinen Wert angesetzt. Da sowohl Aufwendungen als auch Erträge, die mit diesen Vermögensgegenständen in Zusammenhang stehen, eliminiert werden, erfolgt hier wieder ein Nettoansatz. Intention dieser Einzelbewertung ist die Verhinderung der Einlage von Vermögensgegenständen mit niedrigen Ertragswerten und hohen gemeinen Werten; insofern handelt es sich zunächst um eine Missbrauchsbekämpfungsvorschrift.[726] Weiterhin darf nicht außer Acht gelassen werden, dass das vereinfachte Ertragswertverfahren auf vergangenen Erträgen basiert und daher die durch neu eingelegte Wirtschaftsgüter in der Zukunft realisierten Erträge noch nicht berücksichtigt werden. So ist das vereinfachte Ertragswertverfahren rein konzeptionell nicht in der Lage, die Beiträge der jungen Wirtschaftsgüter zum gemeinen Wert des Unternehmens abzubilden.[727] Die Korrektur wird damit zum einen zur Bekämpfung des Missbrauchs benötigt, zum anderen ist sie aufgrund der Vergangenheitsorientierung rein methodisch grundsätzlich notwendig.[728]

---

[725] Vgl. Ländererlasse, 2009, Abschn. 20, Abs. 4.

[726] Vgl. *Watrin, C./Rieger, S.*, Erbschaftsteuerrefrom, 2008, S. 4; *Hübner, H.*, Erbschaftsteuerreformgesetz, 2009, S. 6; *Mannek, W.*, Diskussionsentwurf, 2008, S. 424; *Wälzholz, E.*, Anteils- und Betriebsvermögen, 2008, S. 141; *Ramb, J.*, Bedarfsbewertung, 2010, S. 3403.

[727] Vgl. *Creutzmann, A.*, Unternehmensbewertung im Steuerrecht, 2008, S. 2789.

[728] Nicht notwendig ist sie etwa, wenn Ersatzinvestitionen durch solche Einlagen von Produktionsfaktoren substituiert werden. In diesen Fällen kommt es zu einer doppelten Berücksichtigung. So auch *Dörner, A.*, Problemfelder der Unternehmensbewertung, 2009, S. 6.

4 Empirische Untersuchung zwischen klassischem und steuerlich zulässigem vereinfachten Ertragswertverfahren

4.1 Vergleich zwischen klassischem und vereinfachtem Ertragswertverfahren

Im Folgenden wird eine kurze Gegenüberstellung der Gemeinsamkeiten und Unterschiede zwischen der betriebswirtschaftlichen Bewertung (klassisches Ertragswertverfahren) und der steuerlichen Bewertung (vereinfachtes Ertragswertverfahren) vorgenommen, um mögliche Abweichungsursachen zwischen diesen herauszustellen.

4.1.1 Bewertungsrelevante Überschüsse

Grundlage der betriebswirtschaftlichen Unternehmensbewertung sind die den Anteilseignern zufließenden prognostizierten zukünftigen Überschüsse.[729] Basis dieser Prognose bildet die Analyse der Vergangenheit, auf deren Grundlage die Planung vorgenommen wird.[730] Im Rahmen der Vergangenheitsanalyse wird eine Bereinigung der Erträge und Aufwendungen um einmalige Effekte vorgenommen, um möglichst unverzerrte Vergangenheitsergebnisse zu erhalten. Aufbauend auf der Vergangenheitsanalyse wird im nächsten Schritt eine detaillierte Planung der zukünftigen Erträge und Aufwendungen vorgenommen. Dabei wird regelmäßig auf die Phasenmethode zurückgegriffen, bei der in der ersten Phase (Detailplanungszeitraum) eine genaue Planung der Ertrags- und Aufwandsgrößen erfolgt.[731] Daran anschließend wird eine Fortschreibung unter Berücksichtigung der Tendenzwirkungen vorgenommen.[732]

Grundlage der Bewertung gemäß vereinfachtem Ertragswertverfahren bildet der zukünftig zu erzielende nachhaltige Jahresertrag gemäß § 201 BewG i. V. m. § 202 BewG.[733] Im Gegensatz zur betriebswirtschaftlichen Bewertung wird dieser jedoch nicht zukunftsorientiert ermittelt, sondern direkt aus Vergangenheitsdaten bestimmt. Zwar kommt es so auch zu einer Vergangenheitsanalyse und es wird ebenfalls, grundsätzlich konform mit der betriebswirtschaftlichen Bewertung,[734] eine Bereinigung um außerordentliche Vorfälle vorgenommen; allerdings unterbleibt die sich daran in der betriebswirtschaftlichen Bewertung anschließende Planung der zukünftigen Erträge.[735]

---

729 Vgl. *Matschke, M. J./Brösel, G.*, Unternehmensbewertung, 2007, S. 235 ff.; *Ballwieser, W.*, Unternehmensbewertung, 2011, S. 13 und S. 47; *Ernst, D.* u. a., Unternehmensbewertungen verstehen, 2010, S. 36. Vgl. auch die Ausführungen in Kapitel 3.2.1 dieser Arbeit.

730 Vgl. *Serf, C.*, Ertragswertverfahren, 2009, S. 174; IDW S 1 i. d. F. 2008, Tz. 72.

731 Vgl. IDW S 1 i. d. F. 2008, Tz. 77.

732 Vgl. IDW S 1 i. d. F. 2008, Tz. 78.

733 Vgl dazu die detaillierten Ausführungen in Kapitel 3.3.3.2 dieser Arbeit.

734 Vgl. dazu weiterführend die Ausführungen in Kapitel 3.3.3.2 dieser Arbeit.

735 Vgl. *Ruiz de Vargas, S./Zollner, T.*, Erbschaftsteuer, 2010, S. 3.

Betrachtet man diesen Aspekt unter der Bewertungmaxime des gemeinen Werts und damit das Ziel einer Verkehrswertermittlung, so ist festzuhalten, dass ein Käufer den Wert eines Unternehmens nicht daran bestimmt, welche Erfolge das Unternehmen in der Vergangenheit realisiert hat, sondern welche Zuflüsse er in der Zukunft aus dem Unternehmen zu erwarten hat.[736] Damit ist die Verwendung reiner Vergangenheitsdaten im Rahmen des vereinfachten Ertragswertverfahrens, auch unter dem Aspekt der Vereinfachung, als unzureichend anzusehen.

Neben diesem zeitlichen Aspekt ist zu beachten, dass die Bewertung im Rahmen des vereinfachten Ertragswertverfahrens auf den steuerlichen Betriebsergebnissen nach § 4 Abs. 1 Satz 1 EStG bzw. § 4 Abs. 3 EStG basiert und nicht auf handelsrechtlichen und damit ausschüttbaren Ergebnissen, wie im Rahmen der betriebswirtschaftlichen Bewertung üblich.[737] Kommt es daher zu Abweichungen zwischen Handels- und Steuerbilanz, ist auch dieser Effekt wertverzerrend. Für KMU ist allerdings zu berücksichtigen, dass diese in der Vielzahl der Fälle Einheitsbilanzen aufstellen bzw. aufgestellt haben und bei diesen zumindest für die Vergangenheit der geschilderte Effekt vernachlässigbar sein sollte. Durch die Einführung des BilMoG ist allerdings davon auszugehen, dass sich die Abweichungen verstärken werden und es zu einer größeren Verzerrung kommen wird.[738]

Zusätzlich ist die unterstellte Steuerbelastung (auf Ebene der Gesellschaft und auf Ebene der Gesellschafter) der Überschüsse zu thematisieren. Da das vereinfachte Ertragswertverfahren rechtsformneutral ausgestaltet sein soll, wird sowohl für Kapitalgesellschaften als auch für Personengesellschaften ein pauschaler Ansatz von 30 % vorgenommen (§ 202 Abs. 3 BewG). Für Kapitalgesellschaften spiegelt dieser die Definitivbelastung mit Körperschaftsteuer und Gewerbesteuer auf Ebene der Gesellschaft wider, ohne die persönliche Steuerbelastung zu berücksichtigen. Dieser Ansatz ist zunächst grundsätzlich zu kritisieren,[739] da es bei der Bewertung im Erbschaftsteuerrecht auf die Bereicherung des einzelnen Erben und damit auf die ihm zufließenden finanziellen Überschüsse (nach persönlichen Steuern) ankommt.[740] Methodisch ist diese Vorgehensweise zumindest für Kapitalgesellschaften als noch vertretbar anzusehen, da der

736 Vgl. *Moxter, A.*, Die sieben Todsünden, 1977, S. 254; *Hinz, M.*, Unternehmensbewertung, 2011, S. 308 f.

737 Vgl. *Rose, G./Watrin, C.*, Erbschaftsteuer, 2009, S. 128; *Balmes, F./Felten, C.*, Hoch bewertet, 2009, S. 259; *Ruiz de Vargas, S./Zollner, T.*, Erbschaftsteuer, 2010, S. 3.

738 So auch *Ruiz de Vargas, S./Zollner, T.*, Erbschaftsteuer, 2010, S. 3; *Vollmuth, H. J.*, Bilanzen richtig lesen, 2009, S. 396. Vgl. dazu auch die Ausführungen in Kapitel 4.2.3.1.1 dieser Arbeit.

739 Vgl. zur Berücksichtigung persönlicher Steuern, insbesondere zur Steueräquivalenz, *Moxter, A.*, Grundsätze ordnungsmäßiger Unternehmensbewertung, 1983, S. 177 ff.

740 Vgl. *Spengel, C./Elschner, C.*, Bewertung von Betriebsvermögen, 2008, S. 410.

Gesetzgeber implizit eine dem IDW S 1 i. d. F. 2008 ähnliche mittelbare Typisierung der Einkommensteuer in der Bewertung unterstellt.[741] Dies bedeutet, dass sich die Steuerbelastung in der Ertragsgröße und im Kapitalisierungszinssatz ausgleichen, also eine vergleichbare persönliche Besteuerung der finanziellen Überschüsse und der Alternativanlage unterstellt wird.[742]

Bei Personengesellschaften wird durch den einheitlichen Steuersatz implizit ein Steuersatz unter Berücksichtigung der Thesaurierungsbegünstigung (§ 34a EStG) sowie der Anrechnung der Gewerbesteuer (§ 35 EStG) unterstellt.[743] So sprechen einige Autoren davon, dass keine persönlichen Steuern berücksichtigt werden.[744] Damit unterstellen die Autoren, dass es sich bei der gezahlten Steuer für die Thesaurierung nicht um persönliche Steuern auf Gewinne handelt.[745] Dieses wirft die Frage auf, ob die vorgenommene Vereinfachung des Gesetzgebers, die persönliche Besteuerung auszublenden und die Steuerbelastung lediglich unter der Annahme der vollständigen Thesaurierung zu ermitteln, mit der Realität übereinstimmt. *Spengel/Elschner* stellen heraus, dass die Thesaurierungsbegünstigung nur in wenigen Fällen angewendet wird.[746] Daher erscheint die Annahme der vollständigen Thesaurierung fragwürdig. Weiterhin ist eine Unternehmenswertermittlung bei Personengesellschaften ohne Berücksichtigung persönlicher Steuern kritisch zu sehen. Der IDW S 1 i. d. F. 2008 fordert in diesem Kontext stets die unmittelbare Berücksichtigung der persönlichen Steuerbelastung.[747] Die vorgenommene Vereinfachung des Gesetzgebers, die persönliche Besteuerung bei Personengesellschaften zu vernachlässigen und sie fiktiv wie Kapitalgesellschaften zu besteuern, ist daher aus betriebswirtschaftlicher Sicht nicht zutreffend.[748]

---

741 Ähnlich, wenn auch mit anderer Begründung *Hinz, M.*, Unternehmensbewertung, 2011, S. 318.

742 Vgl. zur mittelbaren Typisierung im IDW S 1 i. d. F. 2008, Tz. 30; *Wagner, W.* u. a., Unternehmensbewertungsgrundsätze, 2008, S. 734. Eine weitergehende Analyse der Steuerwirkungen im Kapitalisierungszinssatz wird in Kapitel 4.1.2 dieser Arbeit vorgenommen.

743 Vgl. *Kühnold, J./Mannweiler, M.*, Bewertung des Betriebsvermögens, 2008, S. 172; *Neufang, B.*, Bewertung des Betriebsvermögens, 2009, S. 2009; *Hannes, F./Onderka, W.*, Bewertung von Betriebsvermögen, 2008, S. 175. Indirekt geht auch *Scheffler, W.*, Einfluss der Rechtsform, 2009, S. 2471 von einer Berücksichtigung persönlicher Steuern im pauschalierten Ertragsteueraufwand aus.

744 Vgl. *Piltz, D. J.*, Unternehmensbewertung im Erbschaftsteuerrecht, 2008, S. 751; *Ruiz de Vargas, S./Zollner, T.*, Erbschaftsteuer, 2010, S. 4.

745 Kritisch dazu *Hinz, M.*, Unternehmensbewertung, 2011, S. 318, der festhält, dass bei Personengesellschaften lediglich die Gewerbesteuer auf Unternehmensebene anfällt.

746 Vgl. *Spengel, C./Elschner, C.*, Bewertung von Betriebsvermögen, 2008, S. 410.

747 Vgl. IDW S 1 i. d. F. 2008, Tz. 47. So spricht sich bereits *Moxter, A.*, Grundsätze ordnungsmäßiger Unternehmensbewertung, 1983, S. 177 für die Berücksichtigung persönlicher Steuern im Bewertungskalkül aus.

748 Aus Vereinfachungsgründen wird in der praxisnahen Literatur allerdings auch eine Bewertung von Personengesellschaften unter der Annahme der Besteuerung von Kapitalgesellschaften vorgeschlagen. Vgl. *Jonas, M.*, Bewertung mittelständischer Unternehmen, 2011, S. 302 f.

Neben den konzeptionellen Problemen ist die Höhe des Steuersatzes zu hinterfragen. Für Kapitalgesellschaften mag der Steuersatz von 30 % nach der Unternehmensteuerreform 2008 zumindest eine Annäherung an die tatsächliche Steuerbelastung auf Unternehmensebene (Körperschaftsteuer, Solidaritätszuschlag, Gewerbesteuer) sein, für Personengesellschaften und Einzelunternehmer hingegen (Einkommensteuer, Solidaritätszuschlag, Gewerbesteuer) ist davon auszugehen, dass unter Berücksichtigung der persönlichen Steuern, eine zu niedrige Steuerbelastung angenommen wird.[749] In den Fällen, in denen große Vermögen vererbt werden, dürfte der persönliche Einkommensteuersatz aufgrund der Progression regelmäßig weit über 30 % liegen. Gleichwohl ist darauf hinzuweisen, dass die Höhe des festzusetzenden Steuersatzes auch in der betriebswirtschaftlichen Bewertung umstritten ist.[750]

Weiterhin ist die Annahme der Repräsentativität eines Dreijahreszeitraums der Vergangenheit für die zukünftige Entwicklung, insbesondere unter Berücksichtigung längerer Konjunkturzyklen zu kritisieren.[751] Für Unternehmen, die sich in der Talsohle des Konjunkturzyklus befinden, wird daher ein zu niedriger Ausgangswert bestimmt, für Unternehmen, die sich in einer Boomphase befinden, ein zu hoher. Folglich werden Unternehmen, die kurz vor der Finanzkrise zu bewerten waren, zu hoch bewertet, Unternehmen nach der Finanzkrise zu niedrig.

Insgesamt ist daher zu beachten, dass aus unterschiedlichen Gründen erhebliche Abweichungen zwischen den zukunftsorientierten Überschüssen im klassischen und den vergangenheitsorientierten Überschüssen im vereinfachten Ertragswertverfahren bestehen können.

4.1.2 Kapitalisierungszinssatz

Sowohl dem klassischen als auch dem vereinfachten Ertragswertverfahren liegt konzeptionell die Risikozuschlagsmethode zu Grunde. Der Kapitalisierungszinssatz setzt sich daher in beiden Verfahren aus einem risikolosen Basiszinssatz und einem Zuschlag für das Risiko zusammen.

In der betriebswirtschaftlichen Bewertung wird der **Basiszinssatz**, wie in Kapitel 3.2.2.1 dargestellt, aus den zukünftig geschätzten Spot Rates (Zinsstrukturkurve) abgeleitet und auf einen einheitlichen Basiszinssatz verdichtet. Grundlage der Schätzung sind risikolose Bundeswertpapiere mit unterschiedlichen Laufzeiten. Ab dem dreißigs-

[749] Vgl. *Spengel, C./Elschner, C.*, Bewertung von Betriebsvermögen, 2008, S. 410.
[750] Vgl. dazu insbesondere die Untersuchung von *Maiterth, R.* u. a., Ertragsteuersatz, 2008, S. 239-254.
[751] Vgl. *Hinz, M.*, Unternehmensbewertung, 2011, S. 309.

ten Jahr wird dabei regelmäßig eine Konstanz der Zinsstrukturkurve unterstellt.[752] So wird die Äquivalenz zwischen unendlichem Zahlungsstrom und Basiszinssatz sichergestellt (Laufzeitäquivalenz). Im vereinfachten Ertragswertverfahren wird abstrakt formuliert, dass der Basiszins aus den langfristig erzielbaren Renditen öffentlicher Anleihen abzuleiten ist (Kapitel 3.3.3.3). Insoweit entsprechen sich die betriebswirtschaftliche und die steuerliche Ableitung zumindest in ihrer Grundkonzeption, der Ableitung des Basiszinssatzes aus Zinsstrukturkurven.[753] Wesentliche Unterschiede bestehen jedoch in der Umsetzung der Ableitung. Der vom BMF bekannt gegebene Basiszinssatz wird zwar ebenfalls aus der Zinsstrukturkurve von Bundeswertpapieren mit jährlicher Kuponzahlung abgeleitet; allerdings werden nur Wertpapiere mit einer Restlaufzeit von 15 Jahren verwendet. Dies führt dazu, dass keine Laufzeitäquivalenz zwischen Zahlungsstrom und Basiszinssatz gegeben ist.[754] Es wird implizit eine Lebensdauer des Unternehmens von 15 Jahren unterstellt.[755] Die jahresbezogene Normierung des Basiszinssatzes führt weiterhin dazu, dass unterjährige Veränderungen der Renditen im Rahmen der Bewertung durch das vereinfachte Ertragswertverfahren nicht nachvollzogen werden können und es so zu Abweichungen kommen kann.[756] Insgesamt vermag die Ermittlung des Basiszinssatzes im vereinfachten Ertragswertverfahren daher nicht zu überzeugen. Inwieweit sich Abweichungen zum betriebswirtschaftlich ermittelten Basiszinssatz ergeben, ist dabei stichtagsabhängig.[757]

Der **Risikozuschlag** wird in der betriebswirtschaftlichen Unternehmensbewertung regelmäßig auf Basis des CAPM/Tax-CAPM ermittelt und setzt sich aus einer Marktrisikoprämie multipliziert mit dem unternehmensspezifischen Betafaktor zusammen.[758] Konzeptionell lehnt sich die Berücksichtigung des Risikos auch im vereinfachten Ertragswertverfahren an das CAPM an. So führt die Gesetzesbegründung zum Risikozuschlag aus: „*Branchenspezifische Faktoren werden in dem hier geregelten typisierenden Verfahren durch einen Beta-Faktor von 1,0 berücksichtigt, weil dann die Einzelrendite wie der Markt schwankt.*“[759] Damit unterstellt das vereinfachte Ertragswertverfahren implizit eine Marktrisikoprämie vor persönlichen Steuern in Höhe von 4,5 %.

752 Vgl. *Zwirner, C./Reinhold, A.*, Unternehmensbewertung, 2009, S. 391.
753 So auch *Hinz, M.*, Unternehmensbewertung, 2011, S. 312; *Gerber, C./König, J.*, Vereinfachtes Ertragswertverfahren, 2010, S. 348.
754 Vgl. *Ballwieser, W.*, Unternehmensbewertung, 2011, S. 162; *Gerber, C./König, J.*, Vereinfachtes Ertragswertverfahren, 2010, S. 349 f.
755 Vgl. *Hinz, M.*, Unternehmensbewertung, 2011, S. 311.
756 Vgl. *Ballwieser, W.*, Unternehmensbewertung, 2011, S. 162 f.; *Ruiz de Vargas, S./Zollner, T.*, Erbschaftsteuer, 2010, S. 5 f.
757 Vgl. *Gerber, C./König, J.*, Vereinfachtes Ertragswertverfahren, 2010, S. 350.
758 Vgl. dazu die Ausführungen in Kapitel 3.2.2.2 dieser Arbeit.
759 Bericht des Finanzausschusses (7. Ausschuss) zu dem Gesetzentwurf der Bundesregierung - Drucksachen 16/7918, 16/8547, 49/8814 Nr.3-, BT-Drucksachen, 2008, S. 13, 24.

Diese liegt innerhalb der vom IDW vorgeschlagenen Bandbreite der Marktrisikoprämien[760] und ist, auch wenn sie an der unteren Bandbreite der vorgeschlagenen Marktrisikoprämie liegt, zumindest grundsätzlich vertretbar.[761]

Als wesentlich problematischer ist die Fixierung des Beta-Faktors auf 1 zu sehen. So wird im vereinfachten Ertragswertverfahren unabhängig von Kapitalstruktur und Geschäftsmodell ein dem Gesamtmarkt entsprechendes systematisches Risiko unterstellt.[762] Insgesamt kommt es durch die Übertypisierung zu einer Benachteiligung von Unternehmen mit hohem Risiko bzw. hoch verschuldeten Unternehmen (ausgedrückt durch einen Betafaktor von > 1) und zu einer Bevorzugung von risikoarmen bzw. stark eigenfinanzierten Unternehmen (ausgedrückt durch einen Betafaktor von < 1).[763]

Betrachtet man diese Fixierung im Kontext der in dieser Arbeit vorgenommenen empirischen Analyse der Betafaktoren (Kapitel 3.2.3), ergibt sich, dass diese Annahme in einer Vielzahl der Fälle nicht sachgerecht sein kann und zu erheblichen Wertdifferenzen führen muss. Dies zeigt sich bereits anhand von Abbildung 41, welche die Verteilung der Betafaktoren der 30 im DAX gehandelten Unternehmen für den Zeitraum vom 01.01.1982 bis 31.07.2010 (wöchentliche Ermittlung über 104 Wochen) darstellt.[764]

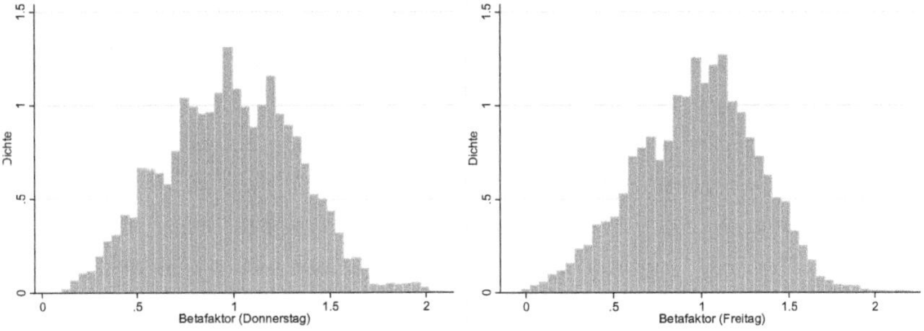

Abbildung 41: Verteilung der Betafaktoren für Donnerstag und Freitag (104 Wochen)

Es ist deutlich zu erkennen, dass ein Betafaktor von nahe eins zwar am häufigsten vorkommt, allerdings auch erhebliche Abweichung sowohl nach oben als auch nach unten

760 Vgl. dazu auch die Darstellung der Marktrisikoprämie gemäß IDW in Abbildung 8 auf S. 59.

761 So. auch *Hinz, M.*, Unternehmensbewertung, 2011, S. 315.

762 Vgl. *Ruiz de Vargas, S./Zollner, T.*, Erbschaftsteuer, 2010, S. 6 f.

763 Vgl. *Gerber, C./König, J.*, ErbStRG, 2009, S. 1271; *Kohl, T./Schilling, D.*, Erbschaftsteuer- und Bewertungsrecht, 2008, S. 916f; *Kohl, T./Schilling, D.*, Erbschaftsteuer- und Bewertungsrecht, 2008, S. 317.

764 Ähnliche Ergebnisse in Bezug auf die Verteilung der Betafaktoren zeigen sich auch bei Ermittlung über die anderen Wochentage bzw. bei monatlicher Ermittlung.

zu beobachten sind. Aufgrund der bedeutsamen Wirkung nur marginaler Abweichungen des Betafaktors bei der Unternehmenswertberechnung führt diese Typisierung in einer Vielzahl der Fälle zu Abweichungen zwischen den beiden Verfahren. Eine Umrechnung der Betafaktoren anhand einer angenommenen Marktrisikoprämie von 4,5 % führt zu der in Abbildung 42 dargestellten Verteilung der Risikozuschläge.

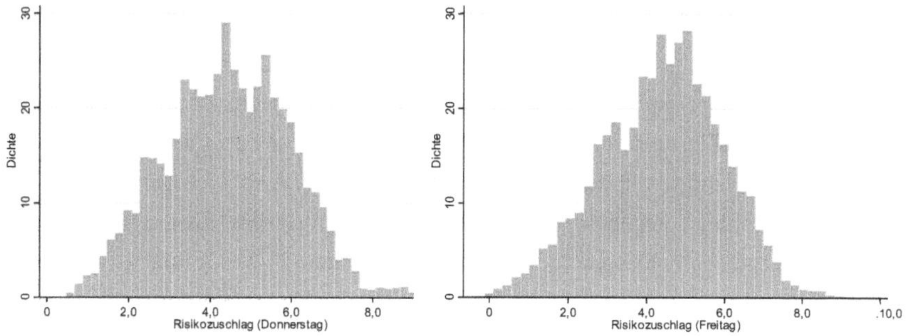

Abbildung 42: Risikozuschläge der DAX 30-Unternehmen in %

In dieser ist zu erkennen, dass selbst für börsennotierte Großunternehmen ein fixierter Risikozuschlag von 4,5 % nur eine unzureichende Approximation für das tatsächlich zu beobachtende Risiko darstellen kann.[765] Weiterhin ist zu berücksichtigen, dass es sich bei den dargestellten Betafaktoren um die von Großunternehmen handelt, welche über eine tendenziell bessere Eigenkapitalausstattung als KMU verfügen.[766] Bei gleichem systematischem Risiko weisen KMU insoweit ein höheres Gesamtrisiko auf. Für KMU wären daher aufgrund der Kapitalstruktur tendenziell höhere Betafaktoren und damit höhere Risikozuschläge zu erwarten.

Eine weitere Analyse anhand der in Kapitel 3.2.3.4.1 ermittelten Betafaktoren zeigt, dass ein Betafaktor von eins auch im Durchschnitt für viele Unternehmen nicht sachgerecht ist. Dies wird aus den in Tabelle 3 bis Tabelle 6 (Seite 90, 93, 94, 95) dargestellten durchschnittlichen Betafaktoren je Unternehmen besonders deutlich. So sind zahlreiche wertrelevante Abweichungen zum fixierten Betafaktor von 1 zu erkennen.

765 Es ist allerdings zu berücksichtigen, dass je nach Wahl der Spezifikation auch unterschiedliche Betafaktoren und damit Risikozuschläge anhand der Kapitalmarktdaten ermittelt werden können. Insoweit führt die Verwendung von Marktdaten zu einem erheblichen Ermessen des Bewerters. Vgl. dazu auch die Ausführungen in Kapitel 3.2.2.2.3.4 dieser Arbeit.

766 Vgl. für die Auswirkungen unterschiedlicher Kapitalausstattungen auf den Betafaktor Kapitel 3.2.2.2.3.2 dieser Arbeit. Für einen Vergleich von Eigenkapitalquoten von KMU und Großunternehmen vgl. *IfM Bonn (Hrsg.)*, Eigenkapitalquote der KMU.

Unter Einbeziehung der verschiedenen Höhen/Bandbreiten der Betafaktoren/ Risikozuschläge ist die im vereinfachten Ertragswertverfahren gewählte Form der Fixierung des Risikozuschlags auf 4,5 % als äußerst problematisch anzusehen.[767] Es ist zu erwarten, dass das Ziel einer gleichmäßigen Bewertung zum gemeinen Wert durch eine solche Typisierung nicht erreicht werden kann.

Als weiteres Problem bei der Bestimmung des Kapitalisierungszinssatzes ist, wie bei der Ermittlung der bewertungsrelevanten Überschüsse, die Beachtung der **persönlichen Steuern** im Kalkül des vereinfachten Ertragswertverfahrens zu analysieren. Wie in Kapitel 4.1.1 dargestellt, wird im vereinfachten Ertragswertverfahren von der persönlichen Steuerbelastung abstrahiert. Unter der Annahme, dass keine persönlichen Steuern berücksichtigt wurden, ist damit die Steueräquivalenz von Bewertungsobjekt und Alternativanlage gegeben, da weder in der Erfolgsgröße noch im Kapitalisierungszinssatz persönliche Steuern berücksichtigt werden.[768] Für Kapitalgesellschaften ist die Annahme der Abstraktion von persönlichen Steuern zumindest in ihrer Umsetzung unproblematisch,[769] da der Gesetzgeber implizit eine dem IDW S 1 i. d. F. 2008 ähnliche mittelbare Typisierung der Einkommensteuer in der Bewertung unterstellt und die vom Gesetzgeber vorgegebene Marktrisikoprämie innerhalb der auch vom IDW angegebenen Bandbreite (vor und nach persönlichen Steuern) liegt.[770]

Für Personengesellschaften ist die Annahme der vollständigen Thesaurierung und damit die Nichtberücksichtigung persönlicher Steuern sowohl in der Erfolgsgröße als auch im Kapitalisierungszinssatz als realitätsfremd zu beurteilen. Daher müsste zumindest für die Bewertung von Personalgesellschaften ein Kapitalisierungszinssatz nach persönlichen Steuern verwendet werden.[771]

4.1.3 Gesondert zu bewertende Wirtschaftsgüter

Das vereinfachte Ertragswertverfahren und das klassische Ertragswertverfahren sehen beide grundsätzlich eine Berücksichtigung von gesondert zu bewertenden Wirtschaftsgütern vor. Allerdings beschränkt sich diese beim klassischen Ertragswertverfahren auf die gesonderte Bewertung von nicht betriebsnotwendigem Vermögen.

---

767 So auch *Hinz, M.*, Unternehmensbewertung, 2011, S. 317; *Ruiz de Vargas, S./Zollner, T.*, Erbschaftsteuer, 2010, S. 7.

768 Vgl. zu den Problemen der Annahme einer Ausblendung der persönlichen Steuerbelastung bei Personengesellschaften die in Kapitel 4.1.1 dieser Arbeit gemachten Ausführungen.

769 Allerdings ist die gedankliche Abstraktion von persönlichen Steuern zu kritisieren, da diese bewertungsrelevant sind.

770 Ähnlich, wenn auch mit anderer Begründung *Hinz, M.*, Unternehmensbewertung, 2011, S. 318.

771 Vgl. *Scheffler, W.*, Einfluss der Rechtsform, 2009, S. 2471; *Hinz, M.*, Unternehmensbewertung, 2011, S. 318. A. A. *Kühnold, J./Mannweiler, M.*, Bewertung des Betriebsvermögens, 2008, S. 172.

Gemäß § 200 Abs. 2 BewG sind Wirtschaftsgüter und die mit diesen in Zusammenhang stehenden Schulden, welche die eigentliche Unternehmenstätigkeit nicht beeinflussen, mit dem eigenständigen gemeinen Wert anzusetzen.[772] Es wird damit ein Nettoansatz des nicht betriebsnotwendigen Vermögens vorgenommen.[773] Eine vergleichbare Abgrenzung des nicht betriebsnotwendigen Vermögens wird auch im Rahmen des klassischen Ertragswertverfahrens vorgenommen.[774] So sind gemäß der Vorgabe des IDW S 1 i. d. F. 2008 ebenfalls Vermögensteile, welche frei veräußert werden können, ohne dass davon die eigentliche Unternehmensaufgabe berührt wird, mit einem eigenständigen Wert anzusetzen.[775] Allerdings wird das betriebsnotwendige Vermögen in der betriebswirtschaftlichen Bewertung nur gesondert angesetzt, wenn der gemeine Wert des nicht betriebsnotwendigen Vermögens als Liquidationswert höher ist, als dessen Wertbeitrag im Rahmen der Ertragswertermittlung.[776] Zudem werden gemäß IDW S 1 i. d. F. 2008 auch die mit der Liquidation einhergehenden Kosten und die darauf zu entrichtenden latenten Steuern berücksichtigt, was zu einer Abweichung zwischen steuerlichem und betriebswirtschaftlichen Wert des nicht betriebsnotwendigen Vermögens führen kann.[777] Eine allgemeine Aussage zur Wertauswirkung kann aufgrund der sich möglicherweise gegenseitig kompensierenden Effekte nicht getroffen werden.[778]

Die weitere gesonderte Bewertung von Beteiligungen gemäß § 200 Abs. 3 BewG und die gesonderte Bewertung von jungen Wirtschaftsgütern gemäß § 200 Abs. 4 BewG wird in der betriebswirtschaftlichen Bewertung grundsätzlich nicht vorgenommen. Dies ergibt sich für die jungen Wirtschaftsgüter daraus, dass durch die Zukunftsprognose die zukünftigen Erträge, auch der jungen Wirtschaftsgüter, berücksichtigt werden können, wohingegen dieses durch die vergangenheitsorientierte Ableitung des nachhaltigen Jahresertrags nicht möglich ist.[779] Auch eine eigenständige Bewertung von

---

772 Vgl. *Neufang, B.*, Bewertung des Betriebsvermögens, 2009, S. 2011; *Eisele, D.*, Unternehmensbewertung, 2010, S. 80.

773 Vgl. *Radeisen, R. R.*, Erbschaftsteuerreform, 2009, S. 17; *Neufang, B.*, Bewertung des Betriebsvermögens, 2009, S. 2011.

774 Vgl. *Wälzholz, E.*, Anteils- und Betriebsvermögen, 2008, S. 141; *Dörner, A.*, Problemfelder der Unternehmensbewertung, 2009, S. 6.

775 Vgl. IDW S 1 i. d. F. 2008, Tz. 59-63.

776 Vgl. *Wälzholz, E.*, Anteils- und Betriebsvermögen, 2008, S. 141.

777 So auch *Dörner, A.*, Problemfelder der Unternehmensbewertung, 2009, S. 6.

778 *Dörner, A.*, Problemfelder der Unternehmensbewertung, 2009, S. 6, hält in diesem Zusammenhang fest, dass es dadurch zu einer Überbewertung durch das vereinfachte Ertragswertverfahren kommen kann. Er berücksichtigt allerdings nicht den Effekt des höheren Wertbeitrags des nicht betriebsnotwendigen Vermögens im Rahmen der Ertragswertermittlung.

779 Vgl. *Creutzmann, A.*, Unternehmensbewertung im Steuerrecht, 2008, S. 2789. Vgl. zum Problem der Doppelberücksichtigung bei Ersatzinvestition *Dörner, A.*, Problemfelder der Unternehmensbewertung, 2009, S. 6.

Beteiligungen wird in der betriebswirtschaftlichen Bewertung regelmäßig nicht vorgenommen, da das Bewertungsobjekt nach wirtschaftlichen und nicht nach rechtlichen Kriterien zu bewerten ist; es wird insoweit eine Bewertung auf Konzernebene vorgenommen.[780] Durch die Einzelbewertung der gehaltenen Beteiligungen kommt es daher zu einer erheblichen Komplexitätserhöhung, was insgesamt der Intention des vereinfachten Ertragswertverfahrens, der einfachen und kostengünstigen Bewertung, widerspricht.[781]

4.1.4 Zwischenfazit

Der Vergleich von vereinfachtem und klassischem Ertragswertverfahren zeigt, dass beide Verfahren die Grundkonzeption der Gesamtbewertung teilen, allerdings in wesentlichen Punkten voneinander abweichen:

1) Das vereinfachte Ertragswertverfahren ist vergangenheitsorientiert, das klassische Ertragswertverfahren nimmt eine Zukunftsprognose der zu diskontierenden Überschüsse vor.
2) Das vereinfachte Ertragswertverfahren berücksichtigt die Besteuerung pauschal in Höhe von 30 %; das klassische Ertragswertverfahren führt eine eigenständige Steuerberechnung durch.
3) Das vereinfachte Ertragswertverfahren abstrahiert von persönlichen Steuern der Anteilseigener; das klassische Ertragswertverfahren berücksichtigt diese zumindest mittelbar.
4) Für das vereinfachte Ertragswertverfahren wird der Basiszinssatz aus der Zinsstrukturkurve von Bundeswertpapieren mit jährlicher Kuponzahlung und einer Restlaufzeit von 15 Jahren abgeleitet; das klassische Ertragswertverfahren bezieht sich auf die aus der Zinsstrukturkurve abgeleiteten Zinssätze unter Annahme einer Anschlussverzinsung (Unendlichkeit).
5) Im vereinfachten Ertragswertverfahren wird ein pauschaler Risikozuschlag in Höhe von 4,5 % festgelegt; das klassische Ertragswertverfahren nimmt eine unternehmensspezifische (Branche, Kapitalstruktur) Bestimmung des Risikos vor.
6) Die Bewertung von gesondert zu bewertenden Wirtschaftsgütern unterscheidet sich, teilweise in Bezug auf den Ansatz bzw. in der Bewertung an sich (Berücksichtigung Liquidationskosten etc.).

---

780 Vgl. *Creutzmann, A.*, Unternehmensbewertung im Steuerrecht, 2008, S. 2789; *Creutzmann, A.*, Unternehmensbewertung und Erbschaftsteuer, 2008, S. 157.

781 Vgl. *Hannes, F./Onderka, W.*, Bewertung von Betriebsvermögen, 2008, S. 176; *Kohl, T./Schilling, D.*, Erbschaftsteuer- und Bewertungsrecht, 2008, S. 916. Allerdings ist in wirtschaftlich unbedeutenden Fällen eine eigenständige Bewertung nicht notwendig. Vgl. *Neufang, B.*, Bewertung des Betriebsvermögens, 2009, S. 2011.

Aus den dargestellten Unterschieden können sich c. p. erhebliche Unterschiede zwischen den beiden Bewertungsmethoden ergeben. Insgesamt ist eine generelle Aussage über Unter- und Überbewertung nur unter Einschränkungen möglich, da sich die dargestellten Effekte teilweise kompensieren können. Allerdings erscheint die Vermutung, dass das vereinfachte Ertragswertverfahren tendenziell zu überhöhten Werten führt,[782] insbesondere unter Beachtung der dargestellten Schwankungen der Betafaktoren, plausibel.

4.2 Untersuchung der Differenz zwischen Steuer- und Gutachterwert

4.2.1 Einführung

In dieser empirischen Untersuchung wird ein Vergleich von Unternehmenswerten nach persönlichen Steuern, die öffentlich bestellte und vereidigte Sachverständige als neutrale Gutachter für Gerichte erstellt haben, mit durch den Autor ermittelten vereinfachten Ertragswerten (§ 199 ff. BewG) vorgenommen. So wird analysiert, ob das durch die Erbschaftsteuerreform eingeführte vereinfachte Ertragswertverfahren geeignet ist, den gemeinen Wert zu approximieren.

Im Folgenden werden kurz der Stand der empirischen Forschung dargestellt und das Design der Untersuchung, insbesondere die Datengrundlage, sowie die Hypothesen und das zur Überprüfung der Hypothesen genutzte Modell, vorgestellt. Anschließend werden die empirischen Ergebnisse der Untersuchung vorgestellt und erläutert. Die Untersuchung schließt mit einer kritischen Überprüfung der gewonnenen Erkenntnisse auf ihre externe und interne Validität und einer Zusammenfassung der Implikationen.

4.2.2 Bisherige Untersuchungen zur erbschaftsteuerlichen Bewertung

Bisher ist das vereinfachte Ertragswertverfahren in drei Studien empirisch untersucht worden.[783] Die Ursache dieser geringen Untersuchungsdichte liegt zum einen an den erheblichen Problemen bei der Datenbeschaffung zur Ermittlung der vereinfachten Ertragswerte. Zum anderen stellt sich das Problem der Auswahl eines geeigneten Vergleichsmaßstabs für den gemeinen Wert, um so die Güte des vereinfachten Ertragswertverfahrens überprüfen zu können. Die Autoren verwenden daher unterschiedliche

---

782 Vgl. zu dieser Einschätzung beispielsweise *Kohl, T./Schilling, D.*, Erbschaftsteuer- und Bewertungsrecht, 2008, S. 917; *Creutzmann, A.*, Unternehmensbewertung im Steuerrecht, 2008, S. 2789; *Dirrigl, H.*, Unternehmensbewertung, 2009, S. B59; *Neufang, B.*, Bewertung des Betriebsvermögens, 2009, S. 2014; *Dorfleitner, G.* u. a., Bewertung von Unternehmen, 2010, S. 22; *Jonas, M.*, Unternehmensbewertung, 2009, S. 65 ff.

783 Zur Untersuchung der früheren Rechtslage und zu internationalen Studien vgl. *Müller, J./Sureth, C.*, Marktnahe Bewertung, 2011, S. 46 f.

Ansätze und Vergleichsmaßstäbe, um diese Probleme zu umgehen. Teilweise werden als Vergleichsmaßstab Börsenkurse oder börsennotierte Unternehmen genutzt oder es wird mittels typisierter Daten eine Simulation vorgenommen.

Dorfleitner/Ilmberger/Meyer-Scharenberg nehmen einen Wertvergleich des vereinfachten Ertragswertverfahrens mit dem „klassischen" Ertragswertverfahren in Anlehnung an IDW S 1 in seiner Form als Equitymethode vor.[784] Sie umgehen das Problem der mangelnden Datenverfügbarkeit von Steuerbilanzen, Planbilanzen, Verkehrswerten etc., indem sie Bewertungskonstellationen simulieren. Wesentliche Simulationsparameter in ihrer Untersuchung sind:

1) der Betafaktor, welchen sie unverschuldet zwischen nahe 0 und 1,5 variieren,
2) die unterstellte Verschuldung, welche sie mittels einer Variation des Verschuldungsgrads zwischen 0 und 8 typisieren,
3) besondere Änderungen des nachhaltigen Jahresertrags, welches sie durch eine Korrektur der vergangenen Ergebnisse berücksichtigen,
4) die unterstellte Wachstumsrate der zukünftigen Zahlungsströme,
5) für Personengesellschaften eine Variation des persönlichen Steuersatzes auf 40 %.

Zunächst variieren sie diese Parameter frei, um den isolierten Einfluss der einzelnen Simulationsparameter zu analysieren. Abschließend nehmen Sie einen Vergleich anhand branchenbezogener Daten vor. Insgesamt kommen *Dorfleitner/Ilmberger/Meyer-Scharenberg* zu dem Ergebnis, dass eine Übereinstimmung der Unternehmenswerte beider Verfahren nur in seltenen Fällen eintreffen wird.[785] Neben dieser Erkenntnis stellen sie zudem fest, dass es durch die Anwendung des vereinfachten Ertragswertverfahrens in einer Vielzahl realistischer Fälle zu einer Überbewertung kommen wird; allerdings auch Konstellationen, in denen es zu einer Unterbewertungen kommen kann, nicht auszuschließen sind. Eine generelle Aussage über die Güte des vereinfachten Ertragswertverfahrens ist auf Basis dieser Untersuchung jedoch nur eingeschränkt möglich. Zum einen vernachlässigen sie für Kapitalgesellschaften etwa die persönlichen Steuern. Zum anderen wird keine detaillierte Planung vorgenommen, sondern vereinfachend ein konstantes Wachstum unterstellt. Weiterhin wurden keine realen Unternehmen untersucht, sondern es konnten nur typisierte Unternehmen bzw. typisierte Wirkungszusammenhänge verschiedener Parameter im Rahmen der Simulation überprüft werden. Gleichwohl muss beachtet werden, dass die Studie einen ersten

[784] Vgl. hier und im Folgenden *Dorfleitner, G.* u. a., Bewertung von Unternehmen, 2010, S. 7-25.
[785] Vgl. *Dorfleitner, G.* u. a., Bewertung von Unternehmen, 2010, S. 22.

Überblick über mögliche Gründe der Abweichungen bietet und darauf aufmerksam macht, welche teilweise erhebliche Wertdifferenzen zwischen diesen Verfahren liegen können.

Eine weitere empirische Untersuchung zum vereinfachten Ertragswertverfahren stammt von *Henselmann/Schrenker/Schneider.*[786] Diese nehmen ebenfalls einen Vergleich zwischen vereinfachtem Ertragswertverfahren und „normalem" Ertragswertverfahren gemäß IDW S 1 vor. Datengrundlage dieser Untersuchung bilden dabei 30 börsennotierten Unternehmen, die aus dem SDAX am 31.12.2007 ausgewählt wurden. Da für diese Unternehmen keine Steuerbilanzdaten vorliegen, verwenden die Autoren die IAS/IFRS-Abschlüsse des jeweiligen Unternehmens. Diese versuchen sie mittels Modifikationen auf die Steuerbilanzwerte nach § 4 Abs. 1 S. 1 EStG überzuleiten, um so die vereinfachten Ertragswerte ermitteln zu können. Als wesentliche Parameter für die Überleitung verwenden sie die im Konzernabschluss ausgewiesenen aktiven und passiven latenten Steuern und die Abschreibungen auf den Geschäfts- oder Firmenwert. Zudem eliminieren sie Erträge und Aufwendungen, welche nach Ihrer Meinung zu einem offensichtlich unzutreffenden nachhaltigen Jahresergebnis geführt hätten. Für die Ermittlung des Vergleichsmaßstabs (IDW S 1 Unternehmenswerte) planen die Autoren die Ergebnisentwicklung der 30 Unternehmen auf Basis der letzten drei Vergangenheitsjahre. Dabei treffen sie Annahmen in Bezug auf die Höhe der Ausschüttungen und den zu verwendenden Kapitalisierungszinssatz, welchen Sie auf Basis eines über 250 Tage erhobenen Betafaktors festlegen.[787] In 22 von 30 Fällen stellen die Verfasser fest, dass der vereinfachte Ertragswert unterhalb des nach IDW S 1 ermittelten Ertragswerts liegt. Sie begründen dieses Ergebnis mit den teilweise niedrigeren Risikozuschlägen, insbesondere im Restwertzeitraum, und der Möglichkeit, dass es sich bei den untersuchten Unternehmen um ertragstarke Unternehmen handelt, welche durch ihr geplantes Wachstum im Verhältnis zur Vergangenheit höhere Erträge für die Zukunft aufweisen. Ein zusätzlich durchgeführter Vergleich beider Ertragswertverfahren mit den jeweiligen Börsenkursen führt zu dem Ergebnis, dass beide Verfahren tendenziell die Marktkapitalisierung unterschreiten. Die Autoren halten fest: *„Eine befürchtete generelle Wertüberhöhung im Vergleich zu den Marktwerten ist aber nicht festzustellen"*[788]. Die Untersuchungsergebnisse müssen aufgrund des verwandten Untersuchungsdesigns kritisch werden, da dieses mit erheblich vereinfachten Annahmen be-

---

[786] Vgl. hier und im Folgenden *Henselmann, K.* u. a., Unternehmensbewertung, 2010, S. 397-404.

[787] Inwieweit sich alternative Ermittlungsmethoden auswirken, kann nicht eindeutig eingeschätzt werden, allerdings ist zu vermuten, dass der Einfluss erheblich ist. Vgl. dazu insbesondere die Ausführungen in Kapitel 3.2.2.2.3.4 dieser Arbeit.

[788] *Henselmann, K.* u. a., Unternehmensbewertung, 2010, S. 404.

lastet ist. Die Verwendung von IAS/IFRS-Konzernabschlüssen als Proxy für Steuerbilanzwerte ist grundsätzlich fragwürdig, da diese Jahresabschlüsse der Informationsfunktion dienen und im Gegensatz zu handelsrechtlichen Abschlüssen keine Maßgeblichkeit zwischen diesen und der Steuerbilanz besteht. Die Autoren erkennen dieses Problem und versuchen, durch die vorgenommenen Korrekturen eine Annäherung zu erreichen. Ob es jedoch zu einer tatsächlichen Übereinstimmung kommt, ist fraglich. Neben diesen Einschränkungen ist zudem die Verwendung der 30 SDAX-Unternehmen zu kritisieren. Da das vereinfachte Ertragswertverfahren auf KMU ausgelegt ist, sollten auch Vergleichswerte verwendet werden, die mit diesen übereinstimmen. Daher sind SDAX-Unternehmen nur ein limitierter Ersatz für KMU, da sie als wesentlichen Unterschied zum typischen kleinen und mittleren Unternehmen börsennotiert sind. Die Auswahl lediglich eines Bewertungsstichtags (31.12.2007) führt weiterhin dazu, dass nur Tendenzaussagen zu diesem Stichtag möglich sind und keine generellen Aussagen über Über- und Unterbewertung getroffen werden können. Insgesamt kann die Studie daher nur einen ersten Hinweis auf mögliche Abweichungen zwischen vereinfachtem Ertragswert und Marktwert aufzeigen.

Einen anderen und innovativeren Ansatz zur empirischen Analyse des vereinfachten Ertragswertverfahrens wählen *Müller/Sureth*.[789] Grundfrage der von Ihnen durchgeführten Untersuchung ist, ob der Gesetzgeber durch die Reform der Bewertung eine Annäherung an den Marktwert erreicht. Zur Klärung dieser Forschungsfrage nehmen sie einen Vergleich zwischen vereinfachtem Ertragswertverfahren, dem sog. Stuttgarter Verfahren und der Börsenkapitalisierung des jeweiligen Unternehmens vor. Grundlage dieser Analyse bilden sowohl Jahresabschlüsse börsennotierter als auch nicht börsennotierter Unternehmen. Quelle dieser Jahresabschlüsse sind die Datenbank Worldscope für börsennotierte Unternehmen und die Datenbank DAFNE für nicht börsennotierte Unternehmen. Im Gegensatz zu *Henselmann/Schrenker/Schneider* schließen sie jedoch die Nutzung von IAS/IFRS Abschlüssen direkt aus, da diese aufgrund der fehlenden Maßgeblichkeit zu weiteren Abweichungen von den Steuerbilanzwerten führen würden, und fokussieren sich auf Abschlüsse nach HGB. Das Sample umfasst daher insgesamt 7.147 Firmenjahre börsennotierter Unternehmen und 194.798 Firmenjahre nicht börsennotierter Unternehmen. Gleichwohl stellt sich auch hier das Problem der Anpassung der Handelsbilanzdaten an Steuerbilanzwerte. Weiterhin können die für die steuerliche Bewertung notwendigen Korrekturen nicht detailliert durchgeführt werden, da sich die dafür notwendigen Informationen den Jahresabschlüssen nicht entnehmen lassen. Gemäß den Autoren wurden jedoch die mit den vorhandenen Daten möglichen

[789] Vgl. hier und im Folgenden *Müller, J./Sureth, C.*, Marktnahe Bewertung, 2011, S. 45-83.

Korrekturen durchgeführt; welche der notwendigen Korrekturen durchgeführt wurden, wird jedoch nicht detailliert erläutert. Lediglich die Abschreibungen auf den Geschäfts- oder Firmenwert, die Steuerbelastung und besondere außerordentliche Ergebnisse werden durch die Verwendung des ordentlichen Betriebsergebnisses indirekt berücksichtigt und erwähnt. Auf Basis dieser Daten bestimmen sie zunächst für die börsennotierten Unternehmen die Unternehmenswerte auf Basis beider steuerlicher Verfahren. Dabei stellen Sie fest, dass zwischen diesen lediglich geringe Unterschiede auftreten. Der Vergleich der Bewertungsdifferenzen zur Börsenkapitalisierung zeigt bei beiden Verfahren eine Unterbewertung im Verhältnis zur Marktkapitalisierung an. Als wesentliches Ergebnis stellen sie fest, dass bei börsennotierten Unternehmen in 80 % der Fälle eine Unterbewertung (steuerliche Unternehmenswerte zu Börsenkapitalisierung) vorliegt.[790] Um die Güte der Bewertungsmethodenänderung durch die Erbschaftsteuerreform zu beurteilen, ist jedoch wichtiger, dass die Autoren eine Zunahme der Streuung der Bewertungsabweichungen feststellen. Dies bedeutet, dass es durch die Reform zu einer Zunahme der Abweichungen vom Marktwert gekommen ist. In einer weiteren Branchenanalyse stellen sie zudem erhebliche Unterschiede in der Höhe der Abweichungen zwischen den Branchen fest. Mittels eines Matching-Prozesses nehmen die Autoren eine Übertragung ihrer Analyse auf KMU vor, um so einen Vergleich von börsennotierten und nicht börsennotierten Unternehmen vornehmen zu können. Wesentliches Kriterium für das Matching ist die Bilanzsumme, welche in zwei weiteren Variationen um den Umsatz ergänzt wird. Diesem Vorgehen liegt die Annahme zu Grunde, dass sich aufgrund der Bilanzsumme und des Umsatzes zumindest ähnliche Unternehmen identifizieren lassen und damit ein indirekter Vergleich über die Börsenkapitalisierung dieser Unternehmen ermöglicht wird. Wesentliches Ergebnis dieser Analyse ist, dass auf Basis des Medians eine Unterbewertung durch das vereinfachte Ertragswertverfahren vorliegt, wohingegen auf Basis des Mittelwerts eine Überbewertung zu beobachten ist. Nach Angabe der Autoren resultiert diese Abweichung zwischen Mittelwert und Median aus einzelnen besonders ertragsstarken Unternehmen. Sie halten explizit fest, dass hierfür nicht die zu geringe Risikoberücksichtigung verantwortlich ist.[791] Die Autoren halten schlussendlich fest, dass die Einführung des vereinfachten Ertragswertverfahrens im Rahmen der Erbschaftsteuerreform keine wesentliche Verbesserung im Verhältnis zum Stuttgarter Verfahren darstellt. Siebegründen dieses mit der hohen Streuung bzw. der teilweisen Zunahme der Streuung innerhalb der einzelnen homogenen Gruppen.

---

[790] Vgl. *Müller, J./Sureth, C.*, Marktnahe Bewertung, 2011, S. 66.
[791] Vgl. *Müller, J./Sureth, C.*, Marktnahe Bewertung, 2011, S. 77.

Wesentliche Einschränkung der Untersuchung ist die Messung der Bewertungsgüte des vereinfachten Ertragswertverfahrens über Börsenkurse. Das Verfahren wurde für KMU konzipiert und sollte daher mit Werten für diese Unternehmen verglichen werden. Da den Autoren keine anderen Daten vorlagen, verwenden sie Kapitalmarktdaten von kleinen börsennotierten Gesellschaften. Kleine börsennotierte Unternehmen weisen jedoch erhebliche Einschränkungen in Bezug auf die Liquidität der Aktien auf. Dies bedeutet, dass nur ein sehr unregelmäßiger Handel vorliegt und damit die Aussagekraft der verwendeten Aktienkurse eingeschränkt ist. So nimmt etwa mit sinkender Liquidität die Wahrscheinlichkeit von langfristigen Verzerrungen des Aktienkurses zu.[792] Damit könnte es sich bei den verwendeten Börsenkursen kleiner börsennotierter Gesellschaften um eine verzerrte Vergleichsbasis handeln. Aufgrund der dargestellten Gründe kann daher nicht beurteilt werden, ob sich mittels dieses Matchings ein repräsentatives Bild für die Bewertung von KMU ergibt. Weiterhin kann nicht beurteilt werden, ob und inwieweit sich allein aufgrund der Auswahl der Matching-Kriterien (Bilanzsumme, Umsatz) ein Selection-Bias ergibt. Es ist durchaus fragwürdig, ob diese Kriterien allein die wesentlichen Faktoren für die Vergleichbarkeit von Unternehmen darstellen. Insbesondere die Einbeziehung der Kapitalstruktur zur besseren Abbildung von unterschiedlichen Risiken aufgrund der Verschuldung wäre für die Interpretation hilfreich.

Den vorgenannten Untersuchungen ist gemein, dass den Autoren keine KMU-Werte vorlagen. Die Autoren haben dieses Problem daher umgangen und verschiedene Lösungsansätze verwandt. So wurden mittels Simulation typisierte Parameterkonstellationen untersucht oder es wurde durch Rückgriff auf börsennotierte Unternehmen und eine spätere Anpassung versucht, eine Vergleichbarkeit mit KMU herzustellen. Wesentliche Neuerung der folgenden Untersuchung ist, dass erstmalig die von unabhängigen Gerichtsgutachtern ermittelten Werte kleinerer und mittlerer Unternehmen mit deren Wert nach dem vereinfachten Ertragswertverfahren verglichen werden. Daher sind Unterschiede zwischen kapitalmarktorientierten und nicht kapitalmarktorientierten Unternehmen für diese Untersuchung irrelevant und es müssen keine Limitationen bei der Interpretation der Ergebnisse in Bezug auf diesen Punkt berücksichtigt werden. Durch die Verwendung von Gutachterwerten können somit sehr gute Schätzer für den Verkehrswert von KMU genutzt werden. Weiterhin kann durch die Verwendung von Gutachterwerten eine bessere Schätzung der steuerlichen Werte vorgenommen werden, da die Gutachten auf Einheitsbilanzen bzw. Einnahmen-Überschussrechnungen basieren. Zudem können wesentliche im BewG geforderten Bereinigungen (§ 202

[792] Vgl. *Kuhner, C./Maltry, H.*, Unternehmensbewertung, 2006, S. 39.

BewG) durchgeführt bzw. nachvollzogen werden. Die vereinfachten Ertragswerte können damit sehr gut approximiert werden. Das verwandte Untersuchungsdesign umgeht damit erhebliche Probleme der vorabdargestellten Studien.

4.2.3 Design der Untersuchung

4.2.3.1 Datengrundlage

4.2.3.1.1 Datenbasis

Um Referenzgutachten zu erhalten, wurde über das bundesweite Sachverständigenverzeichnis der IHK nach Sachverständigen mit dem Schwerpunkt Unternehmensbewertung gesucht.[793] Im Ergebnis waren dies laut Trefferliste (21.07.2010) des Sachverständigenverzeichnisses 73 öffentlich bestellte und vereidigte Sachverständige. Diese wurden postalisch darum gebeten, Unternehmensbewertungsgutachten von Kapital- und Personengesellschaften zur Verfügung zu stellen. Dabei wurde darum ersucht, dass die Gutachten grundsätzlich folgende Punkte erfüllen sollten:

1. Die Bewertungsgutachten sollten mittels eines klassischen Ertragswertverfahrens durchgeführt worden sein.

Es wurde kein expliziter Bezug zum IDW S 1 i. d. F. 2008 hergestellt, um eine größere Rücklaufquote zu erzielen. Weiterhin kann der IDW S 1 nicht verpflichtend als einziges Bewertungsverfahren angesehen werden, da in § 11 Abs. 2 BewG lediglich davon gesprochen wird, dass die Ertragsaussichten zu berücksichtigen sind. Auf den Einbezug von Multiplikatorverfahren wurde in dieser Untersuchung zumindest direkt verzichtet, da bei diesem regelmäßig eine Bereinigung der Vergangenheitsergebnisse um einmalige oder außerordentliche Effekte nicht erfolgt.[794] Diese bereinigten Ergebnisse der Vorjahre sind für die weitere Ermittlung des vereinfachten Ertragswertverfahrens jedoch unerlässlich.

2. Die Bewertung sollte als neutraler Sachverständiger für z. B. ein Gericht vorgenommen worden sein. Diese Einschränkung wurde gewählt, um Verzerrungen aufgrund von Parteigutachten zu vermeiden.

In der Funktion als neutraler Gutachter wird der Gutachter als Sachverständiger tätig, der mit nachvollziehbarer Methodik einen von den individuellen Wertvorstellungen

---

793 Vgl. http://svv.ihk.de/content/home/home.ihk.

794 Studien zeigen, dass mehrere Unternehmensbewertungsverfahren genutzt werden, um einen Unternehmenswert zu ermitteln, sodass grundsätzlich davon ausgegangen werden kann, dass Multiplikatorverfahren zumindest zur Plausibilisierung verwendet werden. Vgl. *Fischer-Winkelmann, W. F./Busch, K.*, Unternehmensbewertungsverfahren, 2009, S. 646 f.

der betroffenen Parteien unabhängigen Wert des Unternehmens ermittelt. Es wird insoweit ein objektivierter Verkehrswert ermittelt.[795] Diese Bewertungsmethodik deckt sich insbesondere mit den Vorgaben in § 9 Abs. 2 BewG, welcher die Berücksichtigung von ungewöhnlichen oder persönlichen Verhältnissen verbietet.

3. Das zu bewertende Unternehmen sollte keine oder keine wesentlichen Beteiligungen halten. Um keine Verzerrungen aufgrund komplexer Holdingstrukturen zu erhalten, wurden diese Unternehmen aus der Untersuchung ausgeschlossen.

4. Die Jahresüberschüsse der vergangenen Jahre sollten einen positiven Durchschnitt aufweisen. Diese Voraussetzung war notwendig, da ansonsten keine Berechnung mittels des vereinfachten Ertragswertverfahrens möglich ist.

Weiterhin wurden folgende Mindestbestandteile für die Bewertung angefordert:

1. Mind. 3 Vergangenheitsjahre (GuV),
2. Bereinigte GuV der Vergangenheit (falls durchgeführt),
3. Planzahlen GuV,
4. Ableitung des Kapitalisierungszinssatzes,
5. Übersicht der Unternehmenswertermittlung,
6. Mitarbeiterzahl, Bilanzsumme und Unternehmenszweck (Branche) zum Bewertungsstichtag.

Die vorstehenden Daten wurden benötigt, um eine eigene Berechnung mittels des vereinfachten Ertragswertverfahrens durchführen zu können und ggf. die Unternehmensbewertungsgutachten an geänderte Bewertungsparameter wie etwa die Unternehmensteuerreform 2008 anpassen zu können.

Die Antwortquote betrug 20,55%. Damit antworteten 15 Gutachter auf die Anfrage. Von diesen stellten jedoch nur drei Gutachter Unternehmensbewertungsgutachten zur Verfügung. Wesentliche Gründe für die Absagen waren: 1) Keine Gutachten, die den vorstehenden Kriterien entsprechen, oder 2) die Besorgnis vor Know-How-Transfer. Zwei Gutachter gewährten einen vollen Einblick in die von Ihnen erstellten Gutachten, sodass in einer weitergehenden Analyse weit über 200 Gutachten eingesehen werden konnten.

[795] Vgl. IDW S 1 i. d. F. 2008, Tz. 12.

Die Bewertungsmethodik der Gutachter deckt sich insbesondere mit den Vorgaben in § 9 Abs. 2 BewG, welcher die Berücksichtigung von ungewöhnlichen oder persönlichen Verhältnissen verbietet. Wesentlich für die weitere Verwendung war zudem eine detaillierte Bereinigung der Vergangenheitsergebnisse, damit eine eigene Berechnung des vereinfachten Ertragswerts vorgenommen werden konnte. Dies führt im Ergebnis dazu, dass der Untersuchung nur Wertermittlungen auf Basis des Ertragswertverfahrens zu Grunde liegen. Die Gutachter nutzten zwar auch alternative Verfahren (Multiplikatoren etc.) zur Plausibilisierung, verwendeten aber in ihren Gutachten schlussendlich die Ergebnisse auf Basis des Ertragswertverfahrens.

Wesentliche Ursache für die Nichtverwendung einzelner Bewertungsgutachten in der vorgenommenen Untersuchung waren Parteigutachten, durchschnittlich negative Ergebnisse der Vergangenheit. Zudem konnten Bewertungsgutachten, bei denen Liquidationswerte schon überschlägig oberhalb des Ertragswerts lagen, nicht verwendet werden, da von den Gutachtern in diesen Fällen keine detaillierte Ertragswertberechnung vorgenommen wurde. Weiterhin wurden Unternehmen mit wesentlichen Verlustvorträgen oder komplexen Beteiligungsstrukturen nicht in die Untersuchung einbezogen, um Verzerrungen aufgrund dieser Besonderheiten zu vermeiden. Es wurden außerdem nur Bewertungen genutzt, die für Stichtage ab 2000 erstellt wurden, um mögliche Wertauswirkungen aufgrund des Anrechnungsverfahrens zu umgehen.

Insgesamt liegen der Untersuchung daher 36 Bewertungen von Kapitalgesellschaften und 31 Bewertungen von Personengesellschaften bzw. Einzelunternehmen zu Grunde.[796] Bei diesen handelt es sich ausschließlich um Unternehmensbewertungen für den Zeitraum 2001 bis 2008 und die Bewertungen wurden alle unter Berücksichtigung der persönlichen Steuern der Anteilseigner ermittelt.[797]

4.2.3.1.2 Vorgehen für die Ermittlung des vereinfachten Ertragswerts

Um den Wert des vereinfachten Ertragswertverfahrens ermitteln zu können, müssten grundsätzlich die Steuerbilanzdaten genutzt werden. Aufgrund der Maßgeblichkeit der Handelsbilanz für die Steuerbilanz (§ 5 Abs. 1 Satz 1 EStG) können aber auch die Handelsbilanzdaten als Näherungslösung verwendet werden. Weiterhin handelt es sich bei den hier untersuchten Unternehmen um KMU, welche zu einem Großteil eine Einheitsbilanz erstellen. Damit können Abweichungen zwischen Handelsbilanzwerten,

---

[796] Zur sprachlichen Vereinfachung werden im Folgenden Personengesellschaften und Einzelunternehmen zur Abgrenzung von Kapitalgesellschaften gemeinsam mit dem Begriff Personengesellschaften bezeichnet.

[797] Zwischen den Bewertungsrelationen (VEW/GW) der Gutachter gibt es keine wesentlichen Unterschiede.

auf denen die Gutachten basieren, und Steuerbilanzwerten, die für die Ermittlung des vereinfachten Ertragswerts maßgeblich sind nahezu ausgeschlossen werden.

Grundlage für die Bestimmung des nachhaltigen Jahresertrages waren die in den Gutachten angegebenen bereinigten Vergangenheitsergebnisse vor betrieblichen und persönlichen Steuern. Da auch in der betriebswirtschaftlichen Bewertung eine Bereinigung der Vergangenheitsergebnisse um Sondereinflüsse vorgenommen wird, um ein möglichst repräsentatives Ergebnis zu erhalten,[798] entsprechen diese von den Gutachtern vorgenommenen Bereinigungen im Wesentlichen den in § 202 Abs. 1 Nr. 1-3 BewG aufgeführten Korrekturen. Als Beispiele sind etwa außergewöhnliche Ereignisse, von deren regelmäßiger Wiederholung nicht ausgegangen werden kann, und Aufwendungen oder Erträge aus nicht betriebsnotwendigem Vermögen zu nennen.[799] Hierzu zählt auch die Nutzung von Sonderabschreibungen oder die Bildung von Investitionsabzugsbeträgen (früher Ansparabschreibungen.

Abweichungen des genutzten steuerlichen Unternehmenswerts vom tatsächlichen steuerlichen Unternehmenswert könnten sich jedoch durch die gesonderte Bewertung jungen Vermögens ergeben, da diese gemäß § 200 Abs. 4 BewG eigenständig zu bewerten sind. Eine solche eigenständige Bewertung konnte aufgrund der vorhandenen Daten nicht vorgenommen werden. Dieses führt im Ergebnis dazu, dass die verwendeten steuerlichen Unternehmenswerte in den Fällen, in denen junges Vermögen im Unternehmen vorhanden ist, zu niedrig sind. Der Einfluss dieser Position erscheint im untersuchten Sample gering.

Auch aus der gesonderten Bewertung von Beteiligungen (§ 200 Abs. 3 BewG) könnten Abweichungen resultieren. Da im untersuchten Sample nur Unternehmen sind, die keinen wesentlichen Beteiligungsbesitz aufweisen, ist die Gefahr einer systematischen Verzerrung nicht gegeben.

Wie sich aus der vorgenannten Darstellung ergibt, kann davon ausgegangen werden, dass die bereinigten Vergangenheitsergebnisse der Gutachten eine sehr gute Näherungslösung für das in § 202 BewG geforderte Betriebsergebnis darstellen. Eventuell vorhandene Abweichungen aufgrund unterschiedlicher Korrekturen der Überschüsse sollten daher, wenn überhaupt, nur marginal sein.

---

798 Vgl. dazu auch die Ausführungen in Kapitel 3.3.3.2 dieser Arbeit.

799 *Wollny, C.*, Der objektivierte Unternehmenswert, 2010, S. 147.

4.2.3.1.3 Anpassungen der Gutachterwerte an die Unternehmensteuerreform 2008

Durch die Unternehmensteuerreform 2008 haben sich auch für die Unternehmensbewertung relevante Änderungen ergeben. Daher wäre es denkbar, dass eine Ursache für die Abweichung zwischen Gutachterwerten und vereinfachtem Ertragswertverfahren die Änderungen im Ertragsteuersystem sind. Es könnte daher sein, dass das vereinfachte Ertragswertverfahren von seiner Konzeption (z. B. Steuersatz von 30 %) her nur für Bewertungen zum richtigen Ergebnis führt, welchen das Ertragsteuersystem nach der Unternehmensteuerreform 2008 zu Grunde liegt. Um diesen Umstand zu berücksichtigen, werden in der folgenden Untersuchung neben den unkorrigierten Gutachterwerten auch an die Unternehmensteuerreform 2008 angepasste Gutachterwerte untersucht. Wesentliche Parameter der Anpassung sind dabei die Risikozuschläge und eine neue Steuerberechnung unter Berücksichtigung der geänderten Steuersätze und der Einbeziehung des Abgeltungsteuersystems.

In Bezug auf die Gewerbesteuer wird vereinfachend von gewerbesteuerlichen Hinzurechnung und Kürzungen abstrahiert. Dieses liegt darin begründet, dass den Gutachten teilweise nicht detailliert zu entnehmen ist, wie die Steuerberechnung vorgenommen wurde, insbesondere die gewerbesteuerlichen Hinzurechnungen und Kürzungen wurden teilweise nicht explizit ausgewiesen. Es ist daher nicht zu vermeiden, dass sich hieraus kleinere Abweichungen zur tatsächlichen Steuerbelastung ergeben. Aufgrund des relativ geringen Einflusses der Hinzurechnungen und Kürzungen auf den Unternehmenswert dürften diese die Ergebnisse nicht beeinflussen.

Der Steuersatz für Kapitalgesellschaften wird in der Neuberechnung auf 30% festgelegt und umfasst neben der Körperschaftsteuer auch die Gewerbesteuer. Er entspricht insoweit dem im vereinfachten Ertragswertverfahren verwendeten einheitlichen Steuersatz. Für Ausschüttungen wird auf der Anteilseignerebene die Besteuerung auf Basis der Abgeltungsteuer zzgl. Solidaritätszuschlag unterstellt (25% zzgl. Solidaritätszuschlag). Der Unternehmenswert für Personengesellschaften wird anhand eines persönlichen Einkommensteuersatz von 35 % (inkl. Kirchensteuer und Solidaritätszuschlag) neuberechnet. Dieses Vorgehen entspricht dem vor der Unternehmensteuerreform 2008 vom IDW vorgegebenen Steuersatz für die Ermittlung objektivierter Unternehmenswerte.[800] Bei der Verwendung des Jahresüberschusses wird vereinfachend von einer Vollausschüttung ausgegangen.[801]

Neben den Modifikationen der Steuersätze wird auch eine Anpassung der Risikozuschläge vorgenommen. Wie bereits in Kapitel 3.2.2.2.2 dargestellt geht beispielsweise das IDW davon aus, dass es durch die Unternehmensteuerreform 2008 zu einer leicht erhöhten Marktrisikoprämie vor Steuern und einer leicht gesunkenen Marktrisikoprämie nach persönlichen Steuern kommen wird. Im Ergebnis schlägt das IDW daher für Bewertungsstichtage ab dem 01.01.2009 5,0 % vor persönlichen Steuern und 4,5 % nach persönlichen Steuern als angemessene Marktrisikoprämie vor.[802] Da es bis zum jetzigen Zeitpunkt keine neuen Studien über die Entwicklung der Marktrisikoprämie gibt und die vom IDW vorgenommene Argumentation plausibel ist, wird der Ansicht des IDW gefolgt. Die angenommene Entwicklung der Marktrisikoprämien in Deutschland lässt sich auch aus Abbildung 8 (S. 60) in Kapitel 3.2.2.2.2 entnehmen.

Methodisch wird daher zunächst auf Basis der von den Gutachtern festgelegten Risikozuschläge (nach persönlichen Steuern) der implizit von den Gutachtern unterstellte Betafaktor ermittelt. Im nächsten Schritt wurde dann durch Multiplikation des implizit unterstellten Betafaktors mit der neuen Marktrisikoprämie ab dem 01.01.2009 der neue Risikozuschlag ermittelt. Im Ergebnis führt die Anpassung der Risikozuschläge c. p. aufgrund der Verringerung der Marktrisikoprämie zu einer Erhöhung des Unternehmenswerts.

4.2.3.2 Hypothesen und Modell

Anhand der folgenden empirischen Untersuchung wird analysiert, ob das vereinfachte Ertragswertverfahren den gemeinen Wert eines Unternehmens abbilden kann. Wesentliche Frage ist dabei, ob es, wie in Teilen der Literatur vermutet, zu einer systematischen Überbewertung kommt. Hierzu werden folgende Hypothesen aufgestellt und auf ihre Gültigkeit überprüft:[803]

- *Hypothese H0: Der Wert gemäß dem vereinfachten Ertragswertverfahren entspricht dem vom Gutachter ermittelten Wert.* Kann diese Hypothese nicht verworfen werden, so entsprechen sich die vom Gutachter ermittelten Werte und

[800] Auch eine Nutzung alternativer Steuersätze führte zu keinen wesentlichen Änderungen der Ergebnisse.

[801] Auch alternative Annahmen führen zu keiner wesentlichen Veränderung der gewonnenen Ergebnisse.

[802] Vgl. *Wagner, W.* u. a., Unternehmensbewertungsgrundsätze, 2008, S. 741.

[803] Vgl. zur ähnlichen Ableitung von Hypothesen auch *Müller, J.*, Unternehmensbewertung, 2008, S. 56-58.

der Wert des vereinfachten Ertragswertverfahrens, es kommt insoweit zu einer gleichmäßigen Bewertung zum gemeinen Wert, wie vom Bundesverfassungsgericht gefordert.

- *Hypothese H1: Für eine alternative Festlegung verschiedener Parameter des vereinfachten Ertragswertverfahrens kommt es zu einer Übereinstimmung von vereinfachtem Ertragswert und dem vom Gutachter ermittelten Wert.* Im Rahmen der betriebswirtschaftlichen Analyse wurden wesentliche Spezifikationsprobleme des vereinfachten Ertragswertverfahrens diskutiert. So sind etwa die jährliche Festlegung des Basiszinssatzes, die Höhe des Risikozuschlags und die Berechnung des nachhaltigen Jahresertrags wesentliche Parameter, die variiert werden könnten. Ob eine Veränderung dieser Parameter eine Verbesserung des vereinfachten Ertragswertverfahrens bewirkt, ist daher zu analysieren.

Zur Überprüfung der aufgestellten Hypothesen werden zwei Ansätze gewählt. Grundlage der Untersuchung bildet das Verhältnis von vereinfachtem Ertragswert zu Gutachterwert (VEW/GW). So kann direkt beobachtet werden, ob es zu einer Über- oder Unterbewertung kommt. Ein Wert von größer eins zeigt eine Überbewertung, ein Wert von eins eine richtige Bewertung und ein Wert von kleiner eins eine Unterbewertung an. Zur Beurteilung der Ergebnisse werden zudem die Lageparameter Median und arithmetisches Mittel berechnet. Es werden sowohl Median als auch Mittelwert bestimmt, um beurteilen zu können, ob das Ergebnis durch einzelne Ausreißer beeinflusst wird. Neben den dargestellten Lageparametern kommt der Streuung der Bewertungsrelationen eine wesentliche Bedeutung zu. So ist zur Beurteilung der Schätzgüte eines steuerlichen Bewertungsverfahrens im Wesentlichen das Maß der Streuung (z.B. Variationskoeffizient) entscheidend.[804] Würde in der folgenden Untersuchung nur eine geringe Streuung gefunden werden, wäre es z.B. möglich, durch die isolierte Erhöhung bzw. Verringerung des Risikozuschlags das vereinfachte Ertragswertverfahren so anzupassen, dass es eine Bewertung zum Verkehrswert erreicht. Damit würde es dann grundsätzlich der Forderung des Bundesverfassungsgerichts nach einer gleichmäßigen Bewertung entsprechen. Kommt es hingegen im Mittelwert zu einer Bewertung zum Verkehrswert, es wird also im Durchschnitt richtig bewertet, gleichzeitig liegt jedoch eine hohe Streuung der Ergebnisse vor, so ist das Verfahren ungeeignet und kann auch nicht durch die Veränderung eines Parameters angepasst werden.[805] Eine hohe Ungleichbehandlung der Unternehmen drückt sich insoweit durch eine hohe Streuung der Bewertungsrelationen aus.

---

[804] Vgl. *Broekelschen, W./Maiterth, R.*, Gleichmäßige Bewertung, 2010, S. 210.

[805] Vgl. *Broekelschen, W./Maiterth, R.*, Gleichmäßige Bewertung, 2010, S. 210.

Damit folgt diese Untersuchungsmethodik dem Ansatz von *Müller* in seiner Analyse der Bewertung von Kapitalgesellschaften für Zwecke der Erbschaftsteuer und dem Vorgehen von *Broekelschen/Maiterth* und *Bach/Broekelschen/Maiterth* für die Untersuchung der Bewertung von Grundvermögen.[806]

Neben dieser deskriptiven Analyse der Abweichungen aufgrund unterschiedlicher Bewertungsverfahren werden die aufgestellten Hypothesen zudem anhand des folgenden Regressionsmodells untersucht.[807] Grundlage bildet ein lineares Einfachregressionsmodell, bei dem die unabhängige (erklärende Variable) der Wert gemäß vereinfachtem Ertragswertverfahren (VEW) und die abhängige Variable (zu erklärende Variable) der Gutachterwert (GW) ist.[808] Dieses Vorgehen unterstellt dabei, dass der Wert gemäß dem vereinfachten Ertragswertverfahrens einen Erklärungsgehalt für den Gutachterwert hat. Da das Ziel des vereinfachten Ertragswertverfahrens die Bestimmung des gemeinen Werts und damit eines Verkehrswerts ist, erscheint diese Annahme sachgerecht. Die Regressionsgleichung lautet damit wie folgt: :

$$\mathrm{GW_i} = \alpha + \beta_1 \mathrm{VEW_i} + \epsilon_\mathrm{i} \qquad (29)$$

Bei einer exakten Übereinstimmung von Gutachterwert und vereinfachtem Ertragswert sollte ein perfekter linearer Zusammenhang zwischen den beiden Variablen bestehen. Es sollten dann $\alpha = 0$ und $\beta_1 = 1$ sein. Weiterhin müsste sich ein Bestimmtheitsmaß von 100 % ergeben, da es keine unerklärte Varianz geben sollte. Damit wäre VEW_i ein unverzerrter Schätzer für GW_i.[809] Dieses Vorgehen folgt der Methodik von *Müller*, *Berkman/Bradbury/Ferguson* und *Kaplan/Ruback*.[810]

Als Ergebnis wird zur Untersuchung der Hypothesen in einem ersten Schritt das oben gezeigte Regressionsmodell verwendet. Zur Gewährleistung effizienter Schätzungen wird die OLS-Regression auf Basis robuster Standardfehler nach *Huber*[811] und *White*[812] ermittelt.

---

806 Vgl. *Müller, J.*, Unternehmensbewertung, 2008, S. 64-96 zu diesem Vorgehen bei der Bewertung von Kapitalgesellschaften, sowie *Broekelschen, W./Maiterth, R.*, Funktionsweise und Verfassungskonformität, 2009, S. 833-837; *Bach, S.* u. a., Gleichmäßige erbschaftsteuerliche Behandlung, 2006, S. 1961-1968 und *Bach, S.* u. a., Mangelhafte Grundstücksbewertung, 2006, S. 617-623 bei der Bewertung von Grundvermögen.

807 Vgl. zu diesem Vorgehen auch *Müller, J.*, Unternehmensbewertung, 2008, S. 58-59.

808 Vgl. zur Diskussion um die Nutzung einer solchen Gleichung *MacDonald, R./Torrance, T. S.*, Real Interest Rate, 1988, S. 367.

809 Vgl. zu dieser Interpretation auch *Berkman, H.* u. a., Cash Flow Methods, 2000, S. 81.

810 Vgl. *Müller, J.*, Unternehmensbewertung, 2008, S. 59; *Kaplan, S. N./Ruback, R. S.*, Valuation, 1995, S. 1080; *Berkman, H.* u. a., Cash Flow Methods, 2000, S. 81.

811 Vgl. *Huber, P. J.*, Maximum Likelihood Estimates, 1967, S. 221-223.

812 Vgl. *White, H.*, Heteroskedasticity-Consistent Covariance, 1980, S. 817-838.

Für die Schätzung der Regressionsgleichung wird zunächst auf die Methode der kleinsten Quadrate Regression zurückgegriffen. Zusätzlich wird eine nochmalige Schätzung aufgrund des geringen Stichprobenumfangs auf Basis einer Quantilregression durchgeführt.[813] Im Vergleich zur Methode der kleinsten Quadrate Ausreißern misst diese Regressionsform Ausreißern ein geringeres Gewicht bei und verhält sich deshalb auch bei kleinen Stichproben robust.[814] Wird auf das 0,5 Quantil abgestellt, wird auch von der Medianregression gesprochen, allerdings kann die Schätzung für jedes weitere Quantil vorgenommen werden.[815] Bei den folgenden Analysen wird die Medianregression genutzt. Die den Modellen zu Grunde liegenden Parameter werden mittels t-Test und F-Tests überprüft. Abschließend werden die *Hypothesen H0 und H1* ($\beta_1 = 1$) mittels des Wald-Tests[816] überprüft.[817]

Mittels des Wald-Tests kann überprüft werden, ob der Regressionskoeffizient, in diesem Fall β_1, des geschätzten Modells einem bestimmten Wert entspricht. Bei einer Ablehnung der Hypothese $\beta_1 = 1$ kann dann davon ausgegangen werden, dass sich die Gutachterwerte und vereinfachten Ertragswerte statistisch signifikant voneinander unterscheiden. Eine gleichmäßige Bewertung ist in diesen Fällen damit nicht gegeben.

4.2.4 Untersuchungsergebnisse

4.2.4.1 Deskriptive Analyse

In Tabelle 25 sind die deskriptiven Maßzahlen (Ertragswert, Basiszinssatz, Risikozuschlag, Wachstumsabschlag und Jahresertrag) des untersuchten Samples dargestellt. Bezogen auf den Ertragswert ist zu erkennen, dass sowohl Mittelwert als auch Median der Gutachterwerte kleiner sind als die entsprechenden Maßzahlen der vereinfachten Ertragswerte. Dies legt die Vermutung nahe, dass es zu einer Überbewertung durch das vereinfachte Ertragswertverfahren kommt. Markant ist, dass eine erhebliche Streuung innerhalb des Panels vorzufinden ist. Die Streuung ist dabei sowohl bei den Gutachterwerten als auch bei den auf Basis des vereinfachten Ertragswertverfahrens ermittelten Unternehmenswerten vorhanden. Zudem ist bei beiden Wertermittlungsverfahren der Median geringer als der Mittelwert. Dies ist auf einige besonders hoch bewertete Unternehmen zurückzuführen. Auffallend ist, dass der von den Gutachtern genutz-

813 Vgl. zu diesem Vorgehen auch *Benhof, H.*, Veräußerungsgewinnbesteuerung, 2010, S. 218 f.

814 Vgl. *Fahrmeir, L.* u. a., Regression, 2009, S. 90f; *Kohler, U./Kreuter, F.*, Datenanalyse mit Stata, 2008, S. 244 f.

815 Vgl. *Fahrmeir, L.* u. a., Regression, 2009, S. 91.

816 Vgl. *Wald, A.*, Tests of Statistical Hypothesis, 1943.

817 Vgl. zu dieser Vorgehensweise *Doyle, J. R./Chen, C. H.*, Wandering Weekday Effect, 2009, S. 1390, welche ebenfalls den Wald-Test nutzen.

te Risikozuschlag (nach persönlichen Steuern) im Mittelwert und Median oberhalb von dem im vereinfachten Ertragswertverfahren mit 4,5 % vorgegebenen Risikozuschlag liegt. Dieses gilt auch für den Basiszinssatz (vor persönlichen Steuern); allerdings fallen die Abweichungen im Verhältnis zu den Abweichungen beim Risikozuschlag eher gering aus. Im Ergebnis würde dies bei ansonsten gleichen Parametern im Mittelwert zu einer Überbewertung durch das vereinfachte Ertragswertverfahren führen. Der Mittelwert des nachhaltigen Jahresertrags (vor Unternehmensteuern) liegt unterhalb, der Median oberhalb des durchschnittlich geplanten Zukunftsergebnisses[818] der Gutachter. Dies weist darauf hin, dass einzelne besonders ertragstarke Unternehmen im Sample vorhanden sind, die zu einer Differenz von Median und Mittelwert führen.

N=67		Mittelwert	Median	Standardabweichung	Minimum	Maximum
Ertragswert	Gutachter	1.101.292	481.897	1.907.474	21.000	8.775.924
	lt. BewG	1.309.492	778.797	2.093.373	29.385	14.308.859
Basiszinssatz	Gutachter	4,90%	5,00%	0,0065	2,70%	6,70%
	lt. BewG	4,59%	4,63%	0,0062	3,51%	6,01%
Risikozuschlag	Gutachter	6,61%	5,85%	0,0293	1,63%	19,50%
	lt. BewG	4,50%	4,50%	0,0000	4,50%	4,50%
Wachstumsabschlag	Gutachter	0,89%	1,00%	0,0031	0,00%	2,00%
	lt. BewG	-	-	-	-	-
Jahresertrag	Gutachter	170.161	79.917	285.003	2.541	1.976.667
	lt. BewG	183.891	72.600	326.025	3.800	1.852.600

Tabelle 25: Deskriptive Maßzahlen des untersuchten Samples

Tendenziell kann eine Überbewertung durch das vereinfachte Ertragswertverfahren im Verhältnis zu den betrachteten Gutachterwerten angenommen werden. Weiteren Aufschluss über die Approximationsgüte des vereinfachten Ertragswertverfahrens gibt die Betrachtung des Verhältnisses von vereinfachtem Ertragswert zu Gutachterwert mittels der in den Kapiteln 4.2.4.2 bis 4.2.4.4 vorgenommenen Analysen.

4.2.4.2 Grundsätzliche Eignung des vereinfachten Ertragswertverfahrens

4.2.4.2.1 Untersuchung ohne Anpassung an die Unternehmensteuerreform 2008

Zunächst wird auf Basis der unkorrigierten Gutachterwerte (GW) eine erste Untersuchung vorgenommen. Grundlegende Annahme dieser Analyse ist, dass die Unternehmensteuerreform 2008 keinen wesentlichen Einfluss auf die Unternehmenswerte hat. Auch das IDW geht etwa davon aus, dass es durch die sich kompensierenden Effekte

[818] Das durchschnittlich geplante Jahresergebnis wird vereinfachend als gleichgewichtetes arithmetisches Mittel der einzelnen geplanten Jahresergebnisse ermittelt.

(z.B. Senkung Steuersatz vs. Erhöhung der Bemessungsgrundlage) zu keinen signifikanten Auswirkungen auf den Unternehmenswert kommen wird.[819] Die gefundenen Ergebnisse geben damit zumindest einen ersten Eindruck über die Wertdifferenz zwischen vereinfachtem Ertragswert und Gutachterwert.

Abbildung 43 zeigt auf, dass eine Übereinstimmung von Gutachterwert und vereinfachtem Ertragswert die Ausnahme bildet. Auffallend ist, dass sowohl sehr hohe Überbewertungen (über 600 %) als auch starke Unterbewertungen (10 %) vorzufinden sind.

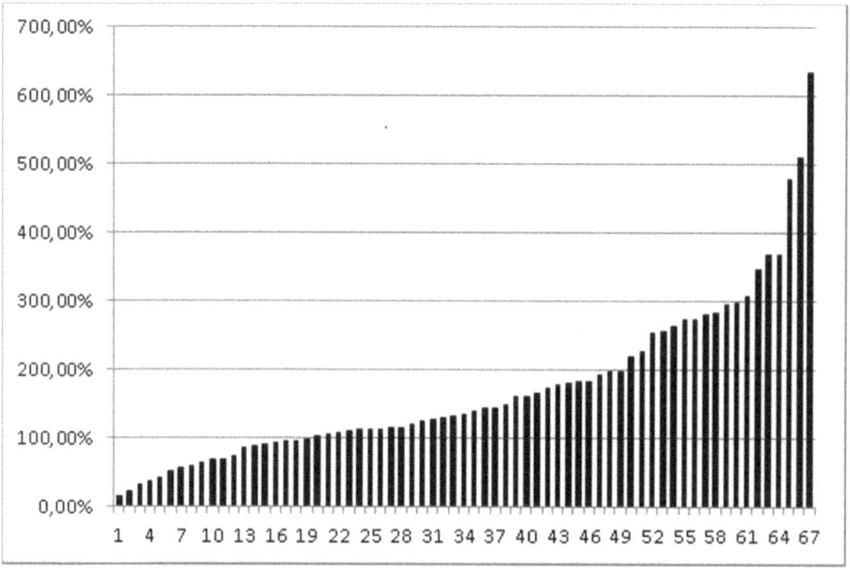

Abbildung 43: Darstellung des Verhältnisses von vereinfachtem Ertragswert zu Gutachterwert (VEW/GW)

Das Verhältnis von vereinfachtem Ertragswert zu Gutachterwert liegt in 48 von 67 Fällen oberhalb von 100 %, in 40 von 67 Fällen oberhalb von 120 % und in 30 Fällen oberhalb von 150 %. Dies verdeutlicht, dass die vorgeschlagenen Bandbreiten von 20 %[820] bis 50 % regelmäßig nach oben überschritten werden. Ähnlich stellen sich die

[819] Vgl. Presseinformation 8/2007 des IDW vom 07.09.2007. So auch *Dörschell, A.* u. a., Ermittlung eines objektivierten Unternehmenswertes, 2008, S. 452 und *Ernst, D.* u. a., Unternehmensbewertungen verstehen, 2010, S. 125-126.

[820] So wird etwa von *Stalleiken, J./Theissen, C.*, Erbschaftsteuer-Bewertungserlass, 2010, S. 23 eine Bandbreite von 20 bis 25 % noch als akzeptabel angesehen. Auch dass BverfG akzeptiert einen Korridor von 20 % bei der Bewertung von Grundstücken, vgl. BverfG BVerfG, 07.11.2006, 1 BvL 10/02, S. 244, Tz. 137a. Eine größere Abweichung befürwortet hingegen *Mannek, W.*, Dis-

Ergebnisse im Falle der Unterbewertung dar. So liegt in 12 Fällen das Verhältnis unter 80 % und in 5 Fällen unterhalb von 50 %. Im Umkehrschluss folgt daraus, dass nur in 25 Fällen eine Bewertung zwischen 80 % und 120 % erfolgt bzw. in 32 Fällen eine Relation zwischen 50 % und 150 % vorliegt.

Die tendenzielle Überbewertung wird auch anhand der in Tabelle 26 aufgezeigten Maßzahlen (VEW/GW) erkennbar. Sowohl Median (138,4 %)als auch Mittelwert (172,3 %) liegen oberhalb von 100 %. Dass der Median unterhalb des Mittelwerts liegt, ist nicht verwunderlich, da der minimale Wert der Relation 0 % beträgt, der größtmögliche Wert jedoch theoretisch gegen unendlich gehen kann und daher eine rechtsschiefe Verteilung vorliegt.[821] Sowohl Median als auch Mittelwert verdeutlichen aber die erhebliche Überbewertung durch das vereinfachte Ertragswertverfahren.

		N	Median	Mittelwert	Standardabweichung	Variationskoeffizient	Min.	Max.
n. modifiziert	VEW/GW	67	138,4%	172,3%	1,187	68,88%	14,5%	633,6%
Steuerreform 2008	VEW/GW	67	124,8%	154,9%	1,104	71,28%	13,4%	594,2%

VEW/GW bezeichnet das Verhältnis der vereinfachten Ertragswerte zu den Gutachterwerten. N gibt die Anzahl der Unternehmen, Min. das Minimum und Max. das Maximum der Beobachtungen an.

Tabelle 26: Deskriptive Ergebnisse der Voruntersuchung

Mit 14,5 % und 633,6 % bestätigen auch Minimum und Maximum diese Einschätzung. Auch die Streuungsmaße (Variationskoeffizient und Standardabweichung) zeigen erhebliche Abweichung zwischen den unterschiedlichen Werten an; so liegt der Variationskoeffizient bei 68,88 % und die Standardabweichung beträgt 1,187. Damit weicht der Wert eines einzelnen Unternehmens nach dem Vereinfachten Ertragswertverfahren im Durchschnitt um rund 69 % vom durchschnittlichen Gutachterwert ab. Die gefundenen Ergebnisse zeigen deutlich, dass eine Übereinstimmung von Gutachterwert und vereinfachtem Ertragswert nur im Einzelfall gegeben ist. Weiterhin legen die Ergebnisse den eindeutigen Schluss nahe, dass es durch das vereinfachte Ertragswertverfahren tendenziell zu einer überhöhten Wertermittlung kommt. Neben dieser tendenziellen Überbewertung liegen jedoch auch Fälle vor, in denen das vereinfachte Ertragswertverfahren zu einer erheblichen Unterbewertung führt.

Diese Ergebnisse bestätigen die Vermutung, dass die Wertermittlung mittels des vereinfachten Ertragswertverfahrens das Ziel einer gleichmäßigen verkehrswertnahen Bewertung nicht erreicht und es wird klar, dass es im untersuchten Sample sogar erheblich verfehlt wird.

kussionsentwurf, 2008, S. 423, 428, welcher erst ab einer Abweichung von 40 % bis 50 % ein offensichtlich unzutreffendes Ergebnis annimmt.

821 Vgl. dazu auch *Müller, J.*, Unternehmensbewertung, 2008, S. 64.

Nach diesen deskriptiven Auswertungen wird die *Hypothese H0* mit Hilfe des in Kapitel 4.2.3.2 dargestellten Regressionsmodells untersucht. Die abhängige Variable ist der Gutachterwert (GW) und die unabhängige Variable der Wert des vereinfachten Ertragswertverfahrens (VEW). Die Schätzung der Regressionsgleichung wird mittels der kleinsten Quadrate Methode (OLS) und der Medianregression (MR) vorgenommen.

$GW_i = \alpha + \beta_1 VEW_i + \epsilon_i$			
Parameter		(1)	(2)
Achsenabschnitt	α	271.038	38.947
		(1,58)	(1,08)
VEW	β_1	0,6340278	0,5977123
		(5,67)***	(40,37)***
(Pseudo) R^2		48,42%	44,46%
F-Statistik des Modells		32,17***	-
Beobachtungen		67	67

(1)+(2) stellen die Ergebnisse der Regression ohne Modifikation der Gutachterwerte dar.
(1) wurde auf Basis der OLS-Regression geschätzt.
(2) wurde auf Basis der Medianregression geschätzt.
In Klammern sind die robusten Werte der t-Statistik angegeben. *** geben eine Signifikanz bei einem Niveau von 1 %, ** von 5 % und * von 10 % an.

Tabelle 27: Signifikanztest vereinfachtes Ertragswertverfahren

Das Modellergebnis der OLS-Regression zeigt, dass die auf Basis des vereinfachten Ertragswertverfahrens ermittelten Unternehmenswerte (VEW), wie vermutet, über einen grundsätzlichen Erklärungsgehalt für die Gutachterwerte (GW) verfügen. So sind sowohl die F-Statistik des Modells als auch die t-Statistik des Steigungsparameters hoch signifikant. Durch das vereinfachte Ertragswertverfahren können allerdings nur 48,42 % der Variation des Gutachterwerts erklärt werden. Dieses deutet auf eine hohe Streuung der Bewertungsergebnisse hin. Die Konstante ist nicht signifikant und hat daher keinen Einfluss im Modell. Der Wert des Steigungskoeffizienten (β_1) liegt mit 0,63403 unterhalb von eins und weist auf eine starke Überbewertung hin. Jeder Euro Unternehmenswert auf Basis des vereinfachten Ertragswertverfahrens entspricht 0,63 € Gutachterwert, welches einem Multiplikator von 1,577[822] entspricht. Der Wald-Test verwirft zudem die Hypothese *H0*, dass $\beta_1 = 1$ ist, mit einem Wert der F-Statistik von 10,72, also auf einem Signifikanzniveau von mehr als 99 %.

Auch die Schätzung anhand der Quantilregression führt zu keinen andern Ergebnissen. Wenngleich der Erklärungsgehalt des Modells im Vergleich zum OLS-Modell etwas

822 1/0,63402=1,57723

geringer ist, bleibt die grundsätzliche Aussage bestehen. Das vereinfachte Ertragswertverfahren ist nicht geeignet, den Gutachterwert zu schätzen bzw. approximiert den Gutachterwert nicht hinreichend genau. Durch den Wert des Steigungsparameters von 0,59771 wird ebenfalls die vermutete Überbewertung bestätigt. Der Wald-Test verwirft die Hypothese *H0* mit einem Wert der F-Statistik von 738,38 auf einem Signifikanzniveau von mehr als 99 %.

Anhand der vorgenommenen Untersuchung kann für die gesamte Stichprobe keine Übereinstimmung von vereinfachtem Ertragswert und Gutachterwert festgestellt werden. Vielmehr wird der Eindruck bestätigt, dass das vereinfachte Ertragswertverfahren nicht geeignet ist, den Verkehrswert von Unternehmen zu bestimmen. Es weist erhebliche Schwächen bei der Approximation des gemeinen Werts auf und führt tendenziell zu einer Überbewertung. Als Folge daraus würde das Ziel einer gleichmäßigen und verkehrswertnahen Bewertung verfehlt.

Diese Abweichungen resultieren dabei im Wesentlichen aus folgenden Gründen. Zunächst unterscheiden sich die dem vereinfachten Ertragswertverfahren und den Gutachterwerten zu Grunde liegenden Überschüsse (Kapitel 4.1.1). Im untersuchten Sample liegt der durchschnittlich geplante Ertrag der Gutachter in 34 von 67 Bewertungsgutachten oberhalb des nachhaltigen Jahresertrags. Daraus lässt sich vorab eine annähernd gleichmäßige Schätzung vermuten. Das arithmetische Mittel des Verhältnisses von durchschnittlichem Gutachterertrag zu nachhaltigem Jahresertrag liegt mit einem Mittelwert von 126,51 % oberhalb von 100 %, der Median mit 96,45 % unterhalb von 100 %, insoweit wäre zunächst eine zumindest gleichmäßige Bewertung zu erwarten. Zu beachten ist dabei, dass eine starke Streuung der Verhältnisse gegeben ist; so liegen das Maximum bei 603,56 % und das Minimum bei lediglich 3,12 %. Daraus wird deutlich, dass sich selbst bei einer annähernden Übereinstimmung im Mittelwert und im Median die geplanten Erträge der Gutachter teils drastisch von den nachhaltigen Jahreserträgen unterscheiden. So wird durch die vergangenheitsorientierte Ausrichtung des vereinfachten Ertragswertverfahrens ein Wachstumsunternehmen unterbewertet, ein schrumpfendes Unternehmen jedoch überbewertet. Die mangelnde Berücksichtigung der zukünftigen Entwicklung führt im Ergebnis dazu, dass sich geplante Überschüsse und nachhaltiger Jahresertrag voneinander unterscheiden und daraus erhebliche Wertdifferenzen, sowohl nach oben als auch nach unten, resultieren.

Weiterer wesentlicher Parameter der Bewertung ist der Kapitalisierungszinssatz, welcher sich aus dem Basiszinssatz und dem Risikozuschlag zusammensetzt. Wie in Kapitel 4.1.2 dargestellt, unterscheiden sich die betriebswirtschaftliche und die erbschaftsteuerliche Festlegung teilweise erheblich. Der von den Gutachtern bestimmte Basiszinssatz liegt im untersuchten Sample in 47 von 67 Fällen unterhalb des Basiszinssatzes gemäß BewG. Das arithmetische Mittel des Verhältnisses von Gutachterbasiszinssatz zum Basiszinssatz laut BewG liegt im Mittel bei 94,47 % und im Median bei 94 %; insoweit wäre c. p. eine Überbewertung durch das vereinfachte Ertragswertverfahren zu erwarten. Allerdings ist auch bei diesem Parameter eine starke Streuung zu beobachten, so liegen das Maximum bei 148,89 % und das Minimum bei lediglich 75,35 %. Die unterschiedlichen Annahmen über die Bestimmung (unendliche Laufzeit etc.) und die stichtagsgenaue Berechnung der Basiszinssätze durch die Gutachter sind für die genannten Abweichungen verantwortlich. Im untersuchten Sample scheint der Basiszinssatz nicht der wesentliche Grund für die festgestellte Überbewertung zu sein.[823]

Der Risikozuschlag ist als weiteres wesentliches Element zu beachten, welcher im vereinfachten Ertragswertverfahren mit 4,5 % typisiert, von den Gutachtern jedoch unternehmensspezifisch ermittelt wird. Er liegt im untersuchten Sample lediglich in 8 Fällen unterhalb von 4,5 %. Daraus würde c. p. einer Überbewertung durch das vereinfachte Ertragswertverfahren resultieren. Die zusätzliche Analyse der Relationen des vom BewG vorgeschriebenen Risikozuschlags im Verhältnis zu den von den Gutachtern festgelegten Risikozuschlägen zeigt, gemessen an Mittelwert (81,33 %) und Median (76,92 %), eine höhere Risikobestimmung der Gutachter als durch das vereinfachte Ertragswertverfahren. Dieses Ergebnis deckt sich dabei mit der in der Literatur vertretenen Meinung, dass der typisierte Risikozuschlag von 4,5 % zu niedrig bemessen ist.[824] Die Betrachtung von Minimum (23,07 %) und Maximum (276,92 %) zeigt, dass die im BewG vorgenommene Typisierung nur zufällig mit den von den Gutachtern bestimmten Risikozuschlägen übereinstimmt. Der Risikozuschlag scheint einen wesentlichen Einfluss auf die festgestellte Überbewertung zu haben.[825]

4.2.4.2.2 Gutachterwerte nach der Unternehmensteuerreform 2008

Durch die Anpassung der Gutachterwerte an die Unternehmensteuerreform 2008 kommt es im untersuchten Sample im Durchschnitt zu einer Erhöhung der Gutachter-

823 Vgl. zu den Auswirkungen des Basiszinssatzes auf die Untersuchungsergebnisse die Variation des vereinfachten Ertragswertverfahrens in Kapitel 4.2.4.4.1 dieser Arbeit.

824 Vgl. beispielhaft zu dieser Aussage: *Kohl, T./Schilling, D.*, Erbschaftsteuer- und Bewertungsrecht, 2008, S. 917; *Creutzmann, A.*, Unternehmensbewertung im Steuerrecht, 2008, S. 2789; *Dirrigl, H.*, Unternehmensbewertung, 2009, S. B59. Vgl. dazu auch die Ausführungen in Kapitel 4.1.2 dieser Arbeit.

825 Vgl. zu den Auswirkungen des Risikozuschlags auf die Untersuchungsergebnisse die Variation des vereinfachten Ertragswertverfahrens in Kapitel 4.2.4.4.2 dieser Arbeit.

werte. Wesentliche Ursachen für diese Veränderung der Unternehmenswerte sind die Anpassung der Körperschaftsteuer und Gewerbesteuer auf einen einheitlichen Steuersatz von 30 %, die Einführung der Abgeltungsteuer und die Senkung der Marktrisikoprämie von 5,5 % auf 4,5 %, welches zu einer Erhöhung des Kapitalisierungszinssatzes führt. Insgesamt kommt es zu keinen wesentlichen Abweichungen von den Ergebnissen der Voruntersuchung (vgl. dazu Tabelle 26, Kapitel 4.2.4.2.1). Die Maßzahlen deuten auf eine Überbewertung durch das vereinfachte Ertragswertverfahren hin. So liegen sowohl Median als auch Mittelwert oberhalb von 100 %, wenngleich es zu einer Annäherung an 100 % kommt. Im Ergebnis zeigen sowohl Median als auch Mittelwert eine erhebliche Überbewertung durch das vereinfachte Ertragswertverfahren auf.

Die Streuungsparameter bestätigen mit einer Standardabweichung von 1,104 und einem Variationskoeffizienten von 71,28 % die gefundenen Ergebnisse. Der Variationskoeffizient verdeutlicht, dass der Wert eines einzelnen Unternehmens nach dem Vereinfachten Ertragswertverfahren im Durchschnitt erheblich vom durchschnittlichen Gutachterwert abweicht. Auf Basis der vorgenommenen deskriptiven Untersuchung kann festgehalten werden, dass eine Übereinstimmung von Gutachterwert und vereinfachtem Ertragswert nur im Einzelfall gegeben ist und diese Ergebnisse einen klaren Hinweis darauf liefern, dass eine einheitliche Bewertung zum gemeinen Wert durch das vereinfachte Ertragswertverfahren nicht gegeben ist.

Wiederum wird die *Hypothese H0* mit Hilfe des in Kapitel 4.2.3.2 dargestellten Regressionsmodells untersucht. So können die deskriptiven Ergebnisse plausibilisiert werden. Die zu erklärende Variable ist dabei der modifizierte Gutachterwert (GW) und die erklärende Variable der Wert des vereinfachten Ertragswertverfahrens (VEW). Für die Schätzung werden die Regression der kleinsten Quadrate (OLS) und eine Medianregression (MR) verwandt.

$$GW_i = \alpha + \beta_1 VEW_i + \epsilon_i$$

	Parameter	(1)	(2)	(3)	(4)
Achsenabschnitt	α	271.038	38.947	322.198	54.473
		(1,58)	(1,08)	(1,88)*	(1,39)
VEW	β_1	0,6340278	0,597712	0,6688429	0,669837
		(5,67)***	(40,37)***	(7,33)***	(41,48)***
(Pseudo) R^2		48,42%	44,46%	48,06%	45,36%
F-Statistik des Modells		32,17***	-	53,73***	-
Beobachtungen		67	67	67	67

(1)+(2) stellen die Ergebnisse der Regression ohne Modifikation der Gutachterwerte dar.
(3)+(4) stellen die Ergebnisse der Regression unter Anpassung an die Unternehmensteuerreform 2008 dar.
(1)+(3) wurden auf Basis der OLS-Regression geschätzt.
(2)+(4) wurden auf Basis der Medianregression geschätzt.
In Klammern sind die robusten Werte der t-Statistik angegeben. *** geben eine Signifikanz bei einem Niveau von 1 %, ** von 5 % und * von 10 % an.

Tabelle 28: Signifikanztest vereinfachtes Ertragswertverfahren (Vergleich)

Das Modellergebnis der OLS-Regression entspricht im Wesentlichen den Ergebnissen der Voruntersuchung. Die F-Statistik des Modells und die t-Statistik des Steigungsparameters sind hoch signifikant, allerdings können nur rund 48 % der Variation des Gutachterwerts durch das vereinfachte Ertragswertverfahren erklärt werden. Der Wert des Steigungskoeffizienten ist mit 0,66884 kleiner als eins und deutet damit auf eine Überbewertung hin. Damit entspricht jeder Euro Unternehmenswert auf Basis des vereinfachten Ertragswertverfahrens 0,67 € Gutachterwert, welches isoliert eine Überbewertung um 149,51 %[826] anzeigt. Der Wald-Test verwirft die Hypothese *H0*, dass $\beta_1 = 1$ ist, mit einem Wert der F-Statistik von 13,17, also auf einem Signifikanzniveau von mehr als 99 %.

Die Ergebnisse werden ferner durch die Quantilregression bestätigt. Der Wald-Test lehnt die Hypothese *H0* mit einem Wert der F-Statistik von 418,01 auf einem Signifikanzniveau von mehr als 99 % ab.

Anhand der vorgenommenen Untersuchungen kann für das untersuchte Sample bestätigt werden, dass eine gleichmäßige und verkehrswertnahe Bewertung durch das vereinfachte Ertragswertverfahren nicht erreicht wird. Auch bei einer Modifikation der Gutachterwerte an die Unternehmensteuerreform 2008 bleiben die Ergebnisse grundsätzlich bestehen.

---

826 1/0,6688429=1,49512

4.2.4.3 Rechtsformspezifische Eignung des vereinfachten Ertragswertverfahrens

Zentrales Ziel der Reform der Erbschaftsteuer ist die Gleichmäßigkeit der Bewertung der verschiedenen Rechtsformen. Die folgende Untersuchung geht daher anhand der deskriptiven Maßzahlen sowie einer detaillierten Regressionsanalyse der Frage nach, ob dieses Ziel durch die Erbschaftsteuerreform erreicht wurde.

4.2.4.3.1 Untersuchung ohne Anpassung an die Unternehmensteuerreform 2008

Ein Vergleich der Maßzahlen des nach Unternehmensformen aufgeteilten Panels stellt heraus, dass sowohl bei den Personengesellschaften als auch bei den Kapitalgesellschaften eine erhebliche Überbewertung bestehen bleibt. Hieraus kann geschlussfolgert werden, dass die Ursache für die in Kapitel 4.2.4.2 gefundenen Ergebnisse nicht die Rechtsform ist, sondern beide Gruppen in einem zumindest ähnlichen Grad von der Überbewertung betroffen sind.

Rechtsform		N	Median	Mittelwert	Standardabweichung	Variationskoeffizient	Min.	Max.
PersG	VEW/GW	31	144,8%	179,5%	1,428	79,59%	14,5%	633,6%
KapG	VEW/GW	36	136,6%	166,1%	0,949	57,09%	31,4%	510,2%

VEW/GW bezeichnet das Verhältnis der vereinfachten Ertragswerte zu den Gutachterwerten. N gibt die Anzahl der Unternehmen, Min. das Minimum und Max. das Maximum der Beobachtungen an.

Tabelle 29: Deskriptive Ergebnisse ohne Modifikation

Ein Vergleich der in Tabelle 29 dargestellten Streuungsmaße deutet darauf hin, dass bei der Personengesellschaft eine größere Streuung der Bewertung zu finden ist. So liegt der Variationskoeffizient bei 79,59 % im Verhältnis zu 57,09 % bei den Kapitalgesellschaften. Auch aus höheren Standardabweichung und dem niedrigeren/höheren Wert des Minimums/Maximums lässt sich dieses ablesen. Allerdings ist auf Basis des Medians und des Mittelwerts nur eine relativ geringe Abweichung zu erkennen.

Die Vermutung liegt nahe, dass die Wertermittlung mittels des vereinfachten Ertragswertverfahrens das Ziel einer gleichmäßigen verkehrswertnahen Bewertung im untersuchten Sample sowohl für Personengesellschaften als auch für Kapitalgesellschaften in einem grundsätzlich ähnlichen Maß verfehlt. Zur Überprüfung dieser deskriptiven Ergebnisse wird das in Kapitel 4.2.3.2 entwickelte Regressionsmodell nun nicht mehr als gepoolte Regression, sondern nach Rechtsformen getrennt geschätzt[827].

[827] Bei der Interpretation dieser Ergebnisse ist zu beachten, dass der Stichprobenumfang nur noch 31 bzw. 37 Beobachtungen beträgt und daher einzelne Ausreißer erheblichen Einfluss auf die Schätzergebnisse haben können. Eine weitergehende Differenzierung ist aufgrund des geringen Samples nicht sinnvoll. Vgl. zum Einfluss von Ausreißern auf die Regressionsergebnisse weiterführend die Analyse in Kapitel 4.2.5.2.1.

		$GW_i = \alpha+\beta_1 VEW_i + \epsilon_i$			
Parameter		(1)	(2)	(3)	(4)
Achsenabschnitt	α	269.471	41.038	142.905	42.154
		(1,32)	(1,21)	(0,88)	(0,71)
VEW	β_1	0,6176692	0,5963453	0,8359718	0,5193322
		(5,42)***	(54,05)***	(4,08)***	(10,62)***
(Pseudo) R^2		61,18%	52,28%	22,04%	27,09%
F-Statistik des Modells		29,43***	-	16,66***	-
Beobachtungen		36	36	31	31

(1)+(2) stellen die Ergebnisse der Regression für Kapitalgesellschaften dar.
(3)+(4) stellen die Ergebnisse der Regression für Personengesellschaften dar.
(1)+(3) wurden auf Basis der OLS-Regression geschätzt.
(2)+(4) wurden auf Basis der Medianregression geschätzt.
In Klammern sind die robusten Werte der t-Statistik angegeben. *** geben eine Signifikanz bei einem Niveau von 1 %, ** von 5 % und * von 10 % an.

Tabelle 30: Signifikanztest vereinfachtes Ertragswertverfahren (getrennt nach Rechtsformen)

Wie sich aus Tabelle 30 ergibt, führt die getrennte Schätzung der Regression für Kapitalgesellschaften und Personengesellschaften zu einer Veränderung der Steigungsparameter. Ein wesentlicher Unterschied ist bei einem Vergleich der Schätzungen auf Basis der OLS-Regression zu erkennen, wohingegen sich die geschätzten Parameter auf Basis der Medianregression kaum unterscheiden.

Der Wald-Test verwirft für die Kapitalgesellschaften die Hypothese *H1*, dass $\beta_1 = 1$ ist mit einem Wert der F-Statistik von 11,28, also auf einem Signifikanzniveau von mehr als 99 %. Die Ergebnisse werden auch durch die Quantilregression bestätigt, bei dem der Wald-Test die Hypothese *H1* mit einem Wert der F-Statistik von 1338,70 auf einem Signifikanzniveau von mehr als 99 % ablehnt.

Ein anderes Bild ergibt sich für die Personengesellschaften auf Basis der OLS-Regression. Wenngleich der Koeffizient weiterhin unter 1 liegt und damit auf eine Überbewertung hinweist, wird der Wald-Test mit einem Wert der F-Statistik von 0,64 nicht mehr statistisch signifikant verworfen. Es kann nicht mehr mit einer hinreichenden Wahrscheinlichkeit davon ausgegangen werden, dass sich der vom Gutachter ermittelte Unternehmenswert und der vereinfachte Ertragswert unterscheiden. Eine weitere Analyse zeigt, dass die Ablehnung lediglich durch einen Ausreißer verursacht wird; hier ist zu erkennen, warum zusätzlich eine gegenüber Ausreißern resistente Medianregression verwandt wurde.[828] Bei dieser wird mit einem Wert des Wald-Tests von 96,70 die Hypothese auf einem Signifikanzniveau von mehr als 99 % verworfen, welches auch die deskriptiven Ergebnisse bestätigt.

[828] Vgl. weiterführend zur Ausreißeranalyse die in Kapitel 4.2.5.2.1 vorgenommene Untersuchung.

Insgesamt kann auf Basis des Samples nicht eindeutig geklärt werden, ob die Fehlbewertung bei Personengesellschaften und Kapitalgesellschaften in identischem Maße vorliegt.[829] Auf Basis der deskriptiven Ergebnisse und der Ergebnisse der Medianregression erscheint die Vermutung plausibel, dass sowohl Personengesellschaften als auch Kapitalgesellschaften in ähnlichem Maße von der Überbewertung betroffen sind.

4.2.4.3.2 Gutachterwerte nach der Unternehmensteuerreform 2008

Analog zu der im vorhergehenden Kapitel vorgenommenen Analyse wird diese nun auf Basis der modifizierten Gutachterwerte vorgenommen. Hierfür wird ein Vergleich der Maßzahlen des nach Unternehmensformen (Kapitalgesellschaft/Nicht-Kapitalgesellschaft) aufgeteilten Panels durchgeführt.

Die in Kapitel 4.2.4.2.2 gefundenen Ergebnisse bleiben bestehen. Sowohl Median als auch Mittelwert weisen auf eine tendenzielle Überbewertung hin; wenngleich diese im Verhältnis zu den im vorherigen Kapitel gefundenen Ergebnissen geringfügig abgeschwächt ist. Es bestätigt, dass nicht eine Rechtsformgruppe für die in Kapitel 4.2.4.2 gefundenen Ergebnisse verantwortlich ist.

Rechtsform		N	Median	Mittelwert	Standardabweichung	Variationskoeffizient	Min.	Max.
PersG	VEW/GW	31	135,8%	165,7%	1,319	79,64%	13,4%	594,2%
KapG	VEW/GW	36	122,9%	145,6%	0,887	60,93%	29,4%	484,9%

VEW/GW bezeichnet das Verhältnis der vereinfachten Ertragswerte zu den Gutachterwerten. N gibt die Anzahl der Unternehmen, Min. das Minimum und Max. das Maximum der Beobachtungen an.

Tabelle 31: Deskriptive Ergebnisse mit Modifikation (Personengesellschaften)

Ein Vergleich der in Tabelle 31 dargestellten Lageparameter und Streuungsmaße der unterschiedlichen Rechtsformen deutet darauf hin, dass bei Personengesellschaften eine größere Streuung der Bewertung zu finden ist, so liegt der Variationskoeffizient bei 79,64 % im Verhältnis zu 60,93 % bei Kapitalgesellschaften. Auch die höhere Standardabweichung und der niedrigere/höhere Wert des Minimums/Maximums weist darauf hin. Die Lageparameter Median und Mittelwert weisen zwischen den Gesellschaftsformen stärkere Abweichungen als bei den in Kapitel 4.2.4.3.1 beobachteten Werten auf. Diese größere Abweichung resultiert aus der Modifizierung der Gutachterwerte, welche sich stärker auf die Kapitalgesellschaften als auf die Personengesellschaften auswirkt, welches sich aus der durchgeführten konzeptionellen Anpassung an die Unternehmensteuerreform 2008 ergibt.

[829] Zu einem anderen Ergebnis in Bezug auf die Ähnlichkeit der Fehlbewertung zwischen Personengesellschaften und Kapitalgesellschaften kommen auch *Müller, J./Sureth, C.*, Marktnahe Bewertung, 2011, S. 78. Allerdings stellen diese eine Unterbewertung durch das vereinfachte Ertragswertverfahren fest.

Insgesamt erscheinen die Abweichungen aufgrund der Rechtsform eher gering. So liegen die Mediane etwa lediglich 13 %-Punkte auseinander. Die Ergebnisse bestätigen, dass die Wertermittlung mittels des vereinfachten Ertragswertverfahrens das Ziel einer gleichmäßigen verkehrswertnahen Bewertung im untersuchten Sample sowohl für Personengesellschaften als auch für Kapitalgesellschaften in einem ähnlichem Maß verfehlt.

Die Überprüfung der deskriptiven Auswertungen mit Hilfe des Regressionsmodells aus Kapitel 4.2.4.2.2 ist Tabelle 32 zu entnehmen:

$$GW_i = \alpha + \beta_1 VEW_i + \epsilon_i$$

Parameter		(1)	(2)	(3)	(4)
Achsenabschnitt	α	319.196	66.286	186.063	39.775
		(1,60)	(1,67)	(1,02)	(0,44)
VEW	β_1	0,6514482	0,6770856	0,8853582	0,6772802
		(7,42)***	(53,49)***	(4,03)***	(8,99)***
(Pseudo) R^2		65,20%	53,98%	27,71%	27,71%
F-Statistik des Modells		55,04***	-	16,27***	-
Beobachtungen		36	36	31	31

(1)+(2) stellen die Ergebnisse der Regression für Kapitalgesellschaften dar.
(3)+(4) stellen die Ergebnisse der Regression für Personengesellschaften dar.
(1)+(3) wurden auf Basis der OLS-Regression geschätzt.
(2)+(4) wurden auf Basis der Medianregression geschätzt.
In Klammern sind die robusten Werte der t-Statistik angegeben. *** geben eine Signifikanz bei einem Niveau von 1 %, ** von 5 % und * von 10 % an.

Tabelle 32: Signifikanztest vereinfachtes Ertragswertverfahren (getrennt nach Rechtsformen)

Es kommt zu einer erwarteten Veränderung der Regressionskoeffizienten. Beobachtbar ist, dass sich die auf Basis der OLS-Regression geschätzten Koeffizienten der unterschiedlichen Rechtsformen erheblich unterscheiden. Der Wald-Test verwirft für die geteilte Regression der Kapitalgesellschaften die Hypothese *H0*, dass $\beta_1 = 1$ ist mit einem Wert der F-Statistik von 15,76, also auf einem Signifikanzniveau von mehr als 99 %. Ähnliche Ergebnisse ergeben sich auch auf Basis der Medianregression, bei welcher der Wald-Test die Hypothese *H0* mit einem Wert der F-Statistik von 650,79 auf einem Signifikanzniveau von mehr als 99 % ablehnt.

Ein anderes Bild ergibt sich für die Personengesellschaften auf Basis der OLS-Regression. Der Koeffizient liegt zwar unter 1, allerdings kann die Hypothese *H0* nicht verworfen werden (Wert der F-Statistik von 0,27). Es zeigt sich, dass derselbe im vorigen Kapitel identifizierte Ausreißer dazu führt, dass die aufgestellte Hypothese nicht verworfen werden kann. Bei einer Elimination dieser Beobachtungen kann die Hypothese *H0* auf einem Signifikanzniveau von 90 % abgelehnt werden. Auf Basis der Medianregression wird mit einem Wert des Wald-Tests von 18,33 ebenfalls die Hypothese *H0* auf einem Signifikanzniveau von 99 % verworfen. Dieses bestätigt auch die deskriptiven Ergebnisse.

Insgesamt kann auf Basis des modifizierten Samples nicht eindeutig geklärt werden, ob die Fehlbewertung bei Personengesellschaften und Kapitalgesellschaften in gleichem Maße vorliegt. Allerdings erscheint auf Basis der deskriptiven Ergebnisse und der Ergebnisse der Medianregression die Vermutung plausibel, dass sowohl Personengesellschaften als auch Kapitalgesellschaften in ähnlichem Maße von der Überbewertung betroffen sind. Insgesamt werden die Ergebnisse des Kapitels 4.2.4.3.1 bestätigt. Aufgrund der durchgeführten Analysen erscheint die Aussage möglich, dass der Gesetzgeber eine zumindest ähnliche Bewertung der unterschiedlichen Rechtsformen erreicht hat. Wie die Analysen gezeigt haben, ist dieses mit einer massiven Fehlbewertung erkauft worden.

4.2.4.4 Variation der Parameter des vereinfachten Ertragswertverfahrens

Die bisher durchgeführten Untersuchungen haben gezeigt, dass die Ermittlung des gemeinen Werts unter Anwendung des vereinfachten Ertragswertverfahrens erhebliche Schwächen aufweist. Im Folgenden wird untersucht werden, ob es mittels einfacher Modifikationen des vereinfachten Ertragswertverfahrens möglich ist, eine Verbesserung des Verfahrens in Bezug auf die Übereinstimmung der Unternehmenswerte zu erzeugen.[830] Als besonders bedeutsam für den Wert des vereinfachten Ertragswertverfahrens sind dabei die nachstehenden Elemente identifiziert worden:[831]

1. Basiszinssatz
2. Risikozuschlag
3. Berechnung des nachhaltigen Jahresertrags

Der im vereinfachten Ertragswertverfahren vorgeschriebene Basiszinssatz wird durch das Bundesministerium der Finanzen immer zu Beginn des Jahres für das gesamte Jahr veröffentlicht. Eine Verbesserung der Güte des vereinfachten Ertragswertverfahrens könnte leicht erreicht werden, indem auf stichtagsbezogene Basiszinssätze abgestellt würde.[832]

[830] Vgl. zum ähnlichen Vorgehen im Rahmen der Bewertung mittels des Stuttgarter Verfahrens *Müller, J.*, Unternehmensbewertung, 2008, S. 82 ff.

[831] Vgl. dazu ausführlicher die Ausführungen in Kapitel 3.3.3.

[832] So auch *Gerber, C./König, J.*, Vereinfachtes Ertragswertverfahren, 2010, S. 250.

Ein wesentlicher Kritikpunkt des vereinfachten Ertragswertverfahrens liegt zudem in der Normierung des Risikozuschlags, so wird in Teilen der Literatur davon ausgegangen, dass dieser Faktor zu einer überhöhten Wertermittlung führen wird.[833] Es wird daher untersucht, ob und ab welchem Wert des Parameters es zu einer stärkeren Annäherung der Unternehmenswerte (bezogen auf Median und Mittelwert des Verhältnisses der Bewertung) im untersuchten Sample kommt.

Weiterhin ist die Berechnung des nachhaltigen Jahresertrags zu untersuchen. So wird im vereinfachten Ertragswertverfahren ein arithmetisches Mittel der letzten drei Vergangenheitsjahre verwendet. Für die Schätzung zukünftiger Erträge könnte auch eine alternative Formel eingesetzt werden.[834] Es könnte etwa eine andere Gewichtung oder eine zusätzliche Berücksichtigung weiterer historischer Jahre vorgenommen werden.[835]

4.2.4.4.1 Basiszinssatz

Die Nutzung stichtagsbezogener Basiszinssätze erscheint aufgrund der täglichen Verfügbarkeit der Zinssätze ohne eine wesentliche Zunahme des Verwaltungsaufwandes möglich. Zur Schätzung des Basiszinssatzes bietet sich die von *Nelson* und *Siegel*[836] und durch *Svensson*[837] entwickelte Methodik an.[838] Sie wird grundsätzlich auch bereits bei der Festlegung des BMF-Basiszinssatzes genutzt. Die Umrechnung in einen einheitlichen Basiszinssatz erscheint dabei insbesondere aus Praktikabilitätsgründen sinnvoll.[839] Des Weiteren ist die Nutzung von lang laufenden Staatsanleihen (30 Jahre) den vom BMF genutzten 15-jährigen Anleihen vorzuziehen.[840] Daher wird zur Analyse des Basiszinssatzes bzw. zur alternativen Berechnung des vereinfachten Ertragswertverfahrens das Vorgehen des IDW übernommen.

---

833 Vgl. zu dieser Einschätzung beispielsweise *Kohl, T.*, Bewertungsrecht, 2009, S. 558; *Dirrigl, H.*, Unternehmensbewertung, 2009, S. B59; *Neufang, B.*, Bewertung des Betriebsvermögens, 2009, S. 2010; *Gerber, C./König, J.*, ErbStRG, 2009, S. 1271.

834 Beispielhaft könnte hier von der Gewichtung im Rahmen des Stuttgarter Verfahrens ausgegangen werden.

835 Es wurden auch kombinierte Variationen des vereinfachten Ertragswertverfahrens überprüft, allerdings ergaben sich im Verhältnis zu den dargestellten isolierten Varianten keine wesentlichen Veränderungen. Auf eine Darstellung wird daher verzichtet.

836 Vgl. *Nelson, C. R./Siegel, A. F.*, Parsimonious Modeling, 1987, S. 473-489.

837 Vgl. *Svensson, L. E. O.*, Estimating Foreward Rates, 1994.

838 Die Methode wird auch als Svensson-Methode oder NSS-Model bezeichnet. Vgl. *Wollny, C.*, Der objektivierte Unternehmenswert, 2010, S. 323.

839 Vgl. *Dörschell, A.* u. a., Der Kapitalisierungszinssatz, 2009, S. 69; *Baetge, J.* u. a., Discounted Cashflow-Verfahren, 2009, S. 366.

840 Vgl. *Gerber, C./König, J.*, Vereinfachtes Ertragswertverfahren, 2010, S. 250 f.

Tabelle 33 stellt die Maßzahlen des untersuchten Samples bei alternativer Berechnung des vereinfachten Ertragswertverfahrens im Vergleich mit den vom BMF veröffentlichten Basiszinssätzen dar. Auffällig ist hierbei, dass es nur zu relativ geringen Veränderungen kommt, wenngleich die Überbewertung sowohl im Median als auch in Bezug auf den Mittelwert verringert werden kann. Die Überbewertung sinkt auf Basis des Medians um knapp 9 % und auf Basis des Mittelwerts um knapp 11 %. Damit einher geht eine, wenn auch nur geringe, Erhöhung des Variationskoeffizienten, welche in Bezug auf die Gleichmäßigkeit der Bewertung negativ zu beurteilen ist. Ähnliche Ergebnisse sind auch beim Vergleich mit den modifizierten Gutachterwerten zu finden. Hier kommt es ebenfalls zu einer Verringerung des Medians und des Mittelwerts, welches eine Reduktion der Überbewertung verdeutlicht. Gleichwohl ist eine Erhöhung des Variationskoeffizienten zu beobachten.

		N	Median	Mittelwert	Standardabweichung	Variationskoeffizient	Min.	Max.
n. modifiziert	VEW/GW	67	138,4%	172,3%	1,187	68,88%	14,5%	633,6%
	VEW(BZ)/GW	67	129,2%	161,4%	1,131	70,10%	14,7%	597,1%
Steuerreform 2008	VEW/GW	67	124,8%	154,9%	1,104	71,28%	13,4%	594,2%
	VEW(BZ)/GW	67	118,8%	145,2%	1,050	72,31%	13,5%	559,9%

VEW/GW bezeichnet das Verhältnis der vereinfachten Ertragswerte zu den Gutachterwerten. VEW(BZ)/GW bezeichnet das Verhältnis der vereinfachten Ertragswerte (mit anderer Basiszinssatzberechnung) zu den Gutachterwerten. N gibt die Anzahl der Unternehmen, Min. das Minimum und Max. das Maximum der Beobachtungen an.

Tabelle 33: Deskriptive Ergebnisse mit Modifikation des Basiszinssatzes

Die Ergebnisse zeigen, dass eine veränderte (stichtagsgenaue) Berechnung des Basiszinssatzes im untersuchten Sample zu einer Verringerung der Überbewertung führt, dieses allerdings mit einer geringen Erhöhung der Ungleichbehandlung erkauft wird.

Die deskriptiven Ergebnisse werden darüber hinaus durch die Regressionsanalyse bestätigt, welche Tabelle 34 zu entnehmen sind. In dieser werden die Ergebnisse der stichtagsbezogenen Basiszinssatzberechnung mit der vom BMF vorgegebenen Methodik verglichen. Bei einem Vergleich der nicht modifizierten Gutachterwerte (Zeilen zwei bis fünf) fällt auf, dass es, wie auf Basis der deskriptiven Ergebnisse zu erwarten war, zu einer Erhöhung der Koeffizienten (β_1) kommt. Es kommt folglich zu einer Verringerung der Überbewertung, wenngleich, wie schon erläutert, diese Veränderung nur gering ist. Damit einher geht eine leichte Verbesserung der Erklärungsgüte des Modells (gemessen durch das Bestimmtheitsmaß).

$$GW_i = \alpha + \beta_1 VEW_i + \epsilon_i$$

	Modell		N	α	β_1	Std.-Fehler	t-Statistik	F-Statistik	P-Modell	(Pseudo) R^2
n. modifiziert	OLS	VEW	67	271.038	0,63402***	0,112	5,67	32,17	0,000	48,42%
	MR	VEW	67	38.947	0,59771***	0,014	40,37			44,46%
	OLS	VEW(BZ)	67	279.556	0,66267***	0,123	5,83	28,92	0,000	48,76%
	MR	VEW(BZ)	67	39.800	0,60404***	0,016	38,58			43,80%
Steuerreform 2008	OLS	VEW	67	322.198*	0,66884***	0,091	7,33	53,73	0,000	48,06%
	MR	VEW	67	54.473	0,66984***	0,016	41,48			45,36%
	OLS	VEW(BZ)	67	329.775*	0,70019***	0,103	6,81	46,39	0,000	48,55%
	MR	VEW(BZ)	67	54.473	0,67745***	0,017	39,96			44,40%

OLS/MR stellt das genutzte Regressionsmodell dar. α stellt den Achsenabschnitt, β1 den Steigungsparameter der Regression dar. *** geben eine Signifikanz bei einem Niveau von 1 %, ** von 5 % und * von 10 % an.

Tabelle 34: Signifikanztest vereinfachtes Ertragswertverfahren (modifizierter Basiszinssatz)

Ähnliche Resultate sind auch für die Regressionen auf Basis der modifizierten Gutachterwerte (Zeilen sechs bis neun) zu erkennen. Bei diesen sind eine leichte Erhöhung der Bestimmtheitsmaße und eine leichte Erhöhung des Koeffizienten vorzufinden. Insgesamt sind die Ergebnisse daher unabhängig von der gewählten Regressionsform und von der Modifikation der Gutachterwerte.

Für die neu geschätzten Regressionen verwirft der Wald-Test die Hypothese *H1*, dass $\beta_1 = 1$ ist für alle Koeffizienten auf einem Signifikanzniveau von mehr als 99 %.

Es ergeben sich summa summarum aus der Nutzung stichtagsbezogener Basiszinssätze in der vorliegenden Untersuchung keine wesentlichen Verbesserungen der Annäherung an den Gutachterwert (bezogen auf den Variationskoeffizienten). Eine wesentliche Verbesserung des Modells (gemessen durch das Bestimmtheitsmaß) ist ebenfalls nicht zu erkennen. Dieses Ergebnis erscheint aufgrund der geringeren Auswirkung des Basiszinssatzes (im Verhältnis zum Risikozuschlag) und der zumeist relativ geringen Abweichungen innerhalb eines Jahres im untersuchten Panel nur folgerichtig.

Methodisch ist die Verwendung eines nicht für den Stichtag relevanten Basiszinssatzes allerdings abzulehnen.[841] Daher ist das vereinfachte Ertragswertverfahren unabhängig von den hier gefundenen Ergebnissen zu modifizieren, um zumindest methodisch konsistent zu sein. Es kann daher an den Gesetzgeber nur die Empfehlung ausgesprochen werden, trotz der relativ geringen Auswirkungen das vereinfachte Ertragswertverfahren konzeptionell in Bezug auf die stichtagsbezogene Nutzung des Basiszinssatzes zu überarbeiten. Das Argument der Komplexitätsreduktion ist in diesem Fall nicht stichhaltig, da die Ermittlung stichtagsbezogener Basiszinssätze problemlos möglich ist.

[841] Vgl. dazu auch die Ausführungen in Kapitel 3.3.3.3 dieser Arbeit.

4.2.4.4.2 Risikozuschlag

Die Verwendung eines unternehmensübergreifenden Risikozuschlages in Höhe von 4,5 % ist, wie bereits erläutert, kritisch zu sehen. Insbesondere die Höhe des Risikozuschlags erscheint für die Bewertung von KMU tendenziell zu niedrig bemessen zu sein. So konnte in der bisherigen Untersuchung nachgewiesen werden, dass eine tendenzielle Überbewertung durch das vereinfachte Ertragswertverfahren im Verhältnis zum „normalen" Ertragswertverfahren erfolgt. Daher wird, unter Konstanz der sonstigen Parameter des vereinfachten Ertragswertverfahrens, eine Veränderung (Erhöhung) des Risikozuschlags vorgenommen, um zu analysieren, ab welcher Höhe des Risikozuschlags eine adäquate Bewertung (bezogen auf Median und Mittelwert) erreicht wird. Bei einem Median/Mittelwert von 100 % ist im untersuchten Sample eine Gleichbewertung gegeben.

Tabelle 35 stellt die Maßzahlen des untersuchten Samples bei alternativer Festlegung des Risikozuschlags des vereinfachten Ertragswertverfahrens dar. Hierbei wurde eine Erhöhung des Risikozuschlages in 0,5-Prozentpunkten vorgenommen. Für die nicht modifizierten Gutachterwerte wurde diese ab 7,0 % dargestellt, für die modifizierten Gutachterwerte ab 6,5 %. In den Klammern ist der jeweils gewählte Risikozuschlag angegeben.[842]

Bei der Analyse der Veränderungen ist zu erkennen, dass es mit der Erhöhung des Risikozuschlags zu einer Verringerung der Überbewertung kommt. Für die nicht modifizierten Gutachterwerte ist bei einem Risikozuschlag von 8,0 % eine annähernde Gleichbewertung auf Basis des Medians zu beobachten. Erst ab einem Risikozuschlag von 11 % hingegen kommt es auf Basis des Mittelwerts zu einer annähernden Gleichbewertung. Diese Unterschiede auf Basis der unterschiedlichen Lageparameter sind nicht verwunderlich, da der minimale Wert der Relation 0 % beträgt, der größtmögliche Wert jedoch theoretisch gegen unendlich gehen kann und insoweit eine rechtsschiefe Verteilung vorliegt. Weiterhin sind Ausreißer innerhalb des Panels vorhanden, die besonders stark überbewertet bzw. unterbewertet werden und zu diesen unterschiedlichen Ergebnissen führen.[843] Die Einschätzung über die Höhe des Risikozuschlags sollte sich daher grundsätzlicher am Median orientieren.

Besonders bedeutsam ist in diesem Fall die Entwicklung des Variationskoeffizienten. Durch die Variation des Risikozuschlags kann zwar eine Gleichbewertung im Mittel

842 4,5 % entsprechen dem Risikozuschlag im vereinfachten Ertragswertverfahren.

843 Eine Elimination der Ausreißer führte jedoch zu keinen grundsätzlich anderen Ergebnissen. Vgl. dazu auch Kapitel 4.2.5.2.1 dieser Arbeit.

und im Median erreicht werden, allerdings kommt es nicht zu einer wesentlichen Veränderung des Variationskoeffizienten. Dieses legt den Schluss nahe, dass die Veränderung des Risikozuschlags nicht zu einer gleichmäßigen und damit gerechten Bewertung zum gemeinen Wert führen kann.

Die zusätzliche Analyse der modifizierten Gutachterwerte zeigt ähnliche Ergebnisse auf. Es kommt im Median ab einem Risikozuschlag von ca. 7 % zu einer annähernden Gleichbewertung. Die Reduktion des Risikozuschlags ergibt sich aus den in Kapitel 4.2.3.1.3 erläuterten Veränderungen der Gutachterwerte, welche zu einer tendenziellen Verringerung der Gutachterwerte geführt haben. Insofern ist bereits ab einer geringen Erhöhung des Risikozuschlags eine gleichmäßigere Bewertung zu erkennen. Dieses wird auch durch Analyse des Mittelwerts bestätigt, welcher ab einem Risikozuschlag von ca. 9,5 % keine wesentliche Überbewertung mehr aufweist. Die gewonnenen Erkenntnisse bzgl. des Variationskoeffizienten werden auch auf Basis der modifizierten Gutachterwerte bestätigt. So ist durch die Variation des Risikozuschlags eine Annäherung bezogen auf Mittelwert und Median möglich, allerdings geht die Angleichung nicht mit einer wesentlichen Verringerung des Variationskoeffizienten einher. Insgesamt ist daher festzuhalten, dass es durch die isolierte Erhöhung des typisierten Risikozuschlags zwar möglich ist, eine Überbewertung zu vermeiden, allerdings das Ziel der gleichmäßigen Bewertung nicht erreicht werden kann.

Bei der vorgenommenen Analyse ist einschränkend zu berücksichtigen, dass es durch die Erhöhung des Risikozuschlags zu einer Verringerung des vereinfachten Ertragswerts kommt und daher der Substanzwert als Wertuntergrenze unterschritten werden könnte. Da über die Höhe des Substanzwerts keine Informationen vorliegen, wurde in der vorangegangenen Untersuchung davon abstrahiert. Im Ergebnis könnte es daher bereits ab geringeren Risikozuschlägen zu einer Übereinstimmung im Mittelwert und Median kommen; bezogen auf den Variationskoeffizienten erscheint eine wesentliche Verbesserung allerdings auch unter Berücksichtigung dieses Effekts unwahrscheinlich. Insofern sind die gefundenen Ergebnisse lediglich als Tendenzaussagen zu verstehen und nicht direkt verallgemeinerbar.

Die weitergehende Analyse mittels des in Kapitel 3.2.3.3.2 dargestellten Regressionsmodells bestätigt grundsätzlich die deskriptiven Ergebnisse. Nochmals wird die Hypothese *H1* untersucht. Tabelle 36 stellt die Ergebnisse der verschiedenen Regressionen dar. In den obersten Ergebnisspalten sind jeweils die Resultate der Regressionsanalyse aus Kapitel 4.2.4.2.1 und 4.2.4.2.2 wiedergegeben, um einen direkten Vergleich mit den auf Basis unterschiedlicher Risikozuschläge geschätzten Regressionsmodellen zu ermöglichen. In der dritten Spalte ist jeweils in Klammern der Risikozuschlag angegeben, mit welchem die vereinfachten Ertragswerte ermittelt wurden.

		N	Median	Mittelwert	Standardabweichung	Variationskoeffizient	Min.	Max.
n. modifiziert	vEW(4,5)/GW	67	138,4%	172,3%	1,187	68,88%	14,5%	633,6%
	vEW(7,0)/GW	67	109,7%	134,6%	0,922	68,50%	11,7%	482,9%
	vEW(7,5)/GW	67	105,3%	129,0%	0,882	68,41%	11,2%	461,0%
	vEW(8,0)/GW	67	101,3%	123,8%	0,846	68,33%	10,8%	441,0%
	vEW(8,5)/GW	67	97,5%	119,0%	0,813	68,25%	10,4%	422,6%
	vEW(9,0)/GW	67	94,1%	114,6%	0,782	68,19%	10,1%	405,7%
	vEW(9,5)/GW	67	90,8%	110,5%	0,753	68,13%	9,7%	390,1%
	vEW(10,0)/GW	67	87,8%	106,7%	0,727	68,07%	9,4%	375,7%
	vEW(10,5)/GW	67	85,0%	103,2%	0,702	68,02%	9,1%	362,3%
	vEW(11,0)/GW	67	82,3%	99,8%	0,679	67,97%	8,9%	349,8%
Steuerreform 2008	vEW(4,5)/GW	67	124,8%	154,9%	1,104	71,28%	13,4%	594,2%
	vEW(6,5)/GW	67	103,2%	126,5%	0,897	70,90%	11,1%	475,5%
	vEW(7,0)/GW	67	98,9%	120,9%	0,856	70,78%	10,7%	452,9%
	vEW(7,5)/GW	67	95,0%	115,9%	0,819	70,68%	10,3%	432,3%
	vEW(8,0)/GW	67	91,3%	111,3%	0,785	70,59%	9,9%	413,5%
	vEW(8,5)/GW	67	88,0%	107,0%	0,754	70,50%	9,6%	396,3%
	vEW(9,0)/GW	67	84,8%	103,0%	0,725	70,42%	9,2%	380,5%
	vEW(9,5)/GW	67	81,9%	99,3%	0,699	70,35%	8,9%	365,8%

VEW(X)/GW bezeichnet das Verhältnis der vereinfachten Ertragswerte (mit anderem Risikozuschlag X) zu den Gutachterwerten. N gibt die Anzahl der Unternehmen, Min. das Minimum und Max. das Maximum der Beobachtungen an.

Tabelle 35: Deskriptive Ergebnisse mit Modifikation des Risikozuschlags

$$GW_i = \alpha + \beta_1 VEW_i + \epsilon_i$$

	Modell		N	α	β_1	Std.-Fehler	t-Statistik	P > F = 1	P-Modell	(Pseudo) R^2
n. modifiziert	OLS	VEW(4,5)	67	271.038	0,63402***	0,112	5,67	0,0017	0,000	48,42%
	MR	VEW(4,5)	67	38.947	0,59771***	0,014	40,37	0,0000		44,46%
	OLS	VEW(5,0)	67	272.147	0,66794***	0,119	5,64	0,0067	0,000	48,49%
	MR	VEW(5,0)	67	38.707	0,63519***	0,016	40,72	0,0000		44,48%
	OLS	VEW(5,5)	67	273.078	0,70185***	0,125	5,3	0,0202	0,000	48,56%
	MR	VEW(5,5)	67	38.489	0,67267***	0,016	41,04	0,0000		44,48%
	OLS	VEW(6,0)	67	273.924	0,73574***	0,132	5,58	0,0494	0,000	48,61%
	MR	VEW(6,0)	67	38.103	0,71029***	0,017	41,63	0,0000		44,48%
	OLS	VEW(6,5)	67	274.693	0,76962***	0,139	5,55	0,1014	0,000	48,67%
	MR	VEW(6,5)	67	37.297	0,74830***	0,018	42,29	0,0000		44,49%
Steuerreform 2008	OLS	VEW(4,5)	67	322.198*	0,66884***	0,091	7,33	0,0006	0,000	48,06%
	MR	VEW(4,5)	67	54.473	0,66984***	0,016	41,48	0,0000		45,36%
	OLS	VEW(5,0)	67	323.394*	0,70459***	0,097	7,73	0,0033	0,000	48,13%
	MR	VEW(5,0)	67	53.902	0,71053***	0,016	43,34	0,0000		45,37%
	OLS	VEW(5,5)	67	324.400*	0,74035***	0,103	7,21	0,0139	0,000	48,19%
	MR	VEW(5,5)	67	53.241	0,75273***	0,017	46,67	0,0000		45,37%
	OLS	VEW(6,0)	67	325.312*	0,77608***	0,108	7,16	0,0428	0,000	48,25%
	MR	VEW(6,0)	67	52.638	0,79493***	0,018	44,16	0,0000		45,37%
	OLS	VEW(6,5)	67	326.142*	0,81180***	0,114	7,12	0,1039	0,000	48,30%
	MR	VEW(6,5)	67	52.087	0,83715***	0,019	44,82	0,0000		45,37%

OLS/MR stellt das genutzte Regressionsmodell dar. α stellt den Achsenabschnitt, β1 den Steigungsparameter der Regression dar. *** geben eine Signifikanz bei einem Niveau von 1 %, ** von 5 % und * von 10 % an.

Tabelle 36: Signifikanztest vereinfachtes Ertragswertverfahren (modifizierte Risikozuschläge)

Für die Interpretation der Ergebnisse ist insbesondere die Spalte „P > F = 1“ von Relevanz, da dort direkt das Ergebnis des Hypothesentests für die Übereinstimmung von Gutachterwert und modifizierten vereinfachten Ertragswerten abzulesen ist. Ein Wert von > 0,1 ist als nicht mehr statistisch signifikant anzusehen und führt dazu, dass die Hypothese *H1* nicht mehr abgelehnt werden kann. Es ist daher nicht mehr hinreichend wahrscheinlich, dass sich die Gutachterwerte und die vereinfachten Ertragswerte unterscheiden.

Grundsätzlich ist zu erkennen, dass mit Zunahme des Risikozuschlags sowohl bei der OLS-Regression als auch bei der Median-Regression eine Erhöhung des Koeffizienten erfolgt. Dieses Ergebnis bestätigt die deskriptiven Untersuchungen, welche eine Verringerung der vereinfachten Ertragswerte bzw. daraus folgend eine Verringerung der Überbewertung aufgezeigt haben. Eine Annäherung des Koeffizienten an eins zeigt insoweit eine Verringerung der Überbewertung an. Zudem ist zu beobachten, dass ab einem Risikozuschlag von 6,5 % bei der OLS-Regression die Hypothese *H1* nicht mehr statistisch signifikant verworfen werden kann.[844] Auf Basis der Medianregression hingegen ist weiterhin eine Ablehnung der Hypothese vorzunehmen. Die beiden Modelle weisen daher unterschiedliche kritische Risikozuschläge in Bezug auf die Hypothesenprüfung auf. Die unterschiedlichen Ergebnisse resultieren im Wesentlichen aus der höheren Sensitivität der OLS-Regression gegenüber Ausreißern, welche im untersuchten Sample vorzufinden sind.[845]

Allerdings darf das Ergebnis der Hypothesenprüfung *H1* nicht ohne Berücksichtigung der Bestimmtheitsmaße interpretiert werden. So sind die Bestimmtheitsmaße auch für die Regressionen, bei denen eine Ablehnung der Hypothese nicht mehr möglich ist, nur unwesentlich höher als bei den Regressionen, bei denen die Hypothese abgelehnt werden kann. Das Modell erklärt auch in diesen Fällen lediglich einen Anteil von ca. 48 % der Variation der Gutachterwerte. Im Ergebnis kann daher auch in diesen Fällen nur weniger als 50 % der Variation erklärt werden. Der Wert ist unter der Maßgabe der gleichmäßigen Bewertung zum gemeinen Wert jedoch nicht ausreichend und bestätigt auch die deskriptiven Analysen mittels des Variationskoeffizienten.

Insgesamt werden die deskriptiven Ergebnisse bestätigt. Eine isolierte Veränderung des Risikozuschlags führt zwar zu einer Verringerung der Überbewertung (Koeffizient nähert sich an eins an), es kommt jedoch nicht zu einer wesentlichen Verbesserung der

---

844 Auf die Darstellung der Ergebnisse für höhere Risikozuschläge wurde aus Platzgründen verzichtet. Die Ergebnisse, insbesondere die Bestimmtheitsmaße, verändern sich jedoch grundsätzlich nicht/unwesentlich bei der weiteren Erhöhung des Risikozuschlags.

845 Vgl. weiterführend zur Ausreißeranalyse Kapitel 4.2.5.2.1.

Modellgüte (Bestimmtheitsmaß). Das Ziel der gleichmäßigen verkehrswertnahen Bewertung ist daher mittels der isolierten Erhöhung des Risikozuschlags nicht erreichbar.

4.2.4.4.3 Nachhaltiger Jahresertrag

Im vereinfachten Ertragswertverfahren ist die Zählergröße, also der Zukunftsertrag (nachhaltiger Jahresertrag), regelmäßig auf Basis des Durchschnittsertrags der letzten drei abgeschlossenen Wirtschaftsjahre zu schätzen.[846] Dabei wird dieser als arithmetisches Mittel, also ohne eine spezielle Gewichtung der einzelnen Jahre wie noch beim Stuttgarter Verfahren vorgenommen, berechnet. Der Zeitraum ist zu verkürzen, wenn sich z. B. die Ausrichtung des Unternehmens geändert hat oder weniger Vergangenheitsjahre vorliegen.[847] Der Rückgriff auf Vergangenheitsdaten stellt eine vom Gesetzgeber gewählte Form der Typisierung dar und soll eine einfache und intersubjektiv nachvollziehbare Schätzung des Zukunftserfolgs ermöglichen. Damit umgeht der Gesetzgeber das Problem der Prognose von zukünftigen Erträgen, unterstellt jedoch, dass die Vergangenheit ein guter Schätzer für die zukünftigen Erträge des Unternehmens darstellt.

Eine Begründung, warum auf die letzten drei Jahre abgestellt wird, bleibt der Gesetzgeber schuldig. Allerdings muss berücksichtigt werden, dass aufgrund der unterschiedlich langen Konjunkturzyklen verschiedener Branchen eine theoretische Begründung für die „richtige“ Länge des Ermittlungszeitraums nur schwer möglich scheint. Daher wären grundsätzlich eine Vielzahl alternativer Festlegungen der zu berücksichtigenden Vergangenheitsjahre oder eine andere Gewichtung der einzelnen Jahre denkbar.[848] Im Folgenden werden verschiedene Alternativen zur Berechnung des nachhaltigen Jahresertrags überprüft. Dabei wird zum einen der Umfang auf bis zu fünf Jahre erweitert, zum anderen wird eine stärkere Gewichtung der aktuelleren Ergebnisse vorgenommen.[849] Es wurden damit folgende fünf Variationen des nachhaltigen Jahresertrags ermittelt:[850]

1. $NJE_1 = \frac{\mathrm{BE_t - BE_{t-1} + BE_{t-2}}}{3}$
2. $NJE_2 = \frac{\mathrm{3 * BE_t + 2 * BE_{t-1} + BE_{t-2}}}{6}$

---

846 Vgl. *Bruckmeier, G.* u. a., Unternehmensbewertung im Erbschaftsteuerrecht, 2011, S. 422.

847 Vgl. zu alternativen Algorithmen zur Ermittlung des Zukunftserfolgs im Stuttgarter Verfahren *Piltz, D. J.*, Bewertung nichtnotierter Aktien, 1975, S. 40-49. Zu den Auswirkungen verschiedener Ermittlungsmethoden vgl. *Müller, J.*, Unternehmensbewertung, 2008, S. 84.

848 Beispielhaft könnte hier etwa von der Gewichtung im Rahmen des Stuttgarter Verfahrens ausgegangen werden.

849 Vgl. zu diesem Vorgehen auch *Müller, J.*, Unternehmensbewertung, 2008, S. 84-86.

850 Theoretisch sind auch beliebige andere Variationen vorstellbar, allerdings führten weitere Sensitivitätsanalysen zu keinen wesentlichen Veränderungen.

$$3.\ NJE_3 = \frac{BE_t}{1}$$

$$4.\ NJE_4 = \frac{BE_t + BE_{t-1} + BE_{t-2} + BE_{t-3} + BE_{t-4}}{5}$$

$$5.\ NJE_5 = \frac{5*BE_t + 4*BE_{t-1} + 3*BE_{t-2} + 2*BE_{t-3} + BE_{t-4}}{15}$$

Die Variante NJE_1 entspricht dabei der bisherigen Ermittlung auf Basis des arithmetischen Mittelwerts der letzten drei bereinigten Betriebsergebnisse (BE).

Bei der Interpretation der Ergebnisse ist zu beachten, dass einzelne Unternehmen aufgrund dieser Neuberechnungen einen negativen Jahresertrag und damit einen negativen vereinfachten Ertragswert aufwiesen. Aus diesem Grund wurden solche Unternehmen aus dem Sample eliminiert. Nicht für alle Unternehmen waren bereinigte Vergangenheitsergebnisse für die letzten 5 Jahre vorhanden, sodass diese ebenfalls eliminiert wurden. Hieraus ergibt sich, dass Variante 4 und 5 nicht mit den restlichen Varianten vergleichbar sind, da es zu einer wesentlichen Veränderung des Samples kommt. Die Varianten können somit lediglich untereinander verglichen werden.

Die deskriptiven Ergebnisse der Analyse sind Tabelle 37 zu entnehmen. Die Variation der Ermittlung des nachhaltigen Jahresertrags führt zu keiner wesentlichen Verbesserung der Güte des vereinfachten Ertragswertverfahrens. So liegen weiterhin Mittelwert und Median oberhalb von 100 %, was auf eine Überbewertung hinweist. Die Qualität der Güte des vereinfachten Ertragswertverfahrens ist auch aufgrund des Variationskoeffizienten anzuzweifeln.

		N	Median	Mittelwert	Standardabweichung	Variationskoeffizient	Min.	Max.
n. modifiziert	VEW(NJE1)/GW	67	138,4%	172,3%	1,187	68,88%	14,5%	633,6%
	VEW(NJE2)/GW	66	155,8%	174,6%	1,077	64,73%	23,3%	601,3%
	VEW(NJE3)/GW	62	172,6%	203,6%	1,476	72,47%	4,1%	685,5%
	VEW(NJE4)/GW	45	137,9%	174,9%	1,369	78,61%	52,1%	758,0%
	VEW(NJE5)/GW	47	152,3%	168,7%	1,088	64,48%	11,13%	573,5%
Steuerreform 2008	VEW(NJE1)/GW	67	124,8%	154,9%	1,104	71,28%	13,4%	594,2%
	VEW(NJE2)/GW	66	128,0%	156,3%	0,995	63,66%	21,4%	563,8%
	VEW(NJE3)/GW	62	140,9%	182,2%	1,397	76,66%	2,4%	741,5%
	VEW(NJE4)/GW	45	127,7%	157,6%	1,284	81,49%	48,5%	720,5%
	VEW(NJE5)/GW	47	129,2%	151,5%	1,081	68,64%	7,7%	537,8%

VEW(X)/GW bezeichnet das Verhältnis der vereinfachten Ertragswerte (mit dem veränderten nachhaltig erzielbaren Jahresertrag X) zu den Gutachterwerten. N gibt die Anzahl der Unternehmen, Min. das Minimum und Max. das Maximum der Beobachtungen an.

Tabelle 37: Deskriptive Ergebnisse bei alternativer Berechnung des nachhaltigen Jahresertrags

Trotz der Elimination einiger Beobachtungen (insbesondere bei den Varianten vier und fünf) kommt es zu keiner wesentlichen Veränderung der Ergebnisse. Dies zeigt, wie robust die im untersuchten Sample gefundenen Resultate sind. Versucht man, die beste Variante unter den Varianten 1 bis 3 zur Ermittlung des nachhaltigen Jahresertrags zu wählen, so weist Variante NJE_2 den geringsten Variationskoeffizienten auf, liegt aber im Median und Mittelwert teilweise oberhalb der anderen Varianten. Insgesamt ergeben sich mittels der verschiedenen Varianten keine wesentlichen Verbesserungen, sodass keine eindeutige Auswahl getroffen werden kann.

Bei einer Analyse der Varianten vier und fünf fällt direkt auf, dass Variante NJE_4 über den mit Abstand höchsten Variationskoeffizienten verfügt. Damit ist bei einem Vergleich dieser Varianten untereinander eindeutig NJE_5 zu favorisieren.

Es kann auf Basis der gefundenen Ergebnisse keiner der Varianten der Ermittlung der Vorzug gegeben werden. Dies begründet sich zum einen aus der limitierten Datenbasis und zum anderen aus den lediglich geringfügigen Abweichungen der einzelnen Variationen. Berücksichtigt werden muss, dass das untersuchte Sample nur einen relativ kleinen Stichprobenumfang hat und nicht alle Branchen und damit unterschiedliche Konjunkturzyklen im Sample vertreten sind. Es bleibt festzuhalten, dass bei allen vorgenommenen Varianten hohe Variationskoeffizienten und relativ hohe Überbewertungen auf Basis des Medians und des Mittelwerts zu beobachten bleiben. Daher werden trotz der limitierten Datenbasis im Folgenden alle Variationen mittels des in Kapitel 3.2.3.3.2 entwickelten Regressionsmodells auf Hypothese *H1* untersucht. Die Ergebnisse der Regressionsanalysen sind Tabelle 38 zu entnehmen. Für die Interpretation der Resultate ist das in Spalte „P > F = 1“ vorzufindende Ergebnis von besonderer Relevanz, da ein Wert von > 0,1 aufzeigt, dass die Hypothese *H1* nicht mehr verworfen werden kann.

Für alle Schätzungen wird deutlich, dass der Steigungsparameter immer unterhalb von eins liegt und von einer tendenziellen Überbewertung durch das vereinfachte Ertragswertverfahren auszugehen ist. Weiterhin ist zu beobachten, dass die geschätzten Regressionskoeffizienten sich nicht näher an eins annähern, sondern tendenziell geringer werden. Hierbei muss beachtet werden, dass es zu einer Veränderung des Samples gekommen ist und ein direkter Vergleich nur eingeschränkt möglich ist.

Die in Spalte „P > F = 1“ dargestellten Ergebnisse bestätigen zudem die auf Basis des hohen Variationskoeffizienten angenommene Vermutung, dass von einer Übereinstimmung von Gutachterwert und vereinfachtem Ertragswert nicht auszugehen ist. Für alle geschätzten Regressionen wird die Hypothese *H1* mindestens auf einem Signifikanzniveau von 95 % verworfen. Diese Ergebnisse sind dabei unabhängig von der Verringerung des Samples.

Zur Beurteilung der Güte der alternativen nachhaltigen Jahresertragsberechnung bietet sich das Bestimmtheitsmaß der jeweiligen Schätzung an, welches anzeigt, wie hoch der Anteil der erklärten Streuung an der Gesamtstreuung der Unternehmenswerte ist. Bei nahezu allen veränderten Varianten kommt es zu einer Erhöhung des Bestimmtheitsmaßes und damit zu einer tendenziell besseren Abbildung des Gutachterwerts. Abstrahierend von den Ergebnissen der Varianten 4 und 5 sind diese nur marginal und resultieren im Wesentlichen aus der Elimination einer einzigen Beobachtung. Die starke Erhöhung der Bestimmtheitsmaße bei den Varianten 4 und 5 folgt ebenfalls aus der Elimination einzelner Datenpunkte, die einen besonderen Einfluss auf die Regressionsschätzung haben. Daher kann die starke Erhöhung des Bestimmtheitsmaßes nicht als Indiz für die beste Abbildung angenommen werden.[851]

Insgesamt ist daher, dass auf Basis der vorgenommenen Untersuchung keine der bisherigen Berechnungsform überlegene alternative Berechnungsformel für den nachhaltigen Jahresertrag identifiziert werden kann. Begründet liegt dieses zum einen in den relativ geringen Veränderungen der Bestimmtheitsmaße,[852] der geringen Veränderung der Steigungsparameter und der Ablehnung der Hypothese *H1*. Eine weitergehende Aussage ist aufgrund der limitierten Datenbasis zum anderen nicht möglich.

[851] Vgl. dazu weiterführend die Analysen in Kapitel 4.2.5.2.1 zur Sensitivität der Ergebnisse und dem Einfluss einzelner Beobachtungen auf die Schätzung.

[852] Abstrahierend von den Alternativen vier und fünf.

$GW_i = \alpha + \beta_1 VEW_i + \epsilon_i$

	Modell		N	α	β1	Std.-Fehler	t-Statistik	P > F = 1	P-Modell	(Pseudo) R^2
n. modifiziert	OLS	VEW(NJE1)/GW	67	271.038	0,63402***	0,112	5,67	0,0017	0,000	48,42%
	MR	VEW(NJE1)/GW	67	38.947	0,59771***	0,014	40,37	0,0000		44,46%
	OLS	VEW(NJE2)/GW	66	267.708	0,61274***	0,136	4,5	0,0060	0,000	51,99%
	MR	VEW(NJE2)/GW	66	34.702	0,57358***	0,010	57,77	0,0000		45,96%
	OLS	VEW(NJE3)/GW	62	353.319**	0,47685***	0,140	3,41	0,0004	0,001	53,82%
	MR	VEW(NJE3)/GW	62	67.099*	0,38868***	0,011	35,01	0,0000		39,48%
	OLS	VEW(NJE4)/GW	45	-79.409	0,81358***	0,092	8,86	0,0486	0,000	83,63%
	MR	VEW(NJE4)/GW	45	-10.488	0,77550***	0,021	36,75	0,0000		58,05%
	OLS	VEW(NJE5)/GW	47	112.252	0,62669***	0,101	6,18	0,0006	0,000	84,18%
	MR	VEW(NJE5)/GW	47	30.112	0,60818***	0,015	40,53	0,0000		59,75%
Steuerreform 2008	OLS	VEW(NJE1)/GW	67	322.198*	0,66884***	0,091	7,33	0,0006	0,000	48,06%
	MR	VEW(NJE1)/GW	67	54.473*	0,66984***	0,016	41,48	0,0000		45,36%
	OLS	VEW(NJE2)/GW	66	304.626*	0,65230***	0,122	5,33	0,0060	0,000	52,53%
	MR	VEW(NJE2)/GW	66	42.996	0,63737***	0,012	52,96	0,0000		47,73%
	OLS	VEW(NJE3)/GW	62	383.872**	0,51523***	0,138	3,74	0,0008	0,000	56,04%
	MR	VEW(NJE3)/GW	62	86.696**	0,40995***	0,011	35,96	0,0000		40,21%
	OLS	VEW(NJE4)/GW	45	-42.665	0,85172***	0,068	12,53	0,0347	0,000	85,08%
	MR	VEW(NJE4)/GW	45	-22.112	0,87497***	0,020	43,01	0,0000		60,02%
	OLS	VEW(NJE5)/GW	47	148.627	0,66357***	0,073	9,14	0,0000	0,000	83,50%
	MR	VEW(NJE5)/GW	47	41.784	0,66675***	0,017	39,50	0,0000		61,81%

OLS/MR stellt das genutzte Regressionmodell dar. α stellt den Achsenabschnitt, β den Steigungsparameter der Regression dar. *** geben eine Signifikanz bei einem Niveau von 1 %, ** von 5 % und * von 10 % an.

Tabelle 38: Signifikanztest vereinfachtes Ertragswertverfahren (modifizierter nachhaltiger Jahresertrag)

4.2.5 Diskussion und Würdigung der empirischen Ergebnisse

Wie in Kapitel 3.2.3.7 dargestellt, ist für die Interpretation und die Ableitung von Implikationen aus den gewonnenen Ergebnissen deren Validität (Gültigkeit) von entscheidender Bedeutung. Im Folgenden wird aus diesem Grund eine kritische Analyse der Untersuchung vorgenommen und deren interne (Kapitel 3.2.3.7.1) und externe Validität (Kapitel 3.2.3.7.2) überprüft.

4.2.5.1 Konstruktvalidität

Grundgedanke der Untersuchung ist es, wie beschrieben, herauszufinden, ob das vereinfachte Ertragswertverfahren für KMU zu sinnvollen Ergebnissen führt. Zu diesem Zweck sollen Referenzwerte, die eine möglichst genaue Einschätzung über den gemeinen Wert eines Unternehmens widerspiegeln, genutzt werden. Im Gegensatz zu anderen Studien macht sich diese Untersuchung zunutze, dass auch in anderen Rechtsbereichen das Erfordernis besteht, marktnahe Bewertungen von nicht notierten Unternehmen durchzuführen. Insbesondere in familiengerichtlichen Streitigkeiten sind öffentlich vereidigte Sachverständige mit der Bewertung nicht notierter mittelständischer Unternehmen befasst. Soweit sie vom Gericht und nicht von einer Partei beauftragt werden, sind sie unabhängig und einzig der Ermittlung eines möglichst marktnahen objektivierten Unternehmenswerts verpflichtet, der nicht durch monetäre Interessen eines Steuerpflichtigen oder fiskalische Interessen verzerrt ist. Aufgabe des neutralen Sachverständigen ist es, mit nachvollziehbarer Methodik einen von den individuellen Wertvorstellungen der betroffenen Parteien unabhängigen Wert des Unternehmens zu ermitteln, einen sog. objektivierten Unternehmenswert. Es handelt sich um einen Verkehrswert,[853] der bei gewöhnlichen Umständen bei einer Transaktion zustande käme, mithin um einen gemeinen Wert im Sinne des Erbschaftsteuerrechts. Eben diese Zielsetzung, die Ermittlung eines typisierten Verkehrswerts, wird auch durch das BewG gefordert. So wird gemäß § 9 BewG der gemeine Wert durch den Preis bestimmt, der im gewöhnlichen Geschäftsverkehr nach der Beschaffenheit des Wirtschaftsgutes bei einer Veräußerung zu erzielen wäre. Genau diesen potentiellen Preis versucht der Gutachter zu ermitteln. Insoweit entsprechen sich die Wertermittlung des Gutachters und die durch das BewG geforderte marktorientierte Bewertung des Unternehmens. Hieraus lässt sich die Eignung der hier genutzten Unternehmenswerte als Referenzwert ableiten.

[853] Vgl. *Wollny, C.*, Verkehrswert, 2010, S. 14

4.2.5.2 Interne Validität

4.2.5.2.1 Sensitivitätsanalyse der Ergebnisse

Aufgrund der geringen Samplegröße der vorgenommenen Untersuchung (67 Beobachtungen) kommt der Sensitivitätsanalyse im vorliegenden Fall eine besonders hohe Bedeutung zu. Dies ergibt sich daraus, dass in kleineren Stichproben die Regressionsergebnisse teilweise von einzelnen Extremwerten beeinflusst sein können. Im Folgenden wird daher analysiert, ob im untersuchten Sample besonders einflussreiche Datenpunkte vorhanden sind und wie sich diese auf die Regressionsergebnisse auswirken.[854] Wesentliches Kriterium dieser Untersuchung ist der Leverage („Hebelwirkung“).[855] Dieser gibt den potentiellen Einfluss eines Datenpunktes auf die Schätzung an. Weiteres Kriterium sind die Residuen der einzelnen Datenpunkte. Diese zeigen auf, wie stark der Einfluss auf die Lage der Regressionsgerade ist.[856] Abbildung 44 stellt die Leveragewerte und die normalisierten Residuen der in Kapitel 4.2.4.2.1 und Kapitel 4.2.4.2.2 vorgenommenen Regressionen dar.

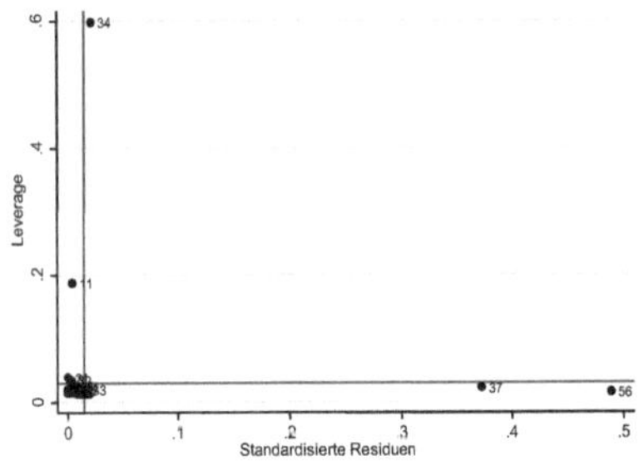

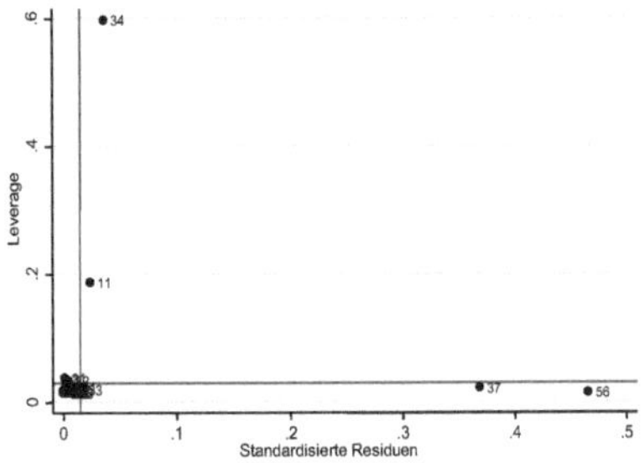

Abbildung 44: Standardisierte Residuen und Leverage

Zunächst ist auffällig, dass nur vier Datenpunkte (Nr. 11, 34, 37 und 56) der Regression außerhalb (oberhalb bzw. rechts) der Toleranzbereiche liegen. Die Toleranzbereiche sind die Mittelwerte des Leverage bzw. der standardisierten Residuen. Dieses zeigt, dass nur ein geringer Anteil der Datenpunkte einen erheblichen Einfluss auf die Regressionsschätzung hat. Allerdings kann trotzdem nicht ausgeschlossen werden, dass diese einzelnen Punkte eine ergebnisrelevante Verzerrung hervorrufen.

---

[854] Vgl. hier und im Folgenden zur Analyse auf einflussreiche Datenpunkte: *Jann, B.*, Diagnostik von Regressionsschätzungen, 2009, S. 94-115; *Chatterjee, S./Price, B.*, Praxis der Regressionsanalyse, 1995, S. 24-31; *Fox, J.*, Regression diagnostics, 1991, S. 21-40; *Belsley, D. A.* u. a., Regression diagnostics, 2004, S. 9-30.

[855] Vgl. *Fox, J.*, Regression diagnostics, 1991, S. 24 f.

[856] Vgl. *Fox, J.*, Regression diagnostics, 1991, S. 25 f.

Da nur die Datenpunkte, welche gleichzeitig einen hohen Leverage und große Residuen aufweisen, einen wesentlichen Einfluss auf die Regressionsparameter haben, muss der Gesamteinfluss gemessen werden. In der folgenden Sensitivitätsanalyse wird hierfür die Maßzahl Cook's Distance[857] (Cook's D) verwendet.[858] Diese gibt an, wie stark sich der geschätzte Parametervektor verändert, wenn eine Beobachtung aus dem Sample eliminiert wird. In der folgenden Analyse wurden aus der Regression alle Beobachtungen eliminiert, welche über ein Cook's D von mehr als 4/N und damit 0,0597[859] verfügen. Anhand dieses Kriteriums werden die bereits in Abbildung 44 als potentielle Ausreißer identifizierten Beobachtungen eliminiert. Wie sich aus Tabelle 39 im Vergleich zu den Ergebnissen aus Tabelle 27 ergibt, verhalten sich die Ergebnisse auch bei Elimination der besonders einflussreichen Datenpunkte robust. So bleiben die Konstanten in beiden Modellen insignifikant und die Regressionskoeffizienten weiterhin hoch signifikant. Die Steigungsparameter liegen unter 1, welches die in den vorherigen Kapiteln gefundenen Ergebnisse in Bezug auf die Überbewertung durch das vereinfachte Ertragswertverfahren bestätigt.[860]

$$GW_i = \alpha + \beta_1 VEW_i + \epsilon_i$$

Parameter		(1)	(2)	(3)	(4)
Achsenabschnitt	α	30.241	25.185	57.447	39.504
		(0,61)	(0,62)	(1,01)	(0,97)
VEW	β_1	0,6539864	0,6091747	0,7041017	0,6838971
		(8,76)***	(21,99)***	(8,62)***	(24,37)***
(Pseudo) R^2		76,82%	50,25%	71,11%	48,98%
F-Statistik des Modells		76,82***	-	74,23***	-
Beobachtungen		63	63	63	63

(1)+(2) stellen die Ergebnisse der Regression ohne Modifikation der Gutachterwerte dar.
(3)+(4) stellen die Ergebnisse der Regression unter Anpassung an die Unternehmensteuerreform 2008 dar.
(1)+(3) wurden auf Basis der OLS-Regression geschätzt.
(2)+(4) wurden auf Basis der Medianregression geschätzt.
In Klammern sind die robusten Werte der t-Statistik angegeben. *** geben eine Signifikanz bei einem Niveau von 1 %, ** von 5 % und * von 10 % an.

Tabelle 39: Signifikanztest vereinfachtes Ertragswertverfahren (Cook's D)

[857] Vgl. zur Herleitung und Interpretation *Cook, R. D.*, Influential Observation, 1977, S. 15-18.

[858] Zur Messung potentiell einflussreicher Beobachtungen sind auch andere Maßzahlen möglich, wie DFBETA oder DFFIT, vgl. *Belsley, D. A.* u. a., Regression diagnostics, 2004, S. 13-15. Im Vergleich zur Messung mittels Cook's D ergaben sich im untersuchten Sample keine wesentlichen Veränderungen.

[859] In der Literatur wird eine Elimination ab einem Cook's D von größer 4/N vorgeschlagen. Vgl. *Jann, B.*, Diagnostik von Regressionsschätzungen, 2009, S. 10. Bei der Untersuchung von 67 Unternehmen führt dies zum dargestellten Wert von 0,0597.

[860] Für die anderen vorgenommenen Regressionen ergaben sich ähnliche Auswirkungen aus der Elimination der vier Beobachtungen.

Weiterhin kommt es zu einer starken Erhöhung des Bestimmtheitsmaßes der Regressionsschätzungen. Diese Erhöhung des Bestimmtheitsmaßes ergibt sich nur folgerichtig aus der Elimination der Ausreißer. Gleiches gilt auch für die Überprüfung der Regressionsergebnisse für die modifizierten Gutachterwerte. Es ist dabei deutlich zu erkennen, dass es zu keiner wesentlichen Veränderung der bereits dargestellten Ergebnisse kommt.

Zudem wurde für das in Kapitel 4.2.4.3 in Kapital- und Personengesellschaften geteilte Sample auf Basis des bereinigten Samples nochmals eine getrennte Analyse und Schätzung der Regressionsparameter vorgenommen.

$GW_i = \alpha + \beta_1 VEW_i + \epsilon_i$					
	Parameter	(1)	(2)	(3)	(4)
Achsenabschnitt	α	55.710	25.185	8.033	66.286
		(0,86)	(0,54)	(1,16)	(1,20)
VEW	β_1	0,6251689	0,6091747	0,6829019	0,6770856
		(7,85)***	(21,64)***	(7,12)***	(20,27)***
(Pseudo) R^2		69,80%	54,64%	69,46%	52,24%
F-Statistik des Modells		61,55***	-	50,76***	-
Beobachtungen		33	33	33	33

(1)+(2) stellen die Ergebnisse der Regression ohne Modifikation der Gutachterwerte dar.
(3)+(4) stellen die Ergebnisse der Regression unter Anpassung an die Unternehmensteuerreform 2008 dar.
(1)+(3) wurden auf Basis der OLS-Regression geschätzt.
(2)+(4) wurden auf Basis der Medianregression geschätzt.
In Klammern sind die robusten Werte der t-Statistik angegeben. *** geben eine Signifikanz bei einem Niveau von 1 %, ** von 5 % und * von 10 % an.

Tabelle 40: Signifikanztest vereinfachtes Ertragswertverfahren Kapitalgesellschaften (Cook´s D)

Durch die Elimination der einflussreichen Beobachtungen kommt es bei der getrennten Schätzung für Kapitalgesellschaften (Tabelle 40) zu einer deutlichen Erhöhung der Bestimmtheitsmaße, insbesondere bei den modifizierten Gutachterwerten, allerdings verwirft der Wald-Test die Hypothese *H0* für alle geschätzten Varianten auf einem Signifikanzniveau von mehr als 99 %. Ähnliche Ergebnisse ergeben sich auch für die getrennte Schätzung der Personengesellschaften (Tabelle 41). Die Erhöhung der Bestimmtheitsmaße ergibt sich dabei nur folgerichtig aus der Elimination der potentiell einflussreichen Datenpunkte. Da diese jedoch unter Umständen ergebnisrelevante Informationen enthalten, wurden diese in der Ausgangsuntersuchung nicht eliminiert. Bei der Interpretation der Ergebnisse muss weiterhin beachtet werden, dass die getrennten Schätzungen nur sehr wenige Beobachtungen enthalten und daher volatil sind.

Insgesamt ergaben sich damit keine wesentlichen Abweichungen zu den bereits festgestellten Ergebnissen. Die Ergebnisse legen daher den Schluss nahe, dass die grundsätzliche Fehlbewertung rechtsformübergreifend ist.

		$GW_i = \alpha + \beta_1 VEW_i + \epsilon_i$			
	Parameter	(1)	(2)	(3)	(4)
Achsenabschnitt	α	4.422	42.154	35.357	39.775
		(0,06)	(0,72)	(0,38)	(0,50)
VEW	β_1	0,6963876	0,5193322	0,7334535	0,6772802
		(4,85)***	(10,77)***	(4,99)***	(10,20)***
(Pseudo) R^2		74,54%	41,48%	71,99%	41,13%
F-Statistik des Modells		23,57***	-	24,92***	-
Beobachtungen		30	30	30	30

(1)+(2) stellen die Ergebnisse der Regression ohne Modifikation der Gutachterwerte dar.
(3)+(4) stellen die Ergebnisse der Regression unter Anpassung an die Unternehmensteuerreform 2008 dar.
(1)+(3) wurden auf Basis der OLS-Regression geschätzt.
(2)+(4) wurden auf Basis der Medianregression geschätzt.
In Klammern sind die robusten Werte der t-Statistik angegeben. *** geben eine Signifikanz bei einem Niveau von 1 %, ** von 5 % und * von 10 % an.

Tabelle 41: Signifikanztest vereinfachtes Ertragswertverfahren Personengesellsch. (Cook´s D)

Es ist daher festzuhalten, dass die in Kapitel 4.2.4.2.1 und 4.2.4.2.2 gewonnenen Erkenntnisse auch unter Berücksichtigung potentiell einflussreicher Beobachtungen Bestand haben.[861]

4.2.5.2.2 Linearität

Eine wesentliche Annahme bei dem in der Untersuchung genutzten linearen Regressionsmodell ist die Linearität der Beziehung zwischen abhängiger und unabhängiger Variable.[862] Daher wird untersucht, ob es im untersuchten Sample zu Abweichungen von dieser Annahme kommt, bzw. ob sich aus einer möglichen Verletzung dieser Annahme relevante Änderungen der Ergebnisse ergeben. Einen ersten Überblick über die Linearität bietet ein Streudiagramm der untersuchten Variablen. In der nachfolgenden Abbildung 45 sind der Gutachterwert (GW) bzw. modifizierte Gutachterwert (GW (mod.)) und der gemäß vereinfachtem Ertragswert ermittelte Unternehmenswert

[861] Weiterhin wurden verschiedene andere Sensitivitätsanalysen vorgenommen. So wurden verschiedene Steuersätze und Annahmen über die Ausschüttung variiert. Auch alternative Änderungen der Risikozuschläge wurden vorgenommen, ohne, dass sich wesentliche Änderungen der festgestellten Ergebnisse ergaben.

[862] Vgl. *Auer, L. von*, Ökonometrie, 2007, S. 22; *Kohler, U./Kreuter, F.*, Datenanalyse mit Stata, 2008, S. 212; *Rottmann, H./Auer, B.*, Statistik und Ökonometrie, 2010, S. 424.

(VEW) abgetragen.[863] Die Darstellungsweise von nicht modifizierten Daten im linken Schaubild und modifiziertem Gutachterwert im rechten Schaubild wird auch in den folgenden Abbildungen vorgenommen.

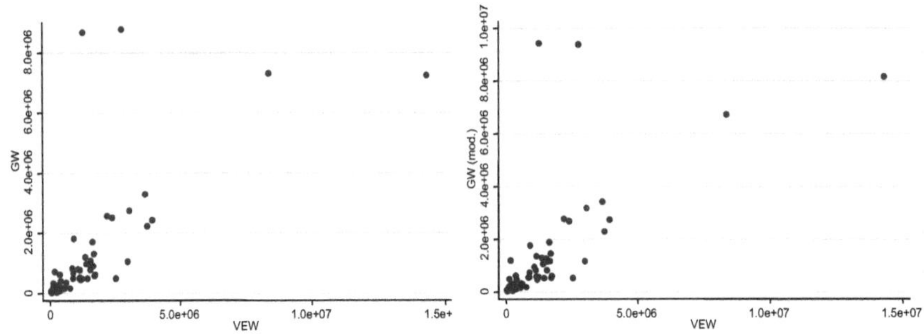

Abbildung 45: Streudiagramm zum Test der Linearität

Deutlich ist zu erkennen, dass von einem linearen Zusammenhang ausgegangen werden kann, allerdings einige Ausreißer vorhanden sind, die zu einer Abweichung von der Linearitätsannahme führen könnten.

Zur detaillierteren Analyse der Linearität wird daher der auf der Arbeit von *Mallow* basierende „*Augmented Component-Plus-Residual-Plott*" genutzt.[864] Bei diesem wird das Produkt aus Residuum und dem linearen Anteil der unabhängigen Variable gegen die unabhängige Variable geplottet.[865] So kann direkt abgelesen werden, welcher Funktionszusammenhang besteht. Die lineare Gerade stellt dabei die auf Basis der Regression ermittelten Steigungsparameter dar, während die gekrümmte Kurve den tatsächlichen funktionalen Zusammenhang der einzelnen Datenbereiche darstellt.

---

[863] Vgl. *Kohler, U./Kreuter, F.*, Datenanalyse mit Stata, 2008, S. 212.
[864] Vgl. *Mallows, C. L.*, Augmented Partial Residuals, 1986, S. 313-319.
[865] Vgl. *Kohler, U./Kreuter, F.*, Datenanalyse mit Stata, 2008, S. 214.

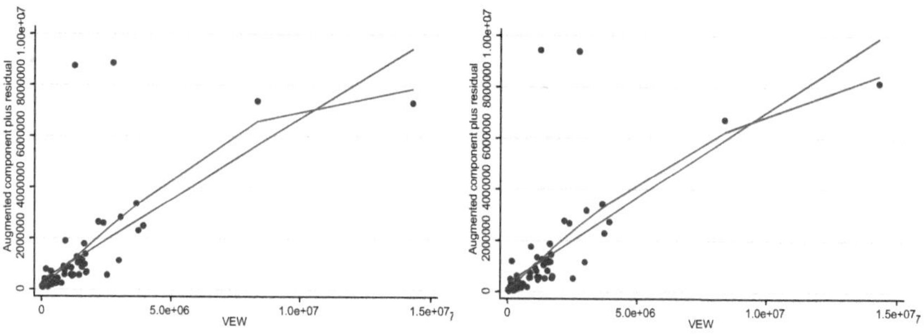

Abbildung 46: Augmented Component-Plus-Residual-Plot (Gesamtsample)

Wie sich aus Abbildung 46 ergibt, ist im untersuchten Sample grundsätzliche Linearität gegeben, allerdings führen die bereits in Kapitel 4.2.5.2.1 identifizierten Ausreißer zu einer leicht konkaven Verzerrung. Insgesamt sind die vorhergehenden Ausführungen sowohl für die unveränderten als auch für die modifizierten Gutachterwerte zutreffend, sodass eine weitere Analyse des Funktionszusammenhangs unter Ausschluss der identifizierten Ausreißer notwendig erscheint.

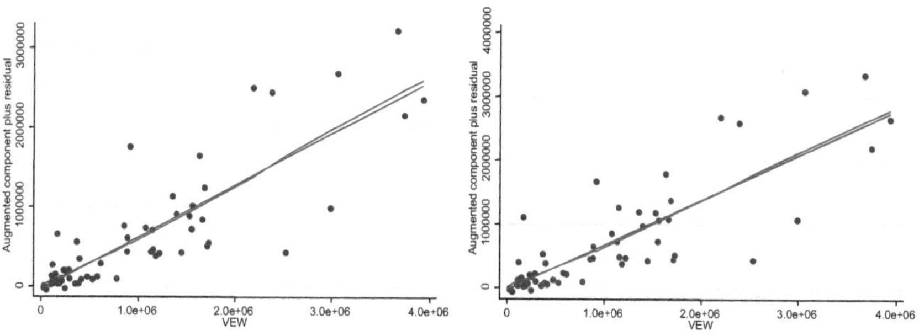

Abbildung 47: Augmented Component-Plus-Residual-Plot (ohne Ausreißer)

Wie zu erwarten führt die Elimination der Ausreißer zu einer Verstärkung des linearen Zusammenhangs (vgl. Abbildung 47).

Unter Berücksichtigung der vorgenommenen Untersuchung erscheint die Annahme der Linearität im untersuchten Sample grundsätzlich gegeben.[866] Eine Verstärkung des linearen Zusammenhangs ergibt sich zusätzlich, wenn die im Sample gefundenen Ausreißer eliminiert werden. Da der Einfluss dieser Ausreißer auf die Untersuchungser-

[866] Es wurde auch eine stichprobenartige Untersuchung mit logarithmierten Variablen vorgenommen. Vgl. zu diesem Vorgehen beispielsweise *Rottmann, H./Auer, B.*, Statistik und Ökonometrie, 2010, S. 426; *Kohler, U./Kreuter, F.*, Datenanalyse mit Stata, 2008, S. 215. Es ergaben sich jedoch keine wesentlichen Veränderungen im Verhältnis zu den bereits dargestellten Ergebnissen.

gebnisse bereits in Kapitel 4.2.5.2.1 analysiert wurde und zu keiner grundsätzlichen Veränderung der Untersuchungsergebnisse geführt hat, wird auf eine weitergehende Analyse verzichtet und auf die Ergebnisse der Ausreißeranalyse verwiesen. Insgesamt kann daher festgehalten werden, dass es zu keiner wesentlichen Verletzung der Linearitätsannahme kommt.

4.2.5.2.3 Heteroskedastizität

Eine wesentliche Annahme der verwandten Regressionsuntersuchung ist die Konstanz der Varianz der Störvariable $\varepsilon_{i,t}$ (Homoskedastizität).[867] Wird diese Annahme verletzt, wird auch von Heteroskedastizität gesprochen.[868] Für die vorgenommene Untersuchung bedeutet dies, dass etwa weder die Unternehmensgröße noch die zeitliche Entwicklung einen Einfluss auf den Unternehmenswert haben. Dies erscheint im Einzelfall möglich, allerdings aufgrund der großen Diskussion um Size-Effekte[869] etc. für die gesamte Stichprobe eher unwahrscheinlich. Häufig tritt zudem Heteroskedastizität auf, wenn die Verteilung der abhängigen Variablen im Modell nicht symmetrisch ist.[870] Um dies zu überprüfen, wird ein Symmetrieplot verwendet.[871] Bei diesem wird zunächst der Median bestimmt, um danach die Abstände der nächstgrößeren und nächstkleineren Beobachtungen zum Median zu ermitteln und diese gegeneinander zu plotten.[872] Das gleiche Vorgehen wird dann für die restlichen Datenpunkte genutzt. Sind die Abstände der Beobachtungen oberhalb des Medians größer als unterhalb, so ist die Verteilung rechtsschief und vice versa. Für die vorliegenden Beobachtungen ergibt sich aus Abbildung 48 deutlich eine rechtsschiefe Verteilung; dieses gilt sowohl für die nicht modifizierten als auch für die modifizierten Gutachterwerte.

---

867 Vgl. *Schnell, R.*, Graphisch gestützte Datenanalyse, 1994, S. 219; *Greene, W. H.*, Econometric analysis, 2008, S. 16; *Rottmann, H./Auer, B.*, Statistik und Ökonometrie, 2010, S. 400; *Auer, L. von*, Ökonometrie, 2007, S. 363.

868 Vgl. *Backhaus, K.* u. a., Multivariate Analysemethoden, 2011, S. 90.

869 Unter dem Size-Effekt wird allgemein verstanden, dass Aktien, welche über eine geringe Börsenkapitalisierung (Marktwert) verfügen, tendenziell höhere Renditen als Unternehmen aufweisen, die über eine hohe Marktkapitalisierung verfügen. Vgl. dazu insbesondere die Untersuchungen für den US-Markt von *Banz, R. W.*, Return and Market, 1981, S. 3-18 und *Reinganum, M. R.*, Capital Asset Pricing, 1981, S. 19-46. Für den deutschen Markt sind die Untersuchungen von *Stehle* und *Baetge/Schulz* zu empfehlen. Vgl. *Baetge, J./Schulz, R.*, Unternehmensgröße in der Unternehmensbewertung, 2009, S. 291-299; *Stehle, R.*, Size-Effekt, 1997, S. 237-260.

870 Vgl. *Kohler, U./Kreuter, F.*, Datenanalyse mit Stata, 2008, S. 225.

871 Vgl. *Schnell, R.*, Graphisch gestützte Datenanalyse, 1994, S. 76.

872 Vgl. hier und im Folgenden *Kohler, U./Kreuter, F.*, Datenanalyse mit Stata, 2008, S. 225 f.

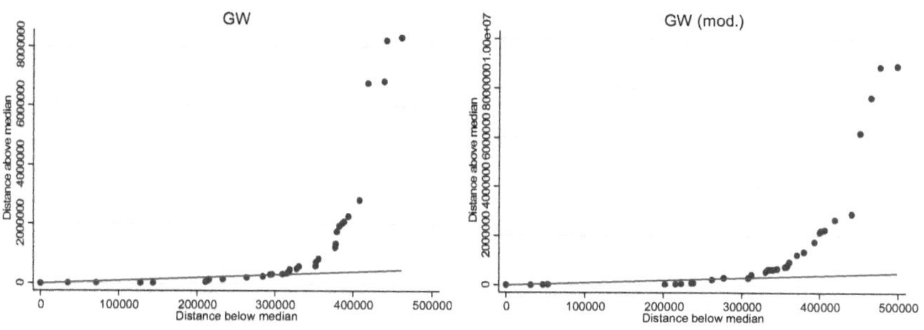

Abbildung 48: Symmetrieplot zur Identifikation potentieller Heteroskedastizität

Die Ergebnisse des Breusch-Pagan/Cook-Weisberg-Test[873] bestätigen die visuelle Vermutung der Heteroskedastizität. So wird die Hypothese der konstanten Varianz (Homoskedastizität) für die Gutachterwerte (GW) mit einem Wert für χ^2 mit 11,01 auf einem Signifikanzniveau von mehr als 99 % verworfen. Ähnliches gilt für den Test der modifizierten Gutachterwerte (GW (mod.)); bei diesem wird die Hypothese der konstanten Varianz mit einem Wert für χ^2 von 5,91 auf einem Signifikanzniveau von 95 % verworfen.[874]

Um den Einfluss von Heteroskedastizität zu berücksichtigen, sind daher alle in der Untersuchung genannten t- und F-Statistiken auf Basis robuster Standardfehler nach *Huber*[875] und *White*[876] ermittelt worden. Diese berücksichtigen mögliche Heteroskedastizität und führen daher zur korrekten Angabe über die Signifikanz der Koeffizienten.[877]

4.2.5.2.4 Verteilung der Variablen und Residuen

Wie in Kapitel 3.2.3.7.1.3 dargestellt, stellt die Regressionsanalyse direkt keine Anforderungen an die Verteilungsform der abhängigen Variablen und der Residuen; die Erfüllung dieser Annahme führt jedoch dazu, dass die Schätzer der Regressionskoeffizienten normalverteilt sind und so auch die Ermittlung von Konfidenzintervallen und

---

873 Vgl. *Breusch, T. S./Pagan, A. R.*, Test For Heteroscedasticity, 1979, S. 1287-1294 und *Cook, R. D./Weisberg, S.*, Diagnostics for heteroscedasticity, 1983, S. 1-10.

874 Ähnliche Ergebnisse ergeben sich auch bei der Überprüfung der in den Sensitivitätsanalysen genutzten Daten.

875 Vgl. *Huber, P. J.*, Maximum Likelihood Estimates, 1967, S. 221-223.

876 Vgl. *White, H.*, Heteroskedasticity-Consistent Covariance, 1980, S. 817-838.

877 Bei Vorliegen von Homoskedastizität führen die robusten Standardfehler zu denselben Ergebnissen wie die unkorrigierten Standardfehler, sodass sich hieraus keine Verzerrungen der Ergebnisse ergeben können. Vgl. *Böve, R.*, Spezialisierungsvorteile und -risiken, 2009, S. 112.

Signifikanztests richtig berechnet werden können.[878] Abbildung 49 stellt beispielhaft die Verteilung der abhängigen Variablen (VEW) dar.[879]

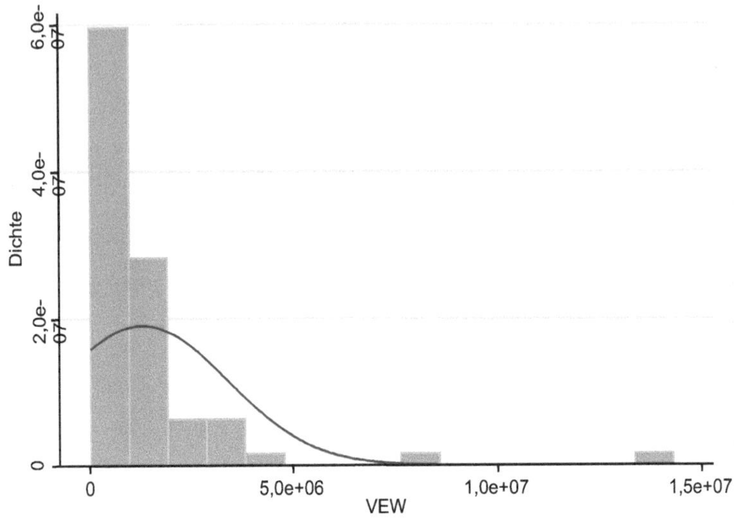

Abbildung 49: Verteilung der unabhängigen Variablen (VEW)

Hieraus lässt sich ablesen, dass diese nicht normalverteilt ist. Dieses ist jedoch nicht überraschend, sondern aufgrund des Samples zu vermuten gewesen. Das visuelle Ergebnis wird auch durch den Shapiro-Wilk[880] und den Shapiro-Francia[881]-Test bestätigt, die die Hypothese der Normalverteilung ablehnen.[882]

Zu beachten ist, dass bei Erfüllung des zentralen Grenzwertsatzes, unabhängig von der tatsächlichen Verteilung der unabhängigen Variablen, die Parameter der Regressionsanalyse der Normalverteilung entsprechen.[883] Da in der vorliegenden Untersuchung weit mehr als 30 bzw. 40 Datenpunkte je Regression verwandt wurden, kann von der Gültigkeit der Test-Statistiken ausgegangen werden.

---

878 Vgl. *Zimmermann, P.*, Prognose von Betawerten, 1997, S. 64; *Greene, W. H.*, Econometric analysis, 2008, S. 18.

879 Die den anderen Regressionen zu Grunde liegenden Variablen zeigen ein ähnliches Bild.

880 Vgl. *Shapiro, S. S./Wilk, M. B.*, Test for Normality, 1965, S. 591-611.

881 Vgl. *Shapiro, S. S./Francia, R. S.*, Test for Normality, 1972, S. 215-216.

882 Der Shapiro-Francia-Test und der Shapiro-Wilk-Test lehnen diese beide auf einem Signifikanzniveau von mindestens 99 % ab. Ähnliche Ergebnisse ergeben sich auch für die neu berechneten vereinfachten Ertragswerte.

883 In der Literatur werden unterschiedliche Mindestbeobachtungen für die Erfüllung des zentralen Grenzwertsatzes genannt: *Podding, T.* u. a., Statistik, Ökonometrie, Optimierung, 2008, S. 90 nennen 30; *Mosler, K./Schmid, F.*, Wahrscheinlichkeitsrechnung, 2004, S. 218 nennen 40.

Weiterhin ist die Annahme der Normalverteilung der Residuen von immanenter Bedeutung für die Verwendung der genutzten Regressionsmodelle. Diese Annahme führt dazu, dass die Schätzer der Regressionskoeffizienten normalverteilt sind und so die Ermittlung von Konfidenzintervallen und Signifikanztests unverzerrt erfolgen kann.[884]

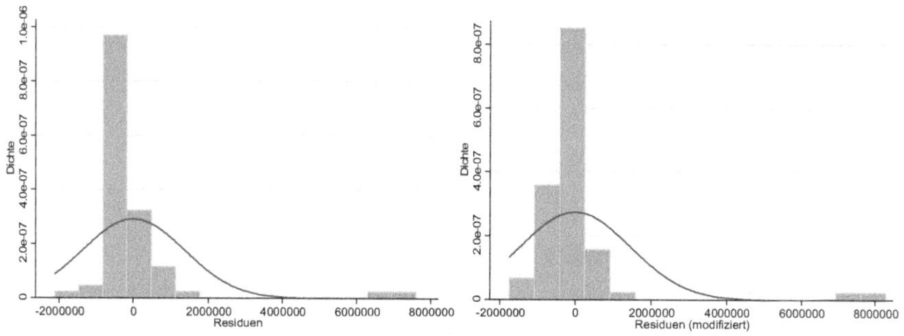

Abbildung 50: Verteilung der Residuen der Regressionsschätzungen

Abbildung 50 gibt beispielhaft die Verteilung der Residuen für die Schätzungen der Regressionen in Kapitel 4.2.4.2 wider. Deutlich ist zu erkennen, dass die Residuen nicht der Normalverteilung folgen. Dieses wird auch durch den Shapiro-Wilk und den Shapiro-Francia-Test bestätigt.[885]

Die Verletzung der Verteilungsannahme der Residuen führt aufgrund des zentralen Grenzwertsatzes zu keinem Problem bei der Nutzung der Test-Statistiken, da davon ausgegangen werden kann, dass die Schätzer des Modells gegen eine Normalverteilung konvergieren.[886]

4.2.5.3 Externe Validität

Die gefundenen Ergebnisse einer Untersuchung gelten, wie bereits in Kapitel 4.2.5.3 dargestellt, zunächst nur für die untersuchte Stichprobe. Eine Übertragung der Ergebnisse ist daher nur möglich, wenn diese repräsentativ für die Grundgesamtheit ist. Die durchgeführte Untersuchung basiert auf einem relativ kleinen Sample, da nur wenige Gutachter bereit waren, ihre Bewertungsgutachten zur Verfügung zu stellen. Es kann daher nicht eindeutig überprüft werden, ob die gefundenen Ergebnisse auch auf die Grundgesamtheit übertragbar sind. Bei der Interpretation der Ergebnisse ist dieses zu berücksichtigen. Es ist zudem zu hinterfragen, ob die beobachtete Überbewertung und

884 Vgl. *Zimmermann, P.*, Prognose von Betawerten, 1997, S. 64.
885 Gleiche Ergebnisse ergeben sich auch für die anderen geschätzten Regressionen in dieser Untersuchung.
886 Vgl. *Tebben, T.*, Vergütungsanreize, 2011, S. 212.

die hohe Streuung auch außerhalb des Panels vorzufinden sein wird. Die vorgefundene hohe Streuung der Bewertungsdifferenzen steht im Einklang mit der in den Untersuchungen von *Müller/Sureth* vorgefundenen hohen Streuung für KMU.[887] Wenngleich diese in ihrer Studie auf Basis des Medians eher eine Unterbewertung der KMU feststellen,[888] könnte dieser Unterschied an den dort gesetzten Prämissen (z. B. Buchwert = Substanzwert) und der anderen Datenbasis liegen. Die gewonnenen Erkenntnisse zur Überbewertung stehen zudem im Einklang mit den in der Literatur erwarteten Ergebnissen von z. B. *Dirrigl* und *Dorfleitner/Ilmberger/Meyer-Scharenberg*.[889] Insoweit erscheint eine grundsätzliche Übertragbarkeit zumindest denkbar.

Weiterhin ist bei den hier gefundenen Ergebnissen zu beachten, dass die Anpassung an die Unternehmensteuerreform 2008 nur unter vereinfachten Annahmen möglich war, sodass sich bei anderen Annahmen abweichende Ergebnisse ergeben können. Um dieses zu berücksichtigen, wurden, wie in Kapitel 4.2.5.2.1 dargestellt, verschiedene Annahmen variiert, um so die Sensitivität der Ergebnisse zu analysieren. Insgesamt kam es zu keinen wesentlichen Änderungen der Ergebnisse.

Aufgrund der limitierten Datenbasis ist einschränkend zu berücksichtigen, dass nicht alle im BewG geforderten Bereinigungen zur Ableitung des nachhaltigen Jahresertrages vorgenommen werden konnten. Allerdings sollten die Auswirkungen hieraus nur marginal sein.[890] Ferner muss beachtet werden, dass keine Substanzwerte (Wertuntergrenze) ermittelt werden konnten, da diese auf Basis der Gutachten nicht bestimmt werden konnten. Im untersuchten Sample dürfte der Substanzwert jedoch nur in Einzelfällen oberhalb des vereinfachten Ertragswerts liegen. Dieses würde grundsätzlich jedoch nur zu einer Erhöhung der festgestellten Überbewertung führen. Die grundsätzlichen Ergebnisse der Untersuchung sollten daher bestehen bleiben.

Die Analysen wurden auch unter Ausschluss von einzelnen Unternehmen vorgenommen, welche besonders starke Abweichungen aufwiesen. Hierfür wurden Unternehmenswerte, die aufgrund ihrer Residuen und ihres Leverage als besonders einflussreich identifiziert werden konnten und damit zu einer Verzerrung der Regressionsanalysen führen können, eliminiert. Die Ergebnisse verhielten sich auch bei Elimination der betroffenen Unternehmen robust. Eine Elimination der gefundenen Ausreißer in der Grunduntersuchung wurde nicht vorgenommen, da es theoretisch denkbar und

887 Vgl. *Müller, J./Sureth, C.*, Marktnahe Bewertung, 2011, S. 79.
888 Vgl. *Müller, J./Sureth, C.*, Marktnahe Bewertung, 2011, S. 76.
889 Vgl. *Dorfleitner, G.* u. a., Bewertung von Unternehmen, 2010, S. 23; *Dirrigl, H.*, Unternehmensbewertung, 2009, S. B59.
890 Vgl. dazu auch die Ausführungen in Kapitel 4.2.3.1.2 dieser Arbeit.

auch wahrscheinlich ist, dass es zu extremen Abweichungen zwischen vereinfachtem Ertragswert und Verkehrswert kommen kann.

Zudem ist zu berücksichtigen, dass das Panel nur den Zeitraum 2001 bis 2008 und insoweit keine repräsentative Periode umfasst. Inwieweit es zukünftig durch Finanzkrisen oder andere Ereignisse zu einer Angleichung oder noch größeren Abweichung kommen wird, ist auf Basis der vorliegenden Daten nicht beantwortbar.

Insgesamt kann festgehalten werden, dass eine Übertragbarkeit der Ergebnisse über die untersuchte Strichprobe hinaus nur unter Berücksichtigung der vorgenannten Einschränkungen möglich ist.

4.2.6 Implikationen der empirischen Ergebnisse

Mit der Erbschaftsteuerreform 2008 hat der Gesetzgeber versucht, den Vorgaben des BVerfG zu folgen und eine einheitliche Bewertung aller Vermögenswerte zu Verkehrswerten zu erreichen. Die Ergebnisse der vorgehenden empirischen Untersuchung zeigen, dass das vereinfachte Ertragswertverfahren nur in seltenen Fällen dem durch die Gutachten approximierten Marktwert entspricht. Im Gegensatz zu den Ergebnissen der Studie von *Müller/Sureth*[891] weisen die Ergebnisse sowohl auf Basis des Medians als auch auf Basis des arithmetischen Mittels auf eine Überbewertung durch das steuerliche vereinfachte Ertragswertverfahren hin. Die hohe Streuung der Bewertungsergebnisse, ausgedrückt durch den Variationskoeffizienten, zeigt weiterhin auf, dass auch eine Anpassung einzelner Parameter nur in Ausnahmefällen zu einer Übereinstimmung von vereinfachtem Ertragswertverfahren und klassischem Ertragswertverfahren führen kann. Wie in Kapitel 4.2.4.4.2 untersucht, führt eine isolierte Erhöhung des Risikozuschlags zwar zu einer Beseitigung der durchschnittlichen Überbewertung, allerdings bleibt die Streuung hiervon nahezu unbeeinflusst. Auch die Variation des Basiszinssatzes und des nachhaltigen Jahresertrags führt zu keiner wesentlichen Verbesserung der Schätzgüte. Damit muss überlegt werden, ob eine einheitliche Bewertung zum gemeinen Wert (Verkehrswert) mittels eines standardisierten Bewertungsalgorithmus überhaupt erreicht werden kann.[892] Für den Steuerpflichtigen ergibt sich daraus die Notwendigkeit, eine eigene Unternehmensbewertung zu erstellen bzw. erstellen zu lassen, um sich vor einem Übermaß an Besteuerung durch die zu hohe Festlegung der Besteuerungsgrundlagen zu schützen. Damit verfehlt das vereinfachte Er-

[891] Vgl. *Müller, J./Sureth, C.*, Marktnahe Bewertung, 2011, S. 45-83.

[892] So auch *Müller, J./Sureth, C.*, Marktnahe Bewertung, 2011, S. 79 und *Dirrigl, H.*, Unternehmensbewertung, 2009, S. B 61.

tragswertverfahren das Ziel der leichten und kostengünstigen Ermittlung eines Unternehmenswerts für den Steuerpflichtigen.

5 Zusammenfassung der Ergebnisse und Ausblick

Mit der vorliegenden Arbeit wird das Problem der Verkehrswertbestimmung von nichtnotierten Unternehmen im Rahmen des Erbschaftsteuerrechts analysiert. Ausgangspunkt dieser Forschungsfrage ist die Neuregelung des Erbschaft- und Schenkungsteuerrechts zum 01.01.2009, welche als vorherrschende Bewertungsmaxime die Bewertung zum gemeinen Wert, d. h. zu dem Preis, der im gewöhnlichen Geschäftsverkehr bei einer Veräußerung zu erzielen wäre (§ 9 Abs. 2 BewG), eingeführt hat. Wesentliche Frage der Untersuchung ist, ob die Einführung des vereinfachten Ertragswertverfahrens gemäß § 199 ff. BewG dem Steuerpflichtigen eine einfache und kostengünstige Ermittlung des Verkehrswerts ermöglicht. Dabei wird insbesondere untersucht, ob es durch die Ausgestaltung (starke Typisierung) des vereinfachten Ertragswertverfahrens zu systemischen Über- oder Unterbewertungen im Verhältnis zum Verkehrswert kommt.

Dem Aufbau der Arbeit folgend sind die Ergebnisse dieser Arbeit wie folgt zusammenzufassen:

Zunächst wurde in **Kapitel 2** eine kurze Analyse der Entwicklung der Erbschaftsteuer in Deutschland vorgenommen und herausgestellt, welche Probleme im Rahmen der früheren Erbschaftsteuer auftraten und sich nunmehr aufgrund der Reform ergeben. Als Ergebnis dieses Kapitels wird festgehalten, dass es durch das Erbschaftsteuerreformgesetz 2009 zu einer erheblichen Komplexitätszunahme sowohl im Rahmen der Bewertung als auch im Bereich der Verschonung gekommen ist. Von weiterer Relevanz ist, dass die neue Ausgestaltung der Verschonungsregelungen im Kontext der verfassungsrechtlichen Vorgaben als höchst problematisch anzusehen ist.

Die Analyse in **Kapitel 3** widmete sich der detaillierten Darstellung und Untersuchung der betriebswirtschaftlichen Bewertung anhand des klassischen Ertragswertverfahrens. Schwerpunkt der Analyse ist die Festlegung des Kapitalisierungszinssatzes. Diese Analyse wurde vorgenommen, da das vereinfachte Ertragswertverfahren eine Fixierung des Betafaktors auf 1 und daraus folgend eine Fixierung des Risikozuschlages auf 4,5 % vornimmt. Die durchgeführte Untersuchung des Wochentagseffekts im Rahmen der Betafaktorenermittlung zeigt, dass die Wahl des Wochen-/Monatstages einen erheblichen und signifikanten Einfluss auf die Höhe des Betafaktors und damit auf den Unternehmenswert hat. Dabei schwankt die Höhe der Betafaktoren je nach Unternehmen und Markt, allerdings gilt der grundsätzliche Effekt unabhängig vom gewählten Kapitalmarkt (Deutschland, Europa, USA und Japan) und Unternehmen. Im Rahmen der weitergehenden Analyse konnte kein dominierender Wochentag ermittelt werden, der als Auswahltag für den Betafaktor zu bevorzugen wäre. Daher ist die in der Literatur geäußerte Auffassung bevorzugt auf Dienstags- oder Mittwochsrenditen zurückzugreifen aufgrund der Bewertungsrelevanz des jeweiligen Wochentags keine sinnvolle Eingrenzung. Bereits hieran wird deutlich, welche Probleme sich aufgrund der Einführung der betriebswirtschaftlichen Bewertung in das Steuerrecht für den Steuerpflichtigen und die Finanzverwaltung ergeben. Selbst kleine Veränderungen bei der Ableitung des unternehmensspezifischen Risikos können bereits erhebliche Wertauswirkungen haben. Für die objektivierte Wertermittlung im Rahmen der erbschaftsteuerlichen Bewertung bedeutet dies, dass zur Reduktion des Ermessens des Bewerters ein Durchschnittsbetafaktor der Woche verwendet werden sollte. Die Überprüfung des in der Bewertungspraxis vorgenommen Vorgehens, Freitags-/Monatsendkurs zu verwenden, führte zu dem Ergebnis, dass diese als Schätzer für den Durchschnittsbetafaktor nur bedingt geeignet sind. Daher ist für die Bewertung im Rahmen der Erbschaftsteuer ein Durchschnittsbetafaktor zu verwenden.

Die Analyse der Bewertungshierarchie und des vereinfachten Ertragswertverfahrens offenbart, dass aufgrund der geringen Anzahl der Fälle, in denen zeitnahe Verkäufe vorliegen, die Relevanz der Bewertung unter Berücksichtigung der Ertragsaussichten (Ertragswertverfahren, DCF-Verfahren, vereinfachtes Ertragswertverfahren) erheblich sein dürfte. Aufgrund der unterschiedlichen Zielsetzungen von Steuerpflichtigem und Finanzverwaltung wird es somit zu erheblichen Problemen bei der Festlegung des Unternehmenswerts und daraus folgend bei der Festsetzung der Steuerhöhe kommen. Das Ziel des Gesetzgebers, durch die Einführung eines vereinfachten Ertragswertverfahrens eine einfache und kostengünstige Wertermittlungsmethode für KMU bereitzustellen, ist daher verständlich. Aufgrund der methodischen Mängel des Verfahrens, wie der unterjährigen Fixierung des Basiszinssatzes, der Fixierung des Risikozuschlags und der Ableitung der Überschussgröße aus Vergangenheitsdaten ist dieses Verfahren rein konzeptionell nur zufällig dazu in der Lage, den Verkehrswert eines Unternehmens zu approximieren.

Der in **Kapitel 4** vorgenommen Vergleich zwischen klassischem und vereinfachtem Ertragswertverfahren offenbart erhebliche Unterschiede und bestätigt, dass eine Übereinstimmung beider Verfahren in der Mehrzahl der Fälle unwahrscheinlich ist. Die Ergebnisse der empirischen Untersuchungen untermauern diese Einschätzung und zeigen, dass das vereinfachte Ertragswertverfahren nur in seltenen Fällen zu einer akzeptablen Wertermittlung führt. Im untersuchten Sample ist auf Basis des Medians und des arithmetischen Mittels vielmehr eine Überbewertung für KMU zu erkennen, wenngleich auch einzelne Unternehmen stark unterbewertet werden. Diese Ergebnisse sind dabei weitestgehend rechtsformunabhängig, was zumindest dazu führt, dass hier keine Ungleichbehandlung mehr vorliegt. Die weitergehenden Analysen zur Anpassung verschiedener Parameter des vereinfachten Ertragswertverfahrens in Kapitel 4.2.4.4 bestätigen diese Einschätzung. So führt die Verwendung stichtagsbezogener Basiszinssätze zu keiner wesentlichen Verbesserung. Allerdings sollte aus den dargestellten Gründen trotzdem eine stichtagsbezogene Ermittlung vorgenommen werden. Die Erhöhung des Risikozuschlags behebt, wie erwartet, die durchschnittliche Überbewertung, führt allerdings nicht zu einer verbesserten Bewertung in Bezug auf die Streuung der Unternehmenswerte. Insoweit wird festgestellt, dass auch diese Variation einzelner Parameter zu keiner grundsätzlichen Verbesserung des vereinfachten Ertragswertverfahrens führt. Der zusätzliche Test auf Basis verschiedener Ermittlungsformen des nachhaltigen Jahresertrags zeigt ebenfalls keine wesentliche Änderung der Untersuchungsergebnisse auf.

Als Ergebnis ist daher zu konstatieren, dass die standardisierte Ermittlung von Unternehmenswerten mittels des Bewertungsalgorithmus (vereinfachtes Ertragswertverfahren) nur rein zufällig den Verkehrswert abbildet. Insoweit resultiert aus der Bewertung von Unternehmen zum gemeinen Wert ein erheblicher Zuwachs an Rechtsunsicherheit. Das Ziel des vereinfachten Ertragswertverfahrens, die leichte und kostengünstige Ermittlung der Besteuerungsgrundlagen wird verfehlt. Daraus ist für den Steuerpflichtigen die Empfehlung abzuleiten, neben der Bewertung anhand des vereinfachten Ertragswertverfahrens, eine zusätzliche unternehmensspezifische Bewertung etwa anhand des IDW S 1 i .d. F. 2008 vorzunehmen, um sich vor einer Überbewertung zu schützen. Da auch die betriebswirtschaftliche Bewertung nicht frei von Ermessen ist, wird es aufgrund der unterschiedlichen Zielsetzungen von Steuerpflichtigem und Finanzverwaltung zu erheblichen Problemen bei der Festlegung des Unternehmenswerts kommen.

Allgemein ist festzuhalten, dass der Gesetzgeber durch die einheitliche Ausrichtung der Bewertung auf den gemeinen Wert für Betriebsvermögen den Vorgaben des Bundesverfassungsgerichtes grds. gefolgt ist. Das vereinfachte Ertragswertverfahren genügt den Vorgaben des Bundesverfassungsgerichts jedoch nicht, da es in einem Großteil der Fälle ungeeignet ist auch nur einen Annäherungswert für den gemeinen Wert zu ermitteln. Es ist jedoch zu berücksichtigen, dass die gleichmäßige und exakte Bewertung von Unternehmen nur als Utopie anzusehen ist, da mit der Schätzung von Unternehmenswerten immer Unsicherheit über deren Genauigkeit besteht.[893] Damit ist

[893] So auch *Lang, J.*, Erbschaft- und Schenkungsteuer, 2008, S. 205.

auch das deutsche Erbschaftsteuerrecht nunmehr von erheblicher Rechtsunsicherheit und Ermessensspielräumen bei der Wertermittlung geprägt. Insgesamt ergibt sich aus den komplexen Bewertungs- und Verschonungsregelungen sowohl für den Steuerpflichtigen als auch für den Staat ein erheblicher Aufwand, welcher noch zusätzlich durch die hohe Streitanfälligkeit die Finanzgerichte beschäftigen dürfte.

Literaturverzeichnis

Alexander, Gordon J./Chervany, Norman L. [Estimation of Beta, 1980]: On the Estimation and Stability of Beta, in: Journal of Financial and Quantitative Analysis, Jg. 15 (1980), S. 123–137.

Auer, Ludwig von [Ökonometrie, 2007]: Ökonometrie: Eine Einführung: 4. Aufl., Berlin: Springer, 2007.

Bach, Stefan/Broekelschen, Wiebke/Maiterth, Ralf [Gleichmäßige erbschaftsteuerliche Behandlung, 2006]: Gleichmäßige erbschaftsteuerliche Behandlung von Grund- und Betriebsvermögen Anmerkungen zum anstehenden Bundesverfassungsgerichtsurteil, in: Deutsches Steuerrecht, Jg. 44 (2006), S. 1961–1968.

- [Mangelhafte Grundstücksbewertung, 2006]: Mangelhafte Grundstücksbewertung und Privilegien für Betriebsvermögen gefährden die Erbschaftsteuer, in: DIW Wochenbericht, Jg. 73 (2006), S. 617–623.

Bachmann, Ulf [Komponenten des Kreditspreads, 2004]: Die Komponenten des Kreditspreads: Zinsstrukturunterschiede zwischen ausfallbehafteten und risikolosen Anleihen, Wiesbaden: Dt. Univ.-Verl., 2004.

Backhaus, Klaus/Erichson, Bernd/Plinke, Wulff/Weiber, Rolf [Multivariate Analysemethoden, 2011]: Multivariate Analysemethoden: 13. Aufl., Heidelberg: Springer, 2011.

Baesel, Jerome B. [Assessment of Risk, 1974]: On the Assessment of Risk: Some Further Considerations, in: Journal of Finance, Jg. 29 (1974), S. 1491–1494.

Baetge, Jörg [Objektivierung des Jahreserfolges, 1970]: Möglichkeiten der Objektivierung des Jahreserfolges, Düsseldorf, 1970.

Baetge, Jörg/Krause, Clemens [Berücksichtigung des Risikos, 1994]: Die Berücksichtigung des Risikos bei der Unternehmensbewertung: Eine empirisch gestützte Betrachtung des Kalkulationszinses, in: Betriebswirtschaftliche Forschung und Praxis, Jg. 48 (1994), S. 433–456.

Baetge, Jörg/Niemeyer, Reiner/Kümmel, Jens/Schulz, Roland [Discounted Cashflow-Verfahren, 2009]: Darstellung der Discounted Cashflow-Verfahren (DCF-Verfahren) mit Beispiel, in: *Volker H. Peemöller* (Hrsg.), Praxishandbuch der Unternehmensbewertung, 2009, S. 339–447

Baetge, Jörg/Schulz, Roland [Unternehmensgröße in der Unternehmensbewertung, 2009]: Zur Berücksichtigung der Unternehmensgröße in der Unternehmensbewertung, in: Zeitschrift für Recht und Rechnungswesen, Jg. 19 (2009), S. 291–299.

Ballwieser, Wolfgang [Unternehmensbewertung und Komplexitätsreduktion, 1990]: Unternehmensbewertung und Komplexitätsreduktion: 3. Aufl., Wiesbaden: Gabler, 1990.

- [Aktuelle Aspekte, 1995]: Aktuelle Aspekte der Unternehmensbewertung, in: Die Wirtschaftsprüfung, Jg. 48 (1995), S. 119–129.

- [Unternehmensbewertung, 2007]: Unternehmensbewertung: Prozeß, Methoden und Probleme: 2. Aufl., Stuttgart: Schäffer-Poeschel, 2007.

- [Erbschaftsteuer und Unternehmensbewertung, 2010]: Erbschaftsteuer und Unternehmensbewertung, in: *Günter Rautenberg* (Hrsg.), Unternehmen zwischen Investitionsförderung, 2010, S. 155–165.

- [Unternehmensbewertung, 2011]: Unternehmensbewertung: Prozeß, Methoden und Probleme: 3. Aufl., Stuttgart: Schäffer-Poeschel, 2011.

Ballwieser, Wolfgang/Kruschwitz, Lutz/Löffler, Andreas [Einkommensteuer und Unternehmensbewertung, 2007]: Einkommensteuer und Unternehmensbewertung: Probleme mit der Steuerreform 2008, in: Die Wirtschaftsprüfung, Jg. 60 (2007), S. 765–769.

Ballwieser, Wolfgang/Wiese, Jörg [Cost of Capital, 2010]: Cost of Capital: Revised version as of June 24, 2010, in: *James P Catty* (Hrsg.), IFRS, 2010, S. 129–154.

Balmes, Frank/Felten, Christoph [Hoch bewertet, 2009]: Hoch bewertet und dennoch verschont?: Folgen und Gestaltungen für die Unternehmensnachfolge, in: Finanz-Rundschau Ertragsteuerrecht, Jg. 91 (2009), S. 258–271.

Bamberg, Günter/Dorfleitner, Gregor/Krapp, Michael [Unternehmensbewertung unter Unsicherheit, 2006]: Unternehmensbewertung unter Unsicherheit: Zur entscheidungstheoretischen Fundierung der Risikoanalyse, in: Zeitschrift für betriebswirtschaftliche Forschung, Jg. 76 (2006), S. 287–307.

Banz, Rolf W. [Return and Market, 1981]: The Relationship between Return and Market Value of Common Stocks, in: Journal of Financial Economics, Jg. 9 (1981), S. 3–18.

Bark, Christina [Der Kapitalisierungszinssatz, 2011]: Der Kapitalisierungszinssatz in der Unternehmensbewertung: Eine theoretische, praktische und empirische Analyse unter Berücksichtigung möglicher Interdependenzen, Wiesbaden: Gabler, 2011.

Bartholdy, Jan/Riding, Allan [Thin Trading, 1994]: Thin Trading and the Estimation of Betas: The Efficancy of Alternative Techniques, in: Journal of Financial Research, Jg. 17 (1994), S. 241–254.

Bayerisches Staatsministerium der Finanzen [Überblick Branchenspezifische Bewertungsmethoden]: Überblick Branchenspezifische Bewertungsmethoden, http://www.ihk-kassel.de/solva_docs/ueberblick_bewertungsmethoden_Dez09.pdf (2011-07-18).

Beaver, William H./Kettler, Paul/Scholes Myron [Risk Measures, 1970]: The Association Between Market Determined and Accounting Determined Risk Measures, in: Accounting Review, Jg. 45 (1970), S. 654–682.

Beck, Karin E. M./Osterloh-Konrad, Christine (Hrsg.) [Unternehmensnachfolge, 2009]: Unternehmensnachfolge, Berlin, Heidelberg: Springer, 2009.

Behringer, Stefan [Mittel- und Kleinbetriebe, 2009]: Unternehmensbewertung der Mittel- und Kleinbetriebe: Betriebswirtschaftliche Verfahrensweisen: 4. Aufl., Berlin: Schmidt, 2009.

Belsley, David A/Kuh, Edwin/Welsch, Roy E [Regression diagnostics, 2004]: Regression diagnostics: Identifying influential data and sources of collinearity, New York: Wiley, 2004.

Benhof, Hanno [Veräußerungsgewinnbesteuerung, 2010]: Ökonomische Wirkungen einer Veräußerungsgewinnbesteuerung: Eine empirische Untersuchung, Wiesbaden: Gabler, 2010.

Berkman, Henk/Bradbury, Michael E./Ferguson, Jason [Cash Flow Methods, 2000]: The Accuracy of Price-Earnings and Discounted Cash Flow Methods of IPO Equity Valuation, in: Journal of International Financial Management and Accounting, Jg. 11 (2000), S. 71–83.

Berner, Christian/Rojahn, Christian/Kiel, Olaf/Dreimann, Michael [Unternehmensbewertung, 2005]: Die Berücksichtigung des unternehmensindividuellen Risikos in der Unternehmensbewertung, in: Corporate Finance biz, Jg. 7 (2005), S. 711–718.

Bimberg, Lothar H. [Langfristige Renditeberechnung, 1991]: Langfristige Renditeberechnung zur Ermittlung von Risikoprämien: Empirische Untersuchung der Renditen von Aktien, festverzinslichen Wertpapieren und Tagesgeld in der Bundesrepublik Deutschland für den Zeitraum 1954 bis 1988, Frankfurt am Main: Lang, 1991.

- [Langfristige Renditeberechnung, 1993]: Langfristige Renditeberechnung zur Ermittlung von Risikoprämien: Empirische Untersuchung der Renditen von Aktien, festverzinslichen Wertpapieren und Tagesgeld in der Bundesrepublik Deutschland für den Zeitraum 1954-1988: 2. Aufl., Frankfurt am Main: Lang, 1993.

Black, Fischer [Capital Market Equilibrium, 1972]: Capital Market Equilibrium with Restricted Borrowing, in: Journal of Business, Jg. 45 (1972), S. 444–455.

Black, Fischer/Jensen, Michael C./Choles, Myron S. [Capital Asset Pricing, 1972]: The Capital Asset Pricing Model: Some Empirical Tests, in: *Michael C. Jensen* (Hrsg.), Capital Markets, 1972, S. 79–124

Bleymüller, Josef [Theorie und Technik, 1966]: Theorie und Technik der Aktienkursindizes, Wiesbaden: Gabler, 1966.

Blume, Marshall E. [Unbiased Estimators, 1974]: Unbiased Estimators of Long-Run Expected Rates of Return, in: Journal of American Statistical Association, Jg. 69 (1974), S. 634–638.

Böcking, Hans-Joachim/Nowak, Karsten [Discounted Cash Flow-Verfahren, 1998]: Der Beitrag der Discounted Cash Flow-Verfahren zur Lösung der Typisierungsproblematik bei Unternehmensbewertungen: Eine Warnung vor einer "naiven" Übertragung modelltheoretischer Erkentnisse auf die Bewertungspraxis, in: Der Betrieb, Jg. 51 (1998), S. 685–690.

Böllhoff, Daniel [Demerger-Management, 2009]: Demerger-Management: Eine empirische Analyse, Wiesbaden: Gabler, 2009.

Born, Karl [Unternehmensanalyse und Unternehmensbewertung, 2003]: Unternehmensanalyse und Unternehmensbewertung: 2. Aufl., Stuttgart: Schäffer-Poeschel, 2003.

Bourier, Günther [Wahrscheinlichkeitsrechnung, 2011]: Wahrscheinlichkeitsrechnung und schließende Statistik: Praxisorientierte Einführung Mit Aufgaben und Lösungen: 7. Aufl., Wiesbaden: Gabler, 2011.

Böve, Rolf [Spezialisierungsvorteile und -risiken, 2009]: Spezialisierungsvorteile und -risiken im Kreditgeschäft: Eine empirische Analyse am Beispiel der deutschen Sparkassen und Kreditgenossenschaften, Wiesbaden: Gabler, 2009.

Bowman, Robert G./Bush, Susan R. [Using Comparable Companies, 2006]: Using Comparable Companies to Estimate the Betas of Private Companies, in: Journal of Applied Finance, Jg. 16 (2006), S. 71–81.

Braun, Inga [Discounted Cashflow-Verfahren, 2005]: Discounted Cashflow-Verfahren und der Einfluss von Steuern: Der Unternehmenswert unter Beachtung von Bewertungsnormen, Wiesbaden: Dt. Univ.-Verl., 2005.

Brealey, Richard A./Myers, Stewart C./Allen, Franklin [corporate finance, 2008]: Principles of corporate finance: 9. ed., internat. ed., Boston, Mass.: McGraw-Hill/Irwin, 2008.

Breen, William J./Lerner, Eugene M. [Beta, 1972]: On the Use of Beta in Regulatory Proceeding, in: Bell Journal of Economics and Management Sciences, Jg. 3 (1972), S. 612–621.

Brennan, Michael J. [Taxes, 1970]: Taxes, Market Valuation and Corporate Financial Policy, in: National Tax Journal, Jg. 23 (1970), S. 417–427.

Bretzke, Wolf-Rüdiger [Problematik des Objektivitätsanspruchs, 1976]: Zur Problematik des Objektivitätsanspruchs in der Unternehmensbewertungslehre: Ein Nachtrag zu einem Methodenstreit, in: Betriebswirtschaftliche Forschung und Praxis, Jg. 28 (1976), S. 543–553.

Breusch, T. S./Pagan, A. R. [Test For Heteroscedasticity, 1979]: A Simple Test For Heteroscedasticity and Random Coefficient Variation, in: Econometrica, Jg. 47 (1979), S. 1287–1294.

Broekelschen, Wiebke/Maiterth, Ralf [Funktionsweise und Verfassungskonformität, 2009]: Funktionsweise und Verfassungskonformität der neuen steuerlichen Grundstücksbewertung, in: Deutsches Steuerrecht, Jg. 47 (2009), S. 833–837.

- [Gleichmäßige Bewertung, 2010]: Gleichmäßige Bewertung von Mietwohngrundstücken durch das neue steuerliche Ertragswertverfahren? Eine empirische Analyse, in: Zeitschrift für Betriebswirtschaft, Jg. 80 (2010), S. 203–225.

Brösel, Gerrit [Medienrechtsbewertung, 2002]: Medienrechtsbewertung: Der Wert audiovisueller Medienrechte im dualen Rundfunksystem, Wiesbaden: Dt. Univ.-Verl., 2002.

- [Nebenfunktionen, 2006]: Eine Systematisierung der Nebenfunktionen der funktionalen Unternehmensbewertungstheorie, in: Betriebswirtschaftliche Forschung und Praxis, Jg. 58 (2006), S. 128–143.

Brown, Stephen J./Goetzmann, William N./Ross, Stephen A. [Survival, 1995]: Survival, in: Journal of Finance, Jg. 50 (1995), S. 853–873.

Brüchle, Christian/Ehrhardt, Olaf/Nowak, Eric [Konzerneinfluss und Entkopplung, 2008]: Konzerneinfluss und Entkopplung vom Marktrisiko: Eine empirische Analyse der Betafaktoren bei faktischen und Vertragskonzernen, in: Zeitschrift für Betriebswirtschaft, Jg. 78 (2008), S. 455–476.

Bruckmeier, Gerhard/Zwirner, Christian/Mugler, Jörg [Unternehmensbewertung im Erbschaftsteuerrecht, 2011]: Unternehmensbewertung im Erbschaftsteuerrecht: Handlungsempfehlungen und Modellrechnungen §§ 199 ff. BewG und IDW S 1 im Vergleich, in: Deutsches Steuerrecht, Jg. 49 (2011), S. 422–427.

[BT-Drucksachen]: BT-Drucksachen.

Bühner, Markus/Ziegler, Matthias [Statistik für Psychologen, 2010]: Statistik für Psychologen und Sozialwissenschaftler, München: Pearson, 2010.

Busch, Kai [Unternehmensbewertung, 2008]: Unternehmensbewertung von kleinen und mittleren Unternehmen (KMU): Theorie und Praxis, Göttingen: Sierke, 2008.

Busse, Franz-Joseph [Grundlagen Finanzwirtschaft, 2003]: Grundlagen der betrieblichen Finanzwirtschaft: 4. Aufl., München: Oldenbourg, 2003.

Busse von Colbe, Walther [Der Zukunftserfolg, 1957]: Der Zukunftserfolg: Die Ermittlung des künftigen Unternehmenserfolges und seine Bedeutung für die Bewertung von Industrieunternehmen, Wiesbaden: Gabler, 1957.

Busse von Colbe, Walther/Brüggerhoff, Jürgen (Hrsg.) [Unternehmensakquisition und Unternehmensbewertung, 1992]: Unternehmensakquisition und Unternehmensbewertung: Grundlagen und Fallstudien, Stuttgart: Schäffer-Poeschel, 1992.

Campbell, Donald T. [Validity, 1957]: Factors Relevant to the Validity of Experiments in Social Settings, in: Psychological Bulletin, Jg. 54 (1957), S. 297–312.

Carleton, Willard T./Lakonishok, Josef [Risk and Return, 1985]: Risk and Return on Equity: The Use and Misuse of Historical Estimates, in: Financial Analysts Journal, Jg. 41 (1985), S. 39-47+62.

Casey, Christopher/Loistl, Otto [Risikoadjustierte Kapitalkosten, 2008]: Risikoadjustierte Kapitalkosten und ihre empirische Ermittlung, in: *Gerhard Seicht* (Hrsg.), Jahrbuch für Controlling, 2008, S. 309–338

Castedello, Marc u. a. (Hrsg.) [Besonderheiten der Bewertung, 2006]: Besonderheiten der Bewertung von Unternehmensteilen sowie von kleinen und mittleren Unternehmen: Vorträge und Diskussionen zum 21. Münsterischen Tagesgespräch des Münsteraner Gesprächskreises Rechnungslegung und Prüfung e.V. am 13. Mai 2005, Düsseldorf: IDW-Verl., 2006.

Catty, James P (Hrsg.) [IFRS, 2010]: Wiley guide to fair value under IFRS: International financial reporting standards, Hoboken, NJ: Wiley, 2010.

Chang, Eric C./Pinegar, J. Michael/Ravichandran, Ravi [European day-of-the week effects, 1995]: European Day-of-the Week Effects, Beta Asymmetries and International Herding, in: European Financial Management, Jg. 1 (1995), S. 173–200.

Chatterjee, Samprit/Price, Bertram [Praxis der Regressionsanalyse, 1995]: Praxis der Regressionsanalyse: 2. Aufl., München: Oldenbourg, 1995.

Claus, James/Thomas, Jacob [Equity Premia, 2001]: Equity Premia as Low as Three Percent?: Evidence from Analysts' Earnings Forecasts for Domestic and International Stock Markets, in: Journal of Finance, Jg. 56 (2001), S. 1629–1666.

Cochrane, John Howland [Asset pricing, 2005]: Asset pricing: Rev. ed., Princeton, NJ: Princeton Univ. Press, 2005.

Coenenberg, Adolf G. [Unternehmensbewertung, 1981]: Unternehmensbewertung aus Sicht der Hochschule, in: *IDW* (Hrsg.), 50 Jahre Wirtschaftsprüferberuf, 1981, S. 221–245

- [Unternehmensbewertung, 1992]: Unternehmensbewertung aus der Sicht der Hochschule, in: *Walther Busse von Colbe/Jürgen Brüggerhoff* (Hrsg.), Unternehmensakquisition und Unternehmensbewertung, 1992, S. 89–108.

Cohen, Kalman J./Hawawini, Gabriel A./Maier, Steven F./Schwartz, Robert A./Whitcomb, David K. [Estimating and Adjusting, 1983]: Estimating and Adjusting for the Intervalling-Effect Bias in Beta, in: Management Science, Jg. 29 (1983), S. 135–148.

Cölln, Thomas von [Forstwirtschaftliches Vermögen, 2011]: Bewertung des forstwirtschaftlichen Vermögens für Zwecke der Erbschaft- und Schenkungsteuer, in: Zeitschrift für Ebrecht und Vermögensnachfolge, Jg. 18 (2011), S. 182–186.

Conen, Ralf/Väth, Hubertus [Risikoprämien am deutschen, 1993]: Risikoprämien am deutschen Kapitalmarkt, in: Die Bank, Jg. 33 (1993), S. 642–647.

Cook, R. Dennis [Influential Observation, 1977]: Detection of Influential Observation in Linear Regression, in: Technometrics, Jg. 19 (1977), S. 15–18.

Cook, R. Dennis/Weisberg, Sanford [Diagnostics for heteroscedasticity, 1983]: Diagnostics for heteroscedasticity in regression, in: Biometrika, Jg. 70 (1983), S. 1–10.

Cooper, Ian [Arithmetic versus geometric mean, 1996]: Arithmetic versus geometric mean estimators: Setting discount rates for capital budgeting, in: European Financial Management, Jg. 2 (1996), S. 157–167.

Copeland, Thomas E./Koller, Tim/Murrin, Jack [Unternehmenswert, 2002]: Unternehmenswert: Methoden und Strategien für eine wertorientierte Unternehmensführung: 3. Aufl., Frankfurt/Main: Campus, 2002.

Copeland, Thomas E./Weston, J. F./Shastri, Kuldeep [Finanzierungstheorie und Unternehmenspolitik, 2008]: Finanzierungstheorie und Unternehmenspolitik: Konzepte der kapitalorientierten Unternehmensfinanzierung: 4. Aufl., München u.a.: Pearson, 2008.

Corhay, Albert [The intervalling effect, 1992]: The intervalling effect bias in beta: A note, in: Journal of Banking & Finance, Jg. 16 (1992), S. 61–73.

Creutzmann, Andreas [Unternehmensbewertung im Steuerrecht, 2008]: Unternehmensbewertung im Steuerrecht: Neuregelungen des Bewertungsgesetzes ab 1.1.2009, in: Der Betrieb, Jg. 61 (2008), S. 2784–2791.

- [Unternehmensbewertung und Erbschaftsteuer, 2008]: Unternehmensbewertung und Erbschaftsteuer: Anmerkungen zum Diskussionentwurf für eine Anteils- und Betriebsvermögensbewertungsordnung, in: Die Steuerberatung, Jg. 51 (2008), S. 148–167.

Crezelius, Georg [Erbschaft- und Schenkungsteuer, 2007]: Die Erbschaft- und Schenkungsteuer nach der Entscheidung des Bundesverfassungsgerichts vom 7.11.2006, in: Deutsches Steuerrecht, Jg. 45 (2007), S. 415–421.

Damodaran, Aswath [Corporate Finance, 2001]: Corporate Finance: Theory and Practice: 2. ed., New York: Wiley, 2001.

- [Investment Valuation, 2002]: Investment Valuation: Tools and Techniques for Determining the Value of Any Asset: 2. ed., New York: Wiley, 2002.

- [Valuation, 2006]: Damodaran on Valuation: Security Analysis for Investment and Corporate Finance: 2. ed., Hoboken, NJ: Wiley, 2006.

Demuth, Ralf [Erbschaftsteuer- und Schenkungsteuerreform, 2009]: Erbschaftsteuer- und Schenkungsteuerreform: Erster Überblick über die neuen gesetzlichen Rahmenbedingungen, in: Die Steuerberatung, Jg. 52 (2009), S. 9–13.

Deubel, Ingolf [Neuordnung des Erbschaftsteuerrechts, 2008]: Neuordnung des Erbschaft- und Schenkungsteuerrechts, in: Die Wirtschaftsprüfung, Jg. 61 (2008), S. I.

Diedrich, Ralf [Die Sicherheitsäquivalentmethode, 2003]: Die Sicherheitsäquivalentmethode der Unternehmensbewertung: Ein (auch) entscheidungstheoretisch wohlbegründetes Verfahren, in: Zeitschrift für betriebswirtschaftliche Forschung, Jg. 55 (2003), S. 281–286.

Dimson, Elroy [Risk Measurement, 1979]: Risk Measurement when shares are subject of infrequent trading, in: Journal of Financial Economics, Jg. 7 (1979), S. 197–226.

Dimson, Elroy/Marsh, Paul/Staunton, Mike [Worldwide Equity Premium]: The Worldwide Equity Premium: A Smaller Puzzle, http://symposium.bnymellonam.com/core/literature/symposium/elroy_dimson_worldwide_equity_premium_Ch11_of_handbook_of_the_equity_risk_premium_elsevier_2008.pdf (2011-07-20).

- [Triumph of the Optimists, 2002]: Triumph of the Optimists: 101 Years of Global Investment Returns, Princeton, NJ: Princeton Univ. Press, 2002.

Dinstuhl, Volkmar/Dirrigl, Hans [Konzernbezogene Unternehmensbewertung, 2003]: Konzernbezogene Unternehmensbewertung: DCF-orientierte Konzern- und Segmentbewertung unter Berücksichtigung der Besteuerung, Wiesbaden: Dt. Univ.-Verl., 2003.

Dirrigl, Hans [Unternehmensbewertung, 2004]: Die Besteuerung in Kalkülen zur Unternehmensbewertung bei Wachstum und Risiko, in: *Hans Dirrigl* u. a. (Hrsg.), Rechnungslegung und Kapitalmarktrecht, 2004, S. 1–26

- [Unternehmensbewertung, 2009]: Unternehmensbewertung für die Zwecke der Steuerbemessung im Spannungsfeld von Individualisierung und Kapitalmarkttheorie: Ein aktuelles Problem vor dem Hintergrund der Erbschaftsteuerreform, in: *Dirk Kiesewetter/Rainer Niemann* (Hrsg.), Festschrift für Franz W. Wagner, 2009, S. B1-B66.

Dirrigl, Hans u. a. (Hrsg.) [Rechnungslegung und Kapitalmarktrecht, 2004]: Steuern, Rechnungslegung und Kapitalmarkt: Festschrift für Franz W. Wagner zum 60. Geburtstag, Wiesbaden: Dt. Univ.-Verl., 2004.

Dorfleitner, Gregor/Ilmberger, Franziska/Meyer-Scharenberg, Carmen [Bewertung von Unternehmen, 2010]: Die Bewertung von Unternehmen nach dem Erbschaftsteuerreformgesetz, in: Die Betriebswirtschaft, Jg. 70 (2010), S. 7–25.

Dörner, Achim [Problemfelder der Unternehmensbewertung, 2009]: Problemfelder der Unternehmensbewertung im Rahmen der Erbschaftsteuerreform, in: Bewertungs Praktiker (2009), S. 2–8.

Dörschell, Andreas/Franken, Lars/Schulte, Jörn [Ermittlung eines objektivierten Unternehmenswertes, 2008]: Ermittlung eines objektivierten Unternehmenswertes für Personengesellschaften nach der Unternehmensteuerreform 2008, in: Die Wirtschaftsprüfung, Jg. 61 (2008), S. 444–454.

- [Der Kapitalisierungszinssatz, 2009]: Der Kapitalisierungszinssatz in der Unternehmensbewertung: Praxisgerechte Ableitung unter Verwendung von Kapitalmarktdaten, Düsseldorf: IDW-Verl., 2009.

- [Kapitalkosten 2010, 2010]: Kapitalkosten 2010 für die Unternehmensbewertung: Branchenanalysen für Betafaktoren, Fremdkapitalkosten und Verschuldungsgrade, Düsseldorf: IDW-Verl., 2010.

Dörschell, Andreas/Franken, Lars/Schulte, Jörn/Brütting, Christian [Ableitung CAPM-basierter Risikozuschläge, 2008]: Ableitung CAPM-basierter Risikozuschläge bei der Unternehmensbewertung - eine kritische Analyse ausgewählter Problemkreise im Rahmen von IDW S 1 i.d.F. 2008, in: Die Wirtschaftsprüfung, Jg. 61 (2008), S. 1152–1162.

Doyle, John R./Chen, Catherine Huirong [Wandering Weekday Effect, 2009]: The Wandering Weekday Effect in Mayor Stock Markets, in: Journal of Banking & Finance, Jg. 33 (2009), S. 1388–1399.

Draper, Paul/Paudyal, Krishna [Empirical Irregularities, 1995]: Empirical Irregularities in the Estimation of Beta: The impact of alternative estimation assumptions and procedures, in: Journal of Business Finance & Accounting, Jg. 22 (1995), S. 157–177.

Dreyer, Dirk [Bewertung personalintensiver Dienstleistungsunternehmen, 2004]: Bewertung personalintensiver Dienstleistungsunternehmen: Die Integration von Intellektuellem Kapital in die Unternehmensbewertung, Wiesbaden: Dt. Univ.-Verl., 2004.

Drosdzol, Wolf-Dietrich [Grundvermögen, 2009]: Die Bewertung und Besteuerung des Erwerbs von Grundvermögen, in: Zeitschrift für Erbrecht und Vermögensnachfolge, Jg. 16 (2009), S. 7–10.

- [Immobilienwertermittlungsverordnung, 2010]: Die neue Immobilienwertermittlungsverordnung, in: Zeitschrift für Erbrecht und Vermögensnachfolge, Jg. 17 (2010), S. 403–404.

- [Unternehmensbewertung, 2011]: Unternehmensbewertung: Die Geltung des § 11 Absatz 2 BewG und des vereinfachten Ertragswertverfahrens für ertragsteuerliche Zwecke, in: Deutsches Steuerrecht, Jg. 49 (2011), S. 1258–1262.

Drukarczyk, Jochen/Schüler, Andreas [Unternehmensbewertung, 2009]: Unternehmensbewertung: 6. Aufl., München: Vahlen, 2009.

Düsterlho, Jens-Eric von [Das Shareholder-Value-Konzept, 2003]: Das Shareholder-Value-Konzept: Methodik und Anwendung im strategischen Management, Wiesbaden: Dt. Univ.-Verl., 2003.

Eberhartinger, Eva/Fraberger, Friedrich [Erbschaftssteuer in Österreich, 2004]: Zum Seminar C: Erbschaftssteuer in Österreich - quo vadis? in: Internationales Steuerrecht, Jg. 13 (2004), S. 565–571.

Eckstein, Peter P. [Statistik für Wirtschaftswissenschaftler, 2010]: Statistik für Wirtschaftswissenschaftler: Eine realdatenbasierte Einführung mit SPSS: 2. Aufl., Wiesbaden: Gabler, 2010.

Egner, Thomas u. a. (Hrsg.) [Steuern und Rechnungslegung, 2009]: Steuern und Rechnungslegung: Festschrift zum 65. Geburtstag von Professor Dr. Jochen Sigloch, Aachen: Shaker, 2009.

Eisele, Dirk (Bearb.) [BewG § 11, 2011]: BewG § 11, in: *Rössler, Rudolf/Troll, Max*, BewG § 11, 2011, S. 1–28

- [BewG § 199, 2011]: BewG § 199, in: *Rössler, Rudolf/Troll, Max*, BewG § 199, 2011, S. 1–9.

- [BewG § 200, 2011]: BewG § 200, in: *Rössler, Rudolf/Troll, Max*, BewG § 200, 2011, S. 1–8.

- [BewG § 201, 2011]: BewG § 201, in: *Rössler, Rudolf/Troll, Max*, BewG § 201, 2011, S. 1–4.

- [BewG § 202, 2011]: BewG § 202, in: *Rössler, Rudolf/Troll, Max*, BewG § 202, 2011, S. 1–10.

- [Erbschaftsteuerliches Bewertungsrecht, 2008]: Erbschaftsteuerliches Bewertungsrecht: Verordnungsentwurf zur Neuregelung der Anteils- und Betriebsvermögensbewertung, in: NWB (2008), S. 791–801.

- [Unternehmensbewertung, 2010]: Unternehmensbewertung für Zwecke der Erbschaft- und Schenkungsteuer: Berechnungsschema und Beispiel für das vereinfachte Ertragswertverfahren, in: NWB Betriebswirtschaftliche Beratung (2010), S. 78–86.

Elton, Edwin J. [Modern portfolio theory, 2003]: Modern portfolio theory and investment analysis: 6. ed., Hoboken, NJ: Wiley, 2003.

Ernst, Dietmar/Schneider, Sonja/Thielen, Bjoern [Unternehmensbewertungen verstehen, 2010]: Unternehmensbewertungen erstellen und verstehen: Ein Praxisleitfaden: 4. Aufl., München: Vahlen, 2010.

Fahrmeir, Ludwig/Kneib, Thomas/Lang, Stefan [Regression, 2009]: Regression: Modelle, Methoden und Anwendungen: 2. Aufl., Heidelberg: Springer, 2009.

Fama, Eugene F. [Return and Equilibrium, 1968]: Risk, Return and Equilibrium: Some Claryfiying Comments, in: Journal of Finance, Jg. 23 (1968), S. 29–40.

- [Foundations of finance, 1976]: Foundations of finance: Portfolio decisions and securities prices, New York, NY: Basic Books, 1976.

Fama, Eugene F./French, Kenneth R. [Dividend Yields, 1988]: Dividend Yields and Expected Stock Returns, in: Journal of Financial Economics, Jg. 22 (1988), S. 3–25.

- [Stock Prices, 1988]: Permanent and Temporary Components of Stock Prices, in: Journal of Political Economy, Jg. 96 (1988), S. 246–273.

- [Expected Stock Returns, 1992]: The Cross-Section of Expected Stock Returns, in: Journal of Finance, Jg. 47 (1992), S. 427–465.

- [The Equity Premium, 2002]: The Equity Premium, in: Journal of Finance, Jg. 57 (2002), S. 637–659.

Fama, Eugene F./MacBeth, James D. [Risk, 1973]: Risk, Return and Equilibrium: Empirical Tests, in: Journal of Political Economy, Jg. 81 (1973), S. 607–636.

Faulkender, Michael/Petersen, Mitchell A. [Capital Structure, 2006]: Does the Source of Capital Affect Capital Structure? in: Review of Financial Studies, Jg. 19 (2006), S. 45–79.

Fechner, Ullrich [Erbschaft- und Schenkungsteuergesetz, 2008]: Der Entwurf eines neuen Erbschaft- und Schenkungsteuergesetzes (vom 11. Dezember 2007) aus Sicht personenbezogener Unternehmen, in: *Andreas Oestreicher* (Hrsg.), Unternehmensbesteuerung 2008, 2008, S. 169–182

Felix, Günther [Vermögens- und Erbschaftsbesteuerung, 1995]: Konsequenzen aus den Entscheidungen des Bundesverfassungsgerichts zur Vermögens- und Erbschaftsbesteuerung, in: Betriebs-Berater, Jg. 50 (1995), S. 2241–2244.

FG Hamburg, 28.04.2009, 3 K 43/09, Der Erbschaft-Steuer-Berater (2009), S. 375–376

Fischer, Bernd R. [Performanceanalyse, 2010]: Performanceanalyse in der Praxis: Performancemaße, Attributionsanalyse, Global Investment Performance Standards: 3. Aufl., München: Oldenbourg, 2010.

Fischer, Edwin O./Glawischnig, Markus [Historische Branchenrisiken, 2010]: Historische, implizite und reverse Branchenrisiken in der Eurozone, in: *Heinz Königsmaier/Klaus Rabel* (Hrsg.), Unternehmensbewertung, 2010, S. 237–280

Fischer, Michael u. a. [Erbschaft- und Schenkungsteuergesetz, 2009]: Erbschaft- und Schenkungsteuergesetz, Freiburg im Brsg.: Haufe Mediengruppe, 2009

Fischer-Winkelmann, Wolf F./Busch, Kai [Unternehmensbewertungsverfahren, 2009]: Die praktische Anwendung der verschiedenen Unternehmensbewertungsverfahren: Empirische Untersuchung im steuerberatenden Berufsstand - 1. allgemeiner Teil zur Bewertungspraxis -, in: Corporate Finance biz, Jg. 11 (2009), S. 635–656.

Fowler, David J./Rorke, C. Harvey [Risk measurement, 1983]: Risk measurement when shares are subject to infrequent trading : Comment, in: Journal of Financial Economics, Jg. 12 (1983), S. 279–283.

Fox, John [Regression diagnostics, 1991]: Regression diagnostics, Newbury Park, Calif.: Sage Publ., 1991.

Franke, Günter/Hax, Herbert [Finanzwirtschaft des Unternehmens, 2009]: Finanzwirtschaft des Unternehmens und Kapitalmarkt: 6. Aufl., Berlin: Springer, 2009.

Franken, Lars/Schulte, Jörn [Eignung von Betafaktoren, 2010]: Beurteilung der Eignung von Betafaktoren mittels R^2 und t-Test: Ein Irrweg?: - Auch eine Replik zu Knoll, WPg 2010, S. 1106-1109, in: Die Wirtschaftsprüfung, Jg. 63 (2010), S. 1110–1116.

Franks, J. R./Broyles, J. E./Hecht, M. J. [Industry Study, 1977]: An Industry Study of the Profitability of Mergers in the United Kingdom, in: Journal of Finance, Jg. 32 (1977), S. 1513–1525.

Frantzmann, Hans Jörg [Messung des Marktrisikos, 1990]: Zur Messung des Marktrisikos deutscher Aktien, in: Zeitschrift für betriebswirtschaftliche Forschung, Jg. 42 (1990), S. 67–83.

Friedl, Gunther/Schwetzler, Bernhard [Unternehmensbewertung bei Inflation, 2010]: Unternehmensbewertung bei Inflation und Wachstum, in: Zeitschrift für Betriebswirtschaft, Jg. 80 (2010), S. 417–440.

Gahleitner, Gerald/Fugger, Roland [Schenkungsteuermeldegesetz, 2008]: Das neue österreichische Schenkungsmeldegesetz und seine Auswirkungen auf unentgeltliche Vermögensübertragungen, in: Zeitschrift für Erbrecht und Vermögensnachfolge, Jg. 15 (2008), S. 405–411.

Gebel, Dieter (Bearb.) [Einführung, 2011]: Einführung, in: *Troll, Max/Gebel, Dieter/Jülicher, Marc*, Einführung, 2011, S. 1–38

Gebhardt, Günther/Daske, Holger [Kapitalmarktorientierte Unternehmensbewertung, 2005]: Kapitalmarktorientierte Bestimmung von risikofreien Zinssätzen für die Unternehmensbewertung, in: Die Wirtschaftsprüfung, Jg. 58 (2005), S. 649–655.

Gebhardt, William R./Lee, Charles M.C./Swaminathan, Bhaskaran [Cost of Capital, 2001]: Toward an Implied Cost of Capital, in: Journal of Accounting Research, Jg. 39 (2001), S. 135–176.

Gerber, Christian/König, Jan [ErbStRG, 2009]: ErbStRG: Auswirkungen eines einheitlichen Kapitalisierungszinssatzes auf die Bewertung von Unternehmen unterschiedlicher Risikoklassen, in: Betriebs-Berater, Jg. 64 (2009), S. 1268–1273.

- [Vereinfachtes Ertragswertverfahren, 2010]: Vereinfachtes Ertragswertverfahren: Die Konsequenzen des vom BMF festgelegten Basiszinssatzes, in: Betriebs-Berater, Jg. 65 (2010), S. 348–351.

Gesetz zur Reform des Erbschaftsteuer- und Bewertungsrechts vom 24.12.2008 (ErbStRG), BGBl, 2008, S. 3018–3082

Gillenkirch, Robert M. u. a. (Hrsg.) [Wertorientierte Unternehmenssteuerung, 2004]: Wertorientierte Unternehmenssteuerung: Festschrift für Helmut Laux, Berlin: Springer, 2004.

Gleißner, Werner/Wolfrum, Marco [Eigenkapitalkosten, 2008]: Eigenkapitalkosten und die Bewertung von nicht börsennotierten Unternehmen: Relevanz von Diversifikationsgrad und Risikomaß, in: Corporate Finance biz, Jg. 10 (2008), S. 602–614.

Goetzke, Wolfgang/Bretzke, Wolf-Rüdiger/Sieben, Günter (Hrsg.) [Moderne Unternehmungsbewertung, 1977]: Moderne Unternehmungsbewertung und Grundsätze ihrer ordnungsmäßigen Durchführung: Bericht von der 1. Kölner BFuP-Tagung am 18. und 19. November 1976 in Köln, Köln: GEBERA, 1977.

Goldenberg, David H./Robin, Ashok J. [Arbitrage Pricing Theory, 1991]: The Arbitrage Pricing Theory and Cost-of-Capital Estimation: The Case of Electric Utilities, in: Journal of Financial Research, Jg. 14 (1991), S. 181–196.

Gonedes, Nicholas J. [Evidence on the, 1973]: Evidence on the Information Content of Accounting Numbers: Accounting-based and Market-based Estimates of Systematic Risk, in: Journal of Financial and Quantitative Analysis, Jg. 8 (1973), S. 407–443.

Göppl, Hermann/Henn, Rudolf (Hrsg.) [Geld, Banken und, 1981]: Geld, Banken und Versicherungen, Karlsruhe, Königstein, Ts.: Verl. Versicherungswirtschaft; Athenäum, 1981.

Gorny, Christian [Unternehmensbewertung in Verhandlungsprozessen, 2002]: Unternehmensbewertung in Verhandlungsprozessen: Ansätze zur Lösung der Argumentationsfunktion, Wiesbaden: Dt. Univ.-Verl., 2002.

Grabowski, Roger J. [Cost of Capital, 2009]: Cost of Capital Estimation in the Current Distressed Environment, in: Journal of Applied Research in Accounting and Finance, Jg. 4 (2009), S. 31–39.

Graham, John R./Harvey, Cambell R. [Equity Risk Premia, 2001]: Expectations of Equity Risk Premia, Volatility and Asymmetry from a Corporate Finance Perspective, 2001.

Greene, William H. [Econometric analysis, 2008]: Econometric analysis: 6. ed., Pearson internat. ed., Upper Saddle River, NJ: Pearson, 2008.

Gröger, Hans-Christian [Kapitalmarktorientierte Unternehmensbewertung, 2009]: Kapitalmarktorientierte Unternehmensbewertung: Untersuchung unter Berücksichtigung der persönlichen Besteuerung der Kapitalgeber, Wiesbaden: Gabler, 2009.

Groh, Alexander [Risikoadjustierte Performance, 2004]: Risikoadjustierte Performance von Private Equity-Investitionen, Wiesbaden: Dt. Univ.-Verl., 2004.

Großfeld, Bernhard [Unternehmens- und Anteilsbewertung, 2002]: Unternehmens- und Anteilsbewertung im Gesellschaftsrecht: 4. Aufl., Köln: Schmidt, 2002.

- [Recht der Unternehmensbewertung, 2009]: Recht der Unternehmensbewertung: 5. Aufl., Köln: RWS, 2009.

Großfeld, Bernhard/Stöver, Rüdiger [Ermittlung des Betafaktors, 2004]: Ermittlung des Betafaktors in der Unternehmensbewertung: Anleitung zum "Do it yourself", in: Betriebs-Berater, Jg. 59 (2004), S. 2799–2809.

Günther, Thomas [Unternehmenswertorientiertes Controlling, 1997]: Unternehmenswertorientiertes Controlling, München: Vahlen, 1997.

Gürsching/Stenger [Bewertungsrecht]: Bewertungsrecht: BewG, ErbStG ; Kommentar, Köln: O. Schmidt

Hachmeister, Dirk [Discounted Cash Flow, 1999]: Der Discounted Cash Flow als Maß der Unternehmenswertsteigerung: 3. Aufl., Frankfurt am Main: Lang, 1999.

Hachmeister, Dirk/Wiese, Jörg [Zinsfuß, 2009]: Der Zinsfuß in der Unternehmensbewertung: Aktuelle Probleme und Rechtsprechung, in: Die Wirtschaftsprüfung, Jg. 62 (2009), S. 54–65.

Hackl, Peter [Ökonometrie, 2005]: Einführung in die Ökonometrie, München: Pearson, 2005.

Hackspiel, Thorsten [Unternehmensbewertung von KMU, 2010]: Unternehmensbewertung von KMU - Prozessuale und quantitative Besonderheiten, in: MERGERS AND ACQUISITIONS REVIEW (2010), S. 131–138.

Hagemeister, Meike/Kempf, Alexander [CAPM und erwartete Renditen, 2010]: CAPM und erwartete Renditen: Eine Untersuchung auf Basis der Erwartungen von Marktteilnehmern, in: Die Betriebswirtschaft, Jg. 70 (2010), S. 145–164.

Halaczinsky, Raymond (Bearb.) [BewG § 9, 2011]: BewG § 9, in: *Rössler, Rudolf/Troll, Max*, BewG § 9, 2011, S. 1–16

- [Bewertung des Betriebsvermögens, 2009]: Bewertung des Betriebsvermögens für erb- und schenkungsteuerliche Zwecke: Darstellung und Arbeitshilfe zur Neuregelung, in: Der Erbschaft-Steuer-Berater (2009), S. 79–88.

Hamada, Robert S. [Portfolio Analysis, 1969]: Portfolio Analysis, Market Equilibrium and Corporation Finance, in: Journal of Finance, Jg. 24 (1969), S. 13–31.

Hannes, Frank/Onderka, Wolfgang [Bewertung von Betriebsvermögen, 2008]: Die Bewertung von Betriebsvermögen und Anteilen an Kapitalgesellschaften nach der "AntBVBewV", in: Zeitschrift für Erbrecht und Vermögensnachfolge, Jg. 15 (2008), S. 173–177.

- [Erbschaftsteuerreform, 2008]: Erbschaftsteuerreform: Die Besteuerung des Erwerbs von Betriebsvermögen - keine Sternstunde der Steuervereinfachung, in: Zeitschrift für Erbrecht und Vermögensnachfolge, Jg. 15 (2008), S. 16–22.

- [Bewertung und Verschonung, 2009]: Bewertung und Verschonung des Betriebsvermögens: Erste Erkentnisse aus den Erlassen der Finanzverwaltung, in: Zeitschrift für Erbrecht und Vermögensnachfolge, Jg. 16 (2009), S. 421–428.

Hannes, Frank/Steger, Christian [Erbschaftsteuerreform, 2009]: Gestaltungsmaßnahmen nach der Erbschaftsteuerreform: Ein erster Überblick über Risiken und Chancen der Neuregelung, in: Der Erbschaft-Steuer-Berater (2009), S. 113–122.

Haugen, Robert A. [The New Finance, 2004]: The New Finance: Overreaction, Complexity and Uniqueness: 3. ed., Upper Saddle River NJ u.a.: Pearson, 2004.

Hegemann, Jürgen [Erbschaftsteuer- und Bewertungsrecht, 2009]: Das neue Erbschaftsteuer- und Bewertungsrecht: Richtig beraten nach der Erbschaftsteuerreform, Wiesbaden: Gabler, 2009.

Heidorn, Thomas [Finanzmathematik, 2009]: Finanzmathematik in der Bankpraxis: Vom Zins zur Option: 6. Aufl., Wiesbaden: Gabler, 2009.

Heilmann, Annette [Erbschaft- und Schenkungsteuerrecht, 2010]: Die Anwendbarkeit betriebswirtschaftlicher Bewertungsmethoden im Erbschaft- und Schenkungsteuerrecht, Düsseldorf: IDW-Verl., 2010.

Helbling, Carl [Unternehmensbewertung und Steuern, 1998]: Unternehmensbewertung und Steuern: Unternehmensbewertung in Theorie und Praxis, insbesondere die Berücksichtigung der Steuern aufgrund der Verhältnisse in der Schweiz und in Deutschland: 9,. nachgeführte Aufl., Düsseldorf: IDW-Verl., 1998.

Henselmann, Klaus [Gründe und Formen, 2006]: Gründe und Formen typisierender Unternehmensbewertung, in: Betriebswirtschaftliche Forschung und Praxis, Jg. 58 (2006), S. 144–156.

Henselmann, Klaus/Barth, Thomas [Übliche Bewertungsmethoden, 2009]: "Übliche Bewertungsmethoden": Eine empirische Erhebung für Deutschland, in: Bewertungs-Praktiker (2009), S. 9–13.

Henselmann, Klaus/Schrenker, Claudia/Schneider, Sebastian [Unternehmensbewertung, 2010]: Unternehmensbewertung für erbschaft- und schenkungsteuerliche Zwecke: Anwendung verschiedener Bewertungsmethoden im Vergleich, in: Corporate Finance biz, Jg. 12 (2010), S. 397–404.

Henze, Norbert [Stochastik für Einsteiger, 2008]: Stochastik für Einsteiger: Eine Einführung in die faszinierende Welt des Zufalls: 7. Aufl., Wiesbaden: Vieweg, 2008.

Hering, Thomas [Unternehmensbewertung, 2006]: Unternehmensbewertung: 2. Aufl., München: Oldenbourg, 2006.

Hill, Rufus Carter/Griffiths, William E./Lim, Guay C. [Principles of Econometrics, 2008]: Principles of Econometrics: 3. ed., Hoboken, NJ: Wiley, 2008.

Hinz, Michael [Unternehmensbewertung, 2011]: Unternehmensbewertung im Rahmen erbschaft- und schenkungsteuerlicher Zwecke: Ein Vergleich des vereinfachten Ertragswertverfahrens mit „üblichen" Bewertungskalkülen nach den Grundsätzen des IDW S 1 i. d. F. 2008, in: Betriebswirtschaftliche Forschung und Praxis, Jg. 63 (2011), S. 305–328.

Hoehne, Felix [Veräußerung von Anteilen, 2009]: Veräußerung von Anteilen an Tochterunternehmen im IFRS-Konzernabschluss: End- und Übergangskonsolidierung, Wiesbaden: Gabler, 2009.

Hofmann, Gerda (Bearb.) [BewG § 199-203, 2009]: BewG § 199-203, in: *Viskorf, Hermann-Ulrich*, BewG § 199-203, 2009, S. 1562–1576

Hölzerkopf, Florian/Bauer, Daniel [Erbschaftsteuerreform, 2009]: Überblick über die Erbschaftsteuerreform und erste Gestaltungshinweise, in: Betriebs-Berater, Jg. 64 (2009), S. 20–26.

Hommel, Michael/Pauly, Denise [Unternehmensteuerreform 2008: Auswirkungen, 2007]: Unternehmensteuerreform 2008: Auswirkungen auf die Unternehmensbewertung, in: Betriebs-Berater, Jg. 62 (2007), S. 1155–1162.

Horn, Hans-Joachim (Bearb.) [ErbStG § 12, 2009]: ErbStG § 12, in: *Fischer, Michael* u. a., ErbStG § 12, 2009, S. 397–610

Hower, Sascha [Tax-CAPM, 2009]: Ist (es) das Wert?: Tax-CAPM: Persönliche Einkomensteuern in der Unternehmensbewertung, in: *Thomas Egner* u. a. (Hrsg.), Steuern und Rechnungslegung, 2009, S. 887–906

Huber, Peter J. [Maximum Likelihood Estimates, 1967]: The Behaviour Maximum Likelihood Estimates under nonstandard Conditions, in: *Lucien M. Le Cam/Jerzy Neyman* (Hrsg.), Statistics and Probability, 1967, S. 221–233

Hübner, Heinrich [Bereicherungsprinzip, 2003]: Das Bereicherungsprinzip des ErbStG und seine Bedeutung für die Begünstigung des Produktivvermögens - mittelbare Erwerbe nach dem StÄndG 2001, in: Deutsches Steuerrecht, Jg. 42 (2003), S. 4–12.

- [Erbschaftsteuerreformgesetz, 2009]: Das Erbschaftsteuerreformgesetz - ein erster Überblick, in: Die Unternehmensbesteuerung (2009), S. 1–12.

- [Erbschaftsteuer-Bewertungserlass, 2009]: Erbschaftsteuer-Bewertungserlass, Teil B: Einzelunternehmen und Personengesellschaften, in: Deutsches Steuerrecht, Jg. 47 (2009), S. 2577–2583.

Hülsmann, Christoph [Gesellschafterabfindung und Unternehmensbewertung, 2001]: Gesellschafterabfindung und Unternehmensbewertung nach der Ertragswertmethode im Lichte der Rechtsprechung, in: Zeitschrift für Wirtschaftsrecht, Jg. 22 (2001), S. 450–455.

Hutmacher, Peter [Land- und forstwirtschaftliches Vermögen, 2008]: Erbschaftsteuerreform: Die Bewertung und Verschonung des land- und forstwirtschaftlichen Vermögens, in: Zeitschrift für Erbrecht und Vermögensnachfolge, Jg. 15 (2008), S. 22–27.

Hüttemann, Rainer [Vorgaben für ein Bewertungskonzept, 2007]: Rechtliche Vorgaben für ein Bewertungskonzept, in: Die Wirtschaftsprüfung, Jg. 60 (2007), S. 812–822.

IDW (Hrsg.) [50 Jahre Wirtschaftsprüferberuf, 1981]: 50 Jahre Wirtschaftsprüferberuf: Bericht über die Jubiläumsfachtagung vom 21. - 23. Oktober 1981 in Berlin, Düsseldorf: IDW-Verl., 1981.

- [Wirtschaftsprüfer-Handbuch 2008, 2008]: Wirtschaftsprüfer-Handbuch 2008: Handbuch für die Rechnungslegung, Prüfung und Beratung, Bd. 2: 13. Aufl., Düsseldorf: IDW-Verl., 2008.

IfM Bonn (Hrsg.) [Eigenkapitalquote der KMU]: Durchschnittliche Eigenkapitalquote der KMU und Großunternehmen für den Zeitraum 1997 bis 2008, http://www.ifm-bonn.org/index.php?id=560 (2011-06-25).

IHK Hannover (Hrsg.) [Vereinfachtes Ertragswertverfahren, 2010]: Vereinfachtes Ertragswertverfahren nach §§ 199 ff. BewG, Hannover, 2010, http://www.hannover.ihk.de/fileadmin/data/Dokumente/Themen/Steuern/100205_Merkblatt_BewG_vereinf_Ertragswertverfahren_.pdf.

Indro, Daniel C./Lee, Wayne Y. [Biases in Averages, 1997]: Biases in Arithmetic and Geometric Averages as Estimates of Long-Run Expected Returns and Risk Premia, in: Financial Management, Jg. 26 (1997), S. 81–90.

Jähnchen, Sven [Kapitalkosten von Versicherungsunternehmen, 2009]: Kapitalkosten von Versicherungsunternehmen: Fundamentale Betafaktoren als Erklärungsbeitrag zur Erfassung der Renditeforderungen der Eigenkapitalgeber, Wiesbaden: Gabler, 2009.

Jann, Ben [Diagnostik von Regressionsschätzungen, 2009]: Diagnostik von Regressionsschätzungen bei kleinen Stichproben (mit einem Exkurs zu logistischer Regression), in: *Peter Kriwy/Christiane Gross* (Hrsg.), Klein aber fein, 2009, S. 93–125

Jansch, Gunter [Wert und Preis, 1996]: Wert und Preis der ganzen Unternehmung, Köln u. Opldaen: Westdeutscher Verlag, 1996.

Jebens, Carsten Thomas [Erbschaft- und Schenkungsteuer, 1995]: Aus der Entscheidung des Bundesverfassungsgerichts zur Erbschaft- und Schenkungsteuer, in: Betriebs-Berater, Jg. 50 (1995), S. 2085–2088.

Jensen, Michael C. (Hrsg.) [Capital Markets, 1972]: Studies in the Theory of Capital Markets, New York: Praeger, 1972.

Jödicke, D. [Risikosimulation, 2007]: Risikosimulation in der Unternehmensbewertung: Fallstudienorientierte Darstellung und Überleitung zur Risikozuschlagsmethode, in: Corporate Finance biz, Jg. 9 (2007), S. 166–171.

Jonas, Martin [Relevanz persönlicher Steuern, 2008]: Relevanz persönlicher Steuern?: mittelbare und unmittelbare Typisierung der Einkommensteuer in der Unternehmensbewertung, in: Die Wirtschaftsprüfung, Jg. 61 (2008), S. 826–833.

- [Unternehmensbewertung, 2009]: Unternehmensbewertung nach der Erbschaftsteuerreform, in: *Detlev J. Piltz/Manfred Günkel/Ursula Niemann* (Hrsg.), Steuerberater-Jahrbuch 2008/2009, 2009, S. 65–78.

- [Bewertung mittelständischer Unternehmen, 2011]: Die Bewertung mittelständischer Unternehmen: Vereinfachungen und Abweichungen, in: Die Wirtschaftsprüfung, Jg. 64 (2011), S. 299–309.

Jonas, Martin/Wieland-Blöse, Heike/Schiffarth, Stefanie [Basiszinssatz, 2005]: Basiszinssatz in der Unternehmensbewertung, in: Corporate Finance biz, Jg. 7 (2005), S. 647–653.

JStG 1997, BGBl, 1996, S. 2049–2081

Judd, Charles M./Kenny, David A. [social interventions, 1981]: Estimating the effects of social interventions, Cambridge: Cambridge Univ. Press, 1981.

Jülicher, Marc (Bearb.) [ErbStG § 12, 2011]: ErbStG § 12, in: *Troll, Max/Gebel, Dieter/Jülicher, Marc*, ErbStG § 12, 2011

- [ErbStG § 21, 2011]: ErbStG § 21, in: *Troll, Max/Gebel, Dieter/Jülicher, Marc*, ErbStG § 21, 2011, S. 1–108.

Kaplan, Steven N./Ruback, Richard S. [Valuation, 1995]: The Valuation of Cash Flow Forecasts: An Empirical Analysis, in: Journal of Finance, Jg. 50 (1995), S. 1059–1093.

Kern, Christian/Mölls, Sascha H. [Ableitung CAPM-basierter Betafaktoren, 2010]: Ableitung CAPM-basierter Betafaktoren aus einer Peergroup-Analyse: - Eine kritische Betrachtung alternativer Verfahrensweisen -, in: Corporate Finance biz, Jg. 12 (2010), S. 440–448.

Kiesewetter, Dirk/Niemann, Rainer (Hrsg.) [Festschrift für Franz W. Wagner, 2009]: Festschrift für Franz W. Wagner zum 65. Geburtstag, 2009.

Kleeberg, Jochen M./Rehkugler, Heinz (Hrsg.) [Handbuch Portfoliomanagement, 1998]: Handbuch Portfoliomanagement: Strukturierte Ansätze für ein modernes Wertpapiermanagement, Bad Soden/Ts.: Uhlenbruch, 1998.

Knief, Peter/Weippert, Klaus [Bewertungsgesetz, 2010]: Erste praktische Erfahrungen mit dem vereinfachten Ertragswertverfahren gemäß §§ 199 ff. Bewertungsgesetz, in: Die Steuerberatung (2010), S. 1–11.

Knittel, Michael (Bearb.) [BewG § 9]: BewG § 9, in: *Gürsching/Stenger*, BewG § 9, S. 1–30

Knoll, Leonhard [Anmerkungen zur Mittelungsproblematik, 2010]: Anmerkungen zur Mittelungsproblematik historischer Marktrisikoprämien, in: *Heinz Königsmaier/Klaus Rabel* (Hrsg.), Unternehmensbewertung, 2010, S. 325–344

- [Äquivalenz, 2010]: Äquivalenz zwischen signifikanten Werten des Beta-Faktors und des Bestimmtheitsmaßes: Anmerkungen zu Dörschell/Franken/Schulte/Brütting, WPg 2008, S. 1152-1162, in: Die Wirtschaftsprüfung, Jg. 63 (2010), S. 1106–1109.

Kobelt, Helmut/Steinhausen, Detlef [Wirtschaftsstatistik für Studium, 2000]: Wirtschaftsstatistik für Studium und Praxis: 6. Aufl., Stuttgart: Schäffer-Poeschel, 2000.

Koelen, Peter [Bewertungskalküle, 2009]: Investitionstheoretische Bewertungskalküle in der IFRS-Rechnungslegung: Möglichkeiten und Grenzen einer unternehmenswertorientierten Berichterstattung, Lohmar: Eul, 2009.

Kohers, Gerald/Kohers, Ninen/Pandey, Vivek/Kohers, Theodor [Day-of-the-Week Effect, 2004]: The Disappearing Day-of-the-Week Effect in the World's Largest Equity Markets, in: Applied Economic Letters, Jg. 11 (2004), S. 167–171.

Kohl, Torsten [Bewertungsrecht, 2009]: Überblick zum und Würdigung des vereinfachten Ertragswertverfahrens nach dem neuen Bewertungsrecht, in: Zeitschrift für Erbrecht und Vermögensnachfolge, Jg. 16 (2009), S. 554–558.

Kohl, Torsten/Schilling, Dirk [Erbschaftsteuer- und Bewertungsrecht, 2008]: Die Reform des Erbschaftsteuer- und Bewertungsrechts im Lichte des IDW S 1 i.d.F. 2008, in: Unternehmensteuern und Bilanzen (2008), S. 909–917.

Kohler, Ulrich/Kreuter, Frauke [Datenanalyse mit Stata, 2008]: Datenanalyse mit Stata: Allgemeine Konzepte der Datenanalyse und ihre praktische Anwendung: 3. Aufl., München: Oldenbourg, 2008.

Koller, Tim/Goedhart, Marc/Wessels, David [Valuation, 2010]: Valuation: Measuring and Managing the Value of Companies: 5. Aufl., Hoboken, NJ: Wiley, 2010.

Königsmaier, Heinz/Rabel, Klaus (Hrsg.) [Unternehmensbewertung, 2010]: Unternehmensbewertung: Theoretische Grundlagen - Praktische Anwendung, Wien: Linde, 2010.

Kriwy, Peter/Gross, Christiane (Hrsg.) [Klein aber fein, 2009]: Klein aber fein!: Quantitative empirische Sozialforschung mit kleinen Fallzahlen, Wiesbaden: VS Verlag für Sozialwissenschaften, 2009.

Krüger, Dirk/Kalbfleisch, Eberhard/Köhler, Stefan [Einheitswerte, 1995]: Die Entscheidungen des Bundesverfassungsgerichts zu den Einheitswerten: Analyse und erste Beratungshinweise, in: Deutsches Steuerrecht, Jg. 31 (1995), S. 1452–1458.

Kruschwitz, Lutz/Löffler, Andreas [Kapitalkosten, 2008]: Kapitalkosten aus theoretischer und praktischer Perspektive, in: Die Wirtschaftsprüfung, Jg. 61 (2008), S. 803–808.

Kruschwitz, Lutz/Löffler, Andreas/Essler, Wolfgang [Unternehmensbewertung, 2009]: Unternehmensbewertung für die Praxis: Fragen und Antworten, Stuttgart: Schäffer-Poeschel, 2009.

Kruschwitz, Lutz/Milde, Hellmuth [Geschäftsrisiko, Finanzierungsrisiko, Kapitalkosten, 1996]: Geschäftsrisiko, Finanzierungsrisiko und Kapitalkosten, in: Zeitschrift für betriebswirtschaftliche Forschung, Jg. 48 (1996), S. 1115–1133.

Kucher, Andreas B. [Conglomerate Valuation, 2000]: Conglomerate Valuation: Eine Untersuchung von DCF-, EVA-, CVA-, CFROI-Methoden und Multiples in verschiedenen Branchen, Frankfurt am Main: Lang, 2000.

Kuhner, Christoph/Maltry, Helmut [Unternehmensbewertung, 2006]: Unternehmensbewertung, Berlin: Springer, 2006.

Kühnold, Jörg [Erbschaftsteuerreformgesetz, 2008]: Erbschaftsteuerreformgesetz: 1. Durchgang im Bundesrat: 57 Änderungsanträge zum Gesetzentwurf der Bundesregierung, in: Der Erbschaft-Steuer-Berater (2008), S. 80–82.

Kühnold, Jörg/Mannweiler, Marcus [Bewertung des Betriebsvermögens, 2008]: Bewertung des Betriebsvermögens und der GmbH-Anteile nach der Erbschaftsteuer-Reform 2008: Anmerkungen zu dem Entwurf der Anteils- und Betriebsvermögensbewertungsverordnung - AntBVBewV -, in: Deutsche Steuer-Zeitung (2008), S. 167–174.

Künnemann, Martin [Objektivierte Unternehmensbewertung, 1985]: Objektivierte Unternehmensbewertung, Frankfurt am Main: Lang, 1985.

Kürsten, Wolfgang [Unternehmensbewertung unter Unsicherheit, 2002]: "Unternehmensbewertung unter Unsicherheit", oder Theoriedefizit einer künstlichen Diskussion über Sicherheitsäquivalent- und Risikozuschlagsmethode: Anmerkung (nicht nur) zu dem Beitrag von Bernhard Schwetzler in der zfbf (August 2000, S. 469-486), in: Zeitschrift für betriebswirtschaftliche Forschung, Jg. 54 (2002), S. 128–144.

- [Grenzen und Reformbedarfe, 2003]: Grenzen und Reformbedarfe der Sicherheitsäquivalentmethode in der (traditionellen) Unternehmensbewertung: Erwiderung auf die Anmerkungen von Ralf Diedrich und Jörg Wiese, in: Zeitschrift für betriebswirtschaftliche Forschung, Jg. 55 (2003), S. 306–314.

Kußmaul, Heinz/Pfirmann, Armin/Hell, Christoph/Meyering, Stephan [ErbStRG und Unternehmensbewertung, 2008]: Die Bewertung von Unternehmensvermögen nach dem ErbStRG und Unternehmensbewertung: Eine erste Analyse des Gesetzentwurfs aus Sicht der Beratungspraxis, in: Betriebs-Berater, Jg. 63 (2008), S. 472–478.

Lammert, Joachim [Kommunikationsformen, 2010]: Kommunikationsformen freiwilliger unternehmenseigener Transparenz und fundamentale Kapitalmarkteffekte: Voluntary Disclosure, Accounting Quality und Personal Communication, Wiesbaden: Gabler, 2010.

Landsittel, Ralph [Auswirkungen des Erbschaftsteuerreformgesetzes, 2009]: Auswirkungen des Erbschaftsteuerreformgesetzes auf die Unternehmensnachfolge, in: Zeitschrift für die Steuer- und Erbrechtspraxis (2009), S. 11–21.

Lang, Armin J. [Indices, 1993]: Indices für den deutschen Aktienmarkt, in: Die Bank, Jg. 33 (1993), S. 648–650.

Lang, Joachim [Erbschaft- und Schenkungsteuer, 2008]: Das verfassungsrechtliche Scheitern der Erbschaft- und Schenkungsteuer, in: Steuer und Wirtschaft (2008), S. 189–205.

Langbein, Laura Irwin/Felbinger, Claire L. [Public Program Evaluation, 2006]: Public Program Evaluation: A Statistical Guide, Armonk, NY: M.E. Sharpe, 2006.

Langenfeld, Gerrit/Gail, Winfried (Hrsg.) [Handbuch der Familienunternehmen, 2011]: Handbuch der Familienunternehmen, Köln: Schmidt, 2011.

Laux, Helmut/Schabel, Matthias M. [Subjektive Investitionsbewertung, 2009]: Subjektive Investitionsbewertung, Marktbewertung und Risikoteilung: Grenzpreise aus Sicht börsennotierter Unternehmen und individueller Investoren im Vergleich, Berlin, Heidelberg: Springer, 2009.

Le Cam, Lucien M./Neyman, Jerzy (Hrsg.) [Statistics and Probability, 1967]: Proceeding of the fifth Berkely Symposium on Mathematical Statistics and Probability, Berkeley: University of California Press, 1967.

Lee, Cheng F. [Investment Horizon, 1976]: Investment Horizon and the Functional Form of the Capital Asset Pricing Model, in: Review of Economics and Statistics, Jg. 58 (1976), S. 356–363.

Lehmann, Matthias [Finanzwirtschaft, 2003]: Finanzwirtschaft: Eine marktorientierte Einführung für Ökonomen und Juristen, Berlin: Springer, 2003.

Lepczyk, Dennis A. [Börsenfusionen, 2009]: Rechtliche Aspekte internationaler Börsenfusionen: Gesellschaftsrecht, Organisationsrecht, Aufsichtsrecht, Frankfurt am Main: Lang, 2009.

Leuthier, Rainer [Das Interdependenzproblem, 1988]: Das Interdependenzproblem bei der Unternehmensbewertung, Frankfurt am Main: Lang, 1988.

Levhari, David/Levy, Haim [Capital Asset Pricing Model, 1977]: The Capital Asset Pricing Model and the Investment Horizon, in: Review of Economics and Statistics, Jg. 59 (1977), S. 92–104.

Levy, Haim [CAPM, 1981]: The CAPM and the investment horizon, in: Journal of Portfolio Management, Jg. 7 (1981), S. 32–40.

Li, Haitao/Xu, Yuewu [Survival Bias and, 2002]: Survival Bias and the Equity Premium Puzzle, in: Journal of Finance, Jg. 57 (2002), S. 1981–1995.

Lintner, John [Valuation, 1965]: The Valuation of Risk Assets and the Selection of Risky Investments in Stock Portfolios and Capital Budgets, in: Review of Economics and Statistics, Jg. 47 (1965), S. 13–37.

- [Investors′ Diverse Judgement, 1969]: The Aggregation of Investors′ Diverse Judgement and Preferences in Purely Competitive Security Markets, in: Journal of Financial and Quantitative Analysis, Jg. 4 (1969), S. 347–400.

Lo, Andrew W./MacKinley, A. Craig [Stock Market Prices, 1988]: Stock Market Prices do not Follow Random Walks: Evidence from a Simple Specification Test, in: Review of Financial Studies, Jg. 1 (1988), S. 41–66.

Luoma, Martti/Martikainen, Teppo/Perttunen, Jukka [Thin Trading and, 1993]: Thin Trading and Estimation of Systematic Risk: An Application of an Error-Correction Model, in: Annals of Operations Research, Jg. 45 (1993), S. 297–305.

MacDonald, Ronald/Torrance, Thomas S. [Real Interest Rate, 1988]: Monetary Policy and the Real Interest Rate: Some U.K. Evidence, in: Scottish Journal of Political Economy, Jg. 35 (1988), S. 361–371.

Maiterth, Ralf/Müller, Heiko/Broekelschen, Wiebke [Ertragsteuersatz, 2008]: Anmerkungen zum typisierten Ertragsteuersatz des IDW in der objektivierten Unternehmensbewertung, in: Die Betriebswirtschaft, Jg. 68 (2008), S. 239–254.

Mallows, C. L. [Augmented Partial Residuals, 1986]: Augmented Partial Residuals, in: Technometrics, Jg. 28 (1986), S. 313–319.

Mandl, Gerwald/Rabel, Klaus [Unternehmensbewertung, 1997]: Unternehmensbewertung: Eine praxisorientierte Einführung, Wien: Ueberreuter, 1997.

- [Methoden der Unternehmensbewertung, 2009]: Methoden der Unternehmensbewertung (Überblick), in: *Volker H. Peemöller* (Hrsg.), Praxishandbuch der Unternehmensbewertung, 2009, S. 49–90.

Mannek, Wilfried [Diskussionsentwurf, 2008]: Diskussionsentwurf für eine Anteils- und Betriebsvermögensbewertungsverordnung - AntBVBewV, in: Der Betrieb, Jg. 62 (2008), S. 423–429.

Markowitz, Harry [Portfolio Selection, 1952]: Portfolio Selection, in: Journal of Finance, Jg. 7 (1952), S. S. 77-91.

Marsh, Paul [Equity Rights Issues, 1979]: Equity Rights Issues and the Efficiency of the UK Stock Market, in: Journal of Finance, Jg. 34 (1979), S. 839–862.

Matschke, Manfred Jürgen [Entscheidungswert, 1975]: Der Entscheidungswert der Unternehmung, Wiesbaden: Gabler, 1975.

- [Funktionale Unternehmungsbewertung, 1979]: Funktionale Unternehmungsbewertung: Der Arbitriumwert der Unternehmung, II, Wiesbaden: Gabler, 1979.

Matschke, Manfred Jürgen/Brösel, Gerrit [Unternehmensbewertung, 2007]: Unternehmensbewertung: Funktionen - Methoden - Grundsätze: 3. Aufl., Wiesbaden: Gabler, 2007.

Meincke, Jens Peter [Erbschaftsteuer und Zivilrecht, 1978]: Erbschaftsteuer und Zivilrecht in Rom, in: Steuer und Wirtschaft (1978), S. 352–361.

- [Erbschaftsteuer- und Schenkungsteuergesetz, 2009]: Erbschaftsteuer- und Schenkungsteuergesetz: Kommentar: 15. Aufl., München: Beck, 2009.

Mellerowicz, Konrad [Wert der Unternehmung, 1952]: Der Wert der Unternehmung als Ganzes, Essen: Girardet, 1952.

Merton, Robert C. [Intertemporal Capital Asset Pricing, 1973]: An Intertemporal Capital Asset Pricing Model, in: Econometrica, Jg. 41 (1973), S. 867–887.

Metz, Volker [Der Kapitalisierungszinssatz, 2007]: Der Kapitalisierungszinssatz bei der Unternehmensbewertung: Basiszinssatz und Risikozuschlag aus betriebswirtschaftlicher Sicht und aus Sicht der Rechtsprechung, Wiesbaden: Dt. Univ.-Verl., 2007.

Modigliani, Franco/Miller, Merton H. [Cost of Capital, 1958]: The Cost of Capital, Corporation Finance and the Theory of Investment, in: American Economic Review, Jg. 48 (1958), S. 261–297.

- [Corporate Income Taxes, 1963]: Corporate Income Taxes and the Cost of Capital: A Correction, in: American Economic Review, Jg. 53 (1963), S. 433–443.

Moench, Dietmar/Albrecht, Gerd [Erbschaftsteuerrecht, 2009]: Erbschaftsteuerrecht: Einschließlich Schenkungsteuerrecht und Bewertung: 2. Aufl., München: Beck, 2009.

Möller, Hans Peter [Bilanzkennzahlen und Ertragsrisiken, 1986]: Bilanzkennzahlen und Ertragsrisiken des Kapitalmarktes: Eine empirische Untersuchung des Ertragsrisiko-Informationsgehaltes von Bilanzkennzahlen deutscher Aktiengesellschaften, Stuttgart: Poeschel, 1986.

Möllmann, Peter [Erbschaft- und schenkungsteuerliche Unternehmensbewertung, 2010]: Erbschaft- und schenkungsteuerliche Unternehmensbewertung anhand von Börsenkursen und stichtagsnahen Veräußerungsfällen, in: Betriebs-Berater, Jg. 65 (2010), S. 407–413.

Morawietz, Markus [Rentabilität und Risiko, 1994]: Rentabilität und Risiko deutscher Aktien- und Rentenanlagen seit 1870, Wiesbaden: Dt. Univ.-Verl. [u.a.], 1994.

Mosler, Karl/Schmid, Friedrich [Wahrscheinlichkeitsrechnung, 2004]: Wahrscheinlichkeitsrechnung und schließende Statistik, Berlin: Springer, 2004.

Mossin, Jan [Equilibrium, 1966]: Equilibrium in a Capital Asset Market, in: Econometrica, Jg. 34 (1966), S. 768–783.

Moxter, Adolf [Die sieben Todsünden, 1977]: Die sieben Todsünden des Unternehmensbewerters, in: *Wolfgang Goetzke/Wolf-Rüdiger Bretzke/Günter Sieben* (Hrsg.), Moderne Unternehmungsbewertung, 1977, S. 253–256

- [Grundsätze ordnungsmäßiger Unternehmensbewertung, 1983]: Grundsätze ordnungsmäßiger Unternehmensbewertung: 2. Aufl., Wiesbaden: Gabler, 1983.

Müller, Jens [Unternehmensbewertung, 2008]: Unternehmensbewertung für substanzsteuerliche Zwecke: Eine empirische Analyse des Stuttgarter Verfahrens und alternativer Ansätze, Wiesbaden: Gabler, 2008.

Müller, Jens/Sureth, Caren [Marktnahe Bewertung, 2011]: Marktnahe Bewertung von Unternehmen nach der Erbschaftsteuerreform? in: Zeitschrift für betriebswirtschaftliche Forschung, Jg. 63 (2011), S. 45–83.

Munkert, Michael J. [Der Kapitalisierungszinssatz, 2005]: Der Kapitalisierungszinssatz in der Unternehmensbewertung: Theorie, Gutachtenpraxis und Rechtsprechung in Spruchverfahren, Wiesbaden: Dt. Univ.-Verl., 2005.

Münstermann, Hans [Wert und Bewertung, 1966]: Wert und Bewertung der Unternehmung, Wiesbaden: Gabler, 1966.

Nelson, Charles R./Siegel, Andrew F. [Parsimonious Modeling, 1987]: Parsimonious Modeling of Yield Curves, in: Journal of Business, Jg. 60 (1987), S. 473–489.

Neufang, Bernd [Bewertung des Betriebsvermögens, 2009]: Bewertung des Betriebsvermögens und von Anteilen an Kapitalgesellschaften, in: Betriebs-Berater, Jg. 64 (2009), S. 2004–2014.

Neufang, Bernd/Brey, Volker/Merz, Wolfgang [Ausübung, 2009]: Wann ist die Ausübung des Antrags auf Anwendung des neuen Rechts bei der Erbschaftsteuer sinnvoll? in: Die Steuerberatung, Jg. 51 (2009), S. 129–132.

Newey, Whitney K./West, Kenneth D. [Heteroscedastic and Autocorrelation, 1987]: A Simple, Positive Semi-Definite, Heteroscedastic and Autocorrelation Consistent Covariance Matrix, in: Econometrica, Jg. 55 (1987), S. 703–708.

Nowak, Karsten [Marktorientierte Unternehmensbewertung, 2003]: Marktorientierte Unternehmensbewertung: Discounted Cash Flow, Realoption, Economic Value Added und der Direct Comparison Approach: 2. Aufl., Wiesbaden: Dt. Univ.-Verl., 2003.

Obermaier, Robert [Bewertung, Zins und Risiko, 2004]: Bewertung, Zins und Risiko: Anmerkungen zu Grundproblemen der entscheidungsorientierten Unternehmensbewertung und der wertorientierten Unternehmensführung, Frankfurt am Main: Lang, 2004.

- [Bestimmung des Basiszinssatzes, 2006]: Marktzinsorientierte Bestimmung des Basiszinssatzes in der Unternehmensbewertung, in: Corporate Finance biz, Jg. 8 (2006), S. 472–479.

- [Bestimmung des Basiszinssatzes, 2008]: Die kapitalmarktorientierte Bestimmung des Basiszinssatzes für die Unternehmensbewertung: the Good, the Bad and the Ugly, in: Corporate Finance biz, Jg. 10 (2008), S. 493–507.

Oestreicher, Andreas (Hrsg.) [Unternehmensbesteuerung 2008, 2008]: Unternehmensbesteuerung 2008: Neue Wege gehen, Herne: Verl. Neue Wirtschafts-Briefe, 2008.

Ohlson, James A. [Earnings, 1995]: Earnings, Book Values, and Dividends in Equity Valuation, in: Contemporary Accounting Research, Jg. 11 (1995), S. 661–687.

Ohlson, James A./Jüttner-Nauroth, Beate [Determinants of Value, 2005]: Expected EPS and EPS Growth as Determinants of Value, in: Review of Accounting Studies, Jg. 10 (2005), S. 349–365.

Olbrich, Michael/Hares, Christoph/Pauly, Alexander [Erbschaftsteuerreform und Unternehmensbewertung, 2010]: Erbschaftsteuerreform und Unternehmensbewertung, in: Deutsches Steuerrecht, Jg. 48 (2010), S. 1250–1256.

Pankoke, Tim/Petersmeier, Kerstin [Unternehmensbewertung, 2009]: Der Zinssatz in der Unternehmensbewertung, in: *Ulrich Schacht/Matthias Fackler* (Hrsg.), Praxishandbuch Unternehmensbewertung, 2009, S. 107–137

Pauli, Rudolf [Immobilien, 2011]: Die Bewertung von unternehmensverbundenen Immobilien, in: Zeitschrift für Erbrecht und Vermögensnachfolge, Jg. 18 (2011), S. 277–283.

Pauly-Grundmann, Denise [Markenbewertung, 2010]: Markenbewertung: Der objektivierte Markenwert unter besonderer Berücksichtigung des Income Approach, Wiesbaden: Gabler, 2010.

Peemöller, Volker H. (Hrsg.) [Praxishandbuch der Unternehmensbewertung, 2009]: Praxishandbuch der Unternehmensbewertung: 4. Aufl., Herne: Verl. Neue Wirtschafts-Briefe, 2009.

Peemöller, Volker H. [Wert und Werttheorien, 2009]: Wert und Werttheorien, in: *Volker H. Peemöller* (Hrsg.), Praxishandbuch der Unternehmensbewertung, 2009, S. 1–15

Peemöller, Volker H./Beckmann, Christoph/Meitner, Matthias [Einsatz eines Nachsteuer-CAPM, 2005]: Einsatz eines Nachsteuer-CAPM bei der Bestimmung objektivierter Unternehmenswerte: eine kritische Analyse des IDW ES 1 n.F., in: Betriebs-Berater, Jg. 60 (2005), S. 90–96.

Peemöller, Volker H./Bömelburg, Peter/Denkamnn, Andreas [Unternehmensbewertung in Deutschland, 1994]: Unternehmensbewertung in Deutschland: Eine empirische Erhebung, in: Die Wirtschaftsprüfung, Jg. 47 (1994), S. 741–749.

Peemöller, Volker H./Kunowski, Stefan [Ertragswertverfahren nach IDW, 2009]: Ertragswertverfahren nach IDW, in: *Volker H. Peemöller* (Hrsg.), Praxishandbuch der Unternehmensbewertung, 2009, S. 265–338

Perridon, Louis/Steiner, Manfred/Rathgeber, Andreas W. [Finanzwirtschaft der Unternehmung, 2009]: Finanzwirtschaft der Unternehmung: 15. Aufl., München: Vahlen, 2009.

Peters, Hans-Walter [Kapitalmarkttheorie und Aktienmarktanalyse, 1987]: Kapitalmarkttheorie und Aktienmarktanalyse, Frankfurt am Main: Lang, 1987.

Petersen, Mitchell A. [Estimating Standard Errors, 2006]: Estimating Standard Errors in Finance Panel Data Sets: Comparing Approaches, 2006, http://ihome.ust.hk /~accl/Petersen%20%282006%29.pdf (2010-09-22).

Piltz, Detlev J. [Bewertung nichtnotierter Aktien, 1975]: Die steuerliche Bewertung nichtnotierter Aktien: - Ein Vorschlag zur Verbesserung des Stuttgarter Verfahrens, Bonn, 1975.

- [Unternehmensbewertung im Erbschaftsteuerrecht, 2008]: Unternehmensbewertung im neuen Erbschaftsteuerrecht, in: Deutsches Steuerrecht, Jg. 46 (2008), S. 745–753.

- [Unternehmensübertragung, 2008]: Unternehmensübertragung nach dem Entwurf eines neuen Erbschaft- und Schenkungsteuergesetzes, in: *Andreas Oestreicher* (Hrsg.), Unternehmensbesteuerung 2008, 2008, S. 159–168.

- [Der gemeine Wert, 2009]: Der gemeine Wert von Unternehmen und Anteilen im neuen ErbStG, in: Die Unternehmensbesteuerung, Jg. 2 (2009), S. 13–22.

- [Erbschaftsteuer-Bewertungserlass, 2009]: Erbschaftsteuer-Bewertungserlass: Allgemeines und Teil A (Anteile an Kapitalgesellschaften), in: Deutsches Steuerrecht, Jg. 47 (2009), S. 1829–1834.

- [Erbschaftsteuergesetz, 2010]: Wird das Erbschaftsteuergesetz 2009 verfassungsmäßig Bestand haben? in: Deutsches Steuerrecht, Jg. 48 (2010), S. 1913–1924.

Piltz, Detlev J./Günkel, Manfred/Niemann, Ursula (Hrsg.) [Steuerberater-Jahrbuch 2008/2009, 2009]: Steuerberater-Jahrbuch 2008/2009: Zugleich Bericht über den 60. Fachkongress der Steuerberater, Köln, 21. und 22. Oktober 2008, Köln: O. Schmidt, 2009.

Podding, Thorsten/Dichtl, Hubert/Petersmeier, Kerstin [Statistik, Ökonometrie, Optimierung, 2008]: Statistik, Ökonometrie, Optimierung: Methoden und ihre praktischen Anwendungen in Finanzanalyse und Portfoliomanagement: 4. Aufl., Bad Soden/Ts.: Uhlenbruch, 2008.

Poterba, James M./Summers, Lawrence H. [Stock Prices, 1988]: Mean Reversion in Stock Prices: Evidence and Implications, in: Journal of Financial Economics, Jg. 22 (1988), S. 27–59.

Powell, Ronald R. [Basic Research Methods, 2002]: Basic Research Methods for Librarians: 3. ed., Greenwich, Conn.: Ablex Publ., 2002.

Pratt, Shannon P./Grabowski, Roger J. [Cost of Capital, 2009]: Cost of Capital in Valuation of Stock by the Income Approach: Updated for an Economy in Crisis, in: BewertungsPraktiker (2009), S. 20–25.

- [Cost of capital, 2010]: Cost of capital: Application and examples: 4th ed., Hoboken, NJ: Wiley, 2010.

Preißer, Michael/Hegemann, Jürgen/Seltenreich, Stephan [Erbschaftsteuerreform 2009, 2009]: Erbschaftsteuerreform 2009: Die Neuregelungen des Erbschaftsteuer- und Bewertungsrechts, Freiburg: Haufe, 2009.

Prietze, Oliver/Walker, Andreas [Der Kapitalisierungszinsfuß, 1995]: Der Kapitalisierungszinsfuß in der Unternehmensbewertung, in: Die Betriebswirtschaft, Jg. 55 (1995), S. 199–211.

Prokop, Jörg [Bewertung zukünftiger Unternehmenserfolge, 2003]: Die Bewertung zukünftiger Unternehmenserfolge: Konzepte - Möglichkeiten - Grenzen, Wiesbaden: Dt. Univ.-Verl., 2003.

Radeisen, Rolf Rüdiger [Erbschaftsteuerreform, 2009]: Erbschaftsteuerreform: Finanzverwaltung nimmt in Erlassen Stellung, in: SteuerConsultant (2009), S. 14–21.

Ramb, Jörg [Bedarfsbewertung, 2010]: Die neue Bedarfsbewertung des Betriebsvermögens: Eine kritische Stellungnahme unter Einbeziehung des AEBewAntBV, in: NWB (2010), S. 3390–3405.

- [Die neue Bedarfsbewertung, 2010]: Die neue Bedarfsbewertung des Betriebsvermögens: Eine kritische Stellungnahme unter Einbeziehung des AEBewAntBV, in: NWB (2010), S. 3482–3489.

Raupach, Arndt [Verkehrswert, 2007]: Der Verkehrswert als alleiniger Bewertungsmaßstab für Zwecke der Erbschaft- und Schenkungsteuer: Der Ertragswert ist tot, es lebe der Ertragswert, in: Deutsches Steuerrecht, Jg. 45 (2007), S. 2037–2042.

Rausch, Benjamin [Unternehmensbewertung, 2008]: Unternehmensbewertung mit zukunftsorientierten Eigenkapitalkostensätzen: Möglichkeiten und Grenzen der Schätzung von Eigenkapitalkostensätzen ohne Verwendung historischer Renditen, Wiesbaden: Gabler, 2008.

Rautenberg, Günter (Hrsg.) [Unternehmen zwischen Investitionsförderung, 2010]: Unternehmen zwischen Investitionsförderung und neuen steuerlichen Belastungen: Sächsische Steuertagung, Stuttgart: Boorberg, 2010.

Reese, Raimo [Schätzung von Eigenkapitalkosten, 2007]: Schätzung von Eigenkapitalkosten für die Unternehmensbewertung, Frankfurt am Main: Lang, 2007.

Reese, Raimo/Wiese, Jörg [Ermittlung des Basiszinssatzes, 2007]: Die kapitalmarktorientierte Ermittlung des Basiszinses für die Unternehmensbewertung, in: Zeitschrift für Bankrecht und Bankwirtschaft, Jg. 19 (2007), S. 38–52.

Regierungsentwurf zum ErbStRG: BT-Drs. 16/7918 [Regierungsentwurf zum ErbStRG], http://dipbt.bundestag.de/dip21/btd/16/079/1607918.pdf (2011-06-09).

Reinganum, Marc R. [Capital Asset Pricing, 1981]: Misspecification of Capital Asset Pricing: Empirical Anomalies Based on Earnings` Yields and Market Values, in: Journal of Financial Economics, Jg. 9 (1981), S. 19–46.

Rieger, Sonja [Steuerklientelunsicherheit und Investitionsentscheidungen, 2011]: Steuerklientelunsicherheit und Investitionsentscheidungen: Eine modelltheoretische und experimentelle Analyse, Wiesbaden: Gabler, 2011.

Röder, Erik [Unternehmensbewertung, 2009]: Unternehmensbewertung Zwecke der Erbschaft- und Schenkungsbesteuerung: Eine kritische Würdigung der Forderung des BVerfG nach einer verkehrswertnahen Unternehmensbewertung und ihre Umsetzung durch das Erbschaftsteuerreformgesetz, in: *Karin E. M. Beck/Christine Osterloh-Konrad* (Hrsg.), Unternehmensnachfolge, 2009, S. 69–100

Rohde, Andreas/Gemeinhardt, Gereon [Besteuerung des Betriebsvermögens, 2009]: Besteuerung des Betriebsvermögens nach der Erbschaftsteuerreform 2009, in: Unternehmensteuern und Bilanzen (2009), S. 217–226.

- [Bewertung von Betriebsvermögen, 2009]: Bewertung von Betriebsvermögen nach der Erbschaftsteuerreform 2009, in: Unternehmensteuern und Bilanzen (2009), S. 167–173.

Rose, Gerd/Watrin, Christoph [Erbschaftsteuer, 2009]: Erbschaftsteuer: mit Schenkungsteuer und Bewertungsrecht: 12. Aufl., Berlin: E. Schmidt, 2009.

Ross, Stephen A. [Status of CAPM, 1977]: The Current Status of the Capital Asset Pricing Model (CAPM), in: Journal of Finance, Jg. 33 (1977), S. 885–901.

Rössler, Rudolf/Troll, Max [Bewertungsgesetz, 2011]: Bewertungsgesetz, München: Vahlen, Franz, 2011

Rottmann, Horst/Auer, Benjamin [Statistik und Ökonometrie, 2010]: Statistik und Ökonometrie für Wirtschaftswissenschaftler: Eine anwendungsorientierte Einführung, Wiesbaden: Gabler, 2010.

Rudd, Andrew/Rosenberg, Barr [Market Model, 1980]: The "Market Model" in Investment Management, in: Journal of Finance, Jg. 35 (1980), S. 597–607.

Rudolph, Bernd [Kapitalkosten, 1979]: Kapitalkosten bei unsicheren Erwartungen: Das Kapitalmarktmodell und seine Bedeutung für die Theorie der Kapitalkosten, Berlin: Springer, 1979.

- [Unternehmensfinanzierung und Kapitalmarkt, 2006]: Unternehmensfinanzierung und Kapitalmarkt, Tübingen: Mohr Siebeck, 2006.

Rudolph, Bernd/Zimmermann, Peter [Betafaktoren, 1998]: Alternative Verfahren zur Ermittlung und zum Einsatz von Betafaktoren, in: *Jochen M. Kleeberg/Heinz Rehkugler* (Hrsg.), Handbuch Portfoliomanagement, 1998, S. 435–458

Ruiz de Vargas, Santiago/Zollner, Thomas [Erbschaftsteuer, 2010]: Erbschaftsteuer: Wie "gemein" ist das vereinfachte Ertragswertverfahren? in: BewertungsPraktiker (2010), S. 1–12.

Schacht, Ulrich/Fackler, Matthias (Hrsg.) [Praxishandbuch Unternehmensbewertung, 2009]: Praxishandbuch Unternehmensbewertung: Grundlagen, Methoden, Fallbeispiele: 2. Aufl., Wiesbaden: Gabler, 2009.

Scheffler, Wolfram [Einfluss der Rechtsform, 2009]: Einfluss der Rechtsform eines Unternehmens auf die Erbschaftsteuerbelastung, in: Betriebs-Berater, Jg. 64 (2009), S. 2469–2474.

Schiffers, Joachim [Bewertung von Unternehmensvermögen, 2009]: Bewertung von Unternehmensvermögen nach der Erbschaftsteuerreform: Hinweise zur Bewertung von Unternehmensvermögen insbesondere nach den gleich lautenden Ländererlassen, in: Deutsche Steuer-Zeitung (2009), S. 548–557.

Schleifenbaum, Henrich [Erbschaft- und schenkungsteuerreform, 2008]: Erbschaft- und Schenkungsteuerreform in der Sackgasse: Ausweg durch eine Erbschaft- und Schenkungertragsteuer, in: Deutsches Steuerrecht, Jg. 46 (2008), S. 477–528.

Schleithoff, Felix [Unternehmensbewertung, 2006]: Die Unternehmensbewertung im deutschen Steuerrecht, Lohmar: Eul, 2006.

Schmalenbach, Eugen [Werte von Unternehmungen, 1917/1918]: Die Werte von Anlagen und Unternehmungen in der Schätzungstechnik, in: Zeitschrift für handelswissenschaftliche Forschung, Jg. 12 (1917/1918), S. 1–20.

Schmidt, Eckehard [Reform der Erbschaftsteuer, 2008]: Reform der Erbschaftsteuer, in: Die Wirtschaftsprüfung, Jg. 61 (2008), S. 239–247.

Schmidt, Martin [Rechnungslegung von Finanzinstrumenten, 2005]: Rechnungslegung von Finanzinstrumenten: Abbildungskonzeptionen aus Sicht der Bilanztheorie, der empirischen Kapitalmarktforschung und der Abschlussprüfung, Wiesbaden: Dt. Univ.-Verl., 2005.

Schmitt, Dirk/Dausen, Florian [Unternehmensbewertung, 2006]: Unternehmensbewertung mit dem Tax CAPM, in: Corporate Finance biz, Jg. 8 (2006), S. 233–242.

Schneeweiß, Hans [Ökonometrie, 1990]: Ökonometrie: 4. Aufl., Heidelberg: Physica, 1990.

Schnell, Rainer [Graphisch gestützte Datenanalyse, 1994]: Graphisch gestützte Datenanalyse, München: Oldenbourg, 1994.

Scholes, Myron/Williams, Joseph [Estimating betas, 1977]: Estimating betas from nonsynchronous data, in: Journal of Financial Economics, Jg. 5 (1977), S. 309–327.

Scholten, Gerd/Korezjkij, Leonid [Begünstigungen für Betriebsvermögen, 2009]: Begünstigungen für Betriebsvermögen nach der Erbschaftsteuerreform – Begünstigte Erwerbe und begünstigtes Vermögen, in: Deutsches Steuerrecht, Jg. 47 (2009), S. 73–79.

Schubert, Christiane [Schenkung- und Erbschaftsteuer des, 2011]: Schenkung- und Erbschaftsteuer des Unternehmers, in: *Gerrit Langenfeld/Winfried Gail* (Hrsg.), Handbuch der Familienunternehmen, 2011, S. 1–217

Schultze, Wolfgang [Methoden der Unternehmensbewertung, 2003]: Methoden der Unternehmensbewertung: Gemeinsamkeiten, Unterschiede, Perspektiven: 2., Aufl., Düsseldorf: IDW-Verl., 2003.

Schulz, Roland [Größenabhängige Risikoanpassungen, 2009]: Größenabhängige Risikoanpassungen in der Unternehmensbewertung, Düsseldorf: IDW-Verl., 2009.

Schütte-Biastoch, Sonja [Unternehmensbewertung von KMU, 2011]: Unternehmensbewertung von KMU: Eine Analyse unter besonderer Berücksichtigung dominierter Bewertungsanlässe, Wiesbaden: Gabler, 2011.

Schwert, G. William [Stock Exchange, 1977]: Stock Exchange Seats as Capital Assets, in: Journal of Financial Economics, Jg. 4 (1977), S. 51–78.

Schwetzler, Bernhard [Zinsänderungsrisiko und Unternehmensbewertung, 1996]: Zinsänderungsrisiko und Unternehmensbewertung: Das Basiszinsfuß-Problem bei der Ertragswertermittlung, in: Zeitschrift für Betriebswirtschaft, Jg. 66 (1996), S. 1081–1101.

- [Das Ende, 2002]: Das Ende des Ertragswertverfahrens?: Replik zu den Anmerkungen von Wolfgang Kürsten zu meinem Beitrag in der ZfbF (August 2000, S. 469-486), in: Zeitschrift für betriebswirtschaftliche Forschung, Jg. 45 (2002), S. 146–158.

Seer, Roman [Erbschaft- und Schenkungsteuer, 1997]: Die neue Erbschaft- und Schenkungsteuer auf dem verfassungsrechtlichen Prüfstand, in: Steuer und Wirtschaft (1997), S. 283–298.

- [Erbschaftsteuer, 2007]: Der Beschluss des BVerfG zur Erbschaftsteuer vom 7. 11. 2006: Analyse und Ausblick, in: Zeitschrift für Erbrecht und Vermögensnachfolge, Jg. 14 (2007), S. 101–107.

- [Die Erbschaft- und Schenkungsteuer, 2009]: Die Erbschaft- und Schenkungsteuer im System der Besteuerung nach wirtschaftlicher Leistungsfähigkeit: Zugleich eine kritische Würdigung des Erbschaftsteuerreformgesetzes vom 24.12.2008, in: GmbH Rundschau, Jg. 100 (2009), S. 225–237.

Seicht, Gerhard (Hrsg.) [Jahrbuch für Controlling, 2008]: Jahrbuch für Controlling und Rechnungswesen 2008, Wien: LexisNexis ARD ORAC, 2008.

Serf, Christoph [Ertragswertverfahren, 2009]: Ertragswertverfahren: Eine Einführung, in: *Ulrich Schacht/Matthias Fackler* (Hrsg.), Praxishandbuch Unternehmensbewertung, 2009, S. 171–203

Shapiro, Samuel S./Francia, R. S. [Test for Normality, 1972]: Approximate Analysis of Variance Test for Normality, in: Journal of American Statistical Association, Jg. 31 (1972), S. 215–216.

Shapiro, Samuel S./Wilk, Martin B. [Test for Normality, 1965]: An Analysis of Variance Test for Normality, in: Biometrika, Jg. 52 (1965), S. 591–611.

Sharpe, William F. [Capital Asset Prices, 1964]: Capital Asset Prices: A Theory of Market Equilibrium under Conditions of Risk, in: Journal of Finance, Jg. 19 (1964), S. 425–442.

Sharpe, William F./Cooper, Guy M. [Risk-Return Classes, 1972]: Risk-Return Classes of New York Stock Exchange Common Stocks, 1931-1967, in: Financial Analysts Journal, Jg. 28 (1972), S. 46,48-54+81.

Sieben, Günter [Substanzwert der Unternehmung, 1963]: Der Substanzwert der Unternehmung, Wiesbaden: Gabler, 1963.

- [Funktionen der Bewertung, 1983]: Funktionen der Bewertung ganzer Unternehmen und von Unternehmensanteilen: Ein Beitrag zur Bewertung ganzer Unternehmen, in: Das Wirtschaftsstudium, Jg. 12 (1983), S. 539–542.

Siegel, Theodor [Methoden der Unsicherheitsberücksichtigung, 1992]: Methoden der Unsicherheitsberücksichtigung in der Unternehmensbewertung, in: Das Wirtschaftsstudium, Jg. 20 (1992), S. 21–26.

Spengel, Christoph/Broer, Eva [Belastungswirkungen der Erbschaftsteuerreform, 2008]: Belastungswirkungen der Erbschaftsteuerreform bei der Übertragung von Unternehmensvermögen, in: Der Betrieb, Jg. 61 (2008), S. 86–91.

Spengel, Christoph/Elschner, Christina [Bewertung von Betriebsvermögen, 2008]: Bewertung von Betriebsvermögen und Grundvermögen im Rahmen des ErbStRG: Gelingt eine einheitliche Bewertung mit dem gemeinen Wert? in: Die Unternehmensbesteuerung, Jg. 1 (2008), S. 408–414.

Spremann, Klaus [Finance, 2007]: Finance: 3. Aufl., München: Oldenbourg, 2007.

Spremann, Klaus/Ernst, Dietmar [Unternehmensbewertung, 2011]: Unternehmensbewertung: Grundlagen und Praxis: 2. Aufl., München: Oldenbourg, 2011.

Stahl, Rudolf/Fuhrmann, Claas [Erbschaftssteuer- und Bewertungsrecht, 2008]: Der Regierungsentwurf eines Gesetzes zur Reform des Erbschaftssteuer- und Bewertungsrechts, in: Deutsche Steuer-Zeitung (2008), S. 13–19.

Stalleiken, Jörg/Theissen, Christian [Erbschaftsteuer-Bewertungserlass, 2010]: Erbschaftsteuer-Bewertungserlass, Teil B: Das vereinfachte Ertragswertverfahren, in: Deutsches Steuerrecht, Jg. 48 (2010), S. 21–27.

Stamm, Andreas/Blum, Andreas [Erbschaftsteuerliche Bewertung, 2009]: Erbschaftsteuerliche Bewertung von Betriebsvermögen: Vereinfachtes Ertragswertverfahren und Paketzuschlag: Der neue Erlass der Finanzverwaltung zur Bewertung nach der Erbschaftsteuerreform, in: Unternehmensteuern und Bilanzen (2009), S. 806–812.

Stehle, Richard [Size-Effekt, 1997]: Der Size-Effekt am deutschen Aktienmarkt, in: Zeitschrift für Bankrecht und Bankwirtschaft, Jg. 9 (1997), S. 237–260.

- [Renditevergleich von Aktien, 1999]: Renditevergleich von Aktien und festverzinslichen Wertpapieren auf Basis des DAX und des REXP: Working Paper, 1999.

- [Die Festlegung der, 2004]: Die Festlegung der Risikoprämie von Aktien im Rahmen der Schätzung des Wertes von börsennotierten Kapitalgesellschaften, in: Die Wirtschaftsprüfung, Jg. 57 (2004), S. 906–927.

Stehle, Richard/Hartmond, Anette [Durchschnittsrenditen deutscher Aktien, 1991]: Durchschnittsrenditen deutscher Aktien 1954-1988, in: Kredit und Kapital, Jg. 24 (1991), S. 371–411.

Steiner, Manfred/Kleeberg, Jochen M. [Problem der Indexauswahl, 1991]: Zum Problem der Indexauswahl im Rahmen der wissenschaftlich-empirischen Anwendung des Capital Asset Pricing Model, in: Die Betriebswirtschaft, Jg. 51 (1991), S. 171–182.

Steiner, Peter/Uhlir, Helmut [Wertpapieranalyse, 2001]: Wertpapieranalyse: 4. Aufl., Heidelberg: Physica, 2001.

Stock, James H./Watson, Mark W. [Introduction to econometrics, 2007]: Introduction to econometrics: 2. ed., Pearson internat. ed., Boston, Mass.: Pearson, 2007.

Stulz, René M. [Cost of Capital, 1995]: The Cost of Capital in Internationally Integrated Markets: The case of Nestlé, in: European Financial Management, Jg. 1 (1995), S. 11–22.

Svensson, Lars E. O. [Estimating Foreward Rates, 1994]: Estimating and Interpreting Foreward Interest Rates: Sweden 1992-1994, NBER Working Paper 4871, 1994.

Tebben, Tobias [Vergütungsanreize, 2011]: Vergütungsanreize und opportunistische Bilanzpolitik: eine empirische Analyse der Rolle von Aufsichtsrat und Abschlussprüfer, Wiesbaden: Gabler, 2011.

Tewinkel, Andreas [Unternehmensbewertung, 2003]: Unternehmensbewertung, Eschborn Taunus: RKW, 2003.

Thamm, René [Portfoliostrategien von Venture-Capital-Gesellschaften, 2009]: Portfoliostrategien von Venture-Capital-Gesellschaften: Agencytheoretische Analyse der Zusammensetzung und Größe der Portfolios, Wiesbaden: Gabler, 2009.

Timmreck, Christian [Kapitalmarktorientierte Sicherheitsäquivalente, 2006]: Kapitalmarktorientierte Sicherheitsäquivalente: Konzeption und Anwendung bei der Unternehmensbewertung, Wiesbaden: Gabler, 2006.

Titman, Sheridan/Martin, John D. [Valuation, 2010]: Valuation: The Art and Science of Corporate Investment Decisions: 2. ed., Boston, Mass.: Pearson, 2010.

Tobin, James [Liquidity Preference, 1958]: Liquidity Preference as Behavior Towards Risk, in: Review of Economic Studies, Jg. 67 (1958), S. 65–86.

Troll, Max/Gebel, Dieter/Jülicher, Marc [Erbschaftsteuer- und Schenkungsteuergesetz, 2011]: Erbschaftsteuer- und Schenkungsteuergesetz: Kommentar, München: Vahlen, 2011

Tschöpel, Andreas [Risikoberücksichtigung bei Grenzpreisbestimmungen, 2004]: Risikoberücksichtigung bei Grenzpreisbestimmungen im Rahmen der Unternehmensbewertung, Lohmar: Eul, 2004.

Ulschmid, Christoph [Empirische Validierung von Kapitalmarktmodellen, 1994]: Empirische Validierung von Kapitalmarktmodellen: Untersuchungen zum CAPM und zur APT für den deutschen Aktienmarkt, Frankfurt am Main: Lang, 1994.

Uzik, Martin/Weiser, M. Felix [Kapitalkostenbestimmung mittels CAPM, 2003]: Kapitalkostenbestimmung mittels CAPM oder MCPM? in: Corporate Finance biz, Jg. 5 (2003), S. 705–718.

Velthuis, Louis John [Value, 2004]: Entwurf eines Value Based Management-Konzept, in: *Robert M. Gillenkirch* u. a. (Hrsg.), Wertorientierte Unternehmenssteuerung, 2004, S. 295–324

Viskorf, Hermann-Ulrich (Bearb.) [BewG § 9, 2009]: BewG § 9, in: *Viskorf, Hermann-Ulrich*, BewG § 9, 2009, S. 966–975

- [Einführung, 2009]: Einführung, in: *Viskorf, Hermann-Ulrich*, Einführung, 2009, S. 29–40.

- [Verfassungsrechtliche Fragen der Erbschaftsteuer, 2007]: Verfassungsrechtliche Fragen der Erbschaftsteuer und der geplanten gesetzlichen Neuerungen, in: FinanzRundschau (2007), S. 624–631.

- [Rechtsstaatsprinzip, 2009]: Das Rechtsstaatsprinzip und der Wettstreit um den „richtigen" gemeinen Wert beim Betriebsvermögen, in: Zeitschrift für Erbrecht und Vermögensnachfolge, Jg. 16 (2009), S. 591–596.

[Erbschaftsteuer- und Schenkungsteuergesetz, 2009]: Erbschaftsteuer- und Schenkungsteuergesetz, Bewertungsgesetz: Kommentar: 3. Aufl., Herne: Verl. Neue Wirtschafts-Briefe, 2009

Viskorf, Stephan (Bearb.) [BewG § 11, 2009]: BewG § 11, in: *Viskorf, Hermann-Ulrich*, BewG § 11, 2009, S. 979–1008

- [ErbStG § 13b, 2009]: ErbStG § 13b, in: *Viskorf, Hermann-Ulrich*, ErbStG § 13b, 2009, S. 584–651.

Voigt, Christoph [Unternehmensbewertung, 2005]: Unternehmensbewertung: Erfolgsfaktoren von Unternehmen professionell analysieren und bewerten, Wiesbaden: Gabler, 2005.

Vollmuth, Hilmar J. [Bilanzen richtig lesen, 2009]: Bilanzen richtig lesen, besser verstehen, optimal gestalten: 9. Aufl., Freiburg: Haufe, 2009.

von Oertzen, Christian [Unternehmenserbschaftsteuerrecht, 2008]: Das neue Unternehmenserbschaftsteuerrecht: Überblick und erste Problempunkte, in: Die Unternehmensbesteuerung, Jg. 1 (2008), S. 57–67.

Wachter, Thomas [Erleichterung der Unternehmensnachfolge, 2007]: Die Zukunft des geplanten Gesetzes zur Erleichterung der Unternehmensnachfolge: Mögliche Auswirkungen der Entscheidung des Bundesverfassungsgerichts zum Erbschaft- und Schenkungsteuerrecht, in: Betriebs-Berater, Jg. 62 (2007), S. 577–587.

Wagner, Wolfgang/Jonas, Martin/Ballwieser, Wolfgang/Tschöpel, Andreas [Weiterentwicklung der Grundsätze, 2004]: Weiterentwicklung der Grundsätze zur Durchführung von Unternehmensbewertungen (IDW S 1), in: Die Wirtschaftsprüfung, Jg. 57 (2004), S. 889–898.

- [Unternehmensbewertung, 2006]: Unternehmensbewertung in der Praxis: Empfehlungen und Hinweise zur Anwendung von IDW S 1, in: Die Wirtschaftsprüfung, Jg. 59 (2006), S. 1005–1028.

Wagner, Wolfgang/Saur, Gerhard/Willershausen, Timo [Unternehmensbewertungsgrundsätze, 2008]: Zur Anwendung der Neuerungen der Unternehmensbewertungsgrundsätze des IDW S 1 i.d.F. 2008 in der Praxis, in: Die Wirtschaftsprüfung, Jg. 61 (2008), S. 731–747.

Wald, Abraham [Tests of Statistical Hypothesis, 1943]: Tests of Statistical Hypotheses Concerning Several Parameters When the Number of Observations is Large, in: Transactions of the American Mathematical Society, Jg. 54 (1943), S. 426–482.

Wälzholz, Eckhard [Anteils- und Betriebsvermögen, 2008]: Der Entwurf zur neuen Bewertung von Anteils- und Betriebsvermögen nach dem ErbStRG, in: Berater-Brief Erben und Vermögen (2008), S. 139–145.

- [Vererbung von Betriebsvermögen, 2009]: Die Vererbung und Übertragung von Betriebsvermögen nach den gleichlautenden Ländererlassen zum ErbStRG, in: Deutsches Steuerrecht, Jg. 47 (2009), S. 1605–1611.

Wameling, Hubertus [Unternehmensbewertung, 2004]: Die Berücksichtigung von Steuern im Rahmen der Unternehmensbewertung, Wiesbaden: Dt. Univ.-Verl., 2004.

Wassermann, Bernd [Mittelständische Unternehmensbewertung, 2010]: Mittelständische Unternehmensbewertung im neuen Erbschaftsteuerrecht: Eine ökonomische Analyse, in: Deutsches Steuerrecht, Jg. 48 (2010), S. 183–190.

Watrin, Christoph [Erbschaftsteuerplanung internationaler Familienunternehmen, 1997]: Erbschaftsteuerplanung internationaler Familienunternehmen, Düsseldorf: IDW-Verl., 1997.*Watrin, Christoph/Kappenberg, Christoph* [Internationale Besteuerung, 2010]: Generalthema II: Internationale Besteuerung von Erbfällen, in: Internationales Steuerrecht (2010), S. 546–552.

- [Besteuerung von Vermögensnachfolgen, 2011]: Internationale Besteuerung von Vermögensnachfolgen, in: Zeitschrift für Erbrecht und Vermögensnachfolge, Jg. 18 (2011), S. 105–112.

Watrin, Christoph/Rieger, Sonja [Erbschaftsteuerreform, 2008]: Neuerungen durch die Erbschaftsteuerreform: Handlungsbedarf insbesondere bei der Behandlung von Betriebsvermögen, in: SteuerConsultant (2008), S. 26–31.

Watrin, Christoph/Stahlberg, Gernot/Kappenberg, Christoph [Betafaktor, 2011]: Der Einfluss des Wochentags auf den Betafaktor: Eine empirische Analyse ausgewählter Kapitalmärkte, in: Corporate Finance biz, Jg. 13 (2011), S. 176–194.

Watrin, Christoph/Stöver, Rüdiger [Gearing Formel, 2011]: Einfluss des Tax Shields auf die Renditeforderung der Eigenkapitalgeber und die Gearing Formel, in: Steuer und Wirtschaft (2011), S. 60–74.

Welch, Ivo [Equity Premium, 2000]: Views of Financial Economists on the Equity Premium and on Professional Controversies, in: Journal of Business, Jg. 73 (2000), S. 501–537.

White, Halbert [Heteroskedasticity-Consistent Covariance, 1980]: A Heteroskedasticity-Consistent Covariance Matrix Estimator and a Direct Test for Heteroskedasticity, in: Econometrica, Jg. 48 (1980), S. 817–838.

Widmann, Bernd/Schieszl, Sven/Jeromin, Axel [Kapitalisierungszinssatz, 2003]: Der Kapitalisierungszinssatz in der praktischen Unternehmensbewertung, in: Corporate Finance biz, Jg. 5 (2003), S. 800–810.

Wiese, Jörg [Sicherheitsäquivalentmethode, 2003]: Zur theoretischen Fundierung der Sicherheitsäquivalentmethode und des Begriffs der Risikoauflösung bei der Unternehmensbewertung: Anmerkungen zum Beitrag von Wolfgang Kürsten in der zfbf, in: Zeitschrift für betriebswirtschaftliche Forschung, Jg. 55 (2003), S. 287–305.

- [Komponenten des Zinsfußes, 2006]: Komponenten des Zinsfußes in Unternehmensbewertungskalkülen: Theoretische Grundlagen und Konsistenz, Frankfurt am Main: Lang, 2006.

- [Unternehmensbewertung und Abgeltungsteuer, 2007]: Unternehmensbewertung und Abgeltungsteuer, in: Die Wirtschaftsprüfung, Jg. 60 (2007), S. 368–375.

Wiese, Jörg/Gampenrieder, Peter [Bestimmung des Basiszinssatzes, 2007]: Kapitalmarktorientierte Bestimmung des Basiszinses: Möglichkeiten und Grenzen, in: Der Schweizer Treuhänder (2007), S. 442–448.

- [Ableitung des Basiszinses, 2008]: Marktorientierte Ableitung des Basiszinses mit Bundesbank- und EZB-Daten, in: Betriebs-Berater, Jg. 63 (2008), S. 1722–1726.

Wilms, Heinrich (Bearb.) [BewG § 11, 2000]: BewG § 11, in: *Wilms, Heinrich/Wilms-Jochum*, BewG § 11, 2000, S. 1–21

- [Einführung, 2009]: Einführung, in: *Wilms, Heinrich/Wilms-Jochum*, Einführung, 2009, S. 1–36.

Wilms, Heinrich/Wilms-Jochum [Erbschaftsteuer- und Schenkungsteuergesetz, 2000]: Erbschaftsteuer- und Schenkungsteuergesetz: Mit Bewertungsgesetz und Grunderwerbsteuergesetz ; Kommentar, Bonn: Stollfuß, 2011

Winkelmann, Michael [Indexwahl und Performance-Messung, 1981]: Indexwahl und Performance-Messung, in: *Hermann Göppl/Rudolf Henn* (Hrsg.), Geld, Banken und, 1981, S. 475–487

- [Aktienbewertung in Deutschland, 1984]: Aktienbewertung in Deutschland, Königstein/Ts.: Hain, 1984.

Wittmann, Rudolf [Einheitswert-Entscheidungen, 1995]: Die 'Einheitswert'-Entscheidungen des Bundesverfassungsgerichts vom 22. 6. 1995, in: Betriebs-Berater, Jg. 50 (1995), S. 1933–1936.

Wöhe, Günter [Betriebswirtschaftslehre, 2002]: Einführung in die allgemeine Betriebswirtschaftslehre: 21. Aufl., München: Vahlen, 2002.

Wollny, Christoph [Der objektivierte Unternehmenswert, 2010]: Der objektivierte Unternehmenswert: 2. Aufl., Herne: Neue Wirtschafts-Briefe, 2010.

- [Verkehrswert, 2010]: Führt der objektivierte Unternehmenswert zum Verkehrswert?: eine Begriffsbestimmung, in: BewertungsPraktiker (2010), S. 10–15.

Wooldridge, Jeffrey M. [Econometric Analysis, 2002]: Econometric Analysis of Cross Section and Panel Data, Cambridge Mass.: MIT Press, 2002.

- [Introductory Econometrics, 2009]: Introductory Econometrics: A Modern Approach: 4. ed., Mason, Ohio: South-Western, 2009.

Zeidler, Gernot W. [IDW S 1, 2006]: Die Anwendung von IDW S 1 auf kleine und mittlere Unternehmen, in: *Marc Castedello* u. a. (Hrsg.), Besonderheiten der Bewertung, 2006, S. 41–56

Zeidler, Gernot W./Schöninger, Stefan/Tschöpel, Andreas [Auswirkungen der Unternehmensteuerreform, 2008]: Auswirkungen der Unternehmensteuerreform 2008 auf Unternehmensbewertungskalküle, in: Corporate Finance biz, Jg. 10 (2008), S. 276–288.

Zieger, Martin/Schütte-Biastoch, Sonja [Bewertung, 2008]: Gelöste und ungelöste Fragen bei der Bewertung von kleinen und mittleren Unternehmen (KMU), in: Corporate Finance biz, Jg. 10 (2008), S. 590–601.

Zimmermann, Peter [Prognose von Betawerten, 1997]: Schätzung und Prognose von Betawerten: Eine Untersuchung am deutschen Aktienmarkt, Bad Soden/Ts.: Uhlenbruch, 1997.

Zwirner, Christian/Reinhold, Ago [Unternehmensbewertung, 2009]: Unternehmensbewertung im Zeichen der Finanzmarktkrise vor dem Hintergrund der neuen erbschaftsteuerlichen Regelung - Anmerkungen zu einer angemessenen Zinssatzermittlung, in: Corporate Finance biz, Jg. 11 (2009), S. 389–393.

Gesetzesverzeichnis

Bewertungsgesetz (BewG) in der Fassung der Bekanntmachung vom 01.02.1991, BGBl. I 1991 S. 230.

Einkommensteuergesetz (EStG) in der Fassung der Bekanntmachung vom 08.10.2009, BGBl. I 1990 S. 1898.

Erbschaftsteuergesetz (ErbStG) in der Fassung der Bekanntmachung vom 27.02.1997, BGBl. I 2009 S. 3366.

Körperschaftsteuergesetz (KStG) in der Fassung der Bekanntmachung vom 15.10.2002, BGBl. I 2002 S. 4144.

Verzeichnis der Verwaltungsanweisungen

Oberste Finanzbehörden der Länder (Hrsg.), [Ländererlasse, 2009]: Gleich lautende Erlasse der obersten Finanzbehörden der Länder zur Umsetzung des Gesetzes zur Reform des Erbschaftsteuer- und Bewertungsrechts - Anwendung der §§ 11, 95 bis 109 und 199 ff. BewG in der Fassung durch das ErbStRG vom 25.06.2009, in: BStBl I (2009), S. 698–711.

Verzeichnis der Gesetzesmaterialien

BR-Drucks. 4/08, Entwurf eines Gesetzes zur Reform des Erbschaftsteuer- und Bewertungsrechts (Erbschaftsteuerreformgesetz - ErbStRG), v. 04.01.2008.

BT-Drucks. 16/11107, Bericht des Finanzausschusses (7. Ausschuss) zu dem Gesetzentwurf der Bundesregierung - Drucksachen 16/7918, 16/8547, 49/8814 Nr.3-, v. 26.11.2008

Gesetz zur Reform des Erbschaftsteuer- und Bewertungsrechts vom 24.12.2008 (ErbStRG), in: BGBl, 2008, S. 3018–3082.

Unternehmensteuerreformgesetz 2008 (UntStRefG) vom 14.08.2007, BGBl. I 2007, S. 1912.

Verzeichnis der Rechtsprechung

BVerfG, 22.06.1995, 2 BvR 552/91, in: BVerfGE (1995), S. 165–179.

BVerfG, 07.11.2006, 1 BvL 10/02, in: Deutsches Steuerrecht (2006), S. 235–250.

BFH, 17.01.1975, III R 68/73, in: BStBl II (1975), S. 377.

BFH, 20.02.1991, II R 18/90.

BFH, 17.06.1998, II R 46/96, in: BFH/NV (1998), S. 17–18.

BFH, 22.05.2002, II R 61/99, in: Zeitschrift für Erbrecht und Vermögensnachfolge (2002), S. 372–388.

FG Hamburg, 28.04.2009, 3 K 43/09, Der Erbschaft-Steuer-Berater (2009), S. 375–376

OLG Düsseldorf, 27.05.2009, I-26 W 5/07 (AktE), in: Wertpapiermitteilungen (2009), S. 2220–2228.

OLG München, 14.07.2009, 31 Wx 121/06, in: Wertpapiermitteilungen (2009), S. 1848–1852.

OLG Stuttgart, 18.12.2009, 20 W 2/08, in: Wertpapiermitteilungen (2009), S. 654–660

OLG Stuttgart, 17.03.2010, 20 W 9/08, in: Die Aktiengesellschaft (2010), S. 210–213.

Kolibri 360 GmbH
Ferdinand-Jühlke-Straße 7
99095 Erfurt, Deutschland
produktsicherheit@kolibri360.de